U0679605

国家开发银行资助研究课题
“十二五”国家重点图书出版规划项目
国家出版基金资助项目
南京大学非洲研究所江苏高校国际问题研究中心建设项目成果
江苏省优势学科建设工程资助项目

非洲资源开发与中非能源合作安全研究丛书　黄贤金　甄　峰 主编

中非合作能源安全战略研究

姜忠尽 刘立涛 编著

南京大学出版社

图书在版编目(CIP)数据

中非合作能源安全战略研究 / 姜忠尽,刘立涛编著.
—南京:南京大学出版社,2014.11

(非洲资源开发与中非能源合作安全研究丛书 / 黄贤金,甄峰主编)

ISBN 978-7-305-11490-8

Ⅰ.①中… Ⅱ.①姜… ②刘… Ⅲ.①能源经济—国际合作—国家安全—能源战略—研究—中国、非洲 Ⅳ.①F426.2 ②F440.62

中国版本图书馆 CIP 数据核字(2013)第 114613 号

出版发行 南京大学出版社
社　　址 南京市汉口路 22 号　　邮　编 210093
出 版 人 金鑫荣

丛 书 名 非洲资源开发与中非能源合作安全研究丛书
主　　编 黄贤金 甄 峰
书　　名 中非合作能源安全战略研究
编　　著 姜忠尽 刘立涛
责任编辑 胥橙庭 吴 华　　编辑热线 025-83596997
照　　排 南京紫藤制版印务中心
印　　刷 扬中市印刷有限公司
开　　本 718×1000 1/16 印张 21.5 字数 421 千
版　　次 2014 年 11 月第 1 版 2014 年 11 月第 1 次印刷
ISBN 978-7-305-11490-8
定　　价 65.00 元

网址:http://www.njupco.com
官方微博:http://weibo.com/njupco
官方微信号:njupress
销售咨询热线:(025)83594756

总　　序

国家主席习近平曾说过:“中非是命运共同体。”但对于中国人而言,非洲,既远又近。远,是她的距离、她的神秘;近,是中非关系的密切、中非交流的日盛。可是,往往似乎越来越了解非洲,却实际上也越来越不了解非洲。我们更多地看到的是对非洲的介绍,但却缺乏对非洲更多的深入了解,更多的研究探究。

非洲,富饶而又多难。富饶,非洲拥有丰富的矿产资源以及其他自然资源;多难,非洲长期难以摆脱“资源诅咒”,即便是在95%的土地被殖民的19世纪末至20世纪,由于矿产开发与当地经济发展的“两张皮”,其资源开发也未能带来非洲的繁荣。

进入21世纪,非洲的发展引人注目,2000年英国《经济学家》(*The Economist*)周刊声称非洲是“绝望大陆”,在2011年,它认为非洲是“希望之州”。而中国对非洲经济增长贡献率达20%以上。可见,非洲的经济改革以及其不断融入全球化经济体系,尤其是中非新型战略合作伙伴关系的深入发展给非洲带来了更多的希望和不断的繁荣。

无论非洲是“远”还是“近”,是“停滞”还是“发展”,南京大学非洲研究团队50年来一直重视对非洲问题的研究。

50年前的1964年4月,为了响应毛泽东主席于1961年4月27日提出的“我们对于非洲的情况,就我来说,不算清楚,应该搞个非洲研究所,研究非洲的历史、地理、社会经济情况”的要求,原国务院外事办公室批准成立南京大学非洲经济地理研究室(1993年12月改建为南京大学非洲研究所)。这为南京大学组织多学科、多领域专家开展非洲研究搭建了重要平台。

50年来,南京大学非洲研究,从20世纪六七十年代的非洲地理资料建设、文献翻译以及资料挖掘研究,发展到八九十年代的非洲经济社会发展战略、非洲农业地理、非洲石油地理等全面、深入的非洲研究,进入21世纪对于非洲经济发展、非洲农业、非洲土地制度、非洲能源利用、非洲粮食安全等问题的合作与开放研究,使得南京大学对非洲问题的认知也不断拓展、深入和发展。尤其是与外交部、农业部、国家开发银行等合作,使得南京大学非洲研究团队对中非合作议题有了更为深刻的认知。

如何通过更加积极的中非资源合作，使得非洲不断摆脱“资源诅咒”？非洲土地、渔业、水资源如何得到持续利用？如何通过更加积极的土地制度改革，促进非洲粮食安全？非洲港口资源如何更加有效地服务于城市发展与区域贸易？长期以来，南京大学非洲研究所十分重视非洲资源开发及中非能源合作的研究，并组织了地理科学、海洋科学、城市规划、政治学、管理学等多领域的专家开展合作研究，所完成的《非洲资源开发与中非能源合作安全研究丛书》正是这一研究成果的结晶。

国家主席习近平曾说过：“中非情比黄金贵。”本丛书研究的立足点在于希望对非洲资源的开发利用突破“殖民者的路径依赖”，突破“资源诅咒”的陷阱，服务于更加积极的中非合作，真正为推进非洲的发展提供参考，让非洲更多地得益、更快地繁荣；本丛书研究成果也突破了对非洲矿产资源的单一关注，侧重于对非洲矿产、土地、渔业、水资源、港口、城市等自然资源、人文资源与经济社会发展问题的综合研究，为有利于非洲区域自然资源一体化和可持续利用管理的决策提供参考。

黄贤金
2014 年 4 月

前　言

能源问题是当今世界最敏感的问题之一，尤其是石油于20世纪50年代登上能源消费主角地位以来，充分展现了它对整个世界经济社会发展所发挥的无可替代的推动作用。世界主要能源生产国和能源消费国以石油取代煤炭的能源消费结构变革反映出石油能源的强大生命力和其对推进工业化的重要性。然而，石油是稀缺又具枯竭性、不可再生的重要战略资源。石油资源的空间分布高度集中在少数地区，而石油消费大户却集中在少数发达国家，造成石油产、消地区的不平衡性十分突出。因此，为争夺这一短期内无可替代的能源，常常引发激烈的冲突，国家间往往因石油利益以武力相威胁甚至大打出手，不惜一战。石油能源成为影响当代国际关系稳定与否的重大因素。世界主要产油国与主要石油消费大国之间相互依存的石油供求关系的稳定与否，不仅直接威胁经济和军事部门安全健康有序地运行，而且也直接影响整个世界的政治经济关系。因此，无论产油大国，还是石油消费大国，都将石油视为事关国家安全与否的重大战略问题，小国也不例外。

非洲具有丰富的石油资源，是世界重要的石油开采和出口地区，在中非关系中，亦占有极为重要的地位。中非能源合作打破了非洲能源昔日的国际关系格局，引起非洲各国以及国际社会的强烈关注，并导致中国非洲能源合作活动遭到重大挑战。基于中国能源安全发展战略及中非关系健康发展的长远利益考量，需要对中国现行对非能源战略进行全面思考与研究，并提出新的构想。

本书分为三部分，第一部分包括一至四章，主要研究非洲能源在世界能源格局中的战略地位、非洲能源资源的空间分布规律与特点、非洲能源生产分布、非洲能源出口格局的形成与走势。第二部分包括五、六两章，主要研究国际能源消费大国和国际经济体的非洲能源战略，以及有关国际能源公司在非洲的经营状况与战略，并就他们的战略从宏观的和微观的层面对中国的影响做出分析和判断。第三部分为第七章，着重分析中国在非洲能源活动中的成就和面临的主要问题，提出中国对非洲的能源战略构想。

本书在大量参考国内外文献的基础上，充分利用统计数据编制相关专题性经济图表和地理分布图，以强化非洲能源地理和能源经济现象的空间分布规律和特点，构成本书的特色，同时也客观地反映了作者对非洲能源问题的独立见解，对中国有效地开展中非能源合作具有重要的现实意义，有助于中国有关部门和企业集思广益和科学决策，投身非洲能源事业。由于非洲能源文献资料条件和作者水平的限制，书中难免有不少缺陷，敬望广大读者和专家们提出宝贵意见。

本书各章负责：姜忠尽（第一、二、三、四章，编写、统稿、修改、定稿），刘立涛（第五、六、七章，编写、统稿、修改、定稿），舒建中（第五章，小组成员协调），郑先武（第六章，小组成员协调与统稿）；各章参加编写人员：马奔（第二章），王波（第三章），徐晓峰（第四章），朱寿佳（制图），张舒君、侯汉君、张彬彬、殷蕾、罗立昱（第五章），王磊、蒋正翔、张海霞、阮程（第六章）。

本书在研究和编写过程中，得到国家开发银行国际司石纪扬、于泯、冯启华、黄剑辉、胡楠、赵鹏以及《国际石油经济》杨朝红、卢向前等同志的鼎力相助和支持，同时，获得江苏高校国际问题研究中心建设项目资助，在此表示衷心感谢！

姜忠尽　刘立涛

2013年6月于南京大学非洲研究所

摘　要

非洲具有丰富的能源资源，是世界重要的石油和天然气开发和出口地区，当今人类社会正经历替代石油的能源变革向多元能源结构变革过渡。非洲能源在世界能源格局中的战略地位不断上升。世界能源消费大国对非洲的能源争夺愈加激烈。

第二章主要探讨非洲能源资源的空间分布规律与特点。重点阐明了非洲大陆的地层与盆地类型，北非、西非两大主要油气产区和非洲大陆油气资源禀赋的特点以及10个主要油气生产国的情况。非洲大陆含油气盆地有21个沉积盆地已见油气资源，2011年石油储量为180.59亿吨，天然气储量为14.5万亿立方米。非洲油气资源空间分布具有分布集中、品种优良、勘探成本低、交通运输方便等特点。从开采寿命上，非洲石油开采寿命不容乐观，但天然气开采寿命远高于世界平均水平。

第三章重点阐明非洲能源的生产分布。自20世纪60年代以后，非洲已开始成为世界重要的石油和天然气开采地区，2010年原油和天然气的开采量达到4.78亿吨和2099亿立方米，分别占世界的12.2%和9.0%。非洲原油和天然气的开采主要集中在北非产油区和西非产油区，2011年两大区的原油开采量达到1.356亿吨和2.425亿吨，分别占非洲的32.5%和58.1%。利比亚和阿尔及利亚为北非产油区两大产油国，尼日利亚和安哥拉为西非产油区两大产油国。2011年尼日利亚和安哥拉原油产量达到1.17亿吨和8520万吨，分别占非洲的28.1%和20.4%，为非洲第一位和第二位的产油大国。阿尔及利亚和埃及是非洲两个最大的天然气开采国，2011年开采量达到780.1亿立方米和613.0亿立方米，分别占非洲的38.5%和30.2%。事实上，石油和天然气开采工业已成为非洲最重要的经济支柱之一。

第四章主要研究非洲能源出口格局的形成与走势。首先，通过对非洲石油生产和贸易的历史研究，分析非洲石油生产和出口的整体特征，通过分析长时间序列石油出口统计数据，揭示非洲石油在世界石油出口中的重要战略地位；其次，对北非和西非两大产油区进行出口量和流向统计，重心由70年代的北非逐渐转移到西非，出口格局有所转变；再次，分析了美国、欧盟国家、日本、中国等世界能源消费大国的原油进口来源地构成和变化，对比各国对非洲的能源战略，进而揭示能源消费大国在非洲的能源博弈；最后，对非洲石油出口的地理格局和发展方向做了初步预测。

第五章通过重点分析美国、欧盟、日本和印度这四个重要国际行为体对非洲能源重要性的价值观点，阐明在全球能源安全体系中非洲能源所具有的战略意义，而通过对这四个国际行为体的非洲能源战略的制定与实施的综合研究，又揭示出这些国际行为体的非洲能源战略本质及其对中国非洲能源战略的挑战。而通过对西方国家对中国非洲能源外交与能源活动的争议分析，可以进一步了解在国际能源竞争中西方遏制中国的主要手段，从而有助于中国及时做出恰当的战略与政策反应。

第六章通过对老牌的欧洲和北美的国际大型跨国公司以及新晋的亚洲的日本、印度和马来西亚等跨国公司的非洲能源战略的细致分析，特别关注他们努力融入当地社会、在经营所在国树立良好企业形象的种种做法，阐明这些跨国公司在非洲能源资源领域的重要地位和经营方式，从而为中国能源企业的非洲能源活动提供有益的借鉴与参照。

第七章通过对中国的能源消费状况、结构特点与未来趋势的分析，指出“走出去”战略是实现中国能源消费结构转型与能源安全的重要手段。通过对中国与非洲的能源关系，特别是中国能源企业在非洲的经营活动进行分析，阐明中国在非洲能源开发中所获得的可喜成就以及所面临的重大挑战，并由此有针对性地提出中国的非洲能源战略构想。

Abstract

In the first part of the book, the energy resources and its exploration of Africa have been expounded. Africa has a very rapid growth of oil and gas production of the world, while its exploration and development of oil and gas is rather low. This book describes the types of stratigraphic and basin of African continent, two major oil and gas producing areas: North Africa and West Africa, the characteristics of oil and gas resources of the continent as well as outline of 10 major oil and gas producing countries. 21 sedimentary basins have found oil and gas resources among the petroliferous basins. In 2011, the oil reserves is 18. 059 billion tons, the natural gas reserves is 14. 5 trillion cubic meters. The spatial distribution characteristics of African oil and gas resources include centralized distribution, excellent product phase, low—cost exploration, convenient transportation and so on. In the view of exploitation expectancy, it is not optimistic for oil, while the average expectancy of gas exploitation is much higher than the world average.

Since the 1960's Africa has become the important producing region of crude oil and gas of the world. Africa's exploitation output of crude oil and gas had leapt to 478. 2 million tons and 209. 9 billion cubic meters, 12. 2% and 9. 0% of the total world output in 2010, respectively, the production of oil and gas in Africa are mainly exploited from two producing regions of North Africa and West Africa. The production output of crude oil in the North Africa and West Africa had reached to 135. 6 millions tons and 242. 5millions tons, 32. 5% and 58. 1% of the Africa's total output in 2011, especially, the North Africa countries of Libya and Algeria are well with oil. Africa's major sub—Saharan producer of crude oil are Nigeria and Angola, the output of 117. 4 million tons and 85. 2 million tons, 28. 1% and 20. 4% of Africa's total output in 2011, respectively, Algeria and Egypt, are the most important natural gas producers in Africa, with output of gas is 78. 0 billion cubic meters and 61. 3 billion cubic meters, 38. 5% and 30. 2% of the total output in 2011 respectively. Indeed the petroleum and natural gas industry has become more and more important in African economy.

We analyze the situation of oil product and export in Africa through the research of African oil production and trade history. After analyzing statistics of oil exports in long term series, we can conclude that Africa plays a strategic role in world oil export. We census the flow direction and export volume from northern and western Africa, the emphasis has shifted from north Africa in the 1970s gradually to west Africa, export structure has changed. Afterwards, the paper analyzes world's crude oil import sources and change of world's energy consumption super powers, such as United States, the European Union, Japan, and China; it compares different countries' energy strategy in Africa and demonstrates the competition of energy consumption super powers in Africa. We make a preliminary forecast of the geographical pattern and development on the African oil exports.

In the second part of the book, firstly, we analyzed the big energy consumers' strategies on Africa, we selected Europe Union, the US, Japan and India as our analysis objects. They all are not only major energy consumers, but also major energy importers, and energy security is on the high profile of their foreign strategy. Their energy ties with Africa may be different, but their thirsty for Africa energy is the same. In this section, we also have a perspective on the western disputes on the China's energy ties with Africa. Secondly we analyzed the multinational energy corporations' strategies in Africa's energy development. We selected the Europe's multinational corporations, the North America's Multinational Corporations, Japanese energy corporations, Indian energy corporations and Malaysian energy corporations as our analysis objects. The selection is typical and can make the findings more persuasive. At last, we analyzed the China energy demand: its consumption, feature and the trend, and Sino—Africa's energy ties——its background of establishment and development and accomplishment. And we also came to the conclusion that China wants to improve its energy ties with Africa, she should deal with ten big challenges. Based on the above research, we constructed a wholly new strategic vision for China's energy policy to Africa.

目录

CONTENTS

第一章

非洲能源在国际能源格局中的战略地位

在人类发展的历史进程中，能源的开发利用水平与生产力发展水平大致是同步前进的，能源生产和消费结构的变化也是随着生产力发展水平的变化而变化的。因此，能源生产和消费结构转换及其趋势，往往成为我们观察和研究生产力发展水平的重要标志。随着生产力和科学技术的发展，人类将不断扩大能源的利用范围和深度，而新能源的不断发现和利用将必然导致替代能源的变革，这是不以人的主观意志为转移的自然发展规律。人类进入“石油时代”以来，能源消费大国无一不把能源战略作为头等重大战略问题。[①]

昔日的美苏曾为争夺世界石油霸权展开过激烈的角逐和斗争。同时，西方能源消费大国与发展中产油国家之间掠夺与反掠夺的斗争也从未停止过。因此，世界能源领域的斗争，一直是围绕着石油问题展开的。海湾战争、伊拉克战争，是美国争夺石油霸权的产物，也暴露出西方石油消费大国严重依赖海湾石油的问题；利比亚战争深刻暴露出他们在为争夺石油而战。拥有丰富能源资源的非洲，在世界能源争夺战的博弈中的地位，令世人注目。在经济全球化不可逆转的新时代，国际政治经济关系和国际战略格局，均处在重大而深刻的调整之中。纵观能源变革的历史进程，不难看出国际关系的风云变幻无不与能源关系密切相关。

至今，人类社会已经经历了两个能源时期，并正经历第三次能源变革，即替代石油向多元能源过渡的能源变革，最终人类社会将进入持久能源系统时代。

① 姜忠尽．当代世界能源矛盾的焦点——石油问题[J]．世界石油经济，1992(4)：1－2.

第一节 世界两次能源变革的历史进程[①]

一、第一次能源变革时期(18世纪蒸汽机发明～19世纪末20世纪初)——人类社会进入“煤炭时代”

1. 第一次能源变革是指煤炭替代薪柴的能源转换

人类社会的第一个能源时代是以薪柴为主要能源的时代。在原始社会、奴隶社会、封建社会,薪柴曾经是人类的主要能源。这一时期,人类的生产活动基本上靠人本身所具有的能量——体力。在生产生活的实践中,为了发展生产,人类不断寻找着人力以外的其他动力。最早被人利用的能源是畜力、风力(如风车、帆船等)、水力(水车、水磨等)、地热能(热水、温泉)。在个别地方,人类以手工方式采掘少量的煤、石油、天然气等,但长期主要用于照明和提供热能。简言之,在整个前资本主义时期,由于社会生产力水平低下,人类社会利用能源的特点,是以自然界广泛分布而又容易获取的可再生能源为主。

2. 1769年英国詹姆斯·瓦特发明蒸汽机为标志,人类开始进入能源的转换时期

蒸汽机的发明揭开了人类社会开始进入能源变革的序幕。人类第一次把蕴藏在煤炭中的自然能源转变为具有经济意义的能量,即转变为机械能。蒸汽机的发明和使用,使人类生产活动开始从手工操作推进到大机器作业的生产进程中。蒸汽机代替人力和畜力,使劳动生产率大大提高,导致了18世纪下半叶的工业(产业)革命,使人类社会进入一个新的历史阶段。生产力的发展和生产水平的提高,进一步促进了煤炭的大规模开发和使用,使其在能源利用中的地位明显上升。由于蒸汽动力需要大量的煤炭作燃料,英国首先建立起世界上第一个现代化采煤区。到1860年,英国成为世界第一大产煤国,其产量占世界60%。继英国之后,比利时、法国、德国和美国等国家也先后建立了新式采煤区,但世界上最大的采煤中心仍然是英国,当时西欧的煤产量约占世界的95%。到第一次世界大战前夕,世界煤炭中心从西欧逐渐转移到了美国,这便形成了世界两大煤炭生产中心。从世界煤炭的开采过程来看,从19世纪中叶到第一次世界大战前夕,由于西方资本主义工业化的推动,煤炭开采量迅速增长,平均每年增长4.2%。到第一次世界大战前夕(1913年),美国和西欧(主要有英国、德国、法国)的煤产量分别占世界总产量(13亿吨)的39%和46%。

---

① 姜忠尽.世界能源结构变革的特点与趋势[J].世界石油经济,1991(4):1-7.

3. 随着煤炭开采业的迅速发展，其利用的范围也随之愈益广泛

到 19 世纪末 20 世纪初，以煤为原料生产的电力开始进入社会各个领域，这就进一步刺激了热电工业的迅速发展，发达国家热电的比重达到了 60％以上。蒸汽机和电动机的使用，使工业生产冲破了自然条件的限制，加速了工业化革命的进程。世界一些主要资本主义国家首先从手工业生产转变为使用大机器的大工业生产，并逐步实现了工业化。一方面，蒸汽机和电动机的使用，推动了采掘工业、冶金工业等耗能工业部门的发展；另一方面，大耗能工业部门的发展反过来迅速增加了对煤炭的需求量。据统计，1800—1900 年的一百年间，世界一次能源的总消费量增加了 1.4 倍，而其中的煤炭消费量却增加了 4.5 倍。到 19 世纪 70 年代，煤炭在一次能源消费结构中的比重已上升到 24％，到 20 世纪初，又进一步上升到 60％，煤炭从而取代了薪柴成为主要能源，人类社会进入了一个新的能源时代——“煤炭时代”，完成了人类社会能源消费结构的第一次重大改变。

第一次世界大战后，世界煤炭生产规模继续扩大，到 1929 年，采煤国增加到 51 个，产量从 13 亿吨增加到 14 亿吨，这一生产水平一直保持到第二次世界大战前，煤炭产量超过 1000 万吨的国家已增加到 15 个，其中超过 1 亿吨的有美国、英国、德国、法国、波兰、捷克斯洛伐克、比利时、前苏联、日本、中国、印度、加拿大、南非、荷兰、澳大利亚等国。到 1929 年，煤炭能源在消费结构中的地位进一步上升，比重达到 76％，其中英国、德国、法国、比利时、荷兰、捷克斯洛伐克、中国、南非等国的煤炭在能源消费结构中的比重高达 90％以上。煤炭成为近代人类社会最重要的能源，被誉为工业的食粮。因此，在近代工业的发展进程中，煤炭发挥了无可替代的作用。

二、第二次能源变革时期（19 世纪 60 年代内燃机问世～20 世纪中期）——人类社会进入“石油时代”

（1）第二次能源变革是指石油替代煤炭的能源转换。从内燃机问世起，世界能源消费进入了石油替代时期，即第二次能源变革时期。

人类发现和利用石油虽有悠久历史，但用现代技术大规模开采石油并将其广泛用于经济和军事部门，还只是 19 世纪中期以后的事。石油的工业性开采，大约于 19 世纪 50 年代末 60 年代初始于欧洲的罗马尼亚和意大利以及北美洲的加拿大和美国，1860 年只生产 7 万吨，1880 年也只增加到 411 万吨，主要用于家庭照明和机器润滑。19 世纪中叶以后，随着现代科学技术的发展，特别是内燃机和柴油机的发明和推广应用，石油才逐渐成为一些机器、运输工具和军用机械动力的主要来源，石油的生产和消费随之进一步增加。1900 年世界石油产量在 2130 万吨左右，前苏联和美国是当时世界上两个最大的产油国，1910 年其产量分别为 1200 多万吨和 1000 万吨。1929 年，世界石油产量上升到 2.1 亿多吨，其中美国石油产量约为 1.3 亿吨，独

占世界的65%左右。前苏联退居第二，产量为2000万吨。

(2) 20世纪30年代后，特别是第二次世界大战后，由于内燃机车所具有的优越性，它很快取代了铁路运输上所使用的污染严重的蒸汽机车，同时，许多发达国家的家庭用煤也改用石油，有些国家开始弃煤用油来生产电力。石油利用范围的日益扩大，使石油工业开始进入蓬勃发展时期，石油对煤炭的竞争地位日渐增强，在能源结构中的地位与日俱增。据联合国统计，世界石油产量从1929年的2.11亿吨增加到1937年的2.92亿吨，到1950年进一步增加到5.37亿吨，20年间世界石油增长了1.5倍之多，平均每年增长4.5%，石油在能源生产结构中的地位随之迅速上升，从1929年的14.8%上升到1937年的18.9%，到1950年又进一步上升到29.8%。而世界煤炭生产从1929年的14.11亿吨下降到14.04亿吨，到1950年仅增加到16.4亿吨，20年间增长13.7%，平均每年增长0.6%，煤炭在能源结构中的优势地位日渐衰落，从1929年的75%逐渐下降到1950年的59.3%。同期，石油从14.2%上升到27%。1950—1990年的世界商品能源生产和消费构成见表1-1。

表1-1　世界商品能源生产和消费构成

年份	生产量/(万吨标准煤)	占生产量比重/%				消费量/(万吨标准煤)	占消费量比重/%			
		固体	液体	气体	电力		固体	液体	气体	电力
1950	266400	59.3	29.8	9.3	1.6	249300	61.1	27.0	9.8	1.7
1955	242600	52.7	34.4	11.2	1.7	324300	55.9	30.6	11.7	1.8
1960	447800	48.9	35.8	13.3	1.9	424300	52.0	32.0	14.0	2.0
1965	558800	40.6	41.2	16.1	2.1	521200	43.3	37.5	17.0	2.2
1967	607100	37.6	44.3	17.2	2.1	561500	38.8	40.4	18.5	2.3
1970	742000	32.6	46.6	18.7	2.1	687700	35.2	42.7	19.9	2.2
1973	850400	29.2	49.8	18.9	2.2	785500	31.7	45.8	20.1	2.4
1975	855500	30.8	47.2	19.4	2.6	800300	32.8	44.1	20.4	2.8
1980	926462	28.3	48.5	19.9	3.3	854434	30.8	44.2	21.5	2.5
1985	951379	31.5	41.0	22.1	4.5	919488	33.0	39.4	22.9	4.7
1990	—	—	—	—	—	1147610	27.3	38.6	21.7	12.4

资料来源：①联合国《世界能源供应》，1950—1976年，1985年；② 联合国《1988年能源统计年鉴》，1990年；③《世界能源导报》(1991年12月15日第二版)．

(3) 20世纪50年代以后，由于资本主义世界进行"动力革命"，动力锅炉纷纷弃煤用油，因而石油消费量加速增长，其增长速度大大超过其他能源。据联合国统计，从1950年到1967年的17年中，世界能源消费总量从24.93亿吨(标准煤)增加到56.15亿吨(标准煤)，增长了1.25倍，平均每年增长4.9%。同期，石油消费量从6.73亿吨(标准煤)增加到22.68亿吨(标准煤)，增长了3.4倍，平均每年增长7.4%，而煤炭从15.21亿吨(标准煤)增加到21.78亿吨(标准煤)，增加了43.2%，平均每年增长2.1%。随着石油消费量的迅速增长，它在能源消费结构中的地位迅速提高，

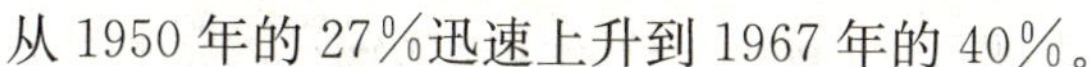

从1950年的27%迅速上升到1967年的40%。

这时，石油已第一次超过煤炭而跃居世界能源消费的第一位，从而取代煤炭成为首位能源，是能源史上又一次划时代的变迁，它标志着人类社会已开始进入能源的"石油时代"，从而完成了第二次能源变革。这时，石油、煤炭和天然气在消费结构中的比重分别为40.4%、38.8%和18.5%，三者合计占97.7%，石油和天然气之和高达近60%。世界能源消费的历史演变如图1-1、1-2所示。

第二次能源结构转换的完成，大约经过了一个世纪，比第一次能源转换（经历了130年左右）更为迅速。原因如下：

① 石油资源的不断发现，为开发利用石油作为能源提供了物质基础，同时，科学技术进步，使油田的大规模开发利用成为可能。20世纪50～60年代，美国、中东、北非等地区相继发现了许多大型油田，并展开了大规模的开发和出口。

② 石油开采条件好，生产成本低（按热量计算，石油生产成本只相当于煤炭的1/3），而且储运比煤炭方便。

③ 石油可燃性能好，单位热值高（高于煤炭1倍和木炭的3～4倍），利用价值大且使用方便。

④ 价格便宜。国际石油垄断组织为了从发展中国家掠夺大量廉价石油，竭力控制世界石油贸易，压低油价，使油价低于煤价一半（当时每桶石油1.75～1.8美元），这使主要资本主义国家纷纷弃煤用油。廉价的石油大量涌进世界能源市场，从而加速了石油取代煤炭的进程。

⑤ 世界主要能源生产和消费大国能源结构的变革，对整个世界能源结构的转换进程起着决定性作用。但各国进入"石油时代"的进程因其能源资源、能源政策、经济技术水平等的差别而有所不同。首先完成替代煤炭进入"石油时代"的是美国，其次是加拿大和意大利，它们均是20世纪50年代初期完成能源转换的。其后依次是日本、法国、前联邦德国、英国和前苏联。

美国之所以成为第一个确立以石油为主的国家，主要原因是：从20世纪初开始，美国现代工业和现代交通迅猛发展。从生产上看，美国石油产量从1913年的3349万吨持续增长到1950年的2.84亿吨，增长了7.5倍，平均年增长6%，而同期煤炭生产处于停滞状态，从5.7亿吨减少到5.08亿吨。从消费上看，美国石油消费量的增长速度远远超过煤炭，从1929年到1950年间，石油消费量每年平均增长1.7%，而煤炭每年却下降0.70%。石油生产和消费速度增长，必然加速石油取代煤炭的转换过程。美国石油垄断集团在拉丁美洲和中东控制了许多石油产地，廉价的石油得以大量的输入。1950年美国石油输入量达到2500万吨，这对美国的能源转换过程起到了加速作用。1951年，石油在美国的能源消费结构中的比重超过了煤炭，达到38.9%，这标志着美国开始进入能源消费的"石油时代"。

西欧是世界上能源消费量最大的地区之一，其能源转换速度无疑直接影响世界能源结构的巨大变化。20 世纪 50 年代，西欧的能源消费以煤炭为主，约占 70%，石油消费约占 20%。但进入 20 世纪 60 年代，西欧从中东、北非大量进口廉价原油，成为世界上最大的石油进口地区。1960 年，西欧进口石油 1.7 亿吨，占世界的 44.6%。1970 年，进口石油迅速增加到 6 亿吨，占世界的比重上升至 51.2%。石油消费量的迅速增长，使其在西欧能源消费结构中的比重也随之上升，煤炭比重随之下降。到 20 世纪 60 年代中期，除英国外，西欧大部分国家基本上完成了石油的转换过程，开始进入"石油时代"。

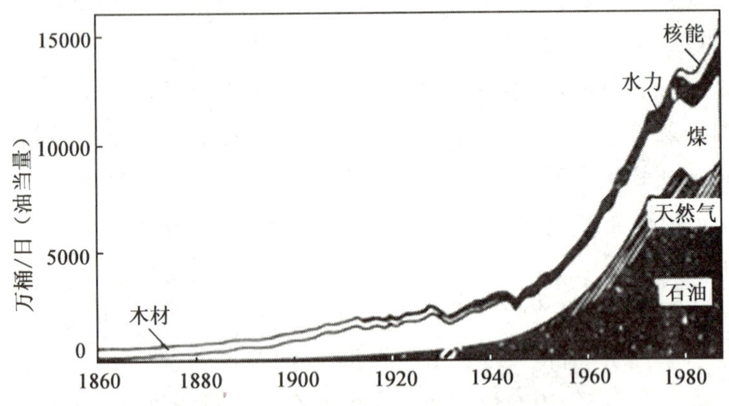

图 1－1　世界能源的消费历史

资料来源：世界石油经济，中国石油天然气总公司情报研究所，1991 年第 2 期.

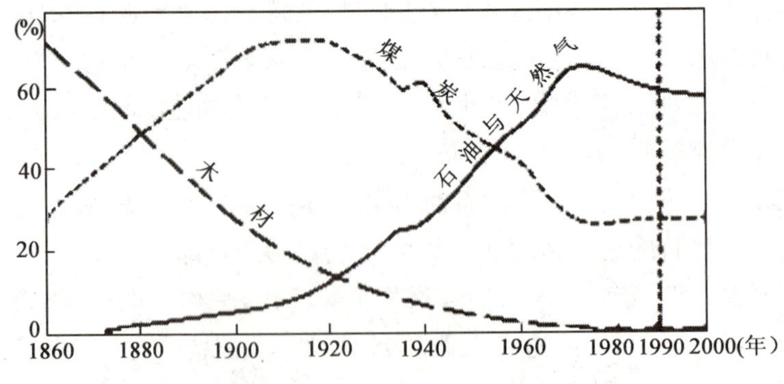

图 1－2　世界能源消费结构的演变

资料来源：世界石油经济，中国石油天然气总公司情报研究所，1991 年第 2 期.

日本是缺能源的经济大国，绝大部分依靠进口能源。而 20 世纪 50 年代以前，日本是以消费煤炭为主的，1950 年煤炭在能源消费结构中的比重高达 85.4%，石油仅占 4.2%。20 世纪 60 年代日本积极推进"能源革命"，开始大量进口中东石油，使石油替代煤炭的进程迅速推进。到1963年，煤炭消费的比重从1960年的58.3%下降到44.0%，而石油则从34.3%迅猛上升到48.6%。大量的进口石油加速了日本完成替代能源的转换。

前苏联是煤炭和石油资源丰富的能源大国，也是世界上重要的产煤大国和产油大国，能源结构变革晚于西方工业发达国家。20世纪60年代中期，煤炭在能源消费结构中的比重还占一半左右，石油占30%左右，到1974年石油在能源消费结构中的比重开始超过煤炭，分别占36.9%和35.8%。如果考虑天然气，则在1965年前苏联就进入了"石油时代"，这一年油、气在能源消费结构中的比重已合计达到49.6%。

世界主要发达工业国家石油能源转换的完成，进一步推动了生产力的大发展。石油无论对老的工业部门（如钢铁、电力、造船、汽车、飞机制造等），还是对新兴的工业部门（如电子、航天等）的发展和布局，均起到了巨大的推动作用。此外，自20世纪60年代以来，石油作为新兴化学工业部门的重要原料，推进了石油化学工业的发展。因此，石油工业的发展使世界上出现了现代化的经济体系和各种新型的工业区。

第二节　第三次能源变革中石油的战略地位

——替代石油战略方向不可逆转

一、石油时代能持续多久①

石油取得能源替代性的地位之后，不多久，全球就爆发了能源危机，这给迅速增长的石油消费迎头一棒，使其增长速度开始减缓，而冷落的煤炭又重新受到重视。这一变化趋向反映在能源消费结构上，表现为石油的优势地位开始下降，煤炭则呈上升之势。但这并不否定石油在能源变革中仍将继续处于举足轻重的战略地位，为争夺石油爆发的海湾战争和利比亚战争就是有力的证明。

第一次能源危机爆发之后，世界各国开始设法提高能源自给率并采取节能对策。尤其是石油消费大国，除采取节能措施外，纷纷转向寻求新的替代能源。但由于种种原因，替代能源的变革进展缓慢，在短期内没有哪一种能源能达到取代石油的替代性地位。1986年油价开始暴跌，刺激了石油消费大国寻求替代能源的积极性，也影响了开源节流政策的推进，并巩固了石油消费大国对石油的需求和对海湾的依赖。据美国《石油情报周刊》1990年5月报道，过去四年中，发达工业国家对进口石油的依赖程度重新达到20世纪70年代末的高峰。

从人类社会所经历过的两次能源变革看，替代石油的能源变革是不可逆转的发

① 姜忠尽. 世界能源结构变革的特点与趋势[J]. 世界石油经济，1991(4)：1-7.

展趋势。再从当代生产技术和科学水平发展趋势来看，新能源技术、微电子技术、空间技术、海洋生物工程技术、遗传工程技术、新材料研究等的发展，无疑将根本改变旧的生产体系，不断形成新的生产部门和新的生产地域体系，这就要求能源也必须作相应的变革，要求能源有可再生、高效能、分散、多样化的特点，这就使能源多样化的发展趋势不可避免。能源多样化也将推进替代能源的变革过程，人类终将进入多元化新能源时代，即从传统的矿物能源系统转变为可再生的持久性能源系统。在这一长期、艰巨、复杂的能源转换过程中，需经过一个替代石油的过程，即当前的第三次能源变革。当今的高油价刺激了新能源的发展，这将加快人类进入新能源时代的进程。①

据英国石油公司(BP)研究，未来 20 年世界能源消费量将增长 40%，其中石油在能源消费中的占比将从 2010 年的 33.56%下降到 2030 年的 28.0%，而天然气同期则从 23.8%上升到 26.8%，而煤炭则在 25%～30%之间波动，三者仍然是能源消费的主体。因此，世界各大能源公司争夺油气资源的力度有增无减，见表 1－2。

两次能源变革反映了能源系统的动态变化规律、特点及其推动力，并给我们两点启示：第一，能源变革的动力是新技术革命；第二，一种新能源渗入到全社会市场，需要一个缓慢的替代过程。之所以是一个缓慢的过程，其中一个重要原因就是任何一种新能源的推广过程都受到巨大的惯性压力，包括社会、经济、技术上的惯性。人们生产方式和传统习惯的改变是缓慢的，需要相当长的时间，往往需要两代甚至几代人的时间才能见效。设备的改造和更新需要一定的时间和资金，因为工业建筑、能源类建筑的使用周期一般需要 25～50 年或更长，不能指望一蹴而就。总之，能源技术革新、能源品种替代周期在逐渐缩短，但能源技术和能源结构的更新换代仍然需要经历很长时间。此外，新能源的开发和推广应用都需要巨大的资金和技术力量的投入。

从 2011 年世界能源消费结构上看，石油仍高居首位，占 33.1%，其他依次为煤炭、天然气、水能、核能、再生能源，分别占 30.3%、23.7%、6.4%、4.9%、1.6%。前三者合计占能源消费总量的 87.1%。② 这表明现阶段能源格局中处于主体地位的仍然是不可再生的化石能源。因此，完成替代石油的过程需要相当长的时间。从石油到以天然气、水电、核能、太阳能、风能、生物质能为主的多元能源的新时代有望在本世纪中期实现。③

① 世界能源发展的变革趋势及其特点. xmecc. xmsme. gov. cn/2009－4/200944132447. htm.

② BP 世界能源统计年鉴，2012 年 6 月.

③ 世界能源消费结构的变化.

二、走向多元能源结构时期①

石油时代向高效、清洁、低碳或无碳过渡，形成以天然气为主的多元能源结构。进入21世纪，美国发动阿富汗战争和伊拉克战争，新的能源危机席卷全球，油价节节攀升，石油的短缺和枯竭问题成为多国制定能源战略必须应对的挑战。悲观者和乐观者各执一词：前者认为石化能源具有枯竭性，石油能源大都已被发现，能源危机不可能靠从已知待开发的油气资源开发来解决，也不太可能再发现新的大型油气区；乐观者认为，世界油气资源相当丰富，至今仅探明了一部分，随着科技的发展和勘探技术的提高，新的油气区将不断被发现。

从世界能源消费结构变化趋势可以看出(如图1-3所示)，石油消费量增长缓慢，占比趋降，天然气增长较快，占比趋升，水电、核能、可再生能源日益重要，可以断言，以石油为主角的消费结构已开始向以天然气为主的多元能源转变。到本世纪中期，石油的主角地位将被天然气替代，但天然气登上像石油那样绝对主角地位的局面难以再现，只能处于相对优势地位。预计到20世纪30年代将形成天然气、煤炭、石油与水电、核能、可再生能源组成多元能源结构(如图1-4所示)，但在不同国家不同地区，它们均以自己的优势或以新的利用方式发挥着替代能源的作用。②

当今世界经济向低碳和无碳经济发展的大势是不可逆转的，十多年来，多种形式的新能源得到不同程度的开发利用，其中大多为可再生能源和无碳能源，这种能源趋向低碳化的走势是大势所趋。因此，世界能源正经历一个新的转折点，以石油为能源消费主角地位的能源结构在逐步向替代性的多元能源结构过渡。最有希望的替代能源天然气和核能将逐步成为能源消费的主体，新能源如生物质能、太阳能、风能、地热能、海洋能、核聚变能，因其具有种类多、资源潜力大、污染小、可再生(除核聚变能外)等优势，日益受到各国的重视，并得到积极开发，利用前景广阔，它们不仅能满足人类对能源日益增长的需要，而且还能使人类在生产、生活方面保持洁净而无污染的环境。但必须看到，新能源因其资源分散、能源密度小、转化利用技术尚不完全成熟、生产成本高于化石燃料等不利因素，难以大规模开发利用，在相当长的一段时期内它们在能源消费结构中的作用还很有限，人们还不得不主要依赖传统的化石能源。①

---

① 姜忠尽.世界能源结构变革的特点与趋势[J].世界石油经济，1991(4)：1-7.

② 董秀丽.世界能源战略与能源外交(总论)[M].北京：知识产权出版社，2011：37-40.

表 1－2　世界能源消费结构

%

能源	1985	1990	1995	2000	2005	2010	2020	2030
石油	39.44	38.89	38.15	38.50	36.11	33.56	29.66	28.05
天然气	20.42	21.60	21.97	23.53	23.61	23.81	24.14	26.83
核能	4.93	6.79	5.78	6.42	5.37	5.22	5.52	6.71
水电	7.75	5.56	8.09	5.35	5.74	6.46	5.52	6.10
可再生能源	0.42	0.25	0.29	0.21	0.46	1.32	4.83	6.71
煤炭	27.04	26.91	25.72	25.99	28.70	29.63	30.34	25.61

资料来源：1. 1985—2010 根据 BP 世界能源统计年鉴世界消费量图核算；
2. 2020，2030 根据 BP，"Energy Outlook 2030"，January 2012，pp. 10. 核算.

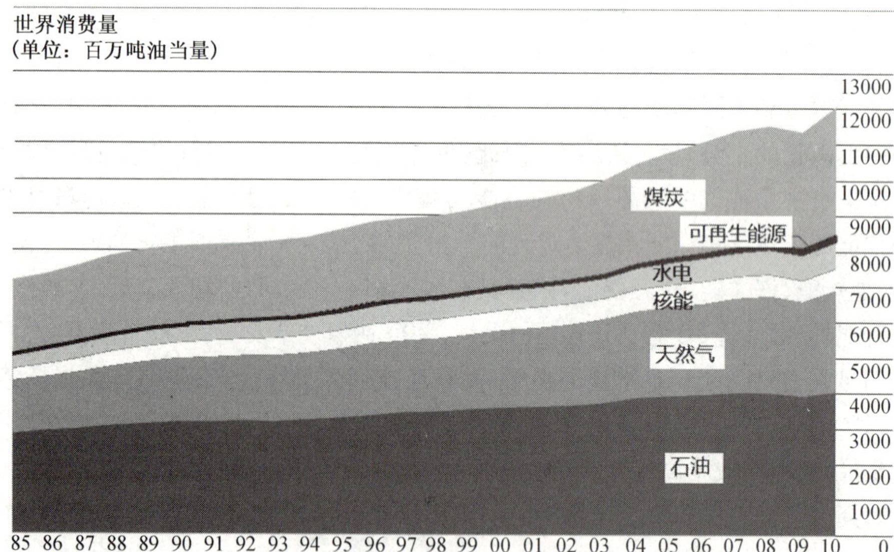

2010 年，世界一次能源消费量增加 5.6%，是 1973 年以来最强劲的增长. 石油、天然气、煤炭、核能、水电以及用于发电的可再生能源增速均高于平均值. 石油仍然是主导性燃料（占全球总消费量的 33.6%），但其所占份额连续 11 年下降，煤炭在总能源消费中占比继续上升，天然气的占比达到历史最高纪录.

图 1－3　1985—2010 年世界能源消费结构

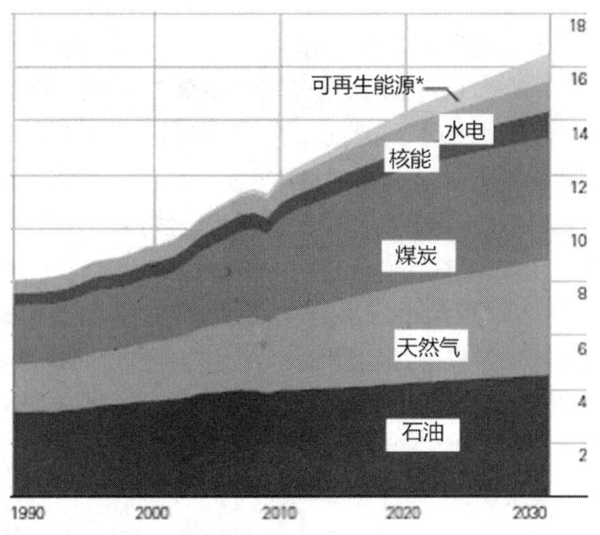

图 1-4　1990—2030 年世界能源消费结构

资料来源：BP，"BP Energy Outlook 2030"，January 2012，pp. 10. http://www.bp.com/liveassets/bp_internet/globalbp/STAGING/global_assets/downloads/O/2012_2030_energy_outlook_booklet.pdf.

三、最有希望的替代能源

1. 天然气①②

天然气因其具有石油相当的优点，正在发展成为理想的一次能源，在替代能源变革中的地位日益显要。

20 世纪 70 年代以后，在世界石油价格日益上涨的形势下，天然气作为替代能源首先受到重视，在世界能源消费结构中的地位迅速上升，已占 20%以上。天然气没有经历过石油工业那种兴衰不定的过程，现在正方兴未艾地向前发展，天然气的开发利用正引领着世界能源消费结构的变革。其原因有以下几点：

(1) 资源量较大而分布不像石油那样高度集中于海湾地区。据报道，世界天然气常规储量约 472 万亿立方米，非常规储量为 921 万亿立方米，资源量远大于石油。2011 年世界天然气探明可采储量为 208.4 万亿平方米，其中中东占 38.0%，欧洲及欧亚大陆占 38.0%，北美占 5.0%，拉美占 4.0%，亚太占 8.0%，非洲占 7.0%。世界蕴藏有天然气的国家已有 80 多个，其中俄罗斯、伊朗、卡塔尔居世界前三，分别占世

① 姜忠尽. 世界能源结构变革的特点与趋势[J]. 世界石油经济，1991(4)：1-7.

② 天然气将主导全球能源结构变革[N]. 经济日报，2011-9-27.

界的23.9%和15.8%和13.5%。①

(2) 天然气的开采进展迅速。自20世纪80年代以来天然气产量继续快速增长,速度超过石油近1.5个百分点。目前开采主要分布在欧洲,2010年海湾地区产量仅占世界的14.4%,这种地理分布特点,一方面有利于扩大开发区域范围,有利于以天然气为主要能源的能源地域体系的形成;另一方面,从能源供应的安全和稳定性上考虑,一般来说天然气不像石油那样深受政治、经济、军事等多种因素的严重困扰而造成在供应上的不安全感,提高天然气的消费比重,有助于缓解国际能源市场,尤其是西方能源消费大国对石油的依赖程度,也有助于国际能源市场的稳定。

(3) 天然气对环境污染较小,其液化、储存、运输的安全可靠性超过核电。天然气是一种相当清洁的燃料,以天然气为动力,其释放的二氧化碳相当于等量煤炭的一半,比石油低28%。把燃油车辆改成燃气,二氧化碳和活性碳氢化合物的排放量可降低80%以上,而且发动机的保养工作量很小,发动机零件和机油也不需要经常替换。从环境保护着眼,天然气可能成为理想的燃料。在环境保护意识日益增强的情况下,人们开发利用天然气的积极性将明显增强。作为一种清洁高效的化石能源,它是向新能源过渡的桥梁,是低碳经济的重要支柱。

(4) 随着科技的进步,天然气的开发和运输成本在降低,有利于打入能源消费市场。与汽油相比,天然气的价格便宜,热电厂燃气比燃煤便宜一半,价格上的竞争优势,必然促进天然气供需总量的增加。

鉴于上述因素,作为替代能源的天然气是有广阔发展前途的。许多国家视天然气为"未来战略资源",已开始将投资转向天然气,近年来,世界天然气开发利用步伐明显加大。大规模开发利用天然气资源,既是各国积极应对全球气候变暖的现实选择,也是维护国际能源安全的重要战略部署。天然气在世界能源消费结构中的地位已从1990年的19.5%提高到2010年的23.81%,预测到2030年将进一步上升到26.8%。国际能源机构报告预测,到2035年,全球天然气需求总量将达到5.1万亿立方米,约占全球能源需求的25%,全球天然气消费量将达到4.5万亿立方米。

2. 煤炭

煤炭具有量大价廉的优势,在能源市场上仍有持久的竞争力,2011年,世界煤炭探明可采储量为8609.38亿吨,其中烟煤和无烟煤4047.62亿吨,占总储量的47.0%,次烟煤和褐煤4561.76亿吨,占53.0%,还可采112年,远远超过目前已探明的其他矿物能源。煤炭资源分布主要集中在北半球,约占世界总储量的95%。美国、俄罗斯、中国、澳大利亚、印度五国的煤炭储量合计约占世界的75%。煤炭能源丰富的国家大力开展煤炭开发利用已成为他们能源政策的基础,在今后许多年内,

① BP世界能源统计年鉴,2011年6月.

煤炭仍是世界上发电的主要原料，热电仍然是世界电力三大支柱之一。然而，煤炭应用关键是尽快采用先进的洁煤技术和新的能源利用形式，即煤的气化和液化，将固体燃料转换为液体燃料，这是煤利用的发展方向，世界发展低碳经济的要求，已受到煤炭资源丰富国家的重视和研究。

从长远的能源资源开发利用看，煤是最可靠的能源基础和化工原料，从煤炭中可以制取几乎所有必要的有机化学产品、人造石油和合成气，这是石油最好的替代燃料。因此，煤的转化工艺则是这种替代燃料最有希望的手段。加强煤转化技术研究，以煤为原料采用焦化工艺，以焦炉煤气转化成合成气制取甲醇，采用煤液化技术生产汽油、柴油等液体燃料，已成为今后的发展方向。在当今发展低碳和无碳经济的大势所趋的形势下，使用洁净煤技术生产的液体燃料降低对进口石油的依赖程度，对煤炭资源丰富、而又大量进口石油的国家来说有着重大意义。

总之，随着技术上的进步，今后煤炭的利用方式趋于多样化，利用范围趋于广泛，对石油的生产和布局将会产生相当大的影响，在能源消费结构的变革中仍将占据主体地位，预测到2030年比重仍保持在25.6%。

3. 核能[①]

核能可用于发电，又可以直接产生热能，其最大的优势是单位质量燃料释放的能量大[②]，就核电事业而言，其主要产品核电具有优化能源结构、改善环境质量的特殊功能。当今，能源、资源、环境问题已成为困扰各国社会经济发展的重要制约因素。发展核能是解决这三大问题的重要途径和手段之一。核能利用是解决能源问题必经之路，它在能源中的比例将逐渐增大，从而改善能源供求矛盾加剧的状况。20世纪70年代以来，世界核电的高速发展显示了其在替代能源变革中的重大作用。当前，人类在利用核裂变能方面技术已较成熟，发展规模正不断扩大，不仅发达国家，而且有些发展中国家也在积极研究和开发利用。因此，核能已成为很有开发前途的替代能源之一。截至2010年，全世界正在运行的核电站共计441座，总发电量3.7亿千瓦，占世界总发电量的16%，主要分布在工业化国家。拥有10座以上正运行的核能国家共计有12个；美国、法国、日本、俄罗斯、韩国、英国、印度、加拿大、德国、乌克兰、中国、瑞典等，美国居首，拥有104座，其次为法国和日本，分别拥有58座和54座。核能之所以受到许多国家重视，主要是因为它具有无以取代的优点[③]：

(1) 地球上储量最丰富的能源资源。铀和钍矿按能量计算，相当于有机燃料的20倍，只要及时有效开发利用，就有能力替代和后续有机燃料。

---

① 世界核电站概况. 2011上海市经济和信息化委员会版权所有：webmaster@sheitc.gov.cn.

② 1公斤铀(U-235)聚变能相对于2500吨煤的能量.

③ 世界核能发展现状. wenku.baidu.com/view/76cc6297daef5ef7ba0d . 2011-11-11.

(2) 核电经济远优于火电，核电厂造价虽高于火电，但燃料费低于火电，火电厂燃料费占发电成本的40%～60%，而核电只占20%。而且核燃料运输量仅为煤运量的十万分之一，大大减轻了交通运输负担。

(3) 以核燃料代替煤和石油，利于资源的合理利用，煤和石油是化学工业和纺织工业的宝贵原料，而且储量有限，用作化工和纺织原料远比用作燃料的价值高。

(4) 核电是清洁能源，有利于环境保护。

核能为发达国家克服能源不足发挥了重要作用。核电站需要大量的冷却水，一般建在海边，大部分分布在北美、欧洲和东亚，如图1-5所示。

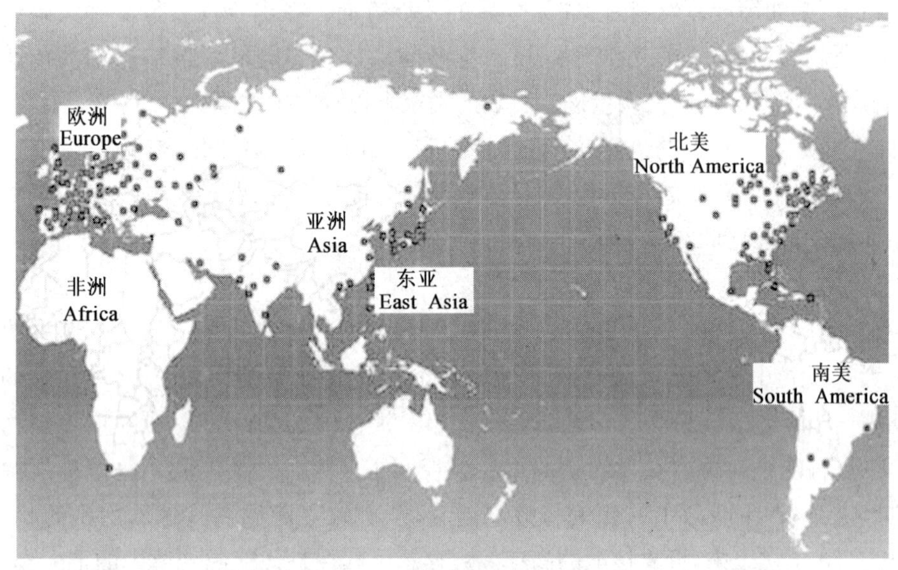

图1-5 世界核电站分布图

由于核电资源、技术经济、社会等因素的影响，核电的投资和发展在不同的国家和地区很不平衡，西欧、北美、日本仍然是重点发展核电的地区，一些常规能源贫乏的发展中国家和地区也在积极研究、建设核电站。全球在建核电机组63台，装机容量6000万千瓦，主要集中在中国、印度、俄罗斯等国家。

出于对环保、生态和世界能源供应等考虑，核电作为一种安全、清洁、低碳、可靠的能源，越来越多的国家开始发展核电，已有60多个国家正在考虑采用核能发电。到2030年前，估计将有10～225个国家加入核电俱乐部，新建机电机组，到2030年，全球的核电装机容量将增加40%。目前，世界已研发出第三代核电技术，以提高核电安全性、可靠性和经济性。① 目前，世界各国的核电运行机组数量如图1-6所示，

① 世界核电站概况. 2011上海市经济和信息化委员会版权所有：webmaster@sheitc. gov. cn.

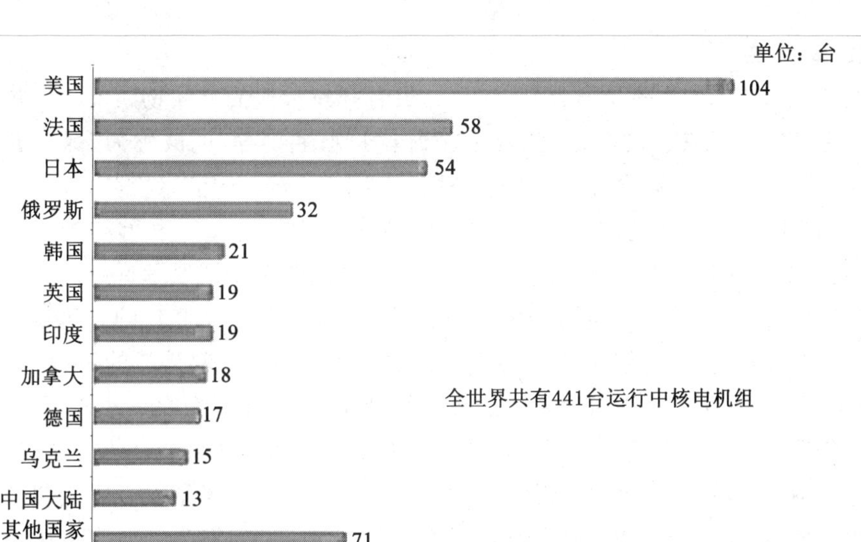

图 1－6　世界各国核电运行机组数量(截至 2010 年 10 月)

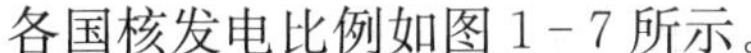
各国核发电比例如图 1－7 所示。

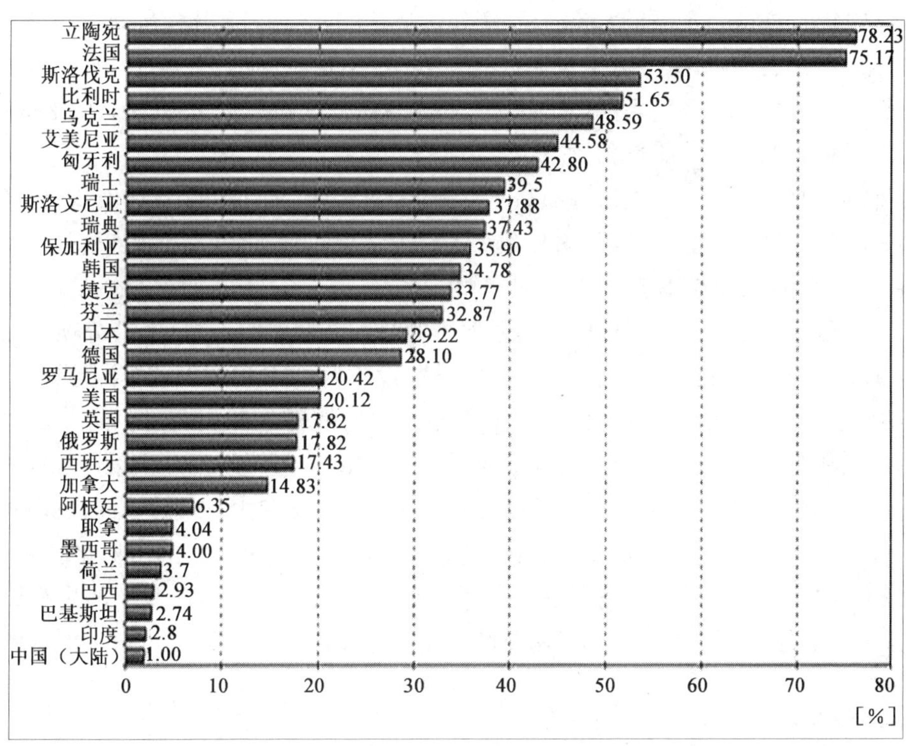

图 1－7　2009 年各国核发电比例图

注：中国台湾核发电比例为 20.7%.

4. 生物质能[①]

在开发新能源的探索中，最引人注目和最有开发价值的是生物质能。生物质能是指绿色植物本身具有的能量，如森林、农作物、水生物等，也被称为“绿色能源”。生物质能资源丰富、遍布全球、可再生、环境污染小、开发利用前景广阔，在未来世界能源结构中将占有重要地位。根据生物学家估算，地球陆地每年生产1000亿～1250亿吨生物质，海洋年生产500亿吨生物质。生物质能的年生产量远远超过全世界总能源需求量，仅地球上每年植物的光合作用固定的碳就达到200亿吨。每年通过光合作用储存在植物的枝、茎、叶中的能量约相当于世界每年燃料消耗的10倍。到21世纪，采用新技术生产的各种生物质能替代燃料将占全球总能耗的40%以上。

生物质能往往是以沼气、压缩成型固体燃料、气化生产燃气、气化发电、生产燃料酒精、热裂解生产生物柴油等形态被加以利用，很多国家都在积极研究和开发利用生物质能，进一步挖掘生物质能潜力。[②] 生物质直接以固态利用一直是传统的利用方式，至今其仍被广泛地用作燃料，它不仅在发展中国家的农村地区被用作主要能源，就是在某些发达国家也被某些部门用作燃料。气体和液体燃料是生物质能极好的利用形式，人们通过化学或生物学方法将生物质能转化为酒精、氯气和甲烷，从而大大提高其能量利用率。目前许多国家已能利用作物秸秆、粮食加工残渣、木薯、椰壳、甘蔗渣、牲畜粪便等来生产酒精，例如每吨甘蔗可产出65升含量90%的酒精。

国外研究表明，某些植物中可生产炭、乙醇等燃料，可应用于汽车、飞机的发动机，其成本与汽油差不多。科学家们认为，每吨生物质能可产生1840千瓦时的能量，相当于两桶石油产生的能量。

非洲具有丰富的农业生物量和森林生物量，据统计，其能源量分别为2.98亿吨和42.4亿吨，其合计能源量在55.9百万亿～795.0百万亿Btus(英国热量单位)，占世界23.6%，仅次于拉丁美洲，位居世界第二。

大多数非洲国家制定了地区或国家性质的“生物能计划”，并且大部分项目在最近几年中已得到实现。主要投资方是外国投资者、国际非政府组织或非洲地方团体。

欧盟的一些公司对开发非洲生物质能生产生物燃料十分积极，例如，英国太阳生物公司在坦桑尼亚种植9000公顷的麻风树，用以生产生物柴油。据测算，每公顷可生产约2500公升生物柴油。荷兰、英国、瑞典、日本、加拿大、挪威、德国、巴西等也纷纷登陆非洲，计划在坦桑尼亚、加纳、埃塞俄比亚、莫桑比克、纳米比亚、塞内加尔、尼日利亚、赞比亚、津巴布韦等国种植能源作物如麻风树等以推进非洲的生物原料的生产，使非洲能源更加多样化。南非已把发展生物燃料作为发展可再生能源的主

① 姜忠尽.世界能源结构变革的特点与趋势[J].世界石油经济，1991(4)：1－7.

② 董秀丽.世界能源战略与能源外交(总论)[M].北京：知识产权出版社，2011：25－26.

攻方向，建设了生物乙醇工厂。①

第三节　非洲能源在世界能源格局中的战略地位不断上升

人类社会进入石油时代以后，世界能源结构迅速形成了以石油为主角，煤炭、天然气为次构成的能源消费主体格局，2010年三者在能源消费结构中合计占87.1%，表明至今能源结构中仍以不可再生的化石能源居主体地位。世界各地区三大能源在能源结构中的地位虽有不同，但同居于主体地位。非洲也不例外，三大能源在非洲能源消费结构中的地位分别为41.70%、25.57%、25.36%，仅油气两者合计就占总量的67%，这反映非洲能源消费对油气的依赖程度高于其他地区，而核能源、水电和可再生能源的开发利用水平远比其他地区低下。

(1) 非洲作为世界上重要的能源生产和供应基地，是20世纪50年代起大规模发现石油以后才兴起的。石油开采业的迅速兴起被称为20世纪60年代非洲经济发展最引人注目的现象之一。采油业的迅速崛起不仅促进了世界能源格局的变化，而且也改变了非洲主要产油国在世界能源供应中的国际地位，同时也改变了昔日贫穷落后的面貌，成为石油"暴发户"。例如，利比亚昔日为非洲贫穷落后的农牧业国家，油气的开采和出口使其成为世界级的能源大国。

(2) 非洲油气工业的发展也使非洲工业布局发生了重要变化，北非油区和西非几内亚湾油区成为世界级的油气产销基地，北非地中海沿岸成为世界重要的石油化工生产基地之一。

据统计，非洲在20世纪60年代原油的探明储量和开采量以跳跃式速度上升，1960年石油探明储量还只有10.92亿吨，仅占世界的3.0%，而到1970年增长到61.37亿吨，占世界的比重上升到8.3%。原油的开采量增长同样迅猛，同期从1385万吨迅猛增长到2.9亿多吨，10年陡增了20多倍，成为世界石油开采业的奇迹，原油出口到1970年达到历史高峰的2.83亿吨，同期猛增26倍多，占世界总出口量的24.16%。天然气工业同样发展迅速，探明储量从1961年的1.54万亿立方米迅速增长到1970年的5.42亿立方米，开采量和出口量1970年分别达到33.92亿立方米和15.55亿立方米，非洲天然气的出口在世界市场，尤其是欧洲市场上占有重要的地位。②

---

① 李荣刚.种植能源作物开发非洲生物液体燃料[J].农业工程技术(新能源产业)，2009(2).

② 张同铸，姜忠尽，等.非洲石油地理[M].北京：科学出版社，1991：33－37.

20 世纪 70 年代的两次石油危机，激起了整个世界经济的动荡，世界各石油消费大国开始采取节能措施的同时，积极寻求新的替代能源，以降低对石油的依赖程度，使石油消费量明显减少，直接影响非洲石油工业的正常发展。

(3) 进入 20 世纪 90 年代，随着世界经济的发展，非洲能源同世界能源一样又上升到快速发展的阶段。伴随世界经济快速发展对石油的依赖，非洲石油的勘探和开采均进入快速发展时期，石油探明储量从 1990 年的 80.10 亿吨增长到 2000 年的 127.38 亿吨；同期原油开采量从 3.2 亿吨增长到 3.7 亿吨，原油出口量大致稳定在 2.5 亿～3 亿吨，分别占世界的 12％和 14％，非洲石油在世界石油市场的地位进一步上升。

(4) 进入 21 世纪，非洲石油工业延续了 20 世纪 90 年代蓬勃发展的态势。十年间，非洲原油探明储量从 127.38 亿吨增加到 180.15 亿吨，增长了 41.4％，占世界的比重上升到 9.5％，同期原油的开采量和出口量分别进一步增加到 4.78 亿吨和 3.72 亿吨，分别占世界的 12.2％和 14％，是世界六大产油区中仅次于中东、欧洲及欧洲大陆、北美的第四大产油区和仅次于前两者的第二大石油出口地区。2010 年天然气的探明储量、开采量和出口量分别占世界的 7.9％、6.5％和 10.7％。① 2010 年非洲主要能源在世界能源中的比重见表 1－3。

表 1－3　2010 年非洲主要能源在世界能源中的比重　　％

能源	探明储量	开采量	出口量
石油	9.5	12.2	14.0
天然气	7.9	6.5	10.7
煤	3.7	3.9	—
铀	33.2	—	—

资料来源：BP 世界能源统计年鉴，2011 年 6 月.

第四节　世界能源消费大国在非洲的能源争夺愈加激烈

一、非洲已成为世界能源消费大国激烈争夺之地

(1) 从目前世界石油消费和进口格局来看，亚太、北美和欧盟是三大石油消费和石油缺口最为严重的地区，美国、中国、日本、印度、德国等石油消费大国均需大量进口石油来满足消费需求，无疑加剧石油市场的争夺。更为严峻的是，随着世界经济

① BP 世界能源统计年鉴，2011 年 6 月.

社会的发展，尤其是新兴发展中国家的快速发展，对能源的需求量将持续增加。据美国能源情报署（EIA）预测，到2020年，世界能源需求量将达到128.9亿吨（油当量），2025年进一步增加到136.5亿吨（油当量）。这就预示着，能源消费大国对石油的争夺将日趋激烈，争夺手段也更加复杂多样。

（2）据国际能源署（IEA）预测，到2020年，中国、印度等亚太地区大国的石油的进口依存度分别高达77%和91.6%。具有丰富能源资源的非洲无疑将是展开激烈争夺的必争之地。

在世界能源市场石油价格剧烈震荡之际，能源供求矛盾日益尖锐之时，为保证自身的能源安全，各能源消费大国之间及其与能源生产大国之间，展开了激烈的明争暗斗，号称"世界油库"的海湾地区剑拔弩张。西方石油消费大国纷纷寻求其他油源，以实现石油进口渠道多元化和降低对石油的严重依赖程度。作为新兴的油气生产供应基地的非洲，在世界能源格局中的地位愈加重要，成为世界能源消费大国激烈争夺的战场。西方石油消费大国凭借先进的勘探、开采技术和雄厚的资金及管理经验，各自制定对非能源的战略，力争在非洲的能源争夺中占据有利地位。目前，非洲已成为中国仅次于中东地区的第二大原油来源地，成为中国开发海外石油资源的最佳选择之地。无疑，非洲也是中国与西方石油消费大国博弈的战场。

（3）从非洲在世界石油市场的地位迅速上升的历史进程中可以看出，跨国石油公司早就登陆非洲，大肆勘探和开采。例如，1973年，英荷壳牌、英国、海湾等9家公司控制着尼日利亚98.1%的石油开采；西方、埃及、马拉松、大陆等18家公司控制着利比亚86.7%的石油开采。西方石油公司对非洲石油工业的垄断程度由此可见一斑。目前，在非洲能源的勘探、开发、生产、储运等环节经营的西方石油公司多达50家以上，其中西方所谓"七姐妹"[①]在非洲的能源争夺中处于绝对优势地位。据统计，目前有400多家外国石油公司在非洲有勘探合同区块面积，占非洲合同区块面积的近80%。[②]

二、世界主要能源消费市场对非洲石油的争夺日趋激烈

1. 美国

美国是世界最大的能源消费和进口大国。2010年美国石油消费和进口量分别高达8.5亿吨和5.77亿吨，占世界总量的21.1%和21.8%。过去，中南美和中东一直是美国石油进口的主要来源地。世界能源消费严重依赖石油，石油消费又严重依赖中东的能源格局，使海湾地区成为世界能源消费大国博弈最为激烈之地，号称"世

① 指世界7大石油公司：埃克森-美孚石油公司、英荷壳牌石油公司、英国石油公司、雪佛龙-德士石油公司、道达尔石油公司、大陆-菲利普斯石油公司、埃尼石油公司.

② 范姗姗.大国逐鹿非洲油气[J].能源，2011(1)：86-88.

界油库”的中东成为激发动荡的火药库，动荡不安。因此，美国实施能源多元化战略，调整能源进口来源地。据统计，美国 2000 年从中南美和中东地区两地的石油进口量仍高占美国石油进口量的 23.1％和 22.65％，其次是非洲，占 14.5％。随着美国能源战略多元化战略的实施，从中东地区的石油进口逐渐减少，2005 年减少到 1.165 亿吨，占比下降到 17.47％，退居非洲之后，而从非洲的石油进口量上升至 18.5％，这一上升趋势仍在延续，据预测，到 2015 年非洲石油将占美国石油输入 25％。到 2030 年，占比将进一步上升到 30％。因此，美国已经把抢滩石油作为其全球能源战略部署的重要步骤，以确立其在世界能源地缘政治格局中的主导地位。① 这一进口来源地的战略性转变，对美国的能源安全战略具有十分重要的战略意义。2010 年，非洲已成为美国超过中南美和中东的最大石油进口来源地，三者的占比变为 23.61％、22.9％和 18.0％，这表明美国已完成了寻求油气资源进口多元化的战略转型，如表 1－4、图 1－8 所示。美国这一能源战略重心成功向非洲转移，标志着美国已实现对世界两大油源地的战略控制。从非洲石油进口的区域分配上看，西非油区是美国最大的油源地，占比为 14.5％，北非占 5％，尼日利亚和安哥拉已成为美国石油进口重要来源。

表 1－4　美国石油进口来源地构成

地区	2000		2005		2010	
	美国石油进口量/百万吨	占美国石油进口量的比重/％	美国石油进口量/百万吨	占美国石油进口量的比重/％	美国石油进口量/百万吨	占美国石油进口量的比重/％
墨西哥	67.8	12.3	81.8	12.3	63.5	13.3
中南美洲	127.1	23.1	140.9	21.1	109.3	22.9
中东	124.5	22.7	116.5	17.5	86	18.0
非洲	80.7	14.7	123.2	18.5	112.7	23.6
其他	149.5	27.2	240.3	30.6	105.8	22.2
世界	549.6	100.0	666.7	100.0	477.3	100.0

资料来源：根据 BP 世界能源统计年鉴数据编制.

2. 欧盟

欧盟是世界上最大的能源消费地区和第二大能源市场，油气一直是两大主要能源，约占能源消费的 65％以上，但其自身的能源资源十分有限，远不能满足自身巨大的能源需求，能源对外依存度很高。据统计，欧盟本身石油产量只能满足消费的

① 张爽. 世界能源战略与能源外交(美洲卷)[M]. 北京：知识产权出版社，2011：141.

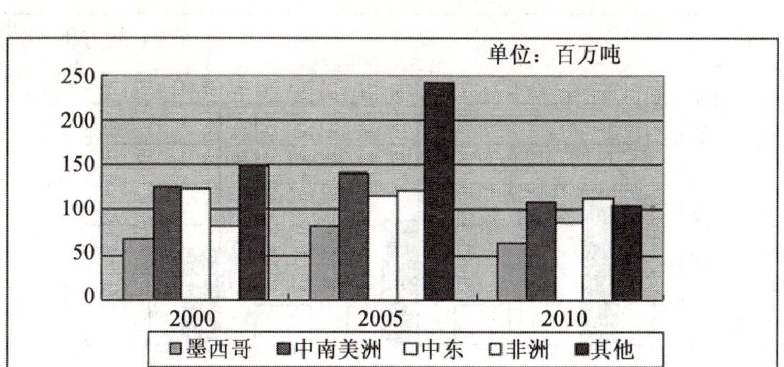

图 1-8 美国原油进口来源地构成

15%，天然气自给率也只有 37%左右。因此，欧盟一直是世界能源进口依存度最高的地区。据统计，到 2030 年，欧盟 94%的石油、84%的天然气和 59%的固体燃料需要进口。① 因此，欧盟的能源战略中能源安全是最为关键的问题。过去，中东、前苏联、非洲一直是西欧三大石油进口来源地，北非油区一直是西欧传统的油气供应地。21 世纪以来，欧盟与非洲建立了长期的能源合作，非洲在欧盟能源战略棋盘中的地位趋于上升，每年从非洲平均进口石油 1.3 亿吨左右，仅次于从前苏联地区的进口量如表 1-5、图 1-9 所示。据报道，欧盟计划与世界银行合作，在非洲修建重要的能源运输基础设施，以便将撒哈拉以南地区的天然气输送到欧盟，以大大提高欧盟的能源安全系数。法国在与非洲能源合作上有着传统的优势，法国的埃尔夫等石油公司在尼日利亚、安哥拉、喀麦隆、乍得和加蓬等国石油合作项目成效卓著。英荷壳牌石油公司成为尼日利亚规模最大的石油公司。为配合欧洲石油公司的行动，欧盟推出《对非战略文件》，目的是巩固欧洲国家在非洲的传统利益，尤其是石油利益。

表 1-5 欧盟石油进口来源地构成

地区	2000		2005		2010	
	欧盟石油进口量/百万吨	占欧盟石油进口量的比重/%	欧盟石油进口量/百万吨	占欧盟石油进口量的比重/%	欧盟石油进口量/百万吨	占欧盟石油进口量的比重/%
前苏联	164.2	29.9	287	43.8	295.2	49.5
中东	192.5	35.1	156.1	23.8	116.7	19.5
非洲	132.3	24.1	131.6	20.1	128.7	21.6
其他	59.8	10.9	80.7	12.3	55.1	9.2
世界	548.8	100.0	655	100.0	596.7	100.0

资料来源：根据 BP 世界能源统计年鉴数据编制.

① European Commission，DG TREN，Eurostate，2006，24.

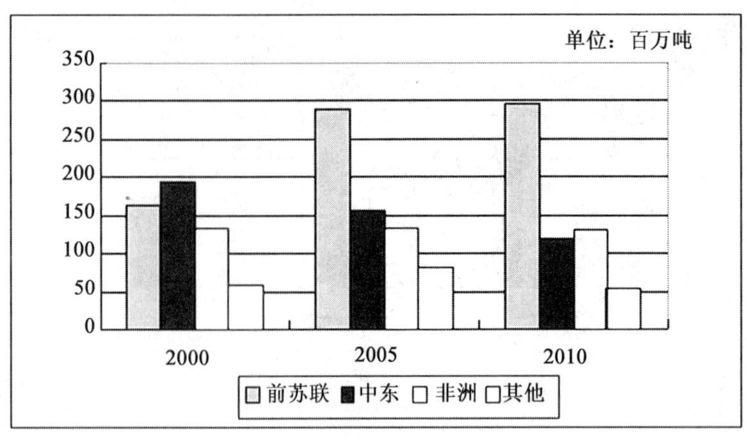

图 1-9　欧盟进口来源地构成

3. 中国

美国和欧盟在非洲能源争夺中相对于中国处于优势地位。中国经过 20 世纪 90 年代以来与非洲国家能源合作取得积极的进展，非洲已成为中国海外能源供应的战略重点地区，这不可避免地使非洲成为世界三大能源消费市场美国、欧盟、中国的能源博弈战场。中国的石油过去主要从印度尼西亚、马来西亚等亚太国家进口，由于这些国家石油消费的增长，削减对外出口，中国只得寻求新的石油进口源地。1992 年中国开始从非洲进口原油，但进口量有限，仅占进口总量的 4%，随着中非能源合作的推进，到 2005 年从非洲进口原油迅速增加到 3850 万吨，占进口总量的比重迅速上升到 23%以上，进口来源也增加到 9 个，主要有安哥拉、刚果、赤道几内亚、加蓬、尼日利亚、利比亚、苏丹等国，至此，非洲已成为中国仅次于中东的第二石油进口来源地。近几年，中国从非洲进口石油基本稳定在 6000 万吨以上，占比重 22%～25% 如表 1-6、图 1-10 所示。2011 年中国从非洲进口原油 5797 万吨，占中国原油进口总量的 23%，其中，从南北苏丹进口原油 1300 万吨，其他原油从安哥拉、利比亚、阿尔及利亚、刚果、尼日利亚、喀麦隆、加蓬、加纳、赤道几内亚、乍得、埃及、刚果(金)和毛里塔尼亚等国进口。[①] 丰富的非洲石油资源是中非能源合作的重要基础，中国能源企业以优惠贷款、承包工程、相互贸易和投资办厂等多种形式与非洲国家开展能源合作，有力地促进了非洲经济的腾飞和繁荣。同时，非洲石油对保障中国的海外能源供应具有日益重要的战略意义，世界石油消费大国在非洲的争夺也日益激烈。因此，进一步加强、深化和完善中非能源合作，建立和巩固中非能源海上运输安全通道，是保障中国能源安全的必然战略选择。

① 王成安. 中非能源合作不可或缺[M]. 中国能源报，2012-7-26.

表 1－6　中国石油进口来源地构成

地区	2000		2005		2010	
	中国石油进口量/百万吨	占中国石油进口量的比重/%	中国石油进口量/百万吨	占中国石油进口量的比重/%	中国石油进口量/百万吨	占中国石油进口量的比重/%
中东	38.4	43.5	67.4	40.4	118.4	39.0
非洲	16.9	19.1	38.5	23.1	66.5	21.9
前苏联	4.7	5.3	19.6	11.7	33.3	10.9
亚太地区	22.6	25.6	30.3	18.2	28.8	9.5
其他	5.7	6.5	11.1	6.7	56.7	18.7
世界	88.3	100:0	166.9	100.0	303.7	100.0

资料来源：根据 BP 世界能源统计年鉴数据编制.

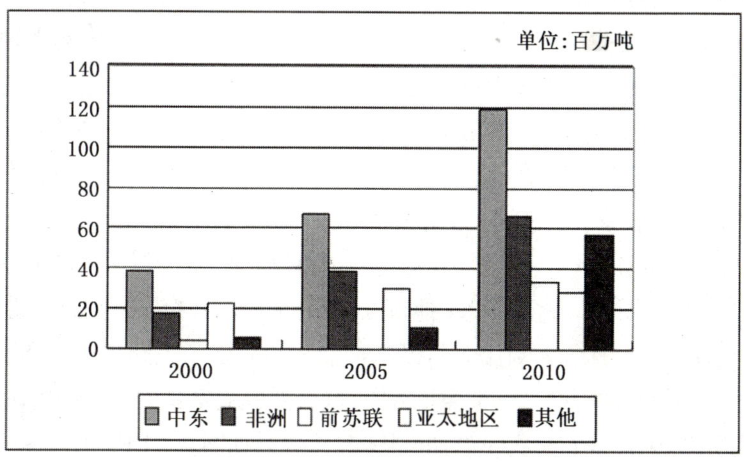

图 1－10　中国原油进口来源地构成

第二章

非洲能源资源的空间分布规律与特点

第一节　非洲油气资源

一、非洲油气资源的空间分布规律

非洲作为世界上重要的能源供应基地出现，是20世纪50年代起大规模地发现了石油以后才开始的。当时正处在世界能源消费结构由煤炭向石油的转换时期，石油成了人们梦寐以求的能源。非洲的能源资源是多样的，它们的生成系以非洲的地质地理背景为基础。非洲在地质上是一个古老的稳定地台，只有西北部的阿特拉斯山和西南部的开普山为褶皱带。在漫长的地质过程中，由于古生代“泛非热力构造幕”的活动，在大陆边缘地带，形成了许多拗陷，相应的，后来在中生代和第三纪形成了身后的海相沉积。非洲边缘沿海有许多沉积盆地，它们或处于地台和褶皱带的过渡带（如阿尔及利亚），或处于古地中海区（如利比亚的锡尔特盆地），或处于大陆板块分离两侧的宽大陆架区（如尼日利亚海岸盆地）。按照世界石油、天然气藏富集的特点和规律，这些都是盛产油气的所在，因而找到了大量的油气田，具体分布如图2-1所示。

自从发现油气资源以来，非洲油、气藏探明储量一直呈快速增长的趋势。20世纪50年代中期，在北非的撒哈拉、西非的几内亚湾和大西洋沿岸先后发现重要的含油气盆地，非洲进入了石油勘探史上的转折时期。1960年，石油的探明可采储量还只有10.92亿吨，占世界的3.0%，石油的开采从陆地向海上发展，而1970年，则猛增到61.28亿吨，增加了5倍，占世界比重上升到8.3%；天然气储量1961年为15414亿立方米，1970年上升到54237亿立方米，增长了2.5倍。[①] 从1970年开始，油气储量呈现缓慢的增长趋势，20世纪末期，越来越多的非洲国家和地区发现油田和气田。伴随着石油工业的快速发展，非洲以其巨大的油气资源活力，成为世人瞩目的油气勘探新地区。近年来，在非洲地区的石油发现主要集中在西非几内亚湾和

① 张同铸，姜忠尽．非洲能源资源及其开发利用前景[J]．非洲地理第24期（内部刊物）．

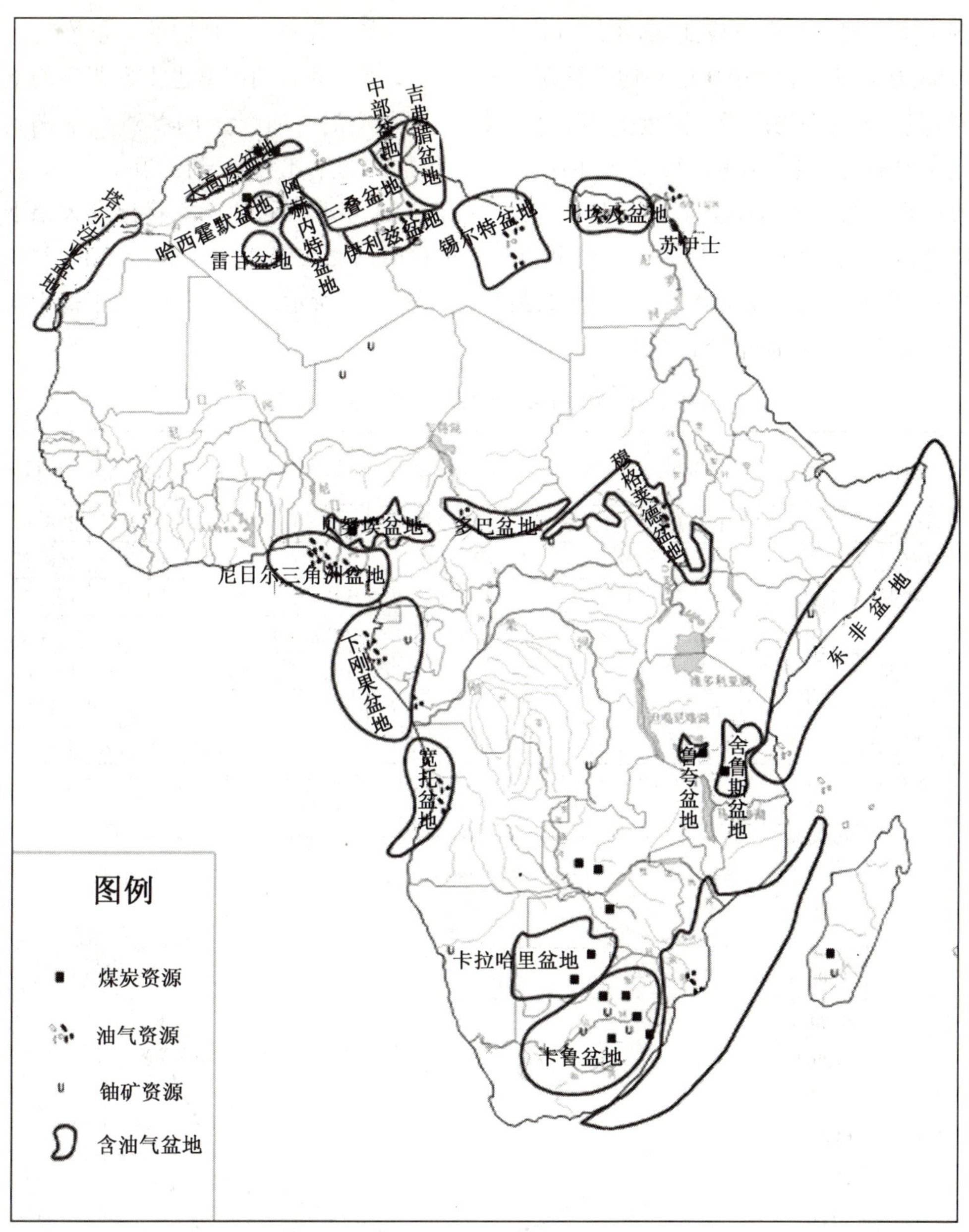

图 2－1　非洲能源资源分布图

北非地中海沿岸，截至 2010 年，非洲石油剩余探明储量为 17.4 亿吨，占世界的 9.6%。同时非洲天然气开发进展神速，非洲大陆拥有天然气储量 14.66×1012 立方米，占世界总储量的 7.9%。① 2011 年，非洲多个重点产油国因国内形势影响产量出

① 数据来源：BP 世界能源统计年鉴. 2011 年.

现下降。利比亚由于战乱，到 8 月份石油生产几乎完全停滞，11 月初的产量恢复到 6.85 万吨/日，估计全年的平均产量在 0.3 亿吨；安哥拉的石油产量也出现明显的下滑，截至 8 月平均产量下降近 10%；南苏丹自 7 月独立后石油产量下降 5% ；非洲其他主要的石油生产国的产量未发生明显变化，仅加纳的朱比利油田在 2010 年 12 月投产带来约 0.89 万吨/ 日的产量。因此，估计 2011 年非洲石油产量将出现大幅下降，降幅可能达 10%。1980—2011 年世界石油探明储量如表 2 - 1、图 2 - 2、图 2 - 3 所示；世界天然气探明储量如表 2 - 2、图 2 - 4、图 2 - 5 所示。1980—2010 年每十年的世界石油探明储量分布如图 2 - 6 所示。

表 2 - 1　1980—2011 年世界石油探明储量　　亿吨

地区	1980	1985	1990	1995	2000	2005	2010	2010 年百分比	2011
北美洲	126.11	139.07	131.34	121.46	93.95	82.76	101.41	5.4%	296.67
中南美洲	36.48	85.78	97.56	114.22	133.55	141.10	326.59	17.3%	443.85
欧洲	134.46	107.74	110.21	111.43	147.21	193.32	190.50	10.1%	192.46
中东	494.33	588.88	899.71	904.75	950.28	1030.54	1026.45	54.4%	1084.38
非洲	72.89	77.80	80.10	98.14	127.38	160.37	180.15	9.5%	180.59
亚太地区	46.25	52.77	49.49	53.54	54.70	55.52	61.59	3.3%	56.33
世界总计	910.51	1052.04	1368.42	1403.53	1507.07	1663.61	1886.69	100.0%	2254.28

数据来源：1980—2010 年，BP 世界能源统计年鉴. 2011 年. 2011 年，BP 世界能源统计年鉴. 2012 年.

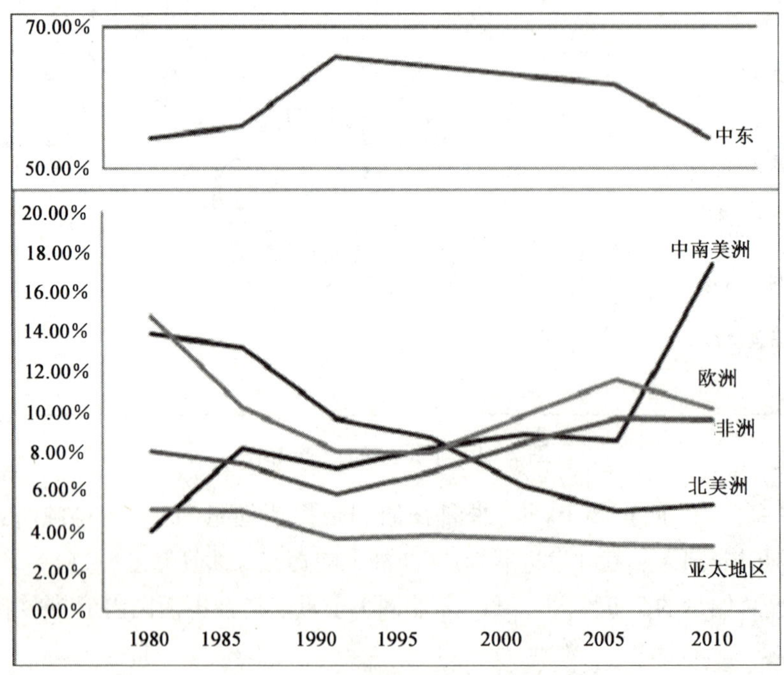

图 2 - 2　世界分区石油探明储量比重图

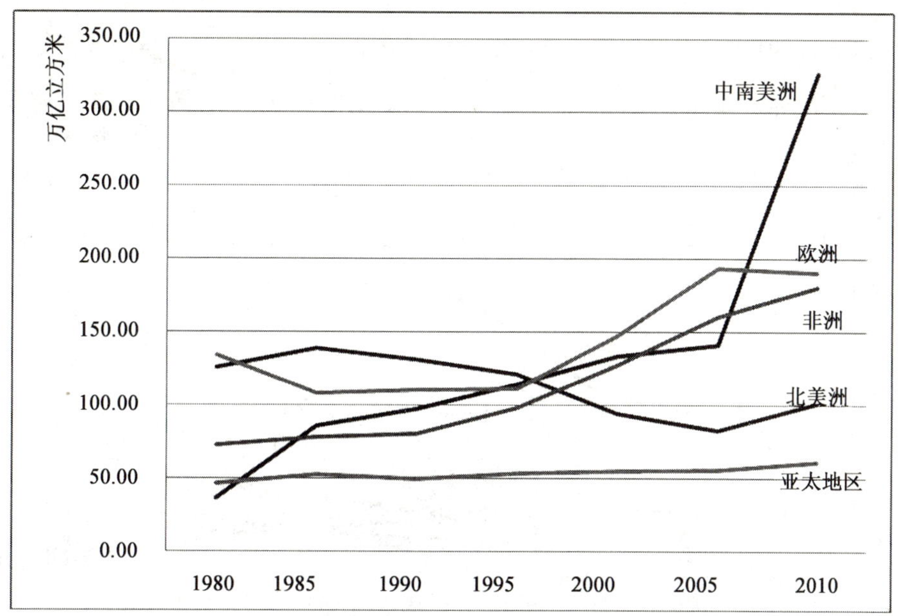

图 2-3　世界各洲石油探明储量曲线图

数据来源:BP 世界能源统计年鉴. 2011 年.(由于中东所占百分比一直超过 50%,为了便于图表可观性未绘于图中)

表 2-2　1980—2011 年世界天然气探明储量　　万亿立方米

地区	1980	1985	1990	1995	2000	2005	2010	2011	2011 占比/%
北美洲	10.0	10.4	9.5	8.5	7.5	7.8	10.3	10.8	5.2
中南美洲	2.7	3.2	5.2	5.9	6.9	6.8	7.5	7.6	3.6
欧亚大陆	33.2	40.4	54.5	57.0	55.9	57.3	68.0	78.7	37.8
中东	24.7	27.7	38.0	45.4	59.1	72.8	79.4	80.0	38.4
非洲	6.0	6.2	8.6	9.9	12.5	14.1	14.5	14.5	7.0
亚太地区	4.5	7.5	9.9	10.5	12.3	13.5	16.5	16.8	8.0
世界合计	81.0	95.4	125.7	137.3	154.3	172.3	196.1	208.4	100.0

数据来源:BP 世界能源统计年鉴. 2011 年.

非洲共有 75 个盆地,沉积盆地的总面积为 1515 万平方公里,占非洲大陆总面积的 50%①。陆上盆地 64 个,分为五大类型:内陆拗陷盆地、被动大陆边缘盆地、裂谷盆地、三角洲盆地、褶皱带和前陆盆地。而非洲海域和海上盆地的面积,目前尚未准

① 李国玉,金之钧. 世界含油气盆地图集[M]. 下册. 北京:石油工业出版社,2005:251.

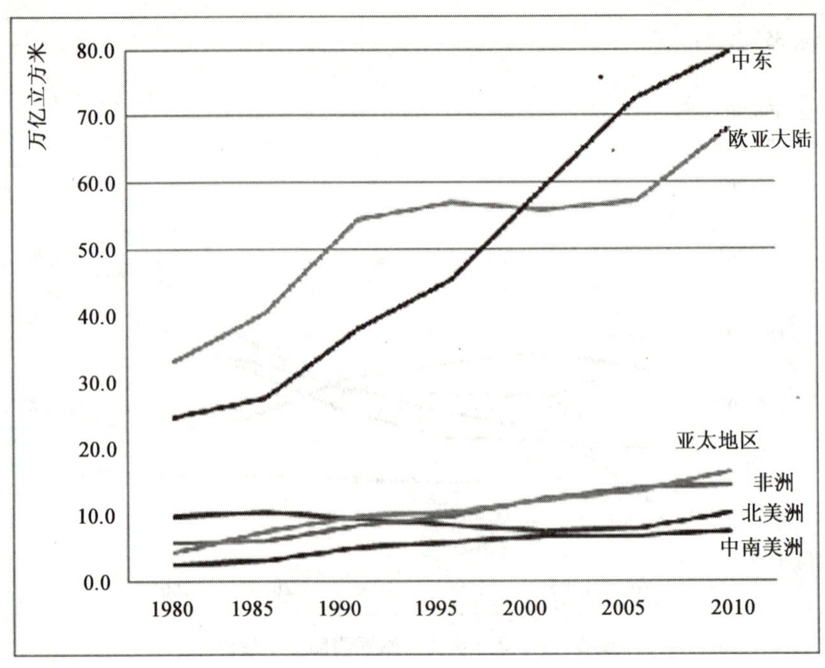

图 2-4　世界各洲天然气探明储量曲线图

数据来源:BP 世界能源统计年鉴. 2012 年.

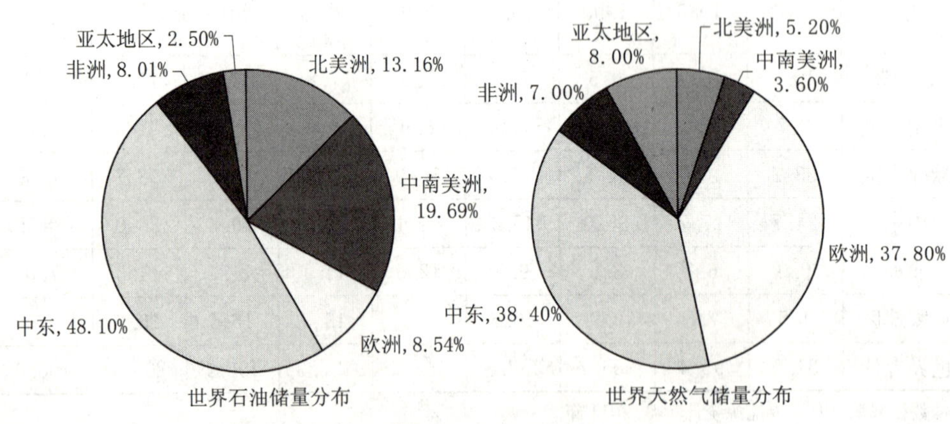

图 2-5　世界石油和天然气储量分布图(2011 年)

确确定。

非洲的油气资源主要赋存于地台内部的负向地区和滨海地带的沉积盆地内,非洲有油气希望的沉积盆地面积约为 1302.8 万平方公里,约占世界的 17.6%,占非洲总面积的 43%。其中陆上沉积盆地为 1172.5 万平方公里,占世界的 22.9%。海上

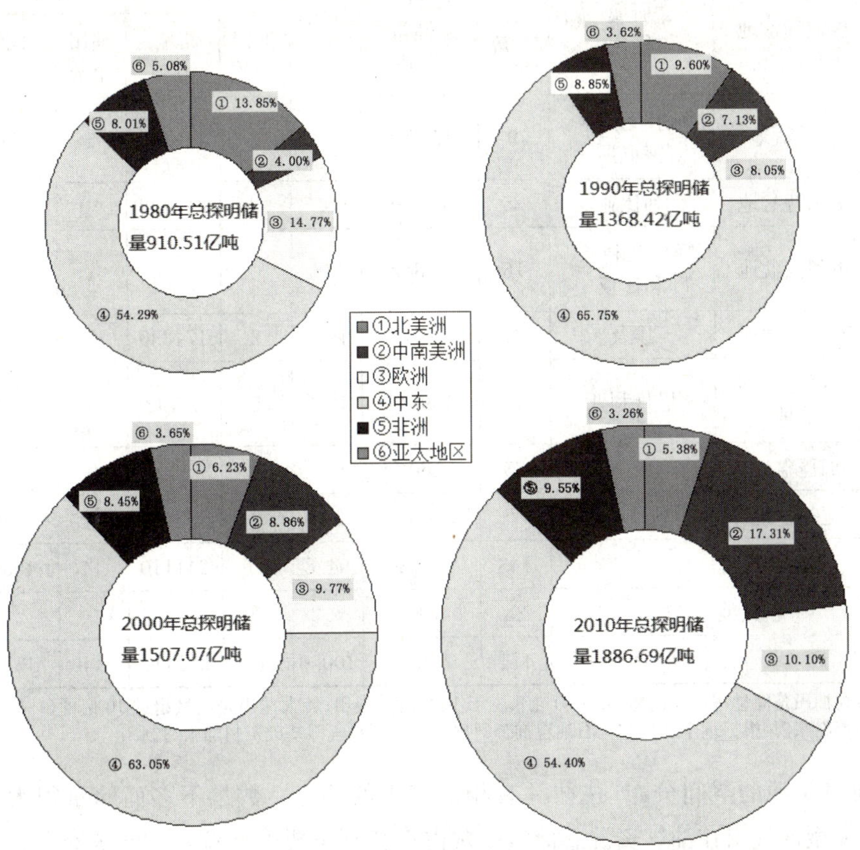

图 2-6　1980、1990、2000、2010 年世界石油探明储量分布图(百分比)

资料来源:BP 世界能源统计年鉴.

沉积盆地只有 130.3 平方公里,仅占世界的 5.7%,在世界各洲中是最小的。[①] 已探明的石油储量 56%分布在北非地区,属于陆上石油,海上石油集中于几内亚湾一带。许多能源专家把这一地区视为世界石油储量最丰富的地区之一,见表 2-3 所示。至今在非洲约有 21 个已见油气沉积盆地,但实际进行大规模开采的只有非洲北部的三叠盆地、伊利兹盆地、锡尔特盆地、苏伊士盆地和非洲西部的尼日尔三角洲盆地、加蓬盆地、下刚果盆地和宽扎盆地。

---

① 姜忠尽,殷会良. 非洲石油——世界工业强国战略争夺的新宠[J]. 国际经济合作,2006(11):13.

表 2-3　非洲主要含油气盆地石油资源①

	含油气盆地	所属国家	油田个数	原始可采储量/万吨	占比/%	大油田		特大油田	
						油田个数	储量/万吨	油田个数	储量/万吨
非洲北部	三叠盆地	阿尔及利亚、突尼斯	9	151548	19.6	2	142460	1	123288
	锡尔特盆地	利比亚	25	331096	42.7	2	205480	10	286986
	伊利兹盆地	阿尔及利亚、利比亚	16	27842	3.6	0	0	1	12329
	苏伊士盆地	埃及	21	72511	19.6	2	171230	2	32877
非洲西部	尼日尔三角洲盆地	尼日利亚	42	149041	19.2	5	42192	0	0
	加蓬盆地	加蓬	23	1604	0.2	0	0	0	0
	宽扎盆地	安哥拉	7	1088	0.1	0	0	0	0
小计			143	734730	94.8	11	941110	14	455478
其他			28	40119	5.2	0	0	0	0
合计			171	774849	100.0	11	941110	14	455478

注:大油田是储量超过 5 亿桶(6850 万吨)、少于 10 亿桶的油田;特大油田是储量超过 10 亿桶(1.37 亿吨)的油田;资料来源:根据瑞士和爱尔兰石油咨询公司出版的非洲油气田基础资料加工编制.

油气资源的空间分布,往往具有相对集中的特点。数量不多而储量很大的大型、特大型油气田在油气资源总储量中常占有特别重要的地位,表 2-3 充分说明了油气资源空间分布的这一特征。从表中可以看出,非洲石油最富集的盆地是北非的克拉通带盆地、苏伊士裂谷盆地和西非尼日尔河三角洲盆地。北非克拉通带的锡尔特盆地和三叠盆地,是非洲最重要的两大含油气盆地,且多为纯气田和油气田。尼日尔河三角洲,是非洲大陆西部边缘最重要的含油气盆地,已发现 200 多个油田,天然气与石油伴生。

1. 北非油气资源

北非大陆分布的沉积盆地很多,西起大西洋,东至西奈半岛,东段狭窄,西段宽广。北非撒哈拉地台区横亘东西。海西运动形成伊利兹盆地等一系列构造盆地,海西运动以后出现了三叠盆地,是北非最重要的含油气盆地之一。白垩纪中期的断块运动和后来的沉降作用,形成以锡尔特盆地为典型的若干断陷盆地,生成一系列大型油气田。

① 张同铸,姜忠尽,等. 非洲石油地理[M]. 北京:科学出版社,1991:8.

撒哈拉大沙漠拥有许多大型沉积盆地，是北非主要的产油盆地，西起阿尔及利亚，东到苏伊士湾，有主要含油、气盆地 7 个，已探明的世界级大油田有 30 个，蕴藏着油、气 88.8 亿吨和 8.1 亿立方米，分别占整个非洲探明储量的 55.5%和 55.4%。这里主要有突尼斯的皮拉吉安盆地、阿尔及利亚北部和突尼斯南部的三叠盆地、阿尔及利亚东南部至利比亚境内的伊利兹盆地、阿尔及利亚中部的阿内特盆地、利比亚境内的锡尔特盆地以及埃及北部的北埃及、尼罗河三角洲、阿布哈拉丁、红海几个沉积盆地。其中尤以利比亚的锡尔特盆地、阿尔及利亚的哈西梅萨乌得盆地和波利尼亚盆地以及埃及的苏伊士湾盆地油、气资源最为集中，包括 7 个储量在 1.4 亿吨以上的特大油田（阿尔及利亚的哈西梅萨乌德，利比亚的萨里尔、阿马勒、贾洛，埃及的穆尔甘、雷马丹）和 5 个储量在 1000 亿立方米以上的特大气田（阿尔及利亚的哈西梅萨乌德、鲁尔德努斯、希巴汉，埃及的阿布基尔和利比亚的哈提吧），都属于 50 个最重要的油区之列。①

值得一提的是锡尔特盆地，它主要是白垩纪和第三纪的中、新生代油田，沉积层深厚，油田密集，已知可采储量达 71 亿吨，约占利比亚已发现可采石油储量的 90%。② 目前该盆地有 292 个油田，其中大油田 21 个，③且接近海岸，利于开发，具有更加广阔的前景。阿尔及利亚的三叠盆地，地温梯度和古构造是控制油气分布的主要因素。早白垩纪形成的构造一般含油，第三纪形成的构造一般倾向于含气。大约有 90%的石油聚集于寒武系，其余则主要见于三叠系。三叠系厚层岩盐下的碎屑岩地层中探明的油气地质储量占全盆地的 34.3%，其中天然气和凝析气占了全盆地的 98%，而石油只占全盆地 10.6%。据统计，在三叠盆地内已发现 50 多个油田，石油地质储量达 23×10^{8} 吨；已发现 37 个气田，天然气地质储量达 4×10^{12} 立方米。

苏伊士盆地地处亚非两大洲的交界处、红海丘陵和西奈地块之间，呈西北-东南走向，长 350 公里，宽 80 公里。自从 1909 年发现第一个杰姆塞油田以来，现已找到 24.7 亿吨地层油，剩余可采储量约在 6 亿吨以上，大部分位于海上。

2. 西非几内亚湾——大西洋沿岸油气资源

西非几内亚湾和尼日尔三角洲一带，拥有一系列的沉积盆地，包括尼日利亚、加纳、科特迪瓦、利比里亚、喀麦隆、加蓬、刚果、刚果（金）、安哥拉的沿海及其附近海域，油田主要位于沿海的三角洲及其附近的大陆架上，属于中生代、新生代的沉积，被誉为第二个“海湾地区”。这里蕴藏着 664655.5 万吨的石油和 54888.25 亿立方米

① 姜忠尽，马奔. 非洲解决能源供求矛盾对策探讨[M]//姜忠尽. 第二届“走非洲，求发展”论坛论文集. 南京：南京大学出版社，2011：127.

② 王维田. 利比亚石油工业发展对外合作之二，2004.

③ 数据来源：利比亚锡尔特盆地的石油地质特征. 中油网，2007-9-24.

的天然气，分别占全非洲的42.5%和40%，拥有尼日尔河三角洲和卡宾达两大油区，[①]是今年来非洲乃至世界石油勘探和开采的新热点。这里同时还包括加蓬盆地、下刚果盆地和宽扎盆地这三个地质构造。

尼日尔三角洲盆地陆上面积约14万平方千米，海上面积为36万平方千米，石油资源丰富，但分布较分散，从1952年以来共发现590多个油气田，盆地内大油田有限，中小油田多而分散，三角洲砂岩储层叠加，尼日尔三角洲生长断层和滚动背斜是油气藏形成的主要控制因素。尼日尔三角洲盆地已经进行了50年的勘探开发工作，目前勘探重点移向深水区，已有的可采储量为62.04亿吨，累计采油量为43亿吨。[②]

下刚果盆地面积为16.9万平方千米，主要位于海上(15万平方千米)，盆地位于加蓬、刚果、安哥拉(卡宾达省)、刚果(金)和刚果海域。已发现的油气田近50个，规模一般较小，储量不大，属于小型油田。随着深水勘探工作量的增加，下刚果盆地的深水区将会是今后西非油气增长的重要地区。[③]

宽扎盆地位于安哥拉大西洋沿岸，总面积14.4万平方千米，重要部分位于海上，盆地北界以阿布利泽特高地与下刚果盆地分开，南部以阿普特阶盐岩分布的南部边缘为界。陆上仅发现了百万吨储量的小油田，发现很少，海上虽尚无重大发现，但潜力大于陆上。

非洲油气资源具有下列特点：

(1) 油气资源丰富，油气田规模大，分布高度集中。陆上油气资源主要分布在北非，约占非洲储量的2/3，北非的海上油田只见于苏伊士湾，占全非海上油田的14.3%；海上油气资源占1/3，大部分分布在西非的几内亚湾附近的尼日利亚-喀麦隆-安哥拉一带海域。西非拥有60个海上油田，占全非的85.7%。西非除尼日利亚的博莫油田较大外，其他188个油田的平均储量不过1396万吨，气藏主要为油田伴生气。

(2) 原油品种优良。与石油最丰富地区中东相比，非洲石油大多油质好，含硫低，易于提炼加工，适合生产汽车燃油。撒哈拉油区原油质地优良，油质轻，含硫量少，原油平均比重指数(OAPI)为40左右，平均含硫量约0.2%；哈西梅萨乌德油田原油比重指数更高达49，含硫量低于0.15%，为世界各油区所罕见；几内亚湾的石油品种繁多，多为优质轻油，矿物成分极低，平均含硫量在0.2%以下；尼日利亚65%的原油比重指数在35以上，富含汽油和柴油，含硫量不到0.1%；安哥拉原油比重指数

---

① 数据来源：oil and gas，American，2006：52.

② 李国玉，金之钧. 世界含油气盆地图集[M]. 下册. 北京：石油工业出版社，2005：321.

③ 刘剑平，潘校华，马君，等. 西部非洲地区油气地质特征及资源概述[J]. 石油勘探与开发，2006(35)：383.

在 32 至 39.5 之间，含硫量在 1.12%至 0.14%之间；加蓬原油比重指数在 30 至 35 之间；刚果（布）原油含硫量仅为 0.23%；苏丹原油腊质成分高，不含硫，是理想的润滑油原料。

（3）油田钻井成功率高，多为自喷井，勘探成本较低。撒哈拉油区自喷井平均占 67.5%，阿尔及利亚高达 95%，几内亚湾地区的石油更高达 95%以上，尼日利亚达到 100%。[①] 钻井成功率高达 35%，远远高于世界 10%的平均水平。尼日利亚油田干井率低至 25.9%，非洲地区石油的勘探成本仅为 3.73 美元，普遍低于世界其他大洲和地区（如表 2－4 所示）。单井日产量高，两大油区分别高达 330 吨和 110 吨，从而大大降低了开发成本。

表 2－4　世界主要含油气盆地石油勘探开发成本[②]　　美元/桶

非洲	中东	亚太	欧洲	拉丁美洲	美国	加拿大	世界
3.73	3.73	3.2	8.29	4.6	13.3	7.17	5.3

（4）油气田地理位置优越，方便出口运输。几内亚湾地区位居非洲大西洋海运交通要冲，许多油田位于海上，沿海位置便于修建油港，相比中东的石油出口运输，更方便与西欧、北美消费市场进行便捷的海运连接。撒哈拉油区与西欧仅仅相隔地中海，运输不受海峡的控制，能源出口运输安全能得到有效保障，同时成本更加低廉。

二、非洲油气资源的国家分布

1. 利比亚

利比亚拥有丰富的油气资源，为非洲地区重要的欧佩克石油生产国。利比亚作为非洲第一石油大国，崛起较晚，20 世纪 50 年代开始大规模油气勘探，在荒凉的不毛之地沙漠地下发现了丰富的油藏。截至 20 世纪末，发现油田 300 余个，其中大油田 21 个。石油剩余可采储量大致保持在 30 亿～40 亿吨，2000 年以后，迅速增加到 50 亿吨。2010 年，石油储量为 55.59 亿吨，居世界第九位，非洲第一位，占全非的 35.15%；天然气剩余探明可采储量为 15490 亿立方米，居非洲第四位。北部的锡尔特盆地已发现 292 个油田，探明的石油储量占利比亚总储量的 96%。[③] 同时利比亚油气资源勘探潜力较大，目前已勘探区域仅占国土面积的 25%，陆上和海域都拥有许多未勘探的区域，未探明石油储量预期可达 1000 亿桶。

---

① 南京大学地理系非洲经济地理研究室. 帝国主义对非洲石油资源的掠夺和非洲人民的反掠夺斗争[J]. 非洲地理资料第 6 期（内部资料）：5.

② 钟延秋，孙国庆，等. 富有勘探开发潜力的非洲石油资源[J]. 大庆石油地质与开发，2002，21(2)：80.

③ 李国玉，金之钧. 世界含油气盆地图集[M]. 北京：石油工业出版社，2005：27.

2. 尼日利亚[①]

尼日利亚位于被誉为世界海上油气区“金三角”的非洲西部海区，油气资源储量大。油气资源勘探始于20世纪初期，至50年代中期未获发现。1956年在尼日尔河三角洲发现了第一个商业性油田，1964年发现了第一个海上油田——奥坎油田。石油探明储量从1965年的3.4亿吨迅速上升到1970年的7.6亿吨。随着三角洲海上和陆上油田的大发现，探明可采储量1975年跃升到17.6亿吨，20世纪八九十年代，基本稳定上升至20亿～35亿吨。2010年，该国共有油田约480个，以中小型油田为主，油田面积虽小，但油品好、产量高。该国向西班牙和法国供应LNG，向贝宁、多哥、加纳输送管道天然气。[②] 2010年，尼日利亚石油储量为44.55亿吨，仅次于利比亚，居非洲第二位，世界第十位；天然气储量为5.29×1012立方米，占非洲的35.9%，居非洲首位，世界第七位，天然气为油田伴生气。

3. 安哥拉[③]

安哥拉石油勘探始于20世纪20年代，至1955年发现工业性油田——本菲卡油田。1952年开始在卡宾达地区开始油气勘探，直到1966年陆上未发现油田。此后转入海上勘探，发现玛隆哥油田储量高达2亿吨，接着又不断发现油田，使安哥拉石油储量大幅增长。20世纪90年代石油储量从2亿多吨迅速增长到7亿吨。2000年以后增长更为迅速，2010年，石油储量上升到16.17亿吨，居非洲第三位，占全非储量的10.22%。安哥拉已发现油田96个，气田6个。油田主要分布在下刚果盆地的卡宾达地区和刚果河三角洲地区，绝大多数为海上油田，此外，宽扎盆地具有盐下层地质结构，最近几年获得了重要的石油发现。安哥拉凭借着海上石油生产成为撒哈拉以南非洲地区继尼日利亚之后的第二大石油生产国。

4. 阿尔及利亚

阿尔及利亚油气资源基础不同于利比亚和尼日利亚，石油探明剩余可开采储量虽不如两国，但天然气储量则独步非洲，并在世界上占有重要地位。阿尔及利亚是非洲出现石油最早的国家之一。早在1892年在谢里夫盆地就发现了稠油。1948年，在霍德纳盆地发现了阿尔及利亚第一个商业价值较大的奥迪盖特里尼油田。20世纪50年代，勘探区域分布扩大到沙漠地区，1956年在伊利兹盆地发现了哈西梅萨乌德特大油田和哈西勒迈勒特特大气田，至1961年共发现了26个油气田。20世纪70年代，石油储量超过了10亿吨。1986年实施新的石油法，进一步推进了石油勘探持续发展。至1995年，已发现油气田207个，50多家外国石油公司从事石油勘探和

① 关增淼，李剑，等．非洲油气资源与勘探[M]．北京：石油工业出版社，2007：198－200．

② 华爱刚，关增淼，关辉．非洲油气资源及主要生产国概述[J]．天然气技术，2007，1(3)：89．

③ 李国玉，金之钧．世界含油气盆地图集[M]．北京：石油工业出版社，2005：335－340．

开发，石油储量超过了12亿吨。2000年以后，石油储量稳步上升到15亿吨。2010年石油探明剩余可采储量14.61亿吨，占非洲的9.24%，有"北非油库"之称。同时阿尔及利亚也是重要的天然气供应商，通过液化天然气的形式供应到欧洲，有到西班牙和葡萄牙的两条管线途径，天然气储量4.5万亿立方米，居非洲第二位。

5. 苏丹

20世纪50年代开始石油勘探，70年代至80年代末发现两个中型油田。20世纪90年代中期，中国油气集团公司参与苏丹大规模油气勘探和油气生产建设。1981—2000年，石油探明储量保持在3亿多吨。2000年以后，石油探明储量迅速上升至7亿吨。2010年，苏丹石油探明储量8.02亿吨，天然气储量相对较少。美国雪佛龙公司在苏丹南部发现一些高产油田后，曾经预言苏丹原油储量"比伊朗和沙特阿拉伯加在一起还要多"。目前，据专家估计，苏丹石油储量超过1800亿桶，仅次于沙特阿拉伯，居世界第二。2011年南苏丹独立后，两个政权为了苏丹的石油资源产生了激烈的争执，原苏丹2/3的石油资源分布在南苏丹。

6. 埃及

埃及是非洲石油工业发展最早的国家，20世纪50年代以来陆续发现了别拉依姆陆上油田、鲁迪斯油田、巴卡尔油田、摩根油田和卡列姆油田等。自从20世纪90年代以来，对油气资源进行大量密集的勘探工作，储量大幅增长，逐渐成为石油天然气大国，苏伊士盆地已有54个油田投入开发，西沙漠区有50个油气田投入开发。[①]苏伊士产区的原油产量最大，占埃及石油总产量的78%；西奈半岛占5%；沙漠地区共占17%。最近20年，尼罗河三角洲发现了世界级的天然气蕴藏带，埃及的能源战略从石油开始向天然气转移。近年探明储量保持在5亿吨左右。

7. 加蓬

加蓬主要含油气盆地为加蓬海滨盆地，油气资源相对集中分布在让蒂尔港以南，一般水深在30～60米，油质轻、含硫低、自喷能力强、便于开采。2010年石油探明剩余可采储量4.41亿吨，占全非的2.8%。

8. 刚果

刚果位于非洲中西部，是仅次于尼日利亚、安哥拉和加蓬的撒哈拉以南非洲第四大石油生产国，石油储量为2.32亿吨，大部分原油位于海上，目前共发现19个油田，其中14个已投产。天然气储量为368万立方米，位居南部非洲第三。

9. 赤道几内亚

赤道几内亚由一个大陆区和一系列岛屿组成，自从1995年开始勘探石油以来，经济快速增长。到2010年，已探明总石油储量为2.04亿吨，这些储量大多数位于石

---

① 关增淼，李剑，等. 非洲油气资源与勘探[M]. 北京：石油工业出版社，2007：206.

油丰富的几内亚湾海域。油气田主要发现在北部尼日尔三角洲盆地的比奥科拗陷中，南部的里奥穆尼盆地海域和中部的克里比岸外。拥有扎菲罗、Ceiba 和阿尔巴三个大型油气田。据估计，该国拥有 1274 亿立方米天然气储量。

10. 乍得

乍得是位于非洲中部的内陆国家，是非洲的新兴产油国。多巴盆地是乍得最先发现油气田的主要盆地，拥有布洛布、米安多姆、科米等油田。2010 年石油探明剩余可采储量 1.8 亿吨。

非洲国家石油储量如表 2－5、图 2－7 所示，天然气储量如表 2－6 所示。

表 2－5　非洲国家石油储量　　亿吨

国家	1960	1970	1975	1980	1985	1990	1995	2000	2005	2010	2010 年占非洲石油储量的比重/%	2011
阿尔及利亚	5.88	10.37	12.80	9.82	10.56	11.02	11.95	13.55	14.69	14.61	9.24	16.64
安哥拉	0.02	1.01	1.84	1.65	2.42	1.95	3.74	7.15	10.82	16.17	10.22	18.41
乍得								1.08	1.80	1.80	1.14	2.05
刚果		0.01	0.65	0.84	0.91	0.90	1.62	1.98	2.28	2.32	1.47	2.59
埃及	0.70	1.38	2.00	3.49	4.55	4.14	4.56	4.34	4.45	5.39	3.41	5.87
赤道几内亚							0.66	0.96	2.16	2.04	1.29	2.32
加蓬	0.07	0.68	0.81	0.56	0.79	1.03	1.76	2.90	2.57	4.41	2.79	5.05
利比亚	3.97	39.72	31.78	24.34	25.51	27.30	35.33	43.11	49.65	55.59	35.15	64.24
尼日利亚	0.27	7.60	17.65	20.00	19.88	20.48	24.94	34.73	43.37	44.55	28.17	50.74
苏丹					0.36	0.36	0.36	0.72	7.67	8.02	5.07	9.14
突尼斯		0.5	3.03	2.61	2.13	2.08	0.45	0.51	0.67	0.51	0.32	0.55
其他	0.01	0.1	0.19	0.74	1.33	1.17	0.88	0.89	0.72	3.03	1.73	3.00
非洲合计	10.92	61.37	70.75	63.99	68.30	70.32	86.16	111.83	140.79	158.16	100.00	180.59
世界总计	364	739.9	718.2	799.34	923.59	1201.34	1232.17	1323.07	1460.49	1656.34		2254.28

资料来源：1960—1975，world oil. 15，August. 1980—2010，BP 能源世界能源统计年鉴. 2011 年. 2011，BP 能源世界能源统计年鉴. 2012 年.

表 2－6　非洲国家天然气储量　　万亿立方米

国家	1965	1970	1975	1980	1985	1990	1995	2000	2005	2011
阿尔及利亚	1.84	4.11	3.27	3.72	3.35	3.30	3.69	4.52	4.50	4.50
埃及		0.04	0.06	0.08	0.26	0.38	0.65	1.43	1.90	2.21
利比亚		0.74	0.81	0.69	0.63	1.21	1.31	1.31	1.32	1.55

续表

国家	1965	1970	1975	1980	1985	1990	1995	2000	2005	2011
尼日利亚	0.09	0.15	1.48	1.16	1.34	2.84	3.47	4.11	5.15	5.10
其他				0.34	0.59	0.83	0.81	1.09	1.20	1.17
非洲总计				5.99	6.16	8.55	9.93	12.46	14.07	14.53
世界总计	25.05	41.61	60.70	80.97	95.39	125.66	137.25	154.25	172.28	208.4

资料来源：1960—1975年，世界含油气盆地图集，石油工业出版社. 1980—2011年，BP能源世界能源统计年鉴. 2012年.

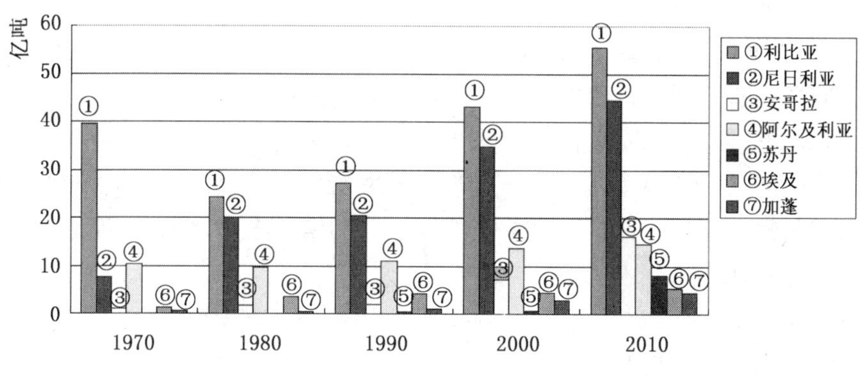

图2-7　非洲国家石油储量

三、非洲油气资源潜力前景

非洲油气资源丰富，与世界其他区域相比，勘探开发的程度还比较低。20世纪末，许多非洲国家为了加快石油工业发展，纷纷采取吸引外资的条款，使得非洲石油工业在国际合作方面有了较大的进展。最近几年，西非和东非一些国家相继加入石油国家行列，南部非洲则发现了丰富的天然气资源。目前，外国公司在非洲的17个国家参与油气勘探开发工作。

在西非，加纳已经开始出口石油。塔洛石油公司2007年在该国发现石油，保守估计储量为20亿桶，可供20年开采。2010年底，加纳开始生产石油。此外，利比里亚和塞拉利昂也发现了较为丰富的石油储量。在东非，陆续发现石油和天然气，勘探公司纷纷到来。乌干达于2006年发现石油，目前确认储量约为11亿桶，已经开始生产并出口。在南部非洲，新的天然气资源不断被发现，纳米比亚、博茨瓦纳和南非发现了可供商业开发的天然气。未来几年，非洲石油和天然气勘探还会传来令人振奋的消息。①

① 非洲油气资源储量丰富正形成能源新格局[N]. 人民日报，2012-4-6.

目前非洲西部沿海深水区和北部地中海深水区是国际合作的热点，20 世纪末，世界深水区已发现了 8 个巨型油田，其中 5 个位于非洲西部海域，吸引了许多外国投资。非洲西部海域的探明油气储量已达 19.5×10^{8} 吨（油当量），占世界海域油气储量的 25%。[①] 同时西非海域的油气资源勘探成功率较高，根据有关咨询机构预测，几内亚湾钻探成功率比墨西哥湾高两倍。21 世纪头 10 年，非洲的石油储量以 3.5%的年平均增长率增加，占世界的比例也从 2000 年的 8.5%上升到 9.5%，1981—2011 年世界石油储产比如图 2－8 所示。

2011 年，非洲有 52 个大型油气开发项目，项目的高峰产量在 2011—2015 年，预计可新增石油产能约 2.75 亿吨/年，潜力可观。其中，43 个位于西非，尼日利亚和安哥拉分别有 19 和 17 个项目，新增石油产量占总新增石油产量的 65%。此外，未来乌干达将成为非洲新的石油生产国，莫桑比克将成为新的天然气生产大国。同时，随着环保问题日益受到重视，非洲的天然气工业发展也越来越受到世界的重视。20 世纪末，非洲各国普遍加强了天然气的勘探开发工作，并积极扩大天然气市场，积极修建天然气出口管道和实施 LNG 出口项目。2011 年世界各洲石油、天然气、煤炭产储比如表 2－7 所示。

2000 年以来，非洲进行油气招标的国家在不断增加，已有 15 个国家进行了油气勘探开发招标工作。其中，非洲中部和南部国家有 3 个，西非北部有 4 个，非洲东部有 8 个，这预示 21 世纪非洲石油工业将会向非洲中部和东部扩大发展。

20 世纪 90 年代前，非洲石油的国际合作主要是油气勘探和开发，90 年代以后逐渐从上游业务扩大到下游工程和其他石化工程。首先是合作修建炼厂，中国石油天然气集团公司与苏丹合建年处理能力为 250 万吨的喀土穆炼油厂；其次是建设输油气管线，完成由阿尔及利亚、摩洛哥穿过地中海到西班牙、葡萄牙等国的马格里布—欧洲输气管线，中国石油天然气集团公司与苏丹合作修建了 1540 km 输油管线，修建从尼日利亚到贝宁、多哥、加纳的输气管道，并将扩大到西非北部地区，壳牌公司和埃尔夫公司修建由乍得至喀麦隆、全长 1060 km 的输油管道。下游工程及其配套工程的建设，促进了油气工业地域体系的形成。

在非洲的 59 个国家和地区中，有 20 个国家和地区的油气投入了开发和利用，主要国家石油、天然气储产比如表 2－8 所示。除此之外，尚有以下三种情况：

（1）已发现油气田，尚未开发的国家有 4 个，即贝宁、纳米比亚、埃塞俄比亚、莫桑比克。

（2）国内有沉积盆地，尚未发现油气田的国家有 25 个。

（3）其余为国内无沉积盆地的国家和地区，不可能发现油气田，但其中有两个岛

---

① 关增淼，李剑，等. 非洲油气资源与勘探[M]. 北京：石油工业出版社，2007：242.

国，即科摩罗和毛里求斯，其本岛为火山岛，周围的海域可能有盆地。

表 2－7　2011 年世界各洲石油、天然气、煤炭储产比

地区	石油储产比	天然气储产比	煤炭储产比
北美洲	14.7	12.5	228
中南美洲	93.9	45.2	124
欧洲	22.3	75.9	242
中东	78.7	—	236
非洲	41.2	71.7	
亚太地区	14.0	35.0	53
世界总计	54.2	63.6	112

资料来源：BP 世界能源统计年鉴. 2012 年.

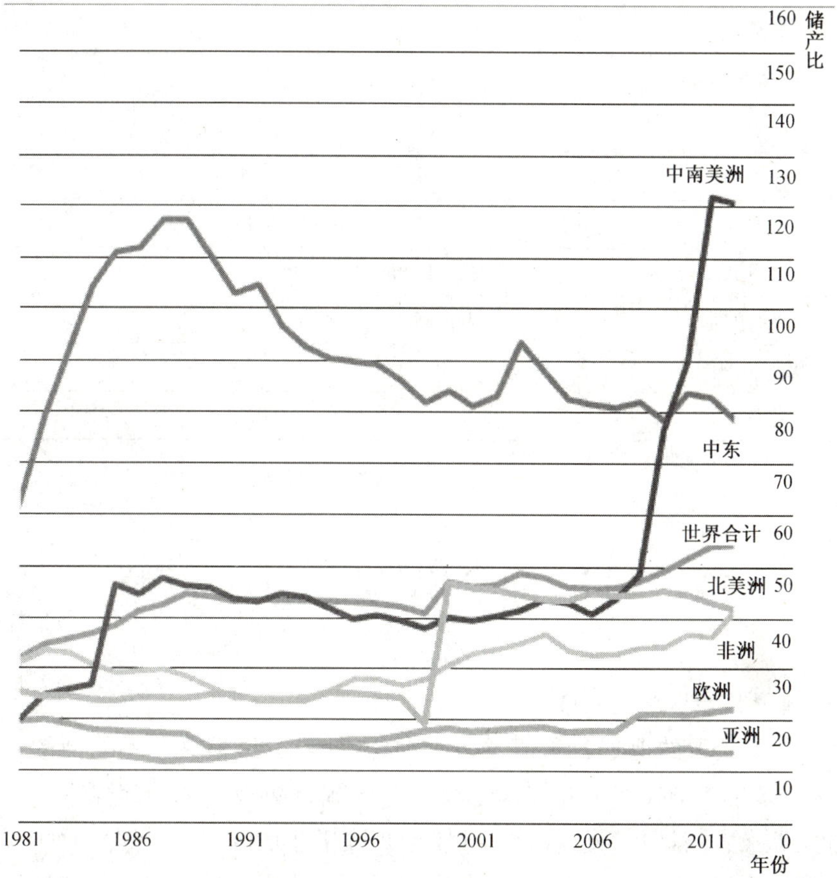

图 2－8　世界石油储产比（1981—2011 年）

非洲石油开采寿命不容乐观，天然气开采寿命远高于世界平均水平。2011 年，世界石油、天然气储产比分别为 54.2 年和 63.6 年。因为世界石油和天然气产量大幅增加，储产比相较之前年份都处于下降趋势，而全球探明储量略有上升。中南美洲的石油储产比超越了中东，跃居世界第一。非洲石油的产量保持着每年 4%左右的增长速度，储产比为 41.2 年，低于世界平均水平；非洲天然气的储产比为 71.7 年，排在世界各大洲第一。利比亚的天然气储产比为 98 年，远远高于世界平均水平。

表 2-8　2011 年非洲主要国家石油、天然气储产比

国家	石油储产比	天然气储产比
阿尔及利亚	19.3	57.7
安哥拉	21.2	
乍得	36.1	
刚果	18.0	
埃及	16.0	35.7
赤道几内亚	18.5	
加蓬	41.2	
利比亚	41.7	98
尼日利亚	41.5	
苏丹	40.5	
突尼斯	15.0	
其他非洲国家	27.0	63.4
非洲总计	41.2	71.7

资料来源：BP 世界能源统计年鉴. 2011 年.

第二节　非洲煤炭与铀矿资源

一、非洲煤炭资源的分布

世界煤炭资源的地理分布遍及各大洲的许多地区，但又是不均衡的，总的来说，北半球多于南半球。世界煤炭主要分布区域以两条巨大的聚煤带最为突出，一条横亘欧亚大陆，西起英国，向东延伸至我国华北地区；另一条呈东西向绵延于北美洲的中部，如图 2-9 所示。南半球的煤炭资源主要分布在温带地区，比较丰富的有澳大利亚、南非和博茨瓦纳。2011 年世界煤炭探明储量如表 2-9 所示。

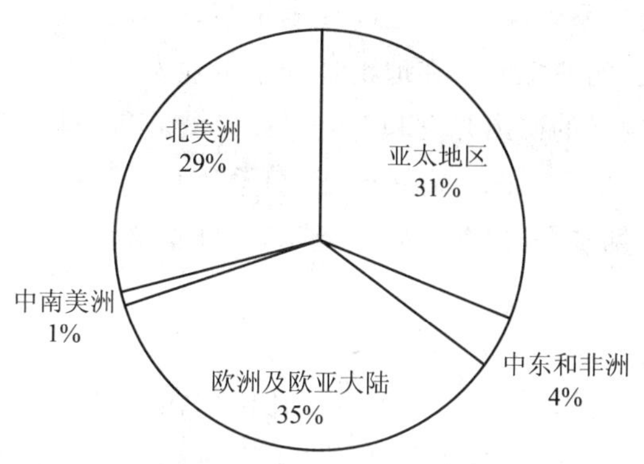

图 2-9　世界煤炭资源分布图(2011 年)

与油、气资源相比,非洲的煤炭资源在世界上居于较次要的地位。非洲煤层主要形成于二叠纪卡卢系岩层中,属于大陆相表面沉积,煤层埋藏浅,其受地球内部的热力与地球表面的压力都不强,故其碳化程度较差,因而非洲的煤炭多为含灰量较高、热值较低的烟煤,无烟煤储量较少,炼焦煤更加不足,这不利于钢铁工业的发展。但非洲硬煤比重较大(90%以上),是其优点。

表 2-9　2011 年世界煤炭探明储量　　百万吨

地区	无烟煤和烟煤	亚烟煤和褐煤	总计	占比/%
北美洲	112835	132253	245088	28.5
中南美洲	6890	5618	12508	1.5
欧亚大陆	92990	211614	304604	35.4
中东和非洲	32721	174	32895	3.8
亚太地区	159326	106517	265843	30.9
世界合计	404762	456176	860938	100.0

资料来源:BP 世界能源统计年鉴. 2012 年.

非洲煤炭资源的地理分布,其最大特点是集中分布在赞比亚河以南的南部非洲。2010 年可采的探明硬煤储量为 315.18 亿吨,其中南非 301.56 亿吨,占全非 95.7%,津巴布韦为 5.02 亿吨,占 1.6%。① 博茨瓦纳的煤炭资源也较为丰富,其中 Morupule 的煤炭总储量超过 50 亿吨,已探明储量为 1.5 亿吨。这种煤炭分布集中的状况和油气资源集中分布于北非和西非,形成明显的对比。

在南半球煤炭资源的有限储量中,南非仅次于澳大利亚。南非煤藏主要分布于德兰士瓦省(占 85%)、奥兰治自由邦(占 9%)和纳塔尔省(占 6%)的环形地带中,拥

① BP 世界能源统计年鉴. 2011.

有著名的威特班克等一系列煤田，煤层离地表很浅，一般在200米深度以内，往往有露头出现，开采方便。南非煤矿所在地正好处于工业发达、人口集中地带，且与其他金属矿接近，这为大规模的矿山开发和工业建设提供了有利的燃料动力条件。

除上述三国外，其他产煤国还有赞比亚、莫桑比克、尼日利亚、摩洛哥、阿尔及利亚、坦桑尼亚、马达加斯加等，但数量有限，基本上只能满足本国的部分需要。

二、非洲铀矿资源分布

非洲很早就发现了铀矿资源。1913年，扎伊尔在沙巴地区相继发现了铀矿脉，1923年，南非在含金砾岩中发现晶质铀。由于当时铀的用途尚不够广泛，这些发现未能得到足够重视，在很长一段时间里，仅对扎伊尔的铀矿资源进行了勘探和开采。二次大战以后，随着原子能工业的发展，对铀的需求日益增长，非洲铀矿资源的勘探工作随之开展。

非洲铀矿资源很丰富，其探明储量117.1万吨，占世界(352.49万吨)的33.2%，次于北美，居世界第二位。非洲铀矿于1922年始采于刚果(金)。第二次世界大战后，原子武器的发展推动了非洲铀矿的勘探和开发，尤其是20世纪70年代以来，铀在能源中的地位日益受到重视，核能的迅速开发成为铀矿大规模勘探和开采的新动力。

非洲的铀矿资源主要集中分布在尼日尔、南非、纳米比亚三国，其次是阿尔及利亚、中非、马拉维和加蓬。尼日尔是非洲第二大产铀国，在世界名列第六，尼日尔铀矿床主要分布在尼国西北部，产于石炭系、二叠系和白垩系砂岩和红层中，主要为砂岩型铀矿床。南非的铀矿床主要产于太古代的含金古砾岩中，属沉积古砾岩型铀矿床，主要分布在该国中部的威特瓦特斯兰德盆地中。南非铀矿资源除主要为沉积古砾岩型铀矿外，尚有砂岩型、碳酸盐型和表生型铀矿床。纳米比亚是非洲新兴的产铀国，已探明铀储量位居世界第八位，铀矿床主要分布在该国东部，与花岗岩侵入有关，为热液型铀矿床。非洲的铀矿资源还远远没有查清，据专家估计，撒哈拉沙漠可能是世界上铀矿蕴藏最丰富的地区，说明有进一步发展的潜力。

目前世界上已发现铀矿资源的国家有30余个，其中非洲占10余个。非洲铀矿资源主要分布在南部非洲，其次是西部非洲和中部非洲，北非和东非地区探明储量较少。

1. 南部非洲的铀矿资源分布

南部非洲的铀矿资源占全洲探明储量的67%，主要分布在南非和纳米比亚，其中南非最多，约占全洲探明储量的一半，广泛分布在德兰士瓦和奥兰治自由邦，特别是约翰内斯堡北面的维特沃特斯兰岩系的含金铀砾岩层，多达200余层，主矿层约10余层，矿层厚度在0.1米至4米不等，矿脉宽达110公里，延展290余公里。同时，南非的卡鲁煤层，帕拉博鲁瓦铜矿等都含有铀。纳米比亚铀矿资源分布在濒大西洋岸的纳米布沙漠边缘的汗河盆地，已探明的铀矿资源集中在离斯瓦科普蒙德不

远的勒星地区。此外，博茨瓦纳、莫桑比克、赞比亚等国都已发现铀矿。

2. 西部非洲的铀矿资源分布

西部非洲目前只有尼日尔发现了铀矿，探明储量约占非洲的20%，是仅次于南非的非洲第二大铀矿蕴藏国。法国原子能委员会1956年开始在尼日尔组织勘探，约经过十年时间，终于在阿尔利地区发现了丰富的铀矿，矿区位于撒哈拉沙漠的南缘，地处非洲大陆的中心，是一个岩石裸露的砂质高原的一部分，这里发现了多处铀矿脉，铀矿脉还向外延伸扩展到邻国马里、阿尔及利亚、利比亚和乍得等国境内，在非洲中部形成了一个大的铀矿带。目前多家外国公司正在几内亚、毛里塔尼亚和马里进行勘探，特别是马里，有望在近期内找到铀矿。

3. 中部非洲的铀矿资源分布

中部非洲已探明的铀矿资源约占非洲的8%，主要分布在加蓬、中非共和国和刚果(金)。二次大战以后，法国原子能委员会即在加蓬组织勘探，于1956年在弗朗斯维尔附近的穆纳纳发现了铀矿。该矿脉还延伸到博瓦扬德兹和奥库洛，形成了一个沿拉斯图尔与弗朗斯维尔公路分布的铀矿带。中非共和国的铀矿是1965年发现的，分布在巴科马地区，有帕马、帕图、帕图尼西亚三个矿脉，由于开采困难，处理矿石的技术要求较高，至今仍未开发。扎伊尔是非洲最早发现铀矿资源的国家，沙巴地区的信科洛布韦曾一度是世界上最大的铀矿，经多年开采，资源已经枯竭。目前扎伊尔仅在斯旺波和卡隆佛仍有一点的铀储量。

4. 北部非洲的铀矿资源分布

北非已探明的铀矿资源约占全洲的4%，主要分布在阿尔及利亚，在国境南部和尼日尔毗邻的哈加尔山地已发现铀矿，此矿脉可能是尼日尔铀矿脉的延续；北部含磷岩系中的磷块岩矿石普遍含铀。此外，摩洛哥、突尼斯、埃及的铀富集在磷块岩中。摩洛哥、突尼斯磷灰石储量丰富，不仅在非洲，在世界上也有重要地位，由此可以推及其铀矿资源数量一定较多。

5. 东部非洲的铀矿资源分布

东非地区已发现的铀矿资源数量不多，仅在索马里布尔地区的利奥格勒找到了铀钍矿。坦桑尼亚正在积极找矿，但目前尚未发现铀矿。

第三节　非洲水资源

水资源是一种再生性很强的优势能源，不仅可缓解其紧张的能源供应形势，而且可促进其社会经济的可持续发展。据有关资料统计，目前世界上已估算出的水电资源的理论蕴藏大约为40000～50000 TWh/年，其中大约13000～14000 TWh/年技术上具有开发的可行性。从理论上讲，依赖当今技术水平开发的水电资源完全可以满足当前全球的用电需求。世界各洲理论水力资源和可开发水力资源量如表 2－10 所示。

非洲是高温干旱的大陆，水资源按面积平均在各洲排在倒数第二，仅多于大洋洲。除沿赤道两侧雨量较多外，大部分地区少雨，沙漠面积占陆地的 1/3。非洲拥有世界上最长的河流——尼罗河，但水资源最丰富的是流经赤道两侧，能获得南北半球丰富降水的交替补给的刚果河。据 2006 年《非洲青年》杂志报道，非洲拥有世界 17％的水力资源。

表 2－10　世界各洲理论水力资源和可开发水力资源量

地区	理论蕴藏量/（万亿 kWh）	技术可开发/（万亿 kWh）	经济可开发/（万亿 kWh）	经济可开发比重/％
世界总计	40.00	14.37	8.08	100.00
发达国家合计		4.81	2.51	31.10
发展中国家合计		9.56	5.57	68.90
中北美洲	6.31	1.66	1.00	12.37
拉丁美洲	6.77	2.67	1.60	19.80
亚洲	19.40	6.80	3.60	44.54
大洋洲	0.60	0.27	0.11	1.32
欧洲	3.22	1.23	0.78	9.59
非洲	4.00	1.75	1.00	12.37

资料来源：水电地图集. 2000 年. 国际水力发电与坝工建设.

由于非洲各自然地带分布的特点和规律性，非洲降水地区分布和季节分配明显不同，加上地形的影响，就使得地表水资源再分配和河网的分布呈极不平衡的状况。总的来说，由于赤道横贯非洲中部，在南北纬 10°之间雨量最为丰沛，河网密度大，水量丰富而有保障。例如，刚果河不仅流量大，而且特别均匀，该河多年平均流量为 40000 m^3/s，枯水流量亦达 26400 m^3/s，在赤道雨林带南非两侧的热带草原带，由于雨量远逊于赤道雨林带而又有明显的季节性，故河水的洪枯变化比较明显。此外，塞内加尔河、尼日尔河、沃尔特河、康库列河、赞比西河等河流流经不同地区，形成一系列峡谷、急滩和瀑布，从水力资源角度来讲，提供了十分充足的潜在水能资源。

非洲水能资源的地区分布，可以大致区分如下①：

① 虞沈冠. 非洲的水力资源及其开发利用[J]. 非洲地理，1983(26)：7.

（1）水力资源极丰富地区。刚果盆地，仅刚果河一条河流，就拥有世界水能的13%和非洲水能的50%。其单位面积上的理论水力资源为全洲平均数的2.7倍。

（2）水力资源较丰富地区。包括赞比西河流域、尼日尔河流域、尼罗河流域、东非高原、马达加斯加、几内亚湾、安哥拉等地。这几个流域和流域组合的理论水力资源约占全洲总数的47%，单位面积上的水力资源相当于全洲平均水平。

（3）水力资源较贫乏地区。主要是南非、索马里、非洲西北部阿特拉斯山一带，受降水稀少和季节性变化所致，水力资源并不丰富，对水电动力的依赖也较小。

（4）基本缺乏水力资源地区。撒哈拉、卡拉哈里沙漠地带的气候极端干燥，沙漠和戈壁广布，区域内的零星河流、水量也全部消耗于蒸发和渗漏，水能潜力极低。

从大的地区来看，中非水力资源最多，约占全非水能资源的50.6%，东非次之，占33.3%，其中48%的水能资源分布于马达加斯加岛，西非占11%，北非占4%，南非仅占1.3%。

刚果(金)的水力资源高达3.9亿千瓦，位居世界第一，其拥有6000万千瓦的巨大发电能力，世界少有。江河水力是流量和落差的两种能量的综合，刚果河两者兼之，独一无二。从金沙萨到马塔迪的217 km的河段，总落差达270 m，其间就有32级瀑布，这就是世界著名的利文斯敦瀑布群，巨大的落差瀑布群尤其适合梯级开发，为刚果提供了巨大的水力资源。

水电对满足非洲能源需求具有重要的意义，目前只开发了小部分，非洲正在开发的项目仅占了可开发总量的很小比例。以东非为例，尽管这个区域内90%的乡村人口还没有通电，但小水电已经成为区域内主要的电能资源，而电力的广泛应用在工业化的程度中扮演了核心的地位。非洲新的水电项目建设近来有了增加，目前有超过7500 MW的装机正在建设中。但是可利用的水电能源生产远不止这么少，非洲经济可开发的水电项目总装机每年可达850000 GWh左右。毫无疑问，非洲可以很自信地通过增加水电开发而受益。①

① 诺曼·比绍普.未来非洲能源问题的关键所在.小水电，2010(1).

第三章

非洲能源生产分布

第一节　非洲石油开采

非洲作为世界上重要的能源供应基地出现，是 20 世纪 50 年代起大规模地发现石油以后才开始的。石油开采业的迅速发展，被称为 20 世纪 60 年代以后非洲经济发展最引人注目的现象之一。采油业的崛起，不仅改变了非洲主要产油国昔日贫穷落后的经济面貌，而且也使非洲的工业布局发生了很大的变化。

一、非洲石油资源开发的历史轨迹①

非洲石油工业的发展，按探明储量、开采量及其发展特点的不同，可以区分为以下四个阶段：

1. 石油工业起步阶段（1955 年以前）

早在 19 世纪 80 年代，非洲就已勘探石油，埃及成为最先找油并首先生产原油的国家。1884 年，由壳牌和不列颠两公司为主要股东的英埃石油公司在苏伊士打出第一口油井。1909 年，埃及在杰姆塞的第一口油井投产，开始了埃及生产石油的新时期。但其产量有限，长期处于十几万吨到二十几万吨之间。1938 年，在苏伊士湾西岸发现了腊斯加里卜油田，1945 年又发现了西奈的苏德尔油田，大大提高了埃及的石油产量；1941 年，原油产量达到 123 万吨，可以满足国内 45％的原油需要；1953 年，达到 270 万吨，成为非洲的主要石油生产国。

阿尔及利亚也是早期产油国之一，早在 1914 年即已产油，但数量微不足道，未引起人们注意。

尼日利亚在殖民地时期的 1937 年已由英荷壳牌石油公司进行勘探，1952 年打井，但工作多年未见成果。20 世纪 30 年代，意大利石油总公司也在利比亚开展了勘

① 关曾森，李剑，等. 非洲油气资源与勘探[M]. 北京：石油工业出版社，2007：4 - 6.

探石油工作。

总体而言，本阶段是美、欧、亚三大洲大规模勘探和开采石油之际，非洲石油业默默无闻，还只是一个农产品资源和其他矿产品资源的供给地区。在长达50年左右的时间内，何以非洲石油工业进展的如此缓慢？分析起来，大致有以下几点原因：

(1) 1955年以前，非洲主要产油国尚处于殖民地地位，其经济发展主要从属于宗主国的需求，本国人民无权掌握自己的命运，也没有经济和技术力量来开展这项新兴事业。宗主国热衷于掠取殖民地传统的农牧矿产资源，而对于地质情况还不很清楚的石油资源状况并无确切把握，他们自然就很难下决心大量投资来找油，而只能做一些探索性的活动。另外，殖民地在政治上是宗主国的禁脔，它受宗主国的多种政治约束，并具有排他性，其他国家难以插手，这就不能不限制找油活动的规模和成果。

(2) 从1938—1945年的8年中，是第二次世界大战欧非战场激烈战斗的时期，北非沦为主要战场，这场空前规模的战争，使非洲找油活动受到严重的阻碍，以至于停止进行。正当石油勘探进行到重要时刻，忽然停顿下来，就不可避免地延缓了找油的进程和效果。

(3) 当然，石油地质研究的理论水平和勘探的科技水平的限制，也是原因之一。

2. *石油工业大发展阶段*(1956—1980年)

这是非洲石油工业发展的黄金阶段，也是其政治经济领域内风云激荡、波澜起伏的阶段。继20世纪30年代起中东地区发现了一系列油田之后，毗邻中东的非洲，经过长期的勘测，逐步查明资源情况，也呈现出油田大量涌现的新形势。油田的开发迅猛开展，产油国由1956年的5个增加到1980年的13个，产量由1956年的188万吨增加到1980年的30055万吨，增长了近160倍。在整个60年代，原油生产以跳跃式速度上升，10年中陡升20倍，构成世界石油生产的奇迹。各油区油井林立，管道纵横，一艘艘油轮满载着非洲原油，运往世界市场，原油出口量高达2.83亿吨(1970年)。非洲一跃成为世界石油市场的主要供应源地，仅次于中东的石油输出区。

为什么非洲石油工业在短短的20年中发生如此巨大的变化？其原因是多方面的：

(1) 二次大战以后，两方国家经济发展的速度较快。由于各国在能源利用上竞相使用价廉质优的石油，使石油消费需求猛增。例如，1960—1970年间西欧石油消费增加了32.4倍，1955—1969年间日本石油消费增加了17倍多，这对刺激石油生产构成强大的动力。同时，中东石油资源的发现，激起了人们巨大的找油热情，石油地质研究的进展，使得找油的理论依据有所提高，找油手段也有所革新；而以往多年的勘查工作，也为油田的发现打下了有利基础。

(2) 20世纪50年代后半期至60年代，独立后的非洲国家，力图开发本国资源，发展民族经济，石油资源正好成为最富有吸引力的目标。各国可以运用主权国家的地位，自由地在跨国石油公司中选择合作对手。在传统的经营方式下，到国外经营石油勘探开发，是石油公司一本万利的事业。对石油公司来说，非洲还是石油资源开发的处女地。

(3) 比起中东，非洲处于运输十分有利的地位。1956年埃及对苏伊士运河实行国有化，1967年运河因"六·五"战争关闭，1970年5月，叙利亚切断横贯阿拉伯输油管，这些因素使得从中东开往西欧、美国的油轮不得不长途绕行好望角，从而支付三倍的运费，非洲的地理位置则不会造成这种障碍。由于这种种原因，美国对非洲的石油投资迅猛增长，逐步赶上并最后超过对中东的石油投资，1970年超过对中东投资的42%，美国石油资本成为非洲外国石油资本的主力，大量投资自然就加快了非洲石油业的发展。

必须指出，非洲石油资源的开发，跨国石油公司充当了实际工作的主要角色，在资金来源、技术运用方面都是如此。跨国石油公司数目很多，国籍不同，有美国、英国、法国、意大利、荷兰、联邦德国、西班牙、加拿大等，其中以美国所属公司资本和技术力量最为雄厚。它们通过租借协定，取得有关国家大片租让地，各据地盘，分别活动。美国新泽西美孚公司于1959年挤进阿尔及利亚，与法、英、联邦德国的公司一起开发石油，阿尔及利亚的租让地达90万平方公里，占国土面积38%。加蓬面积共26.7万平方公里，而海上由法国、荷兰石油公司控制的租让地达24万平方公里。英国、意大利的资本也在苏丹取得租借地。在租让地上，跨国石油公司实行垂直一揽子经营，从勘探、开采、运输，直至销售，无不经营。它们铺设从产区到港口的输油(气)管线，设置专用的油码头，用自己的油轮运输原油。它们往往也挂着产油国的招牌，如托塔尔-阿尔及利亚石油公司(法国)、卡宾达海湾石油公司(美国)、壳牌加蓬石油公司(荷兰)等，但实权由它们的母公司控制。据美国《石油时报》资料，1973年，英荷壳牌、英国、海湾等9家公司控制着尼日利亚石油开采的98.1%，西方、埃索、马拉松、大陆、阿美拉达、壳牌等18家公司控制着利比亚石油开采的86.7%，托塔尔-阿尔及利亚等3家公司控制着阿尔及利亚石油开采的26.3%，阿吉普等3家公司控制着突尼斯51.4%的石油开采，卡宾达海湾等4家公司控制着安哥拉石油的全部开采，阿莫科埃及等两家公司控制着埃及石油开采的40.6%，埃尔夫-加蓬等两家公司控制着加蓬的全部石油开采，埃尔夫等两家公司控制着刚果74.1%的石油开采。从这些资料可以窥见非洲石油生产的大致格局。

3. 石油工业深化发展阶段(1981—2000年)

本阶段又可进一步细分为1981—1990年及1990—2000年两个阶段。20世纪70年代的两次石油冲击，激起了整个世界经济的巨大动荡，"能源危机"之说一时甚嚣尘上，石油公司竞相找油和采油，石油消费国则纷纷采取节能措施，调整经济结构，研究替代能源，以降低石油消耗。20 世纪 80 年代初，西方石油日消费量明显减少，由 1979 年的每日 5200 万桶顶峰降到 1983 年 4500 万桶，以后并继续保持这种居低不上态势。一时油源充裕，各国的石油库存增加，特别是非洲欧佩克成员国大量增产石油，削价投放市场，使“求过于供”的行情顿时改为“供过于求”，出现每日货源过剩 200 万桶以上的局面。进入 20 世纪 90 年代，非洲石油工业进入到快速发展阶段。伴随世界经济的快速发展及对石油能源的依赖，非洲石油的探明储量、产量均进入快速增长期。石油探明储量由 1990 年的 587 亿桶增长到 2000 年的 934 亿桶，十年期间增长 59.1%。石油开采量由 3.2 亿吨增长到 2000 年的 3.7 亿吨。非洲丰富的石油资源吸引世界目光，成为世界重要的能源基地。[①] 非洲石油 1965—2011 年开采量变化如图 3-1 所示。

从本阶段总的情况来看，非洲石油工业正在进一步深化发展之中，其表现如下：

第一，深入开展资源勘查。在油价下跌、世界石油公司勘探投资减少 33% 的情况下，非洲各国的找油活动仍在积极进行。有 28 个国家积极参加这项工作，找油范围有所扩大，勘查程度逐步加深。老油区继续发现了油气藏，如苏伊士湾、红海、锡尔特盆地、三叠盆地等都有新的发现，埃及在西部沙漠和地中海沿岸的突破，使埃及的找油战略重点向西部沙漠转移；尼日利亚也有很多有利的勘探地区。新的具有经济价值的油气藏也不断增加，如坦桑尼亚、苏丹、纳米比亚等，有油气远景的地区更多，但尚有待于勘探证实。这表明非洲的油气产区将不断扩大、深入。

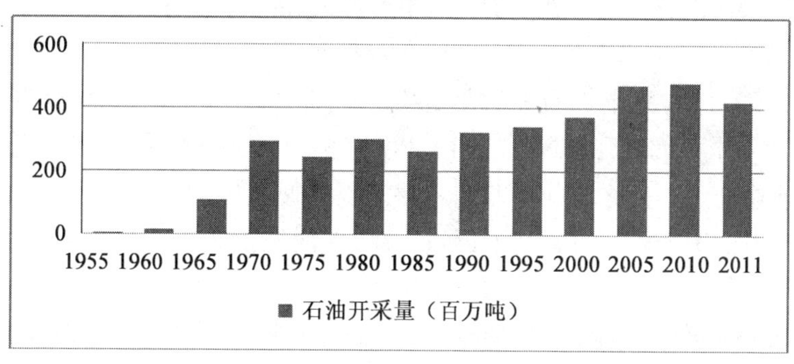

图 3-1 非洲石油开采量变化图（1965—2011 年）

资料来源：据世界能源统计年鉴数据编制.

第二，加深油气资源的综合开发利用。为了保护资源，合理利用资源，扩大出口增值，早在 20 世纪 70 年代后期，非洲已重视并加强发展石油工业的中下游生产，即

① 张同铸，姜忠尽，等. 非洲石油地理[M]. 北京：科学出版社，1991：39-42.

建立炼油工业和石化工业，建立本国的油轮队，运输销售石油和油品。到20世纪80年代，尤其是1984年以后，表现更为突出。炼油厂总数虽然增加不多，而加工能力则由1980年的8489万吨增加到1984年的12289万吨和1990年的13935万吨，分别增加了44.8%和64.2%。这些增加的设备能力基本上来自主要产油国。在资源开发利用中的重大变化，是各国普遍重视天然气资源的利用。天然气具有热值高、开采易、成本低的优点，用作化工原料也极为相宜，以天然气作为汽车动力燃料，还可以减少污染。非洲阿尔及利亚石油资源如按现有开采规模计算，约可开采20年，但其天然气资源丰富，位居世界第四，故为保护石油资源，实行逐步以天然气代替石油的政策，将大量扩大天然气的出口。埃及石油资源储备不很多，而国内石油消费增长很快，目前石油消费的年增长率是12%～15%，而石油产量年增长率为7%，为了保证扩大石油出口，将增加天然气生产，以满足国内消费需要。尼日利亚拥有十分丰富的油田伴生气，过去采油丢气，浪费了90%以上的天然气资源。20世纪80年代以来，尼日利亚也重视天然气资源利用，兴建了12个天然气工程，并与外国公司合作，向欧洲出口天然气。其他如利比亚等许多产油国也加强了天然气的收集和加工利用。这就是说，非洲产油国在充分合理地综合利用油气资源方面，又大大地深化了。

第三，20世纪90年代后，随着世界经济的快速发展及对石油的依赖，原油价格不断飙升，进一步刺激了非洲石油工业的快速发展。石油探明储量及开采量较以往有了较大的飞跃，非洲丰富的石油资源使其逐步成为世界重要的能源基地之一。同时，石油工业的快速发展，也进一步促进了非洲民族经济的快速发展。

4. *石油工业本土化发展阶段(2000年以后)*

进入2000年以后，非洲石油工业延续了20世纪90年代以来蓬勃发展的态势。2000—2010年十年间，石油开采量也由3.7亿吨增长到4.8亿吨，已经成为全世界一个很有前途的石油地区。伴随非洲石油工业快速发展的同时，非洲石油开始致力于减轻非洲石油国家对西方科技的严重依赖，解决原油收入依赖西方程度过重的宿弊等。[①]

随着非洲原油产量的不断增加，在“石油非洲2008”大会上，国际能源机构(IEA)石油需求、石油工业与市场部高级分析师娄派兹发表了“全球石油需求倾向非洲”的论断，1965—2011年世界石油开采分布如图3-2所示。同时，在非洲14个产油国家中，安哥拉、尼日利亚、阿尔及利亚、利比亚都已成为欧佩克成员国。这样的现实使得非洲国家话语权加大，开始反思自己的石油出口政策，并作更长远的规划——“去西方化”，这正是非洲本轮石油本土化新政的实质。

① 资料来源：21世纪经济报道.

在石油工业本土化发展战略中，各国将对原油出口作出新的评估，但这并非指对石油出口进行限制，而是进一步完善非洲石油工业产业链条，致力于石油附加产业的发展，更多地将石油产出效益留在非洲。同时，致力于基础设施建设投资，并通过教育、培训和技能发展的方式提升本地工人技能和民众生活水平。[①]

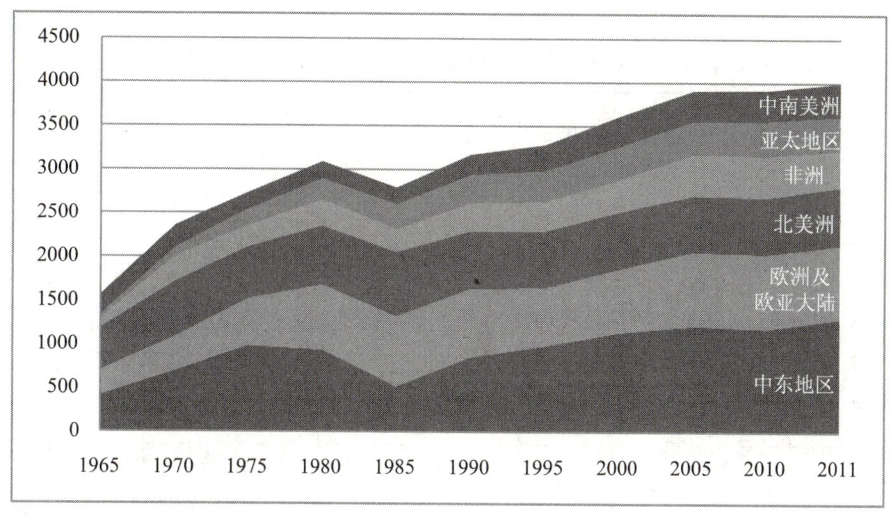

图 3－2　1965—2011 年世界石油开采分布图（单位：百万吨）

资料来源：据 BP 世界能源统计年鉴数据编制.

二、非洲石油开采的发展特点[②]

1. 非洲石油开采发展的大起大落

总体来说，非洲石油开采经历了缓慢发展—高速发展—徘徊不前—高速发展的曲折历程。非洲利用现代技术进行采油始于 20 世纪初。1908 年，埃及在苏伊士湾西岸的杰姆塞发现石油后，于 1909 年开始开采，成为非洲第一个产油国，当时产量只有 1 万多吨。1914 年，阿尔及利亚开始采油，成为非洲第二个产油国，但产量一直很少，只有 1000～2000 吨。1932 年，摩洛哥继埃及、阿尔及利亚之后，成为非洲第三个产油国，产量也只有几千吨。从 1909—1955 年的 46 年间，非洲上述三个产油田不仅开发的油田数量少，而且产量很低，最多年份也不超过 300 万吨，在世界原油产量中的比重（<0.5%）微不足道，发展较为缓慢。1956 年，非洲出现了第四个产油国安哥拉，接着尼日利亚、加蓬、刚果、利比亚相继加入非洲产油国的行列，非洲的原油开采才出现了一个崭新的局面。尤其是 20 世纪 60 年代，非洲采油业更取得了突飞猛进

---

① 石油经济网：http://www.petroecon.com.cn/.

② 姜忠尽. 非洲的石油开采业[J]. 世界石油经济，1989(4).

的发展。这时利比亚和阿尔及利亚原油开采量迅速增加，使得非洲1965年的原油开采量突破了1亿吨，为1960年的7.7倍。到1970年，原油产量又猛增到2.92亿吨，为1960年的21倍多，其在世界原油开采量中的比重从1960年的1.3%陡升到12.4%。采油量平均每年增长13.36%，速度之快，为世界其他地区所未有（如表3-1所示）。

表3-1 非洲及世界其他地区原油年产量与年平均增长率

年份		1965	1965—1970	1970—1980	1980—1990	1990—2000	2000—2010	2011
世界	产量/百万吨	1567.3	1962	2727.3	3018	3356	3810.7	3995.6
	增长率/%	—	4.59	3.35	1.02	1.07	1.28	0.02
非洲	产量/百万吨	106.5	199.4	278.4	294.1	343.7	439.9	417.4
	增长率/%	—	13.36	3.40	0.55	1.57	2.50	−12.71
北美洲	产量/百万吨	489.6	558.65	629.97	685.5	650.8	648.1	670.0
	增长率/%	—	2.67	1.21	1.70	0.52	0.08	3.36
中南美洲	产量/百万吨	225.6	238.25	211.73	204.5	290.43	347.57	379.9
	增长率/%	—	1.10	−1.17	−0.35	−3.57	1.81	8.45
欧洲及欧亚大陆	产量/百万吨	281.9	338.45	561.57	780.7	727.47	807.6	838.8
	增长率/%	—	3.72	5.19	3.35	−0.70	1.05	−1.70
中东	产量/百万吨	418.7	555.55	869.07	767.6	991.07	1181.13	1301.4
	增长率/%	—	5.82	4.58	−1.23	2.59	1.77	9.86
亚太地区	产量/百万吨	44.9	71.6	176.57	285.53	352.57	386.47	388.1
	增长率/%	—	9.78	9.45	4.92	2.13	0.92	−2.83

资料来源：据世界能源统计年鉴数据编制.

但是，经过20世纪60年代的高速发展之后，70年代起非洲进入了缓慢而波动的发展时期，1971年原油产量开始下降，1975年下跌幅度更大，以后又复回升，1979年达到32684万吨的历史最高水平。进入20世纪80年代，非洲原油开采量又大幅度下降，例如1981年原油产量就比1980年猛跌30%。此后直至1988年，原油开采量基本上徘徊在2.2亿～2.5亿吨之间，没有大的变化。此中原因主要由国际上石油斗争形势所造成，利比亚等四个主要产油国都是欧佩克成员国，按照欧佩克决定执行限产保值政策；以后国际石油市场又发现供过于求现象，也使产量提不上去。

进入20世纪90年代后，非洲石油工业又进入到快速发展阶段。伴随世界经济的快速发展及对石油能源的依赖，非洲原油产量均进入快速增长期。由1990年的3.2亿吨增长到2000年的3.7亿吨，占世界石油产量的10.27%。而进入21世纪后，非洲石油工业更是取得惊人的发展速度，由 2000 年的 3.7 亿吨增长到 2010 年的 4.8 亿吨，增长近 30%。2010 年，非洲石油开采量已占据世界石油产量的 12.21%。2011 年，受利比亚战争的影响，非洲的原油产量有所下降，为 417.4 亿吨，占世界石油产量的 10.41%。考虑到非洲本地石油消耗低，非洲已经成为世界能源的主要供应地之一，引起世界的极大关注，成为世界石油消费大国的博弈之地。非洲国家的原油产量如表 3-2、图 3-3、图 3-4 所示。

表 3-2 非洲国家原油产量

百万吨

国家	1965	1970	1975	1980	1985	1990	1995	2000	2005	2010	2011
非洲	106.5	292.3	242.5	300.6	260.9	320.9	339.3	370.9	470.7	478.2	417.4
阿尔及利亚	26.5	48.2	45.8	51.8	50	57.5	56.6	66.8	86.4	77.7	74.3
安哥拉	0.7	5.1	7.8	7.4	11.5	23.4	31.2	36.9	69	90.7	85.2
乍得	—	—	—	—	—	—	—	—	9.1	6.4	6.0
刚果	0.1	—	1.8	3.2	5.9	8	9.3	13.1	12.6	15.1	15.2
埃及	6.5	16.4	11.7	29.8	45.1	45.5	46.6	38.8	33.9	35	35.2
赤道几内亚	—	—	—	—	—	—	0.3	4.5	17.7	13.6	12.5
加蓬	1.3	5.4	11.3	8.9	8.6	13.5	17.8	16.4	11.7	12.2	12.2
利比亚	58	159.5	71.5	88.3	48.4	67.2	67.9	69.5	81.9	77.5	22.4
尼日利亚	13.5	53.4	87.9	101.7	73.8	91.6	97.5	105.4	122.1	115.2	117.4
苏丹	—	—	—	—	—	—	0.1	8.6	15	23.9	22.3
突尼斯	—	4.2	4.6	5.6	5.4	4.5	4.2	3.7	3.4	3.8	3.7
其他	0.1	—	—	3.9	12.2	9.6	7.8	7.2	7.7	7.1	10.9

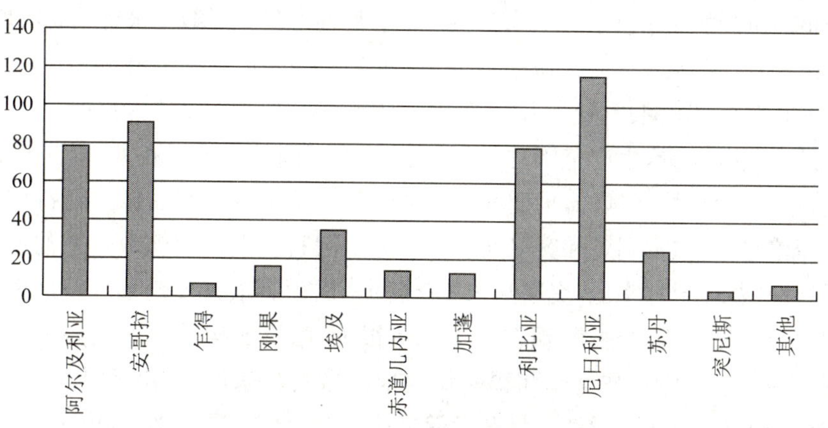

图 3-3 2010 年非洲各国原油产量(单位:百万吨)

资料来源:据 BP 世界能源统计年鉴数据编制.

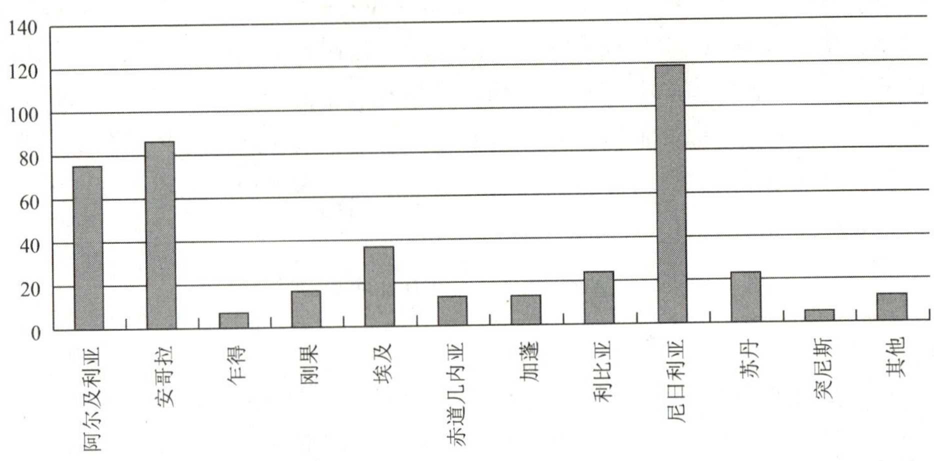

图 3-4　2011 年非洲各国原油产量(单位:百万吨)

资料来源:据 BP 世界能源统计年鉴数据编制.

2. 非洲石油生产范围逐步扩大、南移

随着石油资源的发现和石油开采业的发展,非洲石油生产的空间分布也在不断变化。从全洲范围来看,石油开采业开始于北非,直至 1955 年,埃及、阿尔及利亚和摩洛哥三国生产了非洲的全部原油。20 世纪 50 年代中期以后,北非的石油生产范围急剧扩大,另又出现了新的西非采油区,与北非采油区形成互为掎角之势。值得注意的是,西非产油国不断增加,以尼日尔河三角洲为中心,陆续向南、向西扩展,构成以几内亚湾为中心的大西洋沿岸的条带状分布。从 1955 年到 1965 年的 10 年间,非洲石油生产国增加到 8 个,其中北非和西非各占 4 个。此时几内亚湾地区石油生产能力尚小,非洲石油生产的重心仍在北非,其原油产量占非洲的 85%。1975 年,非洲石油生产国增至 10 个,北非和中、西非各半。由于中、西非地区原油生产能力逐步提高,原油产量在全洲的比重已上升到 47.0%。北非原油产量绝对数量虽继续有所增长,但在全洲的相对地位则在下降。截至 1988 年,非洲原油生产国已增至 14 个,其中中、西非地区占有 9 个,除尼日利亚外,各产油国生产规模较小,与北非不能比拟。

从地区内部来看,生产范围的扩展变化有着不同的情况。在北非,生产区域由沿海向内陆撒哈拉地区延伸,早期开发的阿特拉斯采油区日趋衰微。阿特拉斯采油区包括摩洛哥、阿尔及利亚和突尼斯北部沿海的阿特拉斯山两侧地带的油田。其油田含油层埋藏浅,干井率低,交通和水源条件好,因而石油开发较早。但这里主要是小油田,久经开发,资源枯竭,现在原油产量很少,已不能构成一个主要采油区。相反,包括三叠盆地、伊利兹盆地和锡尔特盆地的撒哈拉采油区,由于储量巨大,油田众多,自 20 世纪 50 年代后期一旦开发就迅速兴起为全非最主要的采油区。

在埃及苏伊士湾地区,石油开采则逐步由两侧陆地向湾内海上发展。苏伊士湾

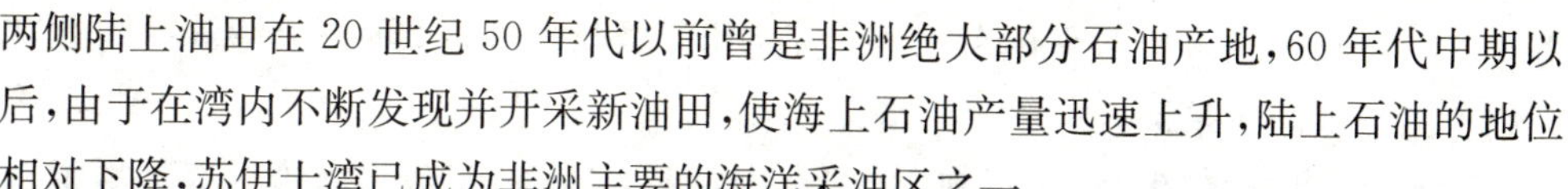

两侧陆上油田在20世纪50年代以前曾是非洲绝大部分石油产地，60年代中期以后，由于在湾内不断发现并开采新油田，使海上石油产量迅速上升，陆上石油的地位相对下降，苏伊士湾已成为非洲主要的海洋采油区之一。

在西非几内亚湾地带，以尼日利亚为中心，石油生产区也逐渐向西、向南延展，在西起科特迪瓦、南至安哥拉的几内亚湾沿岸的11个国家中，已有9个石油生产国，它们在地域上接连成片，而且已由陆上向海上发展。早期的一些陆上油田地位已不再重要，如安哥拉的奔菲卡、刚果的印第安角、加蓬的克莱雷特角等，海上油田则成为本地区开发的主要对象。

3. 非洲海上采油日益重要

世界石油开采由陆上向海上发展的趋势正在加强，非洲的海上石油开采区取得较快的进展，现已成为世界主要的海上采油区之一。

非洲海上石油开采开始较早，但直到20世纪60年代中期以前，发展一直缓慢，海上油田产量在非洲原油总产量中的比重只有3%。尔后，随着海上油田的不断发现和开采，海上原油产量增加很快。1970年达到3285万吨，占非洲原油总产量的11.2%。20世纪70年代，由于埃及和尼日利亚以及西非其他产油国海上采油业的大发展，使非洲海上原油产量翻了一番，达到7097万吨。致使1980年其所占非洲原油开采量的比重提高到23.1%。这一时期，海上原油产量的增长速度为8%，高于同期非洲原油产量的增长。特别是当20世纪80年代非洲原油产量呈负增长时，其海上原油开采量仍保持着增长的态势。

目前，在非洲的产油国中，埃及、尼日利亚、加蓬、刚果、安哥拉是非洲主要的海上采油国。非洲海上油田的规模不如陆上大油田，但海上油田的产量与世界其他产油地区相比，其地位很突出。1980年，世界年产原油超过100万吨的海上油田约100个，其中非洲占1/4；1985年，世界海上原油年产超过1000万吨的15个国家中，埃及居于第8位，尼日利亚位居第10位。20世纪90年代以后，西非几内亚湾油田海上开采发展迅速，例如，安哥拉的卡宾达地区拥有海上油田21个，刚果河三角洲70个油田中，海上油田63个。塔库拉油田是卡宾达地区的大型海上油田，石油产量占安哥拉石油总量的1/3以上，为安哥拉最重要的石油生产基地。[①]

三、非洲石油开采的空间分布

（一）非洲两大油区石油开采

目前非洲的21个石油生产国，5个产气国（只产气不产油），12个传统产油国，9个新兴产油国（赤道几内亚圣多美、普林西比、刚果（金）、毛里求斯、塞拉利昂、加纳、

① 关增淼，李剑，等.非洲油气资源与勘探[M].北京：石油工业出版社，2007：175－179.

苏丹、乍得、乌干达),相对集中分布在北非油区(撒哈拉油区、苏伊士湾油区)、西非几内亚湾油区两大采油区。

北非油区拥有阿尔及利亚、利比亚、埃及三大采油国,西非几内湾油区拥有尼日利亚、安哥拉、刚果、赤道几内亚、加蓬等产油国。2000年以前,北非油区产量超过非洲原油总产量的50%,此后,原油产量逐步被西非几内湾油区超越。在现有采油国中,只有尼日利亚原油产量超过1亿吨。尼日利亚、安哥拉、阿尔及利亚和利比亚为非洲四大产油国,2010年四国原油开采量占非洲总产量的75.5%(如表3-3所示)。

表3-3 非洲采油区原油产量表

年份	非洲原油总产量/万吨	北非地区		西非几内亚湾地区	
		产量/万吨	占非洲/%	产量/万吨	占非洲/%
1965	10709.9	9157.3	85.5	1552.6	14.5
1970	29332.3	22861.4	77.9	6470.9	22.1
1975	24582.0	13667.4	55.6	10914.6	44.4
1980	30757.1	17849.3	58.1	12907.8	41.9
1985	24200.0	13491	55.8	10703.0	44.2
1988	24841.1	13170	53	11671.0	47.0
1990	32090	17470	54.9	13600	42.5
1995	33930	17540	51.7	15610	46.0
2000	37090	17880	48.2	17630	47.5
2005	47070	20560	43.7	23310	49.5
2010	47820	19400	40.6	24860	51.6
2011	41740	13560	32.5	24250	58.1

资料来源:The Oil and Gas Journal, No. 52, 1986—1988.
1990—2011年据BP世界能源统计年鉴非洲主要产油国计算.

1. 北非油区石油开采

(1) 北非撒哈拉油区。

撒哈拉地区的石油开采主要集中在阿尔及利亚的三叠盆地和伊利兹益地、利比亚的锡尔特盆地以及埃及的西部沙漠地区,其中以锡尔特盆地最为重要。石油开采崛起于20世纪60年代,1970年原油产量达到2亿多吨,占非洲原油总产量的75%,为1960年产量的24倍。1980年减少到1.4亿吨,占非洲原油产量的46.6%,1988年又下降到8400万吨,占非洲原油产量的33.8%,但从全非各采油区的总体来看,一直位居各采油区之首。2010年产油19400万吨,占非洲原油产量的40.6%。该地区采油区油田生产分布如图 3－5 所示。

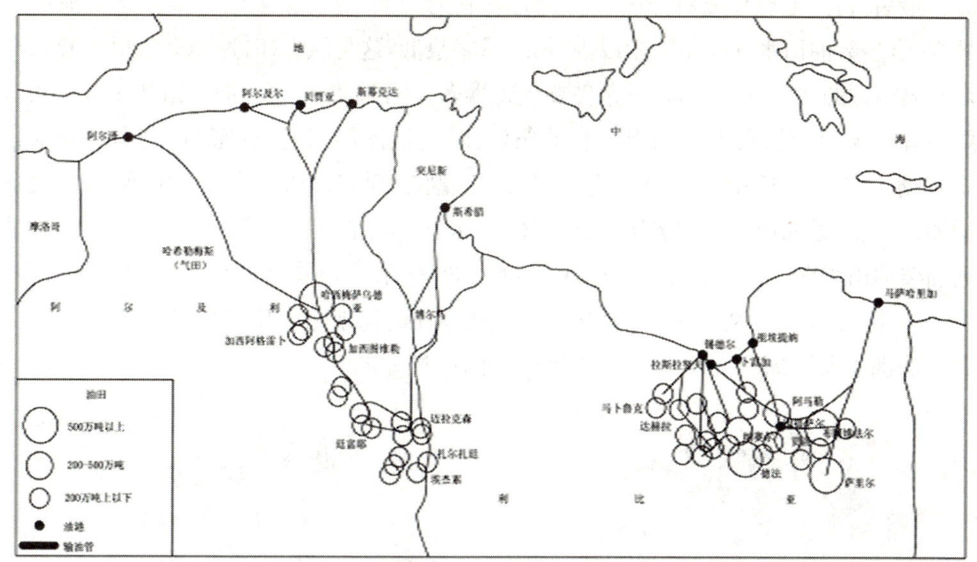

图 3－5　撒哈拉采油区油田生产分布图

(2) 苏伊士湾油区。

苏伊士湾盆地油区位于埃及，截至 2010 年，埃及已探明石油储量为 5.39 亿吨；待发现储量 31.18 亿桶，整个石油开发潜力为 67.18 亿桶，约 10 亿吨。苏伊士盆地是埃及最早开发原油的地区，也是埃及的石油工业基地。

2. 西非几内亚湾大西洋沿岸油区石油开采

西非几内亚湾大西洋沿岸地带，是非洲第二大石油开采区，也是非洲主要的海洋油田开发区，主要包括尼日尔三角洲盆地、加蓬盆地、下刚果盆地和宽扎盆地等。1960 年，该区原油产量仅占非洲的 12.7%，1970 年上升到 22.1%，1974 年再升至 49.3%，产量 1.3 亿吨以上，与北非原油产量几乎相当。此后，原油产量时有升降。1985 年降至 1.05 亿吨，占非洲原油总产量的 44.2%。1986 年回升到 1.17 亿吨，其比重也随之回升到 47.0%。2010 年 24860 万吨，占非洲原油总产量的 51.6%。

从开发条件上看，本区与北非诸油区不同，属于广阔的海岸沉积盆地，因此有比较有利的开发条件：

首先，油田地质情况良好。油田埋藏较北非油田浅，但规模和分布远不如北非油田那样大而集中，呈现大分散小集中的态势。油田自喷率则远高于北非油田，如尼日利亚油井全部自喷，且大体上能够保持不衰。

其次，石油集输和外运方便。这里油田大部分分布在海岸附近的陆上和近海海域，一般离岸距离仅十几至几十公里，油管运输距离极短。同时这里地处大西洋航线要冲。原油无论从陆上油港，抑或从海上“油码头”外运都很方便。

最后，自然地理环境对油田开发既有有利的一面，也有不利的一面。这里油田海域水浅，多数油田水深在100米以内，加之风小浪低，这与风大(时速200公里)浪高(30米)、离岸远的北海油相比，开发条件要优越得多。例如，加蓬海上油田钻井成本比北海要便宜1/4。但是，它也有相当不利的条件：陆上沼泽油田，丛林密布，雨季时降水集中，洪水泛滥，一般沼泽地水深六七米，为钻井、勘探、铺设油管带来很大困难，造成投资增加；海岸附近油田生长着稠密的红树林，在赤道季风作用下，受到猛烈的碎浪冲击；准大陆架油田水深不大，井深也不算深(1300～3600米)，开采反比前面两种较为方便。由于上述原因，故几内亚湾一带油田的采油成本比海湾地区要高出2～6倍。

非洲主要国家2010年和2011年的原因产量如图3-6所示。

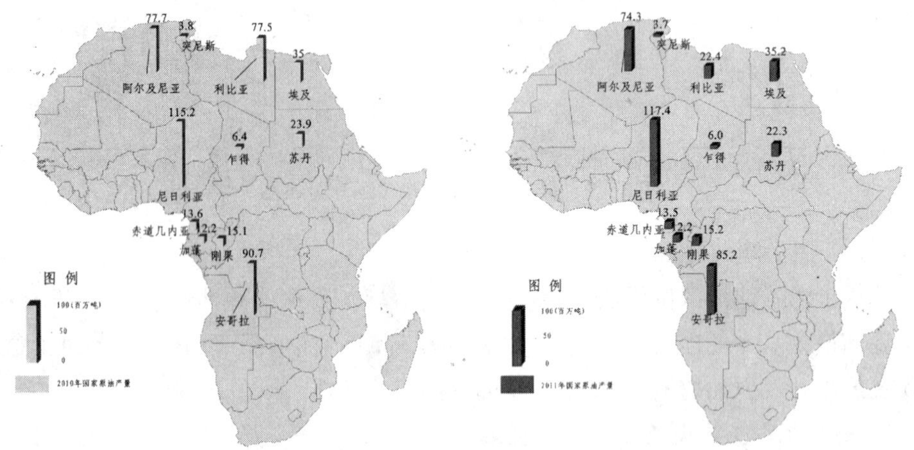

图3-6　2010年(左)，2011年(右)非洲主要国家原油产量(单位：百万吨)

资料来源：据BP世界能源统计年鉴数据编制.

(二) 非洲主要产油国石油开采①②

1. 尼日利亚

尼日利亚是撒哈拉以南非洲地区第一大石油生产国，全球第六大原油生产国，也是美国和西欧主要的石油供应国。

尼日利亚原油开采起步于20世纪50年代中期，产量稳步上升，1970年，产量超过5000万吨，1973年迅速超过1亿吨。20世纪80年代产量下降。2000年以后，产量稳步增长。

尼日利亚作为非洲最大的石油生产国，主要产油区在尼日尔三角洲，主要以中、

① 关增淼，李剑，等. 非洲油气资源与勘探[M]. 北京：石油工业出版社，2007：193-223.

② 姜忠尽，殷会良. 非洲石油——世界工业强国战略争夺的新宠[J]. 国际经济合作，2006(11)：13-16.

小油田为主，大型油田数量有限(如图 3-7 所示)。

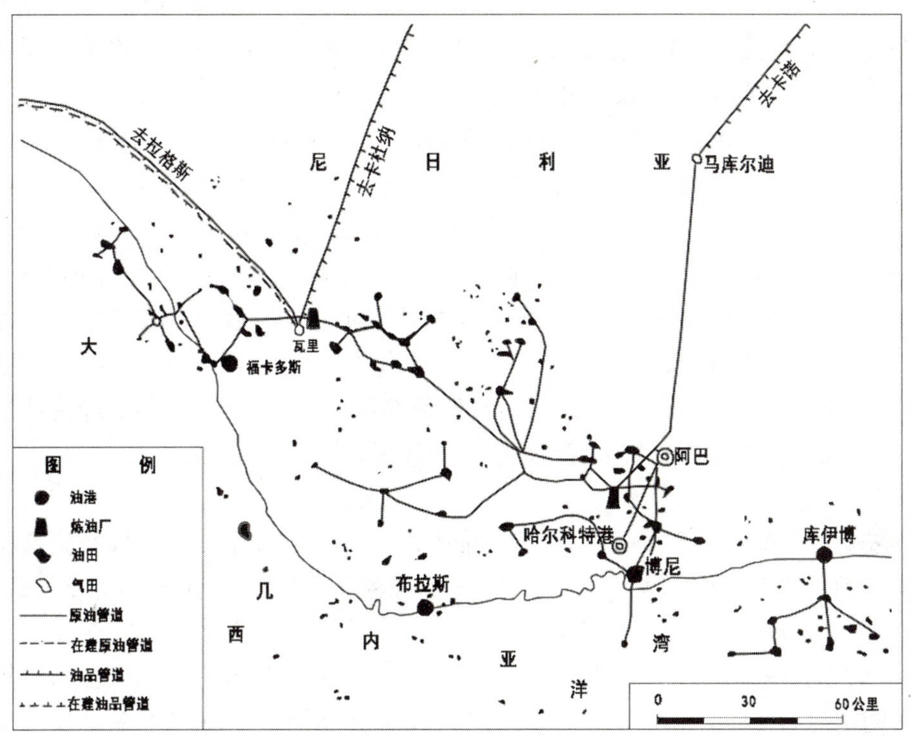

图 3-7 尼日利亚油田分布图①

早期的尼日利亚石油工业完全被外国石油公司垄断，1969 年，尼日利亚政府颁布石油法，规定政府与外国公司享有同等参与权，以后不断提高参股比例，逐步收回石油资源主权，扭转了石油工业受控于外国资本的局面。尼日利亚国家石油公司掌握 55%的陆上石油开采股份。20 世纪末，尼日利亚与外国公司合作建立生产线，大大提高生产能力。近年来，中国的石油公司也积极参与尼日利亚的石油招标工作，中国石化河南油田获得参与石油工程市场竞争的资格。

尼日利亚生产的石油，是优质的低硫原油，很受西方工业国家的欢迎，并且其地处西非沿海，地理位置较中东和海湾石油产区优越，对美国和西欧来说，海运方便、距离短，海上运输通道安全，因此近年来尼日利亚在国际上的重要性日益增加。其油田大多分布在尼日尔河下游三角洲和沿海一带，以及近海海域，主要油田由英、荷、美、法、意等外国石油公司与尼国家石油公司联合开采。

尼日尔河三角洲是西非最大的采油区。据美国《油气杂志》资料，已开发的油

① 张同铸，姜忠尽，等. 非洲石油地理[M]. 北京：科学出版社，1991：95.

田约 176 个，有 159 个集中在尼日利亚，17 个分布在喀麦隆，其中 40 个为海上油田。

尼日尔河三角洲的油田开发开始于 1957 年，在尼日利亚境内，由 10 余家外国石油公司经营，原油产量迅速上升，1966 年达 2100 万吨，成为非洲第三产油大国。正在生产的油田，基本上全部是自喷井。

尼日利亚的采油活动至今仍以陆上采油为主，产量占 2/3。陆上油田主要集中在贝宁—奥韦里—卡拉巴尔三点连线以南宽约 90～200 公里的尼日尔河三角洲地带。主要油田有福卡多斯/约克里、内姆贝溪、奥巴吉、考松渠、伊莫河、埃库拉马、奥班、琼斯溪、马卡腊巴等，合计产量占尼日利亚的 1/4，其余油田年产量均不超过 100 万吨。有两个相距较远的采油区，即西部的贝宁河口外海域和东部的比夫拉湾海域。前者主要有梅伦、奥坎、三角洲，后者主要有北阿波伊、乌比特、伊雅卡、福尼瓦等油田。海上油田油层较陆上油田浅，开发条件较陆上好。原油采出后经管道汇集到一艘储油能力为 24 万吨的大型油轮上，经处理后的原油再装船运走。

2. 安哥拉①

安哥拉是撒哈拉以南非洲第二大石油生产国，仅次于尼日利亚。安哥拉是非洲后崛起的原油开采大国，尤其是 2000 年以后，原油开采在非洲的地位日益重要；2005 年产量 6900 万吨，位居尼日利亚、阿尔及利亚、利比亚之后；2010 年，产量上升到 9070 万吨，位居非洲第二位，占全非总产量的 19%；在 1955 年于本菲卡油田勘测到非洲西南部第一个工业性油田。从 20 世纪 70 年代初期开始，安哥拉石油生产由宽扎盆地向北转移到下刚果盆地，特别是卡宾达地区的海上，此后因政治因素，石油产量有所波动，但总体上仍呈上升趋势。

安哥拉投入开发的油田主要分布在下刚果盆地的卡宾达地区(海上油田 21 个)和刚果河三角洲地区(陆上油田 7 个、海上油田 63 个)。此外，在宽扎盆地的罗安达地区发现陆上油田 6 个。

安哥拉石油工业的下游工程较为薄弱，目前只有两座小型炼厂，日加工总能力约为 6600 吨。安哥拉只有一条输油管线，由托比亚斯至罗安达，卡宾达是安哥拉的重要港口，设有石油码头，安哥拉的大部分石油均由此出口，其中 80%出口到美国。2003 年，安哥拉境内铺设一条长 100 km 的输油管道，连接从本格拉省到卡宾达省内的油田。

安哥拉在 1978 年颁布了石油法，在发展石油工业中实行对外开放和充分利用外资的政策。已有 20 多家石油公司先后与安哥拉签订了勘探开发合同。近年来，安哥拉强调海上勘探，采取直接协商的方式，努力吸引外国石油公司到深海区域进行勘

① 关增森，李剑，等. 非洲油气资源与勘探[M]. 北京：石油工业出版社，2007：177－178.

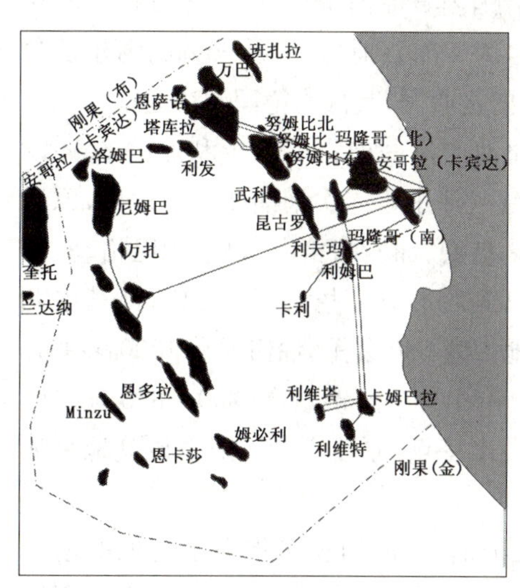

图 3－8　卡宾达地区海上油气分布图

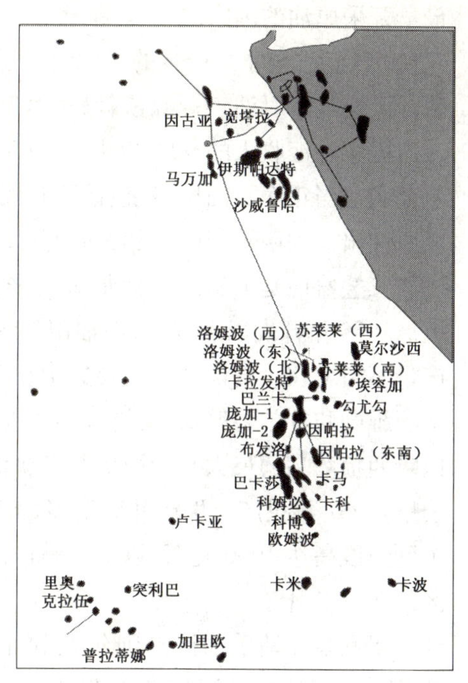

图 3－9　刚果河三角洲海上油气分布图

探。近期安哥拉近海钻井活动非常活跃，且英国石油公司、道达尔公司和埃克森公司分别在超深水的 31、32、33 区块获得发现，钻井成功率达 38%。

下刚果盆地从加蓬南部的马永巴向南延伸，经刚果、卡宾达（安哥拉）、刚果（金），至安哥拉的北部，是非洲重要的海上采油区之一。油田开发主要集中在安哥拉的卡宾达地区和刚果的海域，有卡宾达、刚果、刚果河三角洲三大采油区。

安哥拉卡宾达地区是这个盆地最重要的采油地区，1985 年原油产量达 800 多万吨，占该盆地采油量一半和安哥拉原油产量的 70%。该地的马龙戈和塔库拉海上油田是两个最重要的油田（如图 3－8 所示）。

刚果是下刚果盆地第二大采油区，现已开发了 9 个油田，其中有 6 个海上油田。1988 年原油产量达 674 万吨，海上原油产量占 99%以上（如图 3－9 所示）。

刚果河三角洲是下刚果盆地第三大采油区，原油产量约为 450 万吨，占该盆地原油产量的 1/4。已开发的油田主要分布在陆上和距河口不远的海域，以陆上开采为主。已开发的油田分属于安哥拉和刚果（金）两国。安哥拉刚果河三角洲原油产量约在 300 万吨，主要油田有埃松戈、昆基拉、北松博、孔富凯纳等。刚果（金）境内的三角洲地区，油田开发较晚，原油产量比较少，仅 150 万吨左右。

3. 阿尔及利亚

阿尔及利亚是非洲第二大石油生产国，是世界上最优质的原油之一，也是非洲最早开采原油的国家之一，产量比较稳定，大致在5000万～8000万吨，2010年产量7770万吨，占全非总产量的16.2%。主要产油区为三叠盆地和伊利兹盆地两大产油区。国家经济对油气资源依赖较大，其油气产品大部分出口，天然气与石油出口收入占国家外汇收入的90%以上。2005年，随着国内石油消费达到24.2万桶/天，阿尔及利亚当年净石油出口(包括所有液体石油)为184万桶/天。近90%的阿尔及利亚原油出口到西欧，其中意大利为其原油主要的接收国，其次为德国和法国。

三叠盆地是阿尔及利亚最大的采油区，原油产量一向占阿尔及利亚的60%以上。1956年开发以后，随着新油田陆续投产，注气注水等二次采油技术的运用，原油产量不断增长。石油开采主要集中在哈西梅萨乌德、加西阿格卜、鲁尔德巴格勒、加西图维勒和鲁尔德努斯-哈姆拉油气聚集带，已先后形成一些大型采油中心，其中尤以哈西梅萨乌德最大。哈西梅萨乌德油田距地中海560公里，油田面积1300多平方公里，1957年投产。生产井数量多、自喷率高、平均单井日产量高(300～850吨/日，个别地段高达1000吨/日以上)，是该油田的突出特点，原油产量一般占该盆地采油区的70%以上。

伊利兹盆地采油区是阿尔及利亚第二大采油区，油田相对集中于盆地的南半部，距地中海岸较远(1200公里以上)。1956年，首先开发了阿利边界的埃杰累油田，随后又开发了扎尔扎廷地区的油田。在油田开发的同时，1961年首先铺设了艾因阿梅纳斯-斯希腊(突尼斯)输油管，大大促进了油区的开发。随着油田开发规模的扩大，1961年又铺设了奥哈内特-哈西梅萨乌德输油管，将两大采油区连接起来，从而使本地原油又能顺利假道其西北输油管北上至地中海岸，保证了本区原油的大规模开发。艾因阿梅纳斯是本采油区的石油基地，又是行政中心和兵营。已开发的主要油田有扎尔扎廷、斯塔赫、梅雷克森、廷富耶、奥哈内特、埃杰累等。

4. 利比亚

利比亚地处非洲北大门，与欧洲隔地中海相望，是非洲第四大石油生产国，其石油出口为利比亚带来了巨大财富。1970年原油开采达到历史最高，产量为1.596亿吨。此后，产量趋于下降，大致波动在5000万～8000万吨。2010年产量7750万吨，占全非总产量的16.2%。主要采油区为锡尔特盆地采油区。由于长期遭到美国的经济制裁，利比亚石油工业发展长期停滞，国土面积的70%尚未勘探，继续增长的潜力极大。在已发现的陆上油田中，有12块储量达到10亿桶，有2块达到5亿～10亿桶，多数油田还可开采30多年。利比亚石油质量好，接近欧洲市场，运输方便。

锡尔特盆地采油区是撒哈拉地区石油开采业的后起之秀。除石油资源丰富、分布集中、有利于组织大规模开发外，还有许多其他有利条件。一是该盆地油区比较靠近海岸，如纳赛尔油田离海岸170公里，最远的萨里尔油田距海岸也只有420公里，其他一般在200～300公里左右，因而这里原油输出与开发设备运入都较方便，可以大大节约开发投资。二是锡尔特盆地油田储油层埋藏较浅，如贾洛油田为670～1950米，纳赛尔油田为1520～2320米，萨里尔油田为2700米，这也使油田开发投资相对减少。

锡尔特盆地采油区于1961年首先开发纳赛尔油田，同时加强了输油管道的铺设，铺设了通至卜雷加港的输油管，1962年又建成达赫腊至锡德尔港的输油管，促进了原油产量迅速上升，1963年原油产量达到2227万吨。1967年萨里尔、纳福赖和阿马勒等大油田相继投产，特别是发现了高产油田（单井日产量达万吨）因提萨尔，使本采油区年终原油开采量突破了1亿吨，遥居非洲各大采油区之上。此后，产量继续上升，1970年达历史最高水平，产量为1.6亿吨。原油产量之多，增长速度之快，在世界采油区中是罕见的。但是，20世纪70年代后，由于前述的原因，本采油区原油产量出现了明显下落。1980年才回升到8850万吨，相当于1970年的55.4%。此后，产量基本上保持在5000万～8000万吨。

锡尔特盆地已开发的油田中，以萨里尔、纳赛尔、贾洛、因提萨尔、阿马勒、纳福赖等最为重要。采油区油管集输系统完善而集中。区内各油田之间，干线纵贯，支线交错，形成稠密的输油管网。几个采油中心萨里尔、因提萨尔、阿马勒、纳赛尔、贾洛等铺有5条输油管干线通至地中海沿岸的油港和加工中心马萨哈里加、祖埃提纳、拉斯拉努夫、卜雷加、锡德尔等。输油管总长近4000公里，年输油能力2亿多吨，保证该油区的原油能及时输送至各加工中心和出口油港。

5. 埃及

埃及是非洲最早开采原油的国家，但石油工业迅速发展则是20世纪70年代中期以后的事。1980年，埃及原油产量近3000万吨，占全非总产量近10%。1986年原油开采量达到历史最高水平，日产92.2万桶，占非洲原油总产量的比重上升到14%。此后原油趋于下降，从2000年的3800万吨，减少到2005年的3390万吨，2010年又回升到2500万吨，占非洲原油总产量的比重从10.5%下降到7.3%，位居非洲第五位。

埃及油气资源开采的分布高度集中在苏伊士湾，并以海上油田为主，少量分布在西部沙漠区（如图3-10所示）。采油区由苏伊士湾海上油田及东西两岸的陆上油田组成，是非洲最早的石油开采区。已开发的海上油田，最重要的有贝拉伊姆（海上）、十月、摩根、七月、拉马丹、宰特湾、布德兰等，海上原油产量占苏伊士采油区的80%以上，自喷率和单井的产量均高于陆上油田。

6. 苏丹

苏丹是非洲重要的新兴石油国家。1998年首次成为原油出口国，此后原油产量增长迅速，2000年产量为860万吨。苏丹南部的黑格里格油田和尤尼蒂油田的可采储量约为$(0.9\sim1.65)\times10^8$吨，开采的油田主要分布在今南苏丹。2005年原油产量

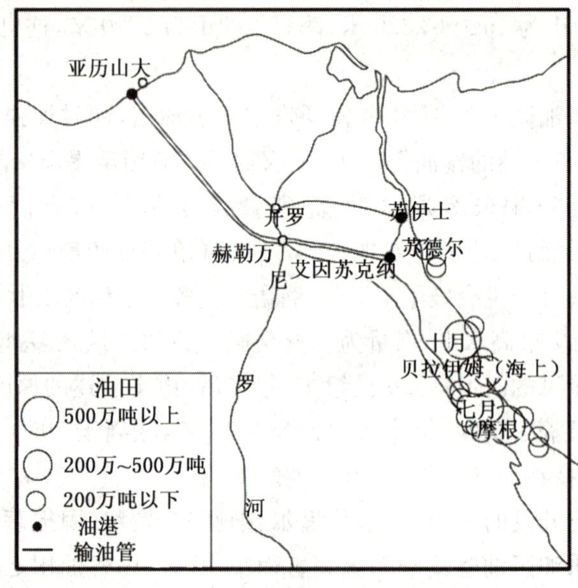

图 3-10 埃及油气分布图[①]

迅速上升到 1500 万吨，2010 年迅速增加到 2390 万吨，是非洲第六大产油国，占全非总产量的 5%。

苏丹的主要炼油厂位于苏丹港，苏丹原油两条输油管线，分别从苏丹港至喀土穆和卡萨拉。中国石油与苏丹签署了管道项目、炼油厂扩建项目和物探项目 3 项石油合作协议。

7. 刚果[②]

刚果已发现油田 19 个，全部位于下刚果盆地，其中 3 个油田位于陆上，其余油田全部在海上。投入开发的油田有 14 个。自 20 世纪 90 年代以后，石油开采发展迅速，原油产量从 1990 年的 800 万吨迅速增加到 2000 年的 1310 万吨，2010 年又上升到 1510 万吨，居非洲产油国第七位。

刚果有一座炼厂，日处理能力为 2900 吨。境内只有一条输油管线，由埃梅劳德油田至黑角炼厂，黑角海港设有石油码头和可停靠的泊位，同时设有卸油装置和大型储油罐。

刚果的石油开采业很大程度上还处在法国、意大利和美国等西方资本的控制下，石油工业缺少本国的技术人员，管理不甚妥善，这些问题虽已被认识但难以给予解决。

① 张同铸，姜忠尽，等. 非洲石油地理[M]. 北京：科学出版社，1991：59.

② 关增淼，李剑，等. 非洲油气资源与勘探[M]. 北京：石油工业出版社，2007：210.

8. 赤道几内亚[①]

赤道几内亚地处几内亚湾，濒临大西洋，大部分石油开采都在海上，Zafiro 是其主要的油田，日产超过 8 万桶。其他的油田主要有 Jade，Topacio，Amatista，Rubi 和 Serpentine。[②] 赤道几内亚是一个新兴的产油国，从 1993 年起才开始开采石油，2005 年原油产量高达 1779 万吨。

赤道几内亚的油气田主要分布在北部尼日尔三角洲盆地的比奥科坳陷中，在南部的利奥穆尼盆地海域也发现了油田，而中部地区也发现了油田。目前已投入开发的油气田为阿鲁巴气田和扎菲罗油田。

赤道几内亚油气勘探开发业务进展较快，但下游工程发展相对落后，目前尚无炼厂及输油管线，只有一家石油下游企业。

9. 加蓬

加蓬位于非洲大陆的西部，西濒大西洋，北部与喀麦隆接壤，东南部与刚果毗邻。1957 年开始石油生产，1966 年前，石油年产量低于 100 万吨，此后，产量逐年增长，1989 年拉比油田投产后，产量迅速上升。至 1992 年，加蓬投入开发的油田共 43 个，石油年产量达 1490 万吨。2000 年产量达 1640 万吨，2010 年下降至 1220 万吨。

加蓬主要含油气盆地为加蓬海滨盆地，盆地中一半以上的油气田规模较小，最大的油田拉比油田位于加蓬陆上，盆地中两个含油气系统被阿普特阶区隔开。加蓬海滨盆地具有良好的勘探潜力，据美国地址调查所评价结果，海上石油资源量为 10×10^8 吨，陆上石油资源量为 1.2×10^8 吨。

加蓬有两条输油管线，陆上为曼贾输油管线，南部拉比油田 58% 的产量由此管线输至洛佩斯角。海上拉比输油管线系统将海上油田生产的石油输至洛佩斯角。

加蓬于 1956 年起开发奥祖里和克莱雷特角油田，当年产量 1.73 万吨。此后十年中产量增长缓慢，1964 年才超过 100 万吨。1967 年开发盆地南端的甘巴油田，使原油产量上升到 344 万吨。嗣后，随着伊文加和海上油田安圭勒和托比勒油田的相继投产，原油产量在 20 世纪 60 年代末超过 500 万吨。1973 年以后，格龙丁、巴比埃、芒达罗斯等海上油田相继开发，总产量突破 1000 万吨，1976 年达到历史最高水平，产量为 1113 万吨。80 年代以后大致保持在 750 万吨左右，1988 年回升到 850 万吨。

整个加蓬盆地已开发的油田约有 26 个，其中 19 个为海上油田，相对集中分布在让蒂尔港以南的近海水域，一般水深在 30～60 米之间，如安圭勒油田水深只有 30 米，芒达罗斯油田水深 45 米，格龙丁和巴比埃油田水深 60 米，开采条件良好。目前

---

① 关增淼，李剑，等. 非洲油气资源与勘探[M]. 北京：石油工业出版社，2007：212.

② "Equatorial Guinea: Oil and Gas Industry". *Mbendi*, http://www.mbendi.co.za.

海上油田产量约占总产量的80%以上。

10. 乍得

乍得位于非洲中北部，为内陆国家，是非洲2003年开始开采原油的新兴石油国家。石油生产成稳定增长趋势，2005年乍得的石油产量达到910万吨。目前的油田主要有多巴盆地内的Bolobo，Komé和Miandoun。

11. 突尼斯

突尼斯于20世纪60年代中期开采原油产量曾超过600万吨。由于一直没有发现新的油田，石油日产量自1987年以来一直处在不断下降的过程中，从2000年起突尼斯20多年来首次成为了石油净进口国。2010年原油产量380万吨。突尼斯最大的油田是博尔马(El Borma)油田，临近与阿尔及利亚的交界处；突尼斯另一估计储量超过1亿桶的油田是阿什塔待(Ash tart)油田，几乎75%的突尼斯石油产量均来自于这两大油田。剩余的石油产量主要来自于Sidi El Kilani油田和Al Manzah油田。而突尼斯前三大油田的石油产量近年来呈现出稳步下降的趋势，只有Al Manzah油田是于2000年10月开始投产，当前的产量稳定在4000桶/天的水平。

12. 圣多美和普林西比

圣多美和普林西比是西非的一个岛国，地处几内亚湾。2002年与尼日利亚达成协议，共同开发两国重叠海域内的石油资源，是一个新兴产油国，估计原油储量在40亿桶。但该国政局一直不稳，2003年寻求美国在其境内建立军事基地。①

第二节　非洲天然气资源开采

一、非洲天然气开采的历史进程与特点

1. 起步阶段(20世纪70年代以前)

突尼斯和摩洛哥是20世纪50年代初非洲开采天然气最早的国家，50年代后加蓬也开始采气。非洲初期的天然气开发能力不大，到1959年总产量只有1700万立方米。

20世纪60年代后，北非撒哈拉和西非尼日尔河三角洲地带，大批气田和油田伴生气的喜人发现，以及天然气液化和船运液化气技术的发展，为非洲天然气资源的扩大开发提供了有利条件。阿尔及利亚、尼日利亚、埃及和利比亚等国，为发展民族经济，在重视石油开采的同时，也开始注意本国天然气资源的开发利用，开采规模有了长足的发展，1969年总产量已达32亿立方米以上。20世纪60年代中期，阿尔及

① Simon Robinson. Black Gold[J]. *Time Europe*, 2002(10).

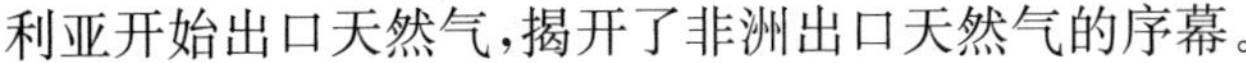

利亚开始出口天然气，揭开了非洲出口天然气的序幕。

2. 大发展阶段(20 世纪 70 至 80 年代)

该阶段，在世界石油价格日益上涨的形势下，重视石油以外能源的开发利用已是国际能源发展的重要趋势。天然气高度洁净，开采和储运方便，成本低廉，作为替代能源首先得到了重视。适应能源利用形势的这一变化，为合理利用天然气资源，增加出口和满足城镇、工矿和石油化工日益增长的需要，不少非洲国家相继扩大了天然气的投资比例；同时西方经济发达国家迫于经济发展、能源不足的需要，对扩大进口非洲天然气的需求也十分迫切，重视向非洲的天然气开发投资。由于上述原因，非洲天然气开采业发展很快，产量扶摇直上，1980 年和 1987 年先后增长到 245 亿立方米和 573 亿立方米，同 1970 年的产量相比，分别增长了 6.3 倍和 15.9 倍，比同期世界天然气总产量增长速度(49%和 85%)快得多，反映了非洲天然气生产蓬勃发展的良好形势。

表 3-4　非洲国家天然气开采量变化　　10 亿立方米

国家	1970	1975	1980	1985	1990	1995	2000	2005	2010	2011
阿尔及利亚	2.5	6.4	14.2	34.3	49.3	58.7	84.4	88.2	80.4	78.0
埃及	0.1	0.0	2.2	4.9	8.1	12.5	21.0	42.5	61.3	61.3
利比亚	0.0	4.6	5.2	4.6	6.2	6.3	5.9	11.3	15.8	4.1
尼日利亚	0.1	0.4	1.7	2.6	4.0	4.8	12.5	22.4	33.6	39.9
其他	0.1	0.5	0.9	1.0	1.2	2.9	6.5	9.9	17.8	19.4
总计	2.8	11.9	24.0	47.5	68.8	85.3	130.3	174.3	209.0	202.7

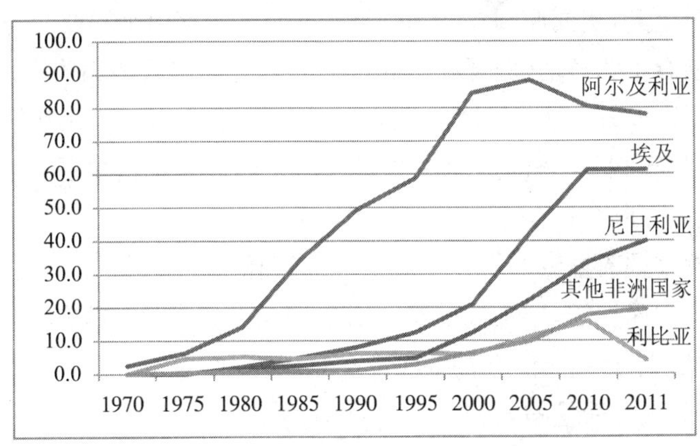

图 3-11　非洲国家天然气开采量(10 亿立方米)

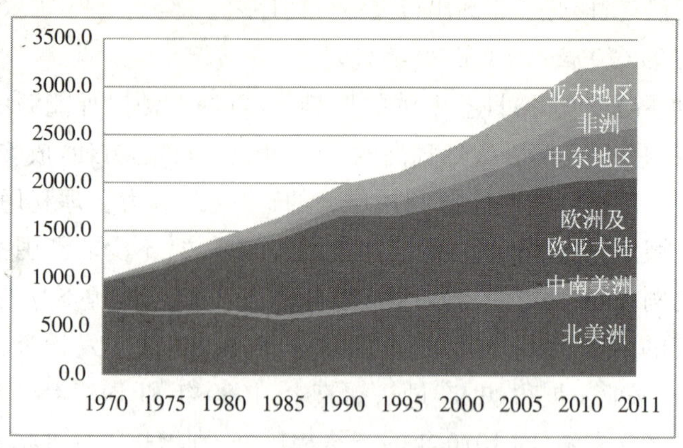

图 3-12　世界天然气开采量(10 亿立方米)

3. 深化发展阶段(1980—1990 年)

20 世纪 80 年代至 90 年代,非洲很多国家加大了对天然气资源的探明及开采力度。该时期,尼日利亚、埃及等一些国家的探明量有了较快的增长,而阿尔及利亚作为非洲主要的矿藏资源国,在该阶段的探明量有所下降,但其开采量保持持续的增长速度。可见,阿尔及利亚政府非常重视天然气资源的开采利用,天然气已经成为其经济发展的重要的战略资源。非洲其他国家在该阶段也纷纷重视天然气资源的开发利用,发现了天然气比石油更具长远的经济意义。

4. 本土化发展阶段(2000 年至今)

进入 21 世纪以来,非洲众多国家对天然气的探明量进入一个平缓期。自 2000 年来,阿尔及利亚、利比亚、尼日利亚等国家的探明储量保持恒定,埃及的探明量相对其他国家有所上升,主要原因在于 20 世纪 90 年代中期以来埃及经济强势增长,勘探能力相比之前有了明显增强。同时,储量的大幅增加主要还因为在地中海海上和尼罗河三角洲地区发现了大气田,在西部沙漠也勘测到一些气田的存在。同时期,埃及、利比亚、尼日利亚及非洲其他一些国家的天然气开采量呈现持续快速增长的趋势,特别是埃及、利比亚,在 2000—2005 年,开采量翻了一番有余,这在一定程度上表明国家对天然气的需求量增加,已经逐步由燃油消耗向天然气消耗转变。阿尔及利亚作为天然气开采大国,天然气是其化石能源总产量的 48%,在 2000 年,天然气开采量为 84.4 亿立方米,占全非的 64.8%,至 2011 年,开采量为 78 亿立方米,呈下降趋势,但仍占非洲开采量的 38.5%。

非洲国家天然气开采量变化如表 3-4、图 3-11 所示。同期世界天然气开采量如图 3-12 所示。

非洲天然气生产的特点如下:

(1) 非洲的天然气生产虽然发展很快，但它的开发水平很低，已开发利用的天然气资源大都是资源藏量大、开发条件好、靠近城镇和工矿企业的大气田。而且由于基础差，开发起步晚，所以天然气的产量规模还不及世界的3%。

(2) 非洲的油田伴生气虽然藏量可观，但由于多数国家经济发展水平低，天然气利用能力差，外国石油公司又长期轻视天然气资源的利用，使天然气的加工设备少，加工能力低。20世纪70年代以前，由所谓"天灯"烧掉的天然气占了非洲天然气产量的70%以上。20世纪70年代后，两次石油冲击所造成的能源紧张形势，使天然气资源顿时身价十倍。工业上和家庭中以天然气代替石油产品的实用价值增强了天然气的吸引力，许多非洲国家意识到资源浪费太可惜，相继采取措施以图结束这种盲目浪费的状况。在天然气开采区陆续兴建了一些天然气加工厂并向油田不断增加天然气回注量。由此，非洲天然气的利用率有了明显的提高。已从1970年的30%上升到1985年的接近85%，阿尔及利亚和利比亚的利用率甚至高达90%以上。但是，西非地区的尼日利亚、刚果和北非地区的突尼斯的天然气利用率仍然很低，由"天灯"烧掉的天然气迄今仍然十分可观。同整个世界相比，非洲天然气利用率仍然较低。

二、非洲天然气生产国

目前，非洲共有9个天然气生产国，分布于北非、西非几内亚湾和大西洋沿岸地带。从产量看，阿尔及利亚、利比亚、埃及和尼日利亚四国最多，1987年合计约有566亿立方米，占全非总产量的98.8%，2000年合计产量增加到1303亿立方米，2010年持续增加到2090亿立方米，但由于非洲其他国家天然气产量的增加，上述四国的合计产量所占非洲的总产量比重趋于下降，从2000年的95%下降到目前的90%。突尼斯、安哥拉、加蓬、摩洛哥和刚果等其余国家的产量虽有增加，在全非所占比重仍然很少。

1. 北非地中海沿岸国家

北非是最重要的天然气开采区，开发历史早，资源丰富，城市和工矿业发达，又接近欧美消费市场。因此，这里的天然气开采技术比较先进，开采能力强，产量高(1987年大约集中了全非94.9%的产量)，利用能力也较强，并有大规模的出口，继续开发的潜力比较大。目前，北非天然气开发主要集中在阿尔及利亚、埃及和利比亚三国，2010年合计产量1575亿立方米，占非洲的75.4%。

(1) 阿尔及利亚是北非也是非洲最大的天然气生产国。1961年开始商业性采气，当年采气2亿立方米。20世纪60年代中期之后，在不断扩大天然气出口的带动下，产量增长很快；20世纪70年代末，产量接近100亿立方米；20世纪80年代后，产量大幅度增长，1987年达416亿立方米，大约集中了全非总产量的70%以上。此后，开采量持续增长，2005 年产量高达 882 亿立方米，独占非洲的 50.6%。目前产量约 80 亿立方米，比重下降到 38.5%。现在阿尔及利亚国内已形成了一个从开采到液化、化工生产到产品输出的天然气工业体系。其发展水平不仅在非洲独步一时，在发展中国家也是少见的。

哈西勒梅勒是非洲开采规模最大的气田，集中了阿尔及利亚大部分的天然气产量。因气田规模大、资源诱人，所以一经发现，法、英、美等国的石油垄断集团竞相争夺，但由于气田位居内地，那里又是寸草不生的渺无人烟的戈壁沙漠，与欧洲又有地中海相隔，开采和输送的困难，使它的产量规模一直不大。只是在天然气液化和船运液化气技术问世后，气田开发才蓬勃发展。在气田区建有 4 座天然气加工厂，从生产井采出的天然气和石油气经加工厂处理，尔后通过多条管道输送到地中海沿岸的阿尔泽和斯基克达液化厂，大部分装船运往欧美国家。他们还将加工分离的很大部分干气，通过注气重新注入气田，以保持气田稳压保产。而且，经过天然气加工厂处理的天然气凝析液，占全国总产量(1983 年为 1420 万吨)的大部分，其中又大部分向国外出口。

哈西勒梅勒气田生产的现代化程度很高，大量采用自动化设备，各生产井、注气井、压缩站和气体加工厂的运转自动化，车间里的阀门启闭、压力增减、温度调节以及管道转换等复杂操作，均由工作人员用按钮发布指令进行遥控。

在重点开采哈西勒梅勒气田的同时，阿尔及利亚还很注意哈西梅萨乌德大油田伴生气的回收利用。近年来还同美国和加拿大等国的一些石油公司签订了开发阿腊尔气田和鲁尔德努斯气田的协议。

天然气是阿尔及利亚的主要矿藏资源，蕴藏量比石油丰富，仅已发现的储量，就已相当于石油实际蕴藏量的两倍半。因此，从资源的角度看，天然气比石油更具有长远的经济意义。在天然气开发拥有比较广阔前景的今天，阿尔及利亚已将重点开发石油逐渐转向天然气。天然气成了阿尔及利亚经济发展最重要的战略资源。所以，早在 20 世纪 70 年代，阿尔及利亚政府已拟定了一个雄心勃勃的发展碳化氢工业的长期规划(1976—2005 年)，将投资的重点置于天然气工业的发展上。多年以来，阿尔及利亚已把积极扩大天然气的国内消费和向国外的输出作为其能源开发利用的主要方向。

(2) 埃及的天然气开采始于 20 世纪 60 年代中期，是阿拉伯国家最早开发利用天然气作能源的国家之一。在最初的十年中，埃及主要采收摩根等油田的伴生气，产量一直低于 1 亿立方米。20 世纪 70 年代中期之后，随着阿布加腊迪克、阿布马迪和阿布基尔等气田的开发和天然气加工能力的增强，产量有了明显的增长，是仅次于阿尔及利亚的第二大天然气开采国，2011 年的产量达 613 亿立方米，占非洲的 30.2%。

埃及的天然气开发主要集中在尼罗河三角洲和西部沙漠油区，其中阿布马迪、阿布基尔和阿布加腊迪克三气田的开采规模最大，1984 年三个气田占了埃及天然气总产量的 83%。

阿布马迪是埃及最大的气田，位于开罗以北 180 公里，1967 年发现，1974 年 10 月开始采气，1977 年 2 月第一座天然气加工厂建成。从气田有一条输气管通向坦塔。气田主要向亚历山大地区的一些工业部门、电厂和化肥厂等企业部门供气。

阿布基尔气田位于亚历山大东北 24 公里的滨海，1965 年发现，1977 年投产，所产天然气送至亚历山大附近的天然气加工厂加工。大部分产品用作附近电厂燃料和化肥厂的原料。

阿布加腊迪克气田位于西部沙漠，1969 年发现，同年 4 月投产。气田由 270 公里的输气管与达舒尔天然气集输系统相连，向赫勒万工业企业和开罗区居民等单位供气。

过去，埃及的油田伴生气几乎全部放空烧掉。1983 年以后相继在苏伊士湾西岸的舒海尔和巴克尔油田建成集输和加工中心，年加工能力为 8.3 亿立方米。第二期工程的加工能力将扩大 1 倍。

埃及是非洲经济比较发达的国家，对能源需求量大，天然气又受储、产量的限制，所以埃及的能源利用多年来一直采取鼓励以气代油和扩大石油出口的战略。

(3) 利比亚是非洲仅次于阿尔及利亚、埃及的天然气生产国。20 世纪 70 年代以前，它的油田伴生气几乎全部放空烧掉。之后，开始重视天然气资源的开发利用，采取了建立国营天然气工业的方针，制定了到 2000 年综合发展天然气的总体规划。20 世纪 70 年代初，一座大型天然气液化厂建成，为泽勒坦和腊古巴等油田伴生气回收、液化和出口创造了必要的条件。同时，在油田区先后兴建了 7 座天然加工厂，年总加工能力达 190 多亿立方米；还装置了天然气回注设备，使天然气利用率大大提高，一般高达 80%～90%，利用率之高，居非洲的前列。哈提巴大气田虽发现很早，但直到 1977 年才建成投产，所产天然气主要送往卜雷加液化厂及附近的石油化工企业，供给量每年大约 25 亿立方米。1970 年利比亚的天然气产量约 3 亿立方米，1979 年上升到 50 亿立方米。20 世纪 80 年代后，由于天然气出口的不利影响，在特别侧重油田开发的形势下，利比亚的天然气开发缓慢，多年停滞在 40 亿立方米左右的产量水平上下，只是到 1987 年才上升到 67 亿立方米。2000 年以后，利比亚加大开采力度，开采量迅速增加，到 2010 年已上升到 158 亿立方米，占非洲的 76%，居非洲第四位。其开发利用已从多年以输出为主的外向型向以国内消费为主的方向转变，现在，它的天然气产量的 70%以上用于国内消费。

(4) 突尼斯和摩洛哥都是非洲最早的天然气生产国。但是，它们的天然气产量一直很低。20 世纪 70 年代后，产量有所增长，但最高也只有 5 亿立方米，大部分来自博尔马油田的伴生气。突尼斯的天然气资源比摩洛哥丰富，1975 年在加贝斯湾发现米斯卡等三个气田后，资源优势更为突出，仍有诱人的发展前景。1977 年以后，突尼斯政府已着手开采米斯卡气田，每年可采 25 亿立方米，主要为突尼斯南部工业区服务。

2. 西非几内亚湾国家

以尼日尔河三角洲为中心，绵延西非几内亚湾沿岸一带是非洲第二大产气区。资源开采浪费大、利用率低是西非天然气开发利用的薄弱环节。例如，1977 年西非采出的天然气为 229 亿立方米，占全非开采量(504 亿立方米)的 45.4%，可是实际回收利用的不到 5 亿立方米，利用率只有 2%，其余几乎全部放空烧掉，盏盏"天灯"，熊熊火炬，遍及几内亚湾沿岸，自空中俯瞰，犹如一片火海。西非产气国虽然提高了天然气资源的利用率，但浪费现象仍十分严重。因此，合理利用伴生气资源，提高其利用率，对西非今后天然气资源的开发具有特殊的意义。

(1) 尼日利亚的天然气开采始于 1963 年，其商业产量一直很低，20 世纪 70 年代以前，平均每年只有 1 亿多立方米。20 世纪 70 年代后，随着自主开发油气资源能力的增强和天然气在国内能源利用中的逐步扩大，天然气的商业产量有了明显增加，1987 年为 28 亿立方米，但这个产量还不如储量比它低的利比亚和埃及，这与它的资源地位很不相称。

实际上，尼日利亚每年从油气田采出的天然气通常达 200 亿立方米以上，但利用率很低，20 世纪 80 年代以前，大都低于 5%。20 世纪 80 年代后，虽有所提高，仍有 80%左右的天然气被放空烧掉，1984 年放空烧掉的天然气约占全非浪费总量的一半。从天然气资源储量上看，尼日利亚还是相当丰富的，但是，它与北非的国家不同，它的天然气出口离欧洲主要消费市场较远，出口外运的地理位置比较差一些；而且，它的油田伴生气分散，气田规模又小，开发利用设备投资大。因此，在长期拥有大量石油资源保障的情况下，加上外国石油公司不予支持，所以尼日利亚政府对天然气资源的合理开发利用一直不甚重视。21 世纪以来，天然气的开发利用日益受到重视，开采量不断上升，1990 年产量仅 40 亿立方米，2000 年迅速上升到 125 亿立方米，2011 年又进一步上升到 399 亿立方米，占非洲的 19.7%，为非洲第三大产气国。

(2) 喀麦隆的天然气资源还比较丰富，主要是油田伴生气。20 世纪 80 年代国内展开较大规模的油田开发后，随石油采出的伴生气一直未加利用。对此，喀麦隆政府已同外资协商兴建天然气加工厂和天然气液化厂，为天然气资源的合理利用做准备，但产量一直不大。此外，加蓬、刚果、安哥拉等天然气资源有限，开发利用率很低。

第三节　非洲煤炭资源开采

一、非洲的采煤业

非洲的煤炭资源在世界上居于较次要的地位，主要产煤国家也较少，但非洲采煤业仍发展较快。非洲自 20 世纪 80 年代以来，虽然在开采量上从 1981 年的 78.2 亿立方米增长到 2011 年的 146.6 百万吨油当量，但是从世界范围来看，非洲煤炭开采量仍然较低，仅占世界各国开采量总和的 4%～5%（如图 3－13 所示）。

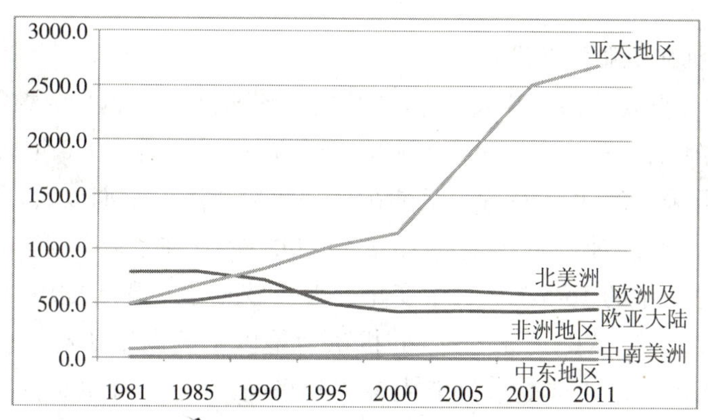

图 3－13　世界煤炭资源开采（百万吨油当量）

资料来源：据 BP 世界能源统计年鉴数据编制.

二、主要产煤国

南非是非洲最大的产煤国，也是居世界第九位的重要产煤国（硬煤产量居世界第六）。1987 年煤炭产量 1.76 亿吨，占全非煤炭总量的 95%以上。主要矿区集中分布于德兰士瓦省东南部和纳塔尔省北部，拥有一系列大矿区，多优质动力煤和一些焦煤，但相对于钢铁工业需要而言，焦煤显得不足。南非的煤炭主要用作燃料、电力生产（电力生产的 95%以煤炭为燃料）和化工原料。1974 年南非在莫德丰顿建设了世界上最大的利用煤炭生产氮气的工厂。另一座大型转化厂生产塑料、烧碱和氯气。这两个厂的化工产品几乎用于所有的工业中，产品主要有氨水、炸药、聚氯乙烯、尿素、硝酸铵、甲醇、硝酸等。与石油一样，虽然煤炭产量不是很多，但出口量很大，这就加强了非洲能源在世界市场上的地位。

非洲其他产煤国依次为津巴布韦（506.4 万吨，1988 年）、摩洛哥（69.6 万吨，1987 年）、博茨瓦纳（57.6 万吨，1987 年）、赞比亚（46.8 万吨，1987 年）、斯威士兰

(17.2万吨,1986年)、尼日利亚(14.4万吨,1987年)、扎伊尔(12.7万吨,1986年)等。其中津巴布韦、斯威士兰等国也有极少量煤炭出口。

第四节　非洲铀矿资源开采[①]

铀是一种极其重要的战略资源,是原子能工业不可缺少的原料。目前,世界各国对铀矿资源的勘探和开采工作都极为重视。非洲是世界铀矿资源的重要蕴藏地,也是铀的重要的生产地和输出地。

一、非洲铀矿资源的开采

非洲是世界重要的铀矿开采地区,尤其是20世纪60年代,世界核能的发展大大推动了非洲铀矿的开采。1970年非洲铀的开采量为3567吨,1980年猛增到1.55万吨,占世界总开采量的35%左右。但是在20世纪90年代末期以后,非洲各国铀矿产量逐渐下降。非洲铀矿总产量从1998年的0.82万吨下降为2003年的0.64万吨,约占世界总产量的18.7%。其中变化最为明显的是加蓬,1998年该国铀矿产量有0.07万吨,2000年后则再无生产,分析认为是由于该国铀矿经济储量枯竭。目前,尼日尔、纳米比亚、南非是非洲三大铀矿开采国,其中尼日尔是仅次于加拿大和澳大利亚的世界第三大产铀国,年产量在0.3万吨左右。纳米比亚紧随其后,年产量比较平稳地保持在0.25万吨以上。南非铀矿年产量则低于前两国许多,不到0.1万吨,主要采矿中心为阿尔利特(露天矿)。

二、非洲主要铀矿开采国

2000年之前,非洲有四个铀生产国,分别是南非、尼日尔、纳米比亚和加蓬。

南非很早就在含金砾岩中发现了铀。在制定了有效的回收铀的工艺流程以后,于1952年从116120吨处理的矿石中回收了40.2吨铀,从此开始了铀的生产。南非的铀产量在20世纪50年代增长较快,1960年达5800余吨,60年代有所下降,70年代后期又有了恢复和发展,1980年铀产量达6100吨,占非洲铀产量的39%,居非洲首位,占资本主义世界铀产量的14%,次于美国、加拿大,居于第三位。多年以来,南非一直在开采维特沃特斯兰岩系的金矿的同时,将铀作为采金的副产品来回收,所以八家主要的金矿公司也是生产铀的主要公司。这些公司生产铀虽然不需要花费大量的开采费和矿石碾碎费、管理费用等,于降低开采成本固然有利,但铀的产量往

① 非洲的铀矿资源及其开发利用[J].非洲地理,非洲经济地理研究.1984(6).

往受采金业的影响而有所波动。1978 年在奥兰治自由邦开始建设贝萨铀矿，投产后，将是南非第一座以采铀为主的矿山。此外，南非还从帕拉博鲁瓦铜矿中回收铀。随着金价和铀价的上涨，南非对以前废弃的矿石准备进行第二次加工，从中回收金、铀以及黄铁矿。南非铀的生产中心主要有克鲁斯多普、克勒克斯多普和达戈丰坦等。

尼日尔 1971 年开始生产铀以后，产量持续稳定增长，1980 年达 4505 吨，占非洲铀产量的 28.8%，居全洲第二位，占资本主义世界的 10%，居第四位。尼日尔有阿尔利特和奥库塔两个铀矿区，前者有两座开发中的矿山，一是阿尔莱特矿，一是阿尼埃泽矿。阿尔莱特矿 1971 年开始生产，阿尼埃泽矿 1978 年投产。阿尔利特矿区的铀矿层总厚度在 15～25 米之间，埋深约 35～50 米，为露天机械化开采。奥库塔矿区 1978 年建成投产，矿层总厚度在 1～15 米之间，矿石品位达 0.2～0.6，除含铀外，矿石中还含铀钼，可以作为提炼铀的副产品从中回收。矿层埋深达 250 米，地下矿井每小时能喷出 250 立方米水温达 32℃的地下水，可作铀加工厂的用水。对气候干燥、地表水缺乏的尼日尔来说，可以部分解决水源不足的问题。奥库塔矿虽然投产较晚，但产量增长较快，1982 年铀产量已达 2300 吨，超过阿尔利矿区，占全国铀产量的 53%。尼日尔正在建设第三个矿区，即唐萨-恩塔拉尔矿区，即将投产。

加蓬铀矿的开采始于 1961 年，最高年产量曾达 1600 吨，1980 年产量为 1000 吨，占非洲铀产量的 6.4%，居第四位。最早开采的是穆纳纳矿，1970 年奥库洛矿投产，1980 年又增加了博瓦扬德兹矿。穆纳纳矿和博瓦扬德兹矿为露天开采，奥库洛矿已由最初的露天作业转入地下开采。加蓬所生产的铀矿砂，多年以来一直假道刚果，从黑鱼港输出，多有不便。目前正在建设的加蓬大铁道，将延伸到佛朗斯维尔，通车后铀矿的运输条件将大为改善。

纳米比亚是非洲后起的产铀国，1976 年才加入铀生产国行列，虽然起步较晚，发展却很迅捷，产量急剧增长，已接近尼日尔，大有后来居上之势，1980 年铀产量为 4033 吨，占非洲铀产量的 25.8%，居第三位，占资本主义世界的 9%，居第五位。纳米比亚主要开采中心在勒星，铀的勘探、开采和提炼，从资金、技术到设备，都依赖外国公司，从生产到销售，都受外资控制。尼日尔的铀矿由艾尔矿业公司和奥库塔矿业公司经营。艾尔矿业公司中，尼日尔国家资本占 33%，其余为法国和其他四家外国公司所拥有。奥库塔矿业公司中，尼日尔政府拥有 31%的股份，法国公司拥有 34%，日本公司拥有 25%。加蓬的弗朗斯维尔铀矿公司中，国家资本占 25%，其余分属法国等外国公司。南非和纳米比亚的铀生产虽然在南非白人种族主义政权控制之下，但开发经营的公司，如在纳米比亚开采铀矿的里约丁托锌公司、南非工业发展公司、法国原子能矿业公司等，以英、美、法等国的资本为主。虽然尼日尔等铀生产国为了维护国家主权采取了一些有力的措施，如在开发公司中增加股份、提高铀价和税率、使铀生产国经济收入有所增加，但仍有很大一部分利润为外国垄断资本所攫取。

还须看到，非洲的铀产品主要用于输出。目前除南非有一座核电站正在建设、埃及计划建设两座核电站以外，洲内的铀的消费量极少。因此，非洲的铀产品主要投放国际市场，对一些西方工业发达国家的原子能工业影响极大。法国因国内铀的生产量少而不能满足需要，长期从非洲的加蓬、尼日尔等国输入铀产品。加蓬以前生产的铀几乎全部供应法国，目前仍有60%输往法国。1981年，尼日尔出售给法国的铀约占其生产量的一半。英国原子能工业所需要的铀主要来自南非和纳米比亚。此外，日本、西德、意大利以及伊拉克、巴基斯坦等一些发展中国家，都从非洲输入铀，从而非洲成为西方工业国家的原料基地。

三、非洲铀矿资源开发的影响因素

非洲开发铀的历史已有六十余年，但较大规模地开采还是近一二十年的事。随着铀在新能源中的地位日益上升，非洲铀矿资源开发利用的趋势无疑将有较快的发展。影响非洲铀矿开采发展的因素很多，归纳起来大致为以下几点：

1. 资源条件

非洲大陆是铀矿资源丰富的大陆，不少国家都已发现了铀矿资源。根据目前的开采速度，已探明的储量尚可开采五十年。更为重要的是，非洲大陆地域辽阔，过去铀矿勘探工作做得很少，许多国家和地区尚未进行找矿工作。就是已发现铀矿资源的一些国家，亦有不少地区尚待勘探。今后随着勘探工作的进一步开展，必将有新的发现。对一些国家已发现的铀征兆，进一步做好资源评价工作以后，探明储量和远景储量将会有新的增长。由此可见，非洲铀矿资源增长潜力较大，后继资源丰富，这是非洲铀矿开采业发展最有利的因素。

2. 市场条件

由于受到技术经济条件的限制，目前非洲绝大部分国家尚无利用铀产品的计划，至少在今后一段时间内对铀的消费量不会太大，所以非洲铀产品的洲内市场十分狭小，主要面向世界市场，对世界市场的依赖很大，世界市场供求状况的变化将直接影响非洲铀生产的发展。总的看来，世界市场对铀的需要量，将伴随着铀用途的日趋广泛，特别是在新能源中地位的上升而不断增大。1983年，全世界共有24个国家和地区约293座核电站在运转，发电量约占世界总发电量的10%。到2010年，全世界已拥有441座核电站在运行，总发电量已占世界总发电量的16%。核能已成为很有发展前途的替代能源之一，因此，核能是解决能源问题的必经之路，发展前景广阔。

3. 对生产国的影响

非洲铀对生产国的影响，既有经济方面的，又有政治方面的。对尼日尔和加蓬

来说，铀是重要的外贸产品，铀带来的巨大收益，促进了民族经济的发展。尼日尔这个地处撒哈拉沙漠南缘、位于萨赫勒地区的落后的农牧业国家，自20世纪年代铀开发以后，铀产品逐步代替了花生和牲畜成为主要的出口物资，占出口贸易额的70%以上。随着铀产量的增加和铀价的上涨，财政收入也大幅度增长，1978—1979年度，铀收入占国民总收入的1/3以上。国家预算连年增加，外贸出现了顺差，外汇储量有所增加，经济形势明显好转。加蓬的铀产品和石油、锰矿石、木材，一起构成加蓬经济的四大支柱，1980年这四大产品的产值占国内生产总值的56.2%，占整个出口收入的98.3%，其中铀占8%左右。尼日尔和加蓬都是发展中国家，铀矿的输出成为筹措建设资金的重要来源，两国不仅重视现有矿山的生产，而且花费大量资金在建设新矿山，今后铀的生产将会有进一步的发展。对南非来说，铀不仅是重要的输出产品之一，而且利用核能的计划正在实施之中。同时，包括铀在内的多种战略物资，是南非借以摆脱政治上孤立、经济上遭受“禁运”的困境的武器之一。鉴于铀对南非经济的影响和对维系南非反动的白人种族主义政治需要，其生产必将在可能条件下保持增长的趋势。

4. 其他因素

除上述因素以外，还需考虑目前已有几个国家正在组织开发。摩洛哥和突尼斯均有从磷灰石中回收铀的计划，其中摩洛哥已在萨布建立了铀回收工厂。阿尔及利亚和法国公司合租的开发公司，正在为积木高银矿和阿尔班科尔矿的工业开发做准备工作。中非共和国1969年就成立了巴科马铀矿公司，由于技术上的原因尚未开发，一旦从泥硅质磷块岩中回收铀的技术获得进展，随时都有投入生产的可能。

综上所述，非洲铀矿资源的开发前景无疑是乐观的。

第四章

非洲能源出口格局的形成与走势

第一节 非洲能源出口格局的形成与特点

一、世界能源结构变革与非洲能源出口格局的形成

世界煤炭生产和贸易的历史远比石油悠久。18 世纪的产业革命使煤炭生产和贸易在矿物燃料中最早登上了国际历史舞台。煤炭逐渐成为世界经济发展的主要能源和动力,推动了世界工业、交通运输等部门的发展。

世界石油生产和贸易的加速发展,始于第二次世界大战之后。石油作为一种战略物资,吸引各种外来势力集团的竞相开发和垄断,刺激世界疾步进入"石油时代",20 世纪中叶由于石油的蓬勃兴起和竞争,煤炭的地位遂降至石油之下。石油贸易成为世界资源战略中最敏感、最激烈的舞台。石油作为一种经济势力——制约全球经济发展的商品,它牵动着世界众多大大小小国家,特别是西方工业发达经济的运转,以致于西方工业国家的石油需求与中东等地石油供应之间能否维持平衡的问题,成为世界经济发展的一个核心问题。[①]

回顾 100 多年来的世界战争史,为石油而开战随处可见。两次世界大战到一系列的局部战争,无不带有强烈的石油色彩。当然,石油的第一属性仍然是其作为碳氢化合物的自然属性。它在成为第一"政治商品"之前,需要战胜其他具有类似自然属性的对手,其中最主要的对手就是煤炭。19 世纪后半叶的法德之战,主要就是围绕煤炭控制权展开的。不过在 1885 年德国发明了世界上第一台实用燃油引擎、1913 年美国发明了世界上第一辆汽车之后,石油逐渐取代煤炭成为主要的战略能源。[②]世界石油消费大国为了争夺石油资源大打出手,冲突和战争层出不穷。历次中东战争尤其是海湾战争、伊拉克战争和利比亚战争,无不反映出为石油而战的战争目的。

---

① 董文娟. 国际能源贸易研究[M]. 北京:石油工业出版社,1994:2-5.

② 韩立华. 能源博弈大战影响人类未来命运的最大挑战[M]. 北京:新世界出版社,2008:3.

推动能源结构变革的动力是科技革命。20 世纪 60 年代，石油替代煤炭成为能源主角，步入石油时代，刺激了非洲石油的大规模勘探和开采。世界三大消费市场西欧、北美、日本需求大量的石油进口，加速了海湾地区世界石油开采和出口基地的形成。非洲亦同步加速石油开采和出口，成为世界石油主要供应地之一。石油出口量从 1960 年的 1058 万吨上升到 1965 年的 9922 万吨，占世界比重从 2.78%上升到 14.97%，此后一直保持在 15%。非洲石油在世界能源格局中的战略地位日显重要。

在世界传统能源储量日益走向枯竭、世界能源供需矛盾日益尖锐、开采能源造成的环境污染日趋严重的情况下，摆在人类面前的出路只有一条：未来世界能源供应和消费必须走向多元化、清洁化、高效化、全球化和市场化。①

二、非洲能源出口的特点——以原料形式出口为主

非洲石油贸易遍及五大洲 50 多个国家和地区，其中欧洲约计 20 个国家，美洲 10 多个国家，亚洲约 10 个国家，非洲大陆近 10 个国家和地区。世界十大石油进口国：美国、日本、德国、法国、意大利、荷兰、西班牙、新加坡、英国和比利时，大都是非洲的重要贸易伙伴。仅以出口对象国来说，欧洲和美国占有重要地位，以原油输出量来说，这一特点更加突出，例如 2010 年非洲向欧洲和美国分别输出原油 12870 万吨和 11270 万吨，分别占了非洲原油出口量的 34.74%和 30.42%。

1. 石油开采的外向性突出，且以原油出口为主

非洲利用石油资源具有悠久的历史，但采用现代技术进行开采则始于 20 世纪初。1909—1955 年的 46 年间，非洲不仅开发的油田数量少，而且产量很低，最多年份也不超过 300 万吨，在世界原油产量中的比重微不足道（<0.5%）。1956 年随着各国相继发现油田，非洲的原油开采出现了一个崭新的局面。尤其是 20 世纪 60 年代，非洲有了突飞猛进的发展，出口也随之增加。②

1970 年到 2010 年，非洲石油产量呈稳步上升趋势，从 1970 年的不到 3 亿吨增长到 2010 年的 4.78 亿吨，增长了 63.03%，年均增长率 1.58%。非洲石油出口一直占产量相当大的比重，因此出口也基本随着产量同步增长。到 2010 年，非洲出口石油 37211 万吨，占其产量的 77.8%；非洲 2011 年的石油产量为 41740 万吨，比 2010 年下降了 12.71%，出口更是下降了 30.37%，下降到 25910 万吨（如表 4-1、图 4-1 所示）。1970 年，非洲原油出口 28276 万吨，占其产量的 96.4%。1970 年以后，石油输出国组织为保存资源，采取配额生产和压缩出口政策。许多非欧佩克国家扩大出口，造成市场供油过剩，而西方石油消费国竭尽努力节制石油消费，造成世界原油总

① 董秀丽. 世界能源战略与能源外交（总论）[M]. 北京：知识产权出版社，2011：168.

② 张同铸，姜忠尽，等. 非洲石油地理[M]. 北京：科学出版社，1991：41.

量需求下降。1990年以后，非洲石油产量逐年增长，出口比重保持在75%～80%左右，这一态势的原因是多方面的：

表4-1　1955—2011年非洲石油产量与出口量　　万吨

年份	1955	1960	1970	1980	1990	1995	2000	2005	2010	2011
产量	199	1385	29332	30751	32010	34100	37090	47070	47820	41740
出口	6	1058	28276	24401	24163	26389	30005	36991	37211	32660

资料来源：1955—1980年来源于The oil and gas journal，No. 52，1955—1988.
1990—2010年来源于BP世界能源统计年鉴.

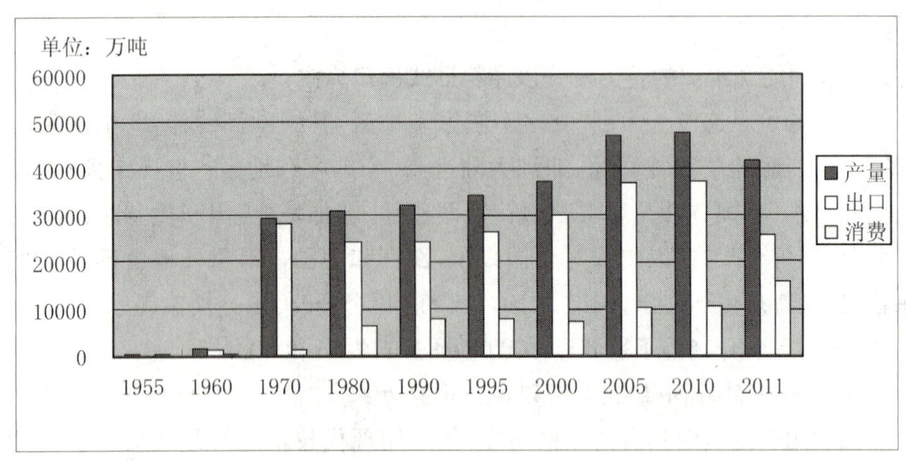

图4-1　1955年到2011年非洲石油生产、消费与出口量

资料来源：1955—1980来源于The oil and gas journal，No. 52，1955—1988.
1990—2011来源于BP世界能源统计年鉴.

(1) 经济水平低、石油消费量有限。

历年来非洲的石油消费量都很有限，1990年全年消耗石油9490万吨，占其当年产量的29.65%、占世界总消耗的3.03%。1990年到2010年的20年间，非洲石油消费量逐年增加，到2010年增加到15550万吨，增加了63.86%。然而产量也在迅速增长，从1990年32010万吨增长到47820万吨，导致非洲原油产消比并没有多大增长，维持在30%左右。2011年由于北非石油大国利比亚爆发战争，石油产量略有下降。非洲石油产量的迅速增长，进一步巩固了非洲石油在世界市场的地位。非洲石油在世界市场上的份额从1990年的10.12%逐步上升到2010年的12.22%，2011年为10.45%。消费也随之稳步增长，从1990年的3.03%增长到2011年的3.90%。非洲石油消费占世界份额依然很低，2010年占全球消费3.86%，而其产量占全球的12.22%(如表4-2所示)。非洲人口占全球1/7，但是石油消费不到4%。非洲大量开采原油，而消费量很少，仅占3%～4%，如按产油国消费量比较，消费占比更低。

内需十分有限是导致石油大量出口的一个重要因素。

表 4－2　非洲与世界石油消费比　　万吨

年份	非洲			世界			非洲/世界	
	产量	消费	消费/产量	产量	消费	消费/产量	产量	消费
1990	32010	9490	29.65%	316410	313550	99.10%	10.12%	3.03%
1995	34100	10400	30.50%	326900	323540	98.97%	10.43%	3.21%
2000	37090	11690	31.52%	361180	357160	98.89%	10.27%	3.27%
2005	47070	13450	28.57%	390660	390850	100.05%	12.05%	3.44%
2010	47820	15550	32.52%	391370	402810	102.92%	12.22%	3.86%
2011	41740	15830	37.93%	399560	405910	101.59%	10.45%	3.90%

资料来源：BP 世界能源统计年鉴.

（2）世界石油消费大国必争之地。

20 世纪 60 年代以前，在跨国石油公司的控制下，原油价格很低，每桶只有 2～3 美元，如此廉价的石油，加上它的优越性能和经济价值，就迅速成为西方国家发展经济普遍采用的动力来源，石油成为能源消费主角，导致石油消费量剧增。1970 年，世界石油消费量比 1960 年翻了一番，而欧美工业发达国家石油消费同期翻了两番，成为世界石油最主要的市场。他们竞相争夺世界主要产油区的石油供应，热衷于勘探并掠取世界各地的石油资源，接近欧美石油市场的非洲，就成为西方所谓“七姐妹”为主体的若干跨国石油公司蝇附蚁聚的对象，力争在非洲的石油争夺中占据主导地位。自北非、西非相继发现丰富油田以来，地下油藏超速开采，仅仅在 20 世纪 60 年代的 10 年间，非洲石油开采量增加了 20 倍，平均每年以 35.5%的高速度增长，以适应世界石油消费市场需求走势，这在能源开发史还未曾出现过。①

（3）非洲原油加工能力薄弱。

非洲各国工业水平普遍低下，经济基础薄弱，炼油能力十分有限，石油产量远大于炼油能力，原油成为各国换取外汇的重要资源。2005 年整个非洲地区的日炼油能力占全球日炼油总能力的 3.9%，非洲石油消费水平在全世界也是最低的，因而所产石油不得不大量以原油的形式出口。2001 年至 2004 年的 3 年中非洲石油出口量增长了 26.9%，年均增长率为 8%。例如安哥拉、尼日利亚、利比亚、阿尔及利亚等产油国的出口分别占其总产量的 95%、86%、77%和 60%，在世界石油市场中占有重要的地位。

① 姜忠尽. 非洲解决能源供求矛盾对策探讨[M]//姜忠尽. 第二届“走非洲，求发展”论坛论文集. 南京：南京大学出版社，2011：127－136.

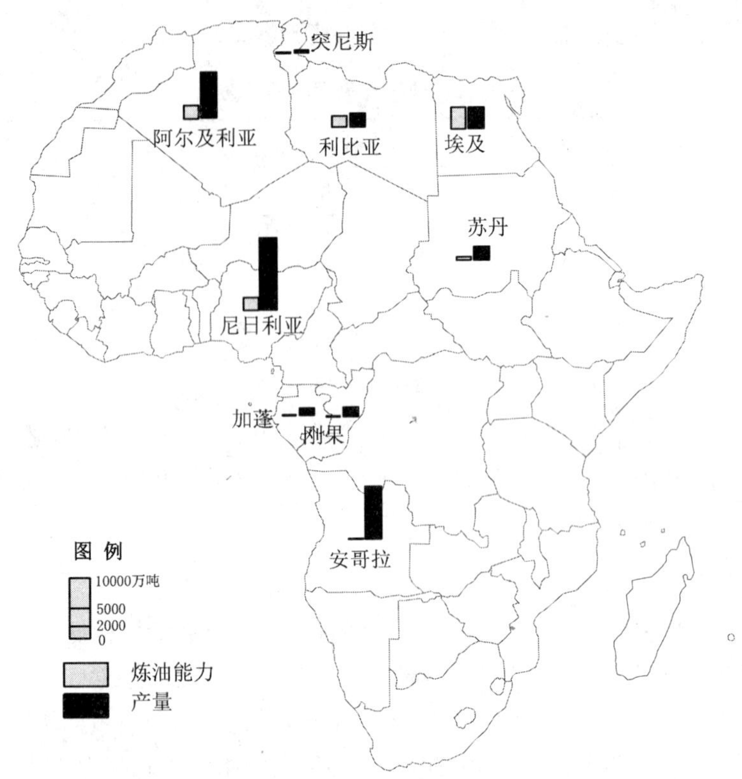

图 4-2　2011 年非洲主要产油国产油和炼油能力

从图 4-2 看,2011 年非洲主要产油国的炼油能力和原油产量形成鲜明对比,除埃及外,其余国家炼油能力均落后于石油开采能力(如图 4-2、表 4-3 所示)。

表 4-3　非洲主要石油生产国炼油能力

国家	产量/万吨	炼油能力/万吨	炼产比/%	炼油厂数
埃及	3520	3613.3	102.65	9
利比亚	2240	1890	84.38	5
阿尔及利亚	7430	2250	30.28	4
尼日利亚	11740	2225	18.95	4
苏丹	2230	608.5	27.29	3
安哥拉	8520	195	2.29	1
刚果(金)	1520	105	6.91	1
加蓬	1220	120	9.84	1
突尼斯	370	170	45.95	1
非洲	41740	16088.2	38.54	45
世界	399560	440277.8	110.19	662

资料来源:Oil & Gas Journal,2011-12-06:2011 年世界主要国家和地区原油加工能力统计(截至 2012 年 1 月 1 日).

埃及共有 9 家炼油厂，是非洲炼油厂最多的国家，占非洲总数的 20%。2011 年其炼产比(炼油能力/原油产量)为 102.65%，除加工本国原油外，还有部分能力加工进口原油。利比亚有 5 家炼油厂，2011 年其炼产比为 84.38%，加工了大部分本国石油，其余部分用于出口，2011 年的战争使部分油田及炼油设施遭到破坏，产油和炼油能力均有所下降。阿尔及利亚、尼日利亚和苏丹分别拥有 3～4 个炼油厂，其炼产比约为 20%～30%，炼油设施严重不足。其余炼油国家都仅有 1 家炼油厂，炼油能力更加缺乏，导致非洲石油经济效益没有得到很好的发挥，已经严重阻碍非洲的经济发展。

在 1990 年到 2010 年的 20 年间，非洲石油产量从 32010 万吨增长到 47820 万吨，增长率高达 49.39%，2011 年回落到 41740 万吨。与此同时，非洲炼厂产量却严重落后，炼厂产量从 2270 千桶/日增加到 3317 千桶/日。据油气杂志统计，截至 2011 年，非洲共有 45 座炼油厂，年加工能力约 1.62 亿吨，炼厂平均规模仅为 360 万吨/年(世界平均规模为 666 万吨/年)。非洲炼厂多为低端、小型炼厂，且加工能力不足，许多炼厂工艺简单、设备陈旧。由于某些大石油公司为提高规模效益而进行资源整合，一些主要炼油商已开始从非洲某些国家撤出。[①] 炼油能力与原油产量的快速增长严重不协调，导致大量原油只能直接出口。

2010 年非洲原油产量为 10098 千桶/日，而炼油能力为 3192 千桶/日，即只加工了产量的 31.61%，其余均是以原油形式直接出口。2011 年非洲炼厂产能仅为 3317 千桶/日，仅占世界炼油能力的 3.57%(如表 4-4 所示)。

表 4-4　非洲和世界产炼油能力　　千桶/日

年份	1990	1995	2000	2005	2010	2011
非洲	2270	2380	3034	3224	3192	3317
世界	62075	63325	82265	86027	91616	93004
非洲/世界	3.66%	3.76%	3.69%	3.75%	3.48%	3.57%

(4) 产油国外汇收入的主要来源。

非洲许多国家经济落后，可供出口商品种类有限，因此原油出口成为产油国的主要外汇来源。2010 年非洲最大产油国尼日利亚，石油出口值为 709.69 亿美元，占尼日利亚出口总值的 86.5%；第二大产油国安哥拉，石油出口值为 528.93 亿美元，占其出口总值的 98.9%；第三、第四大产油国是阿尔及利亚和利比亚，石油出口值分别为 560.87 亿美元和 423.58 亿美元，分别占出口总值的 98.3%和 89.4%(如表

① 徐海丰，陈国华，石卫.炼油格局继续调整新兴经济体和产油国炼油业稳步发展——2010 年世界炼油工业综述[J].国际石油经济，2012(4)：1-6，124-125.

4－5 所示）。

表 4－5　非洲主要产油国石油外汇（单位：百万美元）及其占出口总值比重

国家	1990	2000	2008	2009	2010	2005	2010
阿尔及利亚	10623	21610	77822	44443	56087	98.4%	98.3%
尼日利亚	13191	20876	75065	45125	70969	94.3%	86.5%
利比亚	10608	—	56790	33404	42358	96.9%	89.4%
安哥拉	3655	7105	63126	39373	52893	96.7%	98.9%
苏丹	—	1088	8935	7152	10039	77.6%	87.7%

资料来源：WTO 统计.

2. 天然气——管道天然气和液化天然气出口

非洲天然气开采始于 20 世纪 50 年代，首先由突尼斯、摩洛哥等开始开采。非洲初期的天然气开发能力不大，到 20 世纪 60 年代中期，阿尔及利亚开始出口天然气，揭开了非洲出口天然气的序幕。20 世纪 70 年代以后，在世界石油价格日益上涨的形势下，洁净、低廉的天然气能源得到了重视，非洲天然气开采业发展很快，产量扶摇直上。[①] 从图 4－3 可以看出，1975 年以后，非洲天然气产量直线上升，从 1975 年的 115.87 亿立方米增加到 2010 年的 2090 亿立方米，年均增长率 48.68%。强劲的产量增长带来了快速的出口增加。非洲从 20 世纪 60 年代中期，阿尔及利亚开始出口天然气以来，出口量也是逐年递增。1965 年出口天然气 8.38 亿立方米，到 1970 年增加到 33.92 亿立方米。此后出口量迅速增长，1975 年高达 115.87 亿立方米，1975—2010 年的 35 年间，非洲天然气出口年均增长率 40.02%。2010 年出口 1040 亿立方米，占产量的 49.76%，2011 年天然气产量和出口较 2010 年略有下降。非洲天然气出口保持在产量的 50%左右（如表 4－6、图 4－3 所示）。

表 4－6　非洲天然气历年产量和出口变化　　亿立方米

年份	产量	出口	出口/产量
1965	19.77	8.38	42.39%
1970	33.92	15.55	45.84%
1975	115.87	69.3	59.81%
1980	245.3	115.4	47.04%

① 张同铸，姜忠尽，等. 非洲石油地理[M]. 北京：科学出版社，1991：139.

续表

年份	产量	出口	出口/产量
1985	506.3	229.4	45.31%
1990	669	330	49.33%
1995	833	385	46.22%
2000	1303	719	55.18%
2005	1743	913	52.38%
2010	2090	1040	49.76%
2011	2027	929	47.14%

资料来源:(1) World Energy Supplies,1950—1976,1979;(2) Quarterly Energy Review of Africa,1985 (supplement);(3) Energy Africa (1986—1987 Yearbook);(4) 2011,2012 年 BP 世界能源统计年鉴.

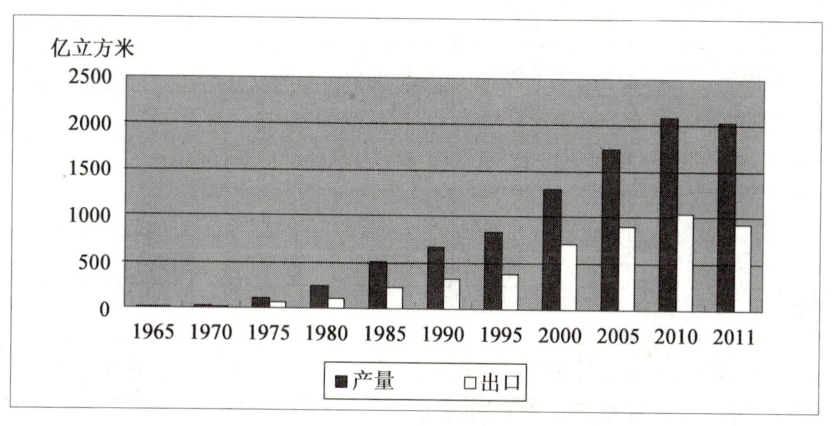

图 4-3 1965—2011 年非洲天然气生产与出口

2010 年年底,非洲已探明天然气储量 520.1 万亿立方英尺,占世界已探明天然气储量的 7.9%,总量相对并不十分丰富,主要分布在北非、西非等地区。利比亚、阿尔及利亚、埃及、加蓬、刚果以及尼日利亚、埃及、安哥拉、苏丹均是矿物能源丰富且以油气资源为主的国家。据 BP 能源统计,2010 年非洲天然气产量 2090 亿立方米,较 2009 年增加了 4.9%,占世界总产量的 6.5%;然而,2010 年非洲天然气消费量却只有 1050 亿立方米,较 2009 年增加了 6.1%,占世界总消费量的 3.3%,消费量相当于其产量的一半,其余部分大多以液化天然气的形式出口到西欧等地区。2011 年由于利比亚局势,产量和出口量均有小幅度下降。

非洲天然气的出口在世界市场,尤其是在西欧市场上有着重要地位,主要销往欧洲的西班牙、意大利等国家。2010 年共向欧洲出口 843.4 亿立方米天然气,占其总出口的 80.53%,2011 年这一数字为 82.39%。其中阿尔及利亚、尼日利亚、埃及、利比亚是非洲最主要的四个天然气出口国。阿尔及利亚是非洲最大的天然气出口国,2010年出口天然气557.9亿立方米,主要通过穿越地中海的海底输气管道进行出口。2010年共向意大利出口275.6亿立方米,向西班牙出口120.5亿立方米;其次是尼日利亚,出口天然气240.2亿立方米,主要通过液化天然气的形式出口到法国、西班牙;接着是埃及和利比亚,分别出口151.7亿立方米和97.5亿立方米。2011年,利比亚出口天然气23亿立方米,比2010年下降了76.41%(如表4-7所示)。

表4-7　2010年非洲主要天然气生产国天然气贸易　10亿立方米

地区	阿尔及利亚	埃及	利比亚	尼日利亚
北美洲	0	2.23	0	3.41
中南美洲	0.17	0.55	0	0.89
欧洲及欧亚大陆	53.79	4.71	9.75	16.09
非洲	1.75	0	0	0.12
中东	0	5.79	0	0.08
亚太地区	0.08	1.89	0	3.61
管道天然气	36.48	5.46	9.41	0.12
液化天然气	19.31	9.71	0.34	23.9
出口总计	55.79	15.17	9.75	24.02

资料来源:2011年BP世界能源统计.

2010年全球天然气消费增长7.4%,为1984年以来的最大增幅。除了中东地区,所有地区的消费增幅都高于平均水平。美国天然气消费增长(按量计算)居世界之首,增幅为5.6%,达到历史新高。俄罗斯和中国的天然气消费也有大幅增加,分别达到各自历史最大增幅。亚洲其他国家的消费快速增长,增幅为10.7%,其中印度增幅最大,达到21.5%。①

据BP 2012—2030年能源展望,世界天然气需求的增长集中在非经合组织国家,天然气预计将成为全球增长最快的化石燃料(年均增速为2.1%)。非经合组织国家占全球天然气消费增长的80%,到2030年的年均增长率为2.9%。需求增长最快地区的是亚洲非经合组织国家(年均增速为4.6%)和中东(年均增速为3.7%)。中国的天然气消费将以年均7.6%的速度迅速增长,2030年的消费量将达到460亿立方英尺/日,相当于欧盟2010年的天然气消费水平。

3. *铀矿*

非洲地区主要的铀生产国为纳米比亚、尼日尔和南非。2009年纳米比亚铀产量

① 2011年BP世界能源统计. www.bp.com/statisticalreview.

为4626吨，增长6.0%。主要的生产矿山为罗辛矿(Rossing)，2005年12月力拓公司(英)投资1.12亿美元扩大生产，铀产量增加到3400吨，矿山服务年限可延长到2016年，2009年该矿铀产量为3520吨，为世界第三大铀矿山，2012年铀产量提高到3800吨。Langer Heinrich为纳米比亚第二个生产矿山，位于罗辛矿东南50公里，1999年Acclaim Uranium Ltd获得该矿，2002年Paladin Energy获得该矿，2006年Langer Heinrich矿投产，2009年铀产量为1108吨，2010年3期投产后铀产量达2000吨，预计2014年4期投产后铀产量将达3500吨。

非洲铀矿于1922年始采于刚果(金)。第二次世界大战后，原子武器的发展推动了非洲铀矿的勘探和开发。尤其是20世纪70年代以来，铀在能源中的地位日益受到重视，核能的迅速开发成为铀矿大规模开采的新动力。1970年，非洲铀的开采量为3567吨(以含铀量计)，占世界的19.5%。1980年开采量增到15482吨，猛增了3.3倍。1986年减少到12421吨，占世界总产量35025吨的35.5%。南非、纳米比亚、尼日尔、加蓬是非洲四大产铀国。南非次于加拿大和美国，居世界第三位，1985年产铀5235吨，主要生产中心是鲁格斯多普、克勒克斯多普和达戈丰坦；纳米比亚是非洲新兴的产铀国，1980年铀产量曾达4000吨，1987年铀产量达3500吨，生产中心在中部沿海的勒星；尼日尔是非洲第三大产铀国，在世界名列第五，1981年铀产量曾达4366吨，1987年铀产量约为3400吨，主要生产中心在阿尔利特，矿砂就地提炼，产品全部出口，大约有一半出口至法国；加蓬是非洲第四大产铀国，1987年铀产量达到1000吨，生产中心在穆纳纳。非洲发展中国家由于经济发展水平和技术经济水平的限制，铀矿的开采和提炼基本上依靠外国公司的技术力量进行。铀矿产品除南非外，全部输往法国、英国、美国、西德、意大利和日本等国，成为单纯的原料供应地。南非在利用核能方面已取得进展，1986年核能发电量达到39.3亿度，占发电总量的3.2%。非洲仅南非一国消费铀矿，且数量极少。2010年的核能消费量为310万吨油当量，只占全球核能消费量的0.49%；2011年为290万吨油当量，占全球核能消费量的0.48%。非洲其他一些国家如埃及和阿尔及利亚，也在研究利用核能问题。

4. 煤炭

非洲的煤炭资源在世界上居于较次要的地位，但在世界煤炭出口量中则占有一定地位。非洲煤炭资源集中分布在赞比西河以南的南部非洲。2010年年底非洲煤炭探明储量316.92亿吨，占世界总储量的3.68%。其中南非已探明储量301.56亿吨，占全非的95.15%。非洲煤炭出口自从20世纪90年代中期以后，出口量比较稳定，维持在5000万吨油当量，2010年非洲出口煤炭4960万吨油当量，占其总产量的34.23%。2011年，非洲煤炭产量14610万吨，出口4800万吨，出口占产量的48%(如图4-4所示)。

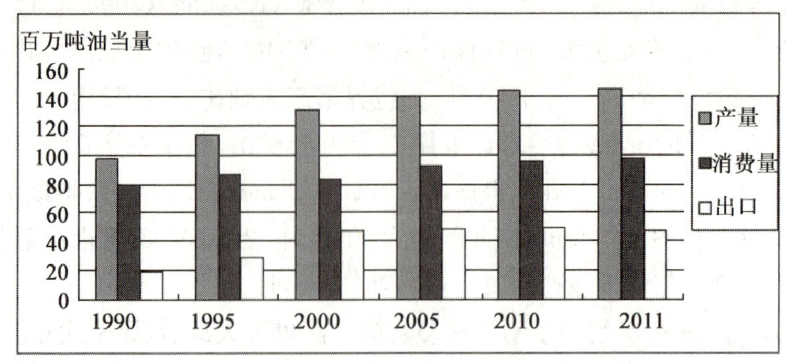

图 4-4　1990—2011 年非洲煤炭产量、消费量、出口变化

资料来源：2001，2011，2012 年 BP 世界能源统计.

三、非洲石油在世界石油出口中占有重要的战略地位

非洲各国工业水平普遍滞后，经济基础薄弱，这使得石油成为各国换取外汇的重要资源。石油出口成为各国迅速脱贫致富的捷径。非洲共有 20 多个产油国，所产石油的 75%供出口。安哥拉、尼日利亚、利比亚、阿尔及利亚产油国的出口分别占其总产量的 95%、86%、77%和 60%，在世界石油市场中占有着重要的地位。西非在石油出口中的地位日益显著，一方面北非各产油国工业基础普遍较好，自身消耗较大，而西非国家工业相对滞后，石油消费较少；另一方面，北非产油历史悠久，新发现油田较少，产量趋于稳定，而西非发现石油历史较短，新油田不断被发现，特别近年来西方各大石油公司在西非几内亚湾地区投巨资勘探开采石油，2001 年非洲新发现的 80 亿桶石油有 70 亿桶是在几内亚湾。西非诸国如尼日利亚、安哥拉等国的石油产量快速增长，开始改变现有世界石油供应格局。各石油消费大国日益重视非洲特别是各新兴产油国，纷纷调整外交政策，为本国石油公司进入创造条件。非洲自冷战后重新得到世界的重视，但对非洲的外国投资大多集中在各产油国的能源产业。①

自 20 世纪 60 年代以来，非洲石油出口高速发展，从 1950 年的基本空白增加到 1970 年的历史最高峰——占世界石油出口量的 24.16%，到 1975 年有所回落。从 1975 年到 1990 年的 15 年间，非洲石油在世界市场上的占有率在 15%上下波动，近 10 年非洲石油的份额略微下降，基本稳定在 14%。根据 BP 统计数据显示（见表 4-8），1990 年到 2010 年，非洲石油出口量增加主要在西非，20 年内增加了 2 倍多，而北非则在 2600～3000 千桶/日波动，变化不大。虽然非洲的石油出口量大幅增长，其占世界份额却呈下降趋势，从 1990 年的 15.43%下降到 2010 年的 13.96%。2011

① 姜忠尽，殷会良. 非洲石油——世界工业强国战略争夺的新宠[J]. 国际经济合作，2006(11)：13-16.

年的利比亚战争使比例进一步下降到12.06%(如表4-8、图4-5所示)。

表4-8 1990—2011年全球石油出口量变化 千桶/日

地区	1990	1995	2000	2005	2010	2011
美国	889	949	890	1129	2154	2573
加拿大	955	1402	1703	2201	2599	2804
墨西哥	1387	1422	1814	2065	1539	1487
中南美洲	2367	2797	3079	3528	3568	3763
欧洲	2659	—	1967	2149	1888	2065
前苏联	—	2731	4273	7076	8544	8688
中东	14212	16651	18944	19821	18883	19750
北非	2604	2696	2732	3070	2871	1930
西非	2248	2723	3293	4358	4601	4655
亚太地区	2182	2576	3736	4243	6226	6233
其他	1938	2712	940	1542	637	631
世界总计	31441	36776	43371	51182	53510	54580
非洲/世界	15.43%	14.74%	13.89%	14.51%	13.96%	12.06%

资料来源:BP统计.

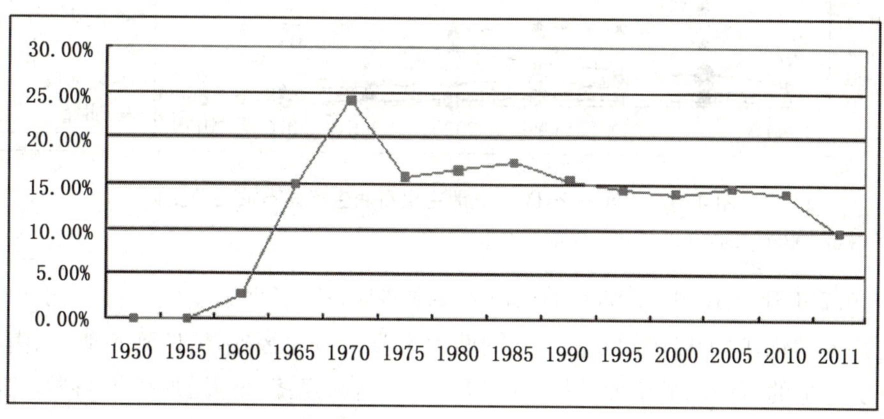

图4-5 非洲历年石油出口在世界市场的比重

资料来源:(1) World Energy Supplies,1950—1976,1979;(2) Quarterly Energy Review of Africa,1985(supplement);(3) Energy Africa(1986—1987 Yearbook);(4) 2011,2012年BP世界能源统计.

第二节　非洲石油出口流向

非洲的石油出口近30年来在总量上有了明显提升，从1980年的24401万吨增加到2010年的37211万吨，增加了52.50%，年均增长率1.75%。2011年的利比亚战争给非洲石油出口带来了严重影响，2011年非洲出口石油25910万吨，比2010年减少了11301万吨。从各主要生产国来看，呈现出总体增加的态势。其中尼日利亚是非洲最大的石油出口国，其出口量自1985年以来直线上升，2011年石油出口量达11835.40万吨，相比1985年，出口量增加了将近1倍；安哥拉是出口增长最快的非洲国家，随着中国等外国资本的投入，安哥拉石油迎来了发展的黄金时期，2010年，其出口量已经远超利比亚，成为非洲第二大石油出口国；利比亚是非洲传统石油出口强国，然而2011年的国内战争对其石油开采影响甚大，出口量从2010年的5567.30万吨急剧下降到1491.56万吨；阿尔及利亚的石油出口也有所增长，近年来出口量维持在3500万吨左右（如图4－6所示）。

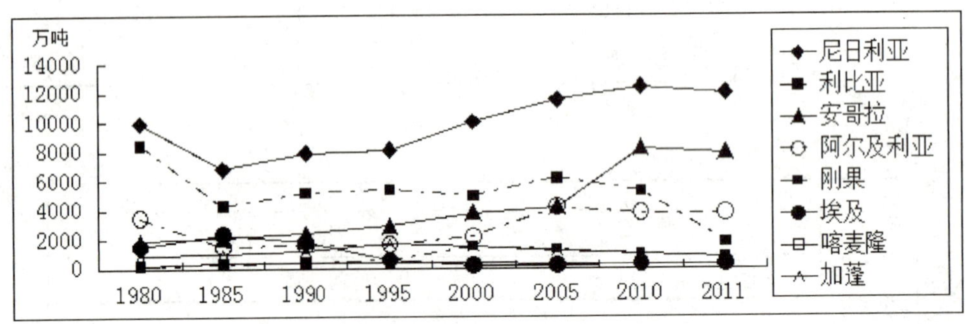

图4－6　1980—2011年非洲主要石油生产国石油出口变化

数据来源：OPEC Annual Statistical Bulletin 2012.

1977年到2010年，非洲石油出口的基本格局发生了明显变化。首先，出口目的地更加多样化，除了以美国欧洲为首的两大主要出口地区外，出口到东亚、东南亚以及南美等地的石油明显增加，以中国、印度两大新兴经济大国增加最为明显。其次，出口量明显增加，从1977年的26947万吨，增加到2010年的37211万吨，增加了38.09%（如图4－7、图4－8所示）。

欧洲、北美是目前非洲两大石油出口市场，2000年，欧洲从非洲进口石油13230万吨，占当年非洲出口总量的51.02%。美国是非洲第二大进口国，2000年共从非洲进口石油8070万吨，占当年非洲出口总量的31.12%。中国和印度是非洲第三、第

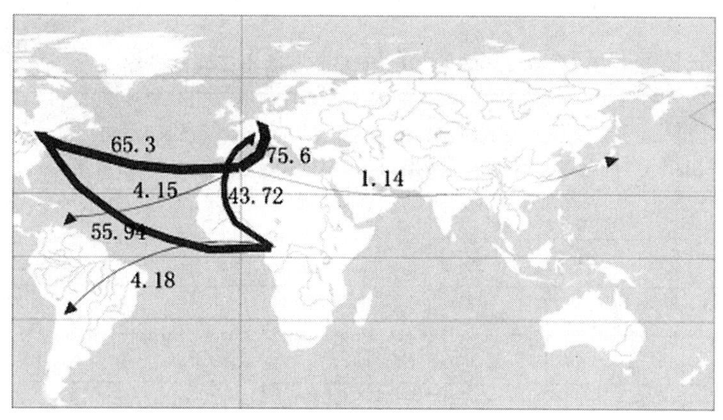

图 4－7　1977 年非洲石油出口流向（单位：百万吨）

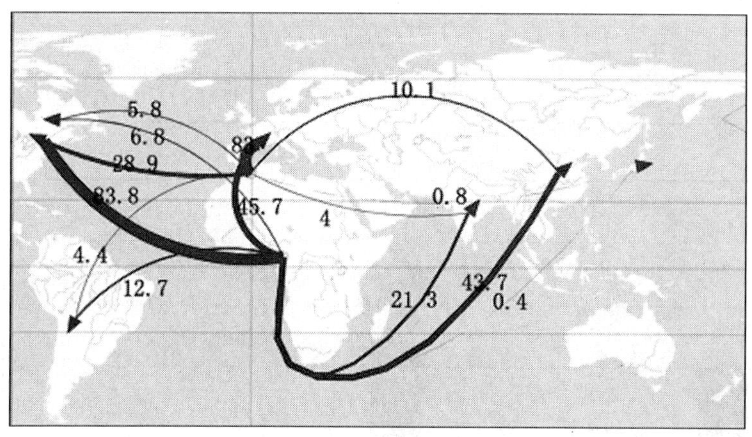

图 4－8　2010 年非洲石油贸易流向（单位：百万吨）

四大石油进口国，分别占非洲当年出口量的 5.17%和 3.90%。从 2000 年到 2010 年，非洲石油出口从 25930 万吨增加到 37050 万吨。其中主要流向是北美、欧洲等非洲传统贸易伙伴地区。然而，10 年间形势也发生了一些变化。欧洲曾是非洲最大的石油进口地区，2010 年从非洲进口石油 12870 万吨，占非洲出口总量的 34.74%，较 2000 年下降了 16.29%，在非洲市场的份额丧失严重；第二大进口地区依然是美国，进口量为 11270 万吨，占非洲出口总量的 30.42%，比重略有下降；向第三大出口地区中国共出口石油 5380 万吨，占出口总量的 14.52%，份额比 2000 年增加了 9.35%，是增速最快的国家；印度也有不错的增长，2010 年从非洲进口石油 2530 万吨，份额比 2000 年增加了 2.93%。到了 2011 年，出口到美国的石油从 2010 年的 11270 万吨下降到 8670 万吨，下降了 23.07%，相反，出口到印度的石油从 2010 年的 2530 万吨上升到 2011 年的 3600 万吨，比重从 2010 年的 6.83%上升到 11.16%（如

表 4－9,图 4－9 所示)。

表 4－9　2000—2011 年非洲石油出口流向分布

地区	2000		2010		2011	
	出口量/百万吨	比重/%	出口量/百万吨	比重/%	出口量/百万吨	比重/%
美国	80.7	31.12	112.7	30.42	86.7	26.88
加拿大	4.9	1.89	12.6	3.40	12.6	3.91
中南美洲	7.6	2.93	17.1	4.62	15.4	4.78
欧洲	132.3	51.02	128.7	34.74	107.1	33.21
非洲	5.7	2.20	2.9	0.78	0.0	0.00
中国	13.4	5.17	53.8	14.52	48.2	14.95
印度	10.1	3.90	25.3	6.83	36.0	11.16
日本	1.4	0.54	1.2	0.32	1.7	0.53
其他	3.2	1.23	16.2	4.37	14.8	4.59

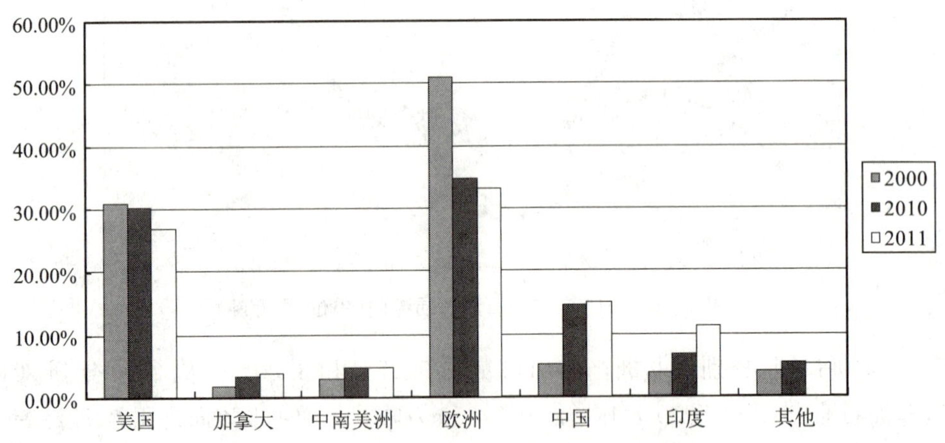

图 4－9　2000—2011 年非洲石油出口流向

资料来源:BP 世界能源统计.

从非洲两大油区来看,北非石油出口流向比较集中,欧洲是其最大的原油出口地区,2010 年共出口 8300 万吨原油,占北非全年出口量的 58.53%;其次是美国,出口 2890 万吨原油,占北非出口量的 20.38%(如图 4－10 所示)。

西非的石油出口相对来说比较分散,美国是其最大出口国,2010 年从西非进口石油 8380 万吨,占西非出口总量的 36.66%;其次是欧洲和中国,分别占 19.99%和 19.12%(如图 4－11 所示)。

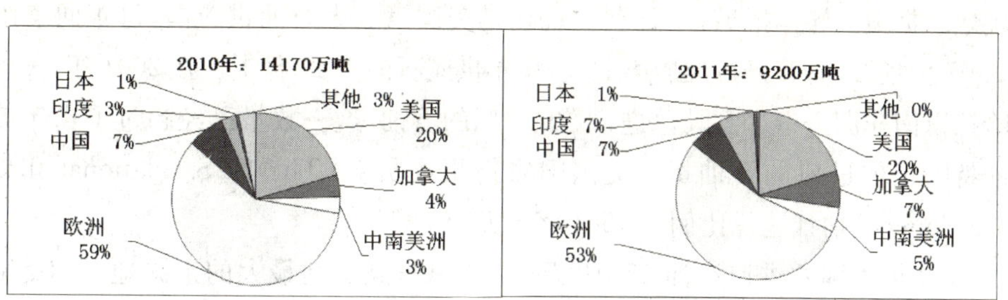

图 4－10　2010,2011 年北非石油出口流向

资料来源:2011,2012 年 BP 世界能源统计.

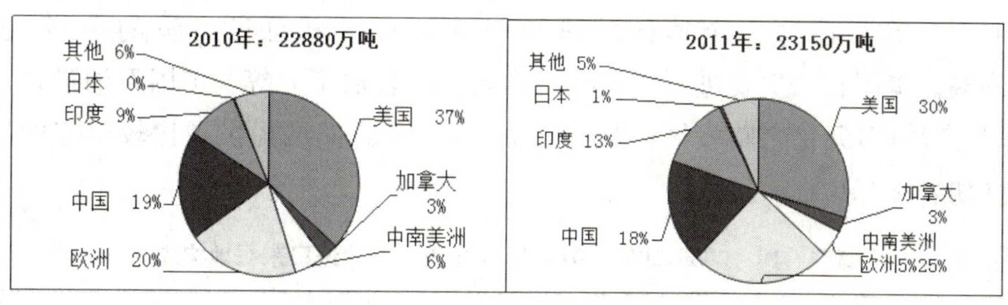

图 4－11　2010,2011 年西非石油出口流向

资料来源:2011,2012 年 BP 世界能源统计.

第三节　世界能源消费大国在非洲激烈的能源博弈

一、世界能源消费大国原油进口来源地构成中非洲地位日显重要

1. 美国

美国经济的复苏使得石油消费也有所增加,2010 年共消耗石油 85000 万吨,比 2009 年增加了 2%。中东和中南美洲过去一直是美国石油进口的主要来源地,但是中东政治形势的多变以及"9·11"恐怖袭击使得美国开始日益重视非洲石油。根据美国能源信息处(Energy Information Administration of the U. S. Department of Energy, EIA)的估计,2003 年美国共向非洲能源产业投资 100 亿美元,而到 2020 年,美国将从非洲进口原油超过 77 亿桶,而到 2023 年,美国 2/3 的海外直接投资将用在能源产业。在未来 20 年内,非洲虽然不能取代美国传统的石油供应商,但也是美国石油来源多样化战略所关注的重要地区。随着乍得至喀麦隆的输油管道建设以及几内亚湾海底石油的大量开采,在未来十年,西非地区将成为美国重要的石油

供应地。据美国媒体报道，尼日利亚现在是美国第五大石油供应国，每年向美国供应 3.07 亿桶石油；安哥拉位居第七位，每年供应石油 1.17 亿桶。在 2001 年，美国从撒哈拉以南非洲进口了占其总进口数的 6%的石油，这一数量已经超过了当年美国从沙特阿拉伯进口的石油量。美国国家情报委员会（The U. S. National Intelligence Council）估计这一比例 2015 年将上升至 25%。①

2010 年美国共进口石油 57710 万吨，其中非洲是其最大的来源地，2010 年共从非洲进口原油 11270 万吨，接近其进口量的 1/4，占总量的 23.61%，其中西非占 14.52%；中南美洲是美国第二大石油进口地区，进口量为 10930 万吨，占总量的 18.94%；中东是美国第三大石油进口地区，2010 年进口原油 8600 万吨，占总量的 14.90%。美国在这三个地区的进口量就超过了其总进口量的一半，达到 52.99%。美国石油主要进口国还有前苏联、欧洲、加拿大等。美国石油进口的来源非常广泛，多元化之路发展得相当不错，为其经济发展提供了比较稳定的能源环境（如表 4－10 所示）。

表 4－10　2000，2005，2010，2011 年美国石油进口来源地构成

地区	2000		2005		2010		2011	
	进口量/百万吨	比重/%	进口量/百万吨	比重/%	进口量/百万吨	比重/%	进口量/百万吨	比重/%
加拿大	83.4	15.17	107.1	16.06	25	5.24	133.8	23.90
墨西哥	67.8	12.34	81.8	12.27	63.5	13.30	59.8	10.68
中南美洲	127.1	23.13	140.9	21.13	109.3	22.90	111.2	19.86
欧洲	43.7	7.95	53.3	7.99	33.9	7.10	29.5	5.27
前苏联	3.2	0.58	23	3.45	36.9	7.73	35.5	6.34
中东	124.5	22.65	116.5	17.47	86	18.02	95.5	17.06
非洲	80.7	14.68	123.2	18.48	112.7	23.61	86.7	15.49
其他	19.2	3.49	20.9	3.13	10	2.10	7.9	1.41
总计	549.6	100.00	666.7	100.00	477.3	100.00	559.8	100.00

资料来源：根据 2001，2006，2011，2012 年 BP 统计整理.

在 2000 年到 2010 年间，美国积极调整能源战略，特别是 2001 年“9·11”恐怖事件后，美国对国家能源安全战略再次作了较大调整。从 BP 统计数据来看，2000 年到

① 姜忠尽、殷会良.非洲石油——世界工业强国战略争夺的新宠[J].国际经济合作，2006(11)：13－16.

2010 年，美国从中东地区石油进口呈逐步减少趋势，2000 年从中东进口石油 12450 万吨，2005 年减少到 11650 万吨，到 2010 年跌破 1 亿吨，进口量仅 8600 万吨。

与之形成鲜明对比的是前苏联地区和非洲国家，美国近 10 年在这两个区域努力加强合作，促进贸易。在前苏联地区，2000 年美国进口石油 320 万吨，到 2010 年增加到 3690 万吨，年均增长率高达 95.74%，占美国进口量的比重也从 0.58%增加到 7.73%。美国在非洲的石油进口增长强劲，进口量逐年增长，从 2000 年的 8070 万吨增加到 2010 年的 11270 万吨，2010 年非洲已经成为美国的最大石油来源地，占美国总进口量的 23.61%。由此，美国能源贸易的战略重点已经从中东逐渐转移到非洲、前苏联地区（如图 4 - 12 所示）。

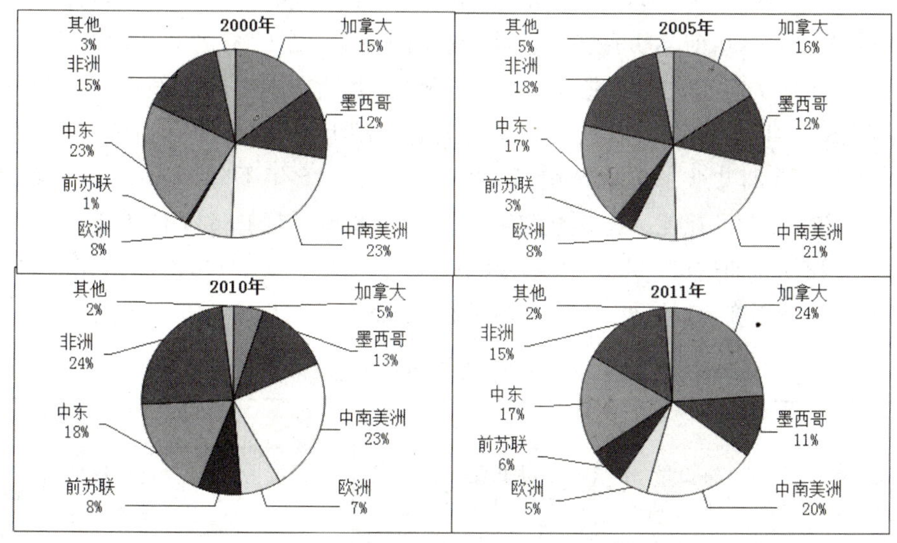

图 4 - 12　2000，2005，2010，2011 年美国石油进口来源地构成

美国商界和政策分析家都呼吁美国政府将西非作为一个战略地区加以考虑。非洲已经从美国外交政策中遗忘的角落走向前台。特别是西非各产油国，由于相比中东有显著的距离优势，航线上没有大国势力影响，有美国强大的海权作保障，一些重要产油国如安哥拉、加蓬等与美国的政治关系良好，又不是欧佩克组织的成员国，石油生产不受配额限制，在石油的产量和价格方面要比欧佩克国家灵活得多。而西非许多产油国政局不稳，冲突不断使得美国国内学者和国会议员相信这些国家难以在意识形态上联合起来以石油为武器对抗美国，中断石油供应。

2. 欧盟

欧盟自身能源蕴藏量很低。据统计，欧盟各种能源类型中，只有煤炭资源比较丰富，约占世界总储量的 19.5%，石油、天然气储量严重不足。欧盟的能源安全形势严峻，对外依赖严重。东扩后 27 国的欧盟对外部能源的依赖愈发严重，能源自给率只有一半左右。而欧盟各国如果不积极应对，节省能耗、开发替代产品，这一比例还将大幅度提升至危险的程度，欧盟的能源供应安全将不堪一击。

2010 年欧洲共进口石油 59680 万吨，其中前苏联地区是其最大的来源地，进口原油 29520 万吨，接近其进口量的一半，占总量的 49.46%；非洲是欧洲第二大石油进口来源地区，进口量为 12870 万吨，占总量的 21.57%；中东是欧洲第三大石油进口来源地区，2010 年进口原油 11670 万吨，占总量的 19.55%。西欧在这三个地区的进口量就超过了其总进口量的一半，达到 90.58%。2000 年到 2010 年间，欧洲的石油来源也发生了很大的变化。欧洲从前苏联和中东地区的石油进口占欧洲石油进口总量的 65%～70%，但是进口重点却发生了明显的变化。2000 年，中东是欧洲最大的石油进口地区，到了 2005 年，前苏联超过了中东，成为欧洲最大的石油进口地区，到了 2010 年，从前苏联的进口量进一步增加，是中东的两倍多。2010 年欧洲近一半的石油是从前苏联地区进口的。与之相反，欧洲在中东的份额正在逐渐丢失。2000 到 2010 年，在欧洲石油进口总量增加的基础上，从中东的石油进口却逐步下降。2000 年欧洲共从中东地区进口 19250 万吨，2005 年下降到 15610 万吨，到了 2010 年只有 11670 万吨。比例也随之下降，从 2000 年的 35%下降到 2010 年的 20%。欧洲的石油进口重点从中东转移到了前苏联地区。另外，欧洲从非洲的石油进口基本保持不变，维持在 13000 万吨左右(如表 4-11、图 4-13 所示)。

表 4-11　2000—2011 年欧盟石油进口来源地构成

地区	2000		2005		2010		2011	
	进口量/百万吨	比重/%	进口量/百万吨	比重/%	进口量/百万吨	比重/%	进口量/百万吨	比重/%
前苏联	164.2	29.92	287	43.82	295.2	49.46	298.2	50.00
中东	192.5	35.08	156.1	23.83	116.7	19.55	126	21.13
非洲	132.3	24.11	131.6	20.09	128.7	21.57	107.2	17.97
美国	10.1	1.84	11.6	1.77	17.1	2.87	23.7	3.97
中南美洲	12.5	2.28	15.1	2.31	16	2.68	17.4	2.92
印度	0	0.00	0	0.00	8.2	1.37	7.6	1.27
墨西哥	10.1	1.84	10.5	1.60	6.8	1.14	7.2	1.21
其他	27.1	4.94	43.1	6.58	8	1.34	9.1	1.53
总计	548.8	100.00	655	100.00	596.7	100	596.4	100.00

资料来源:BP 统计.

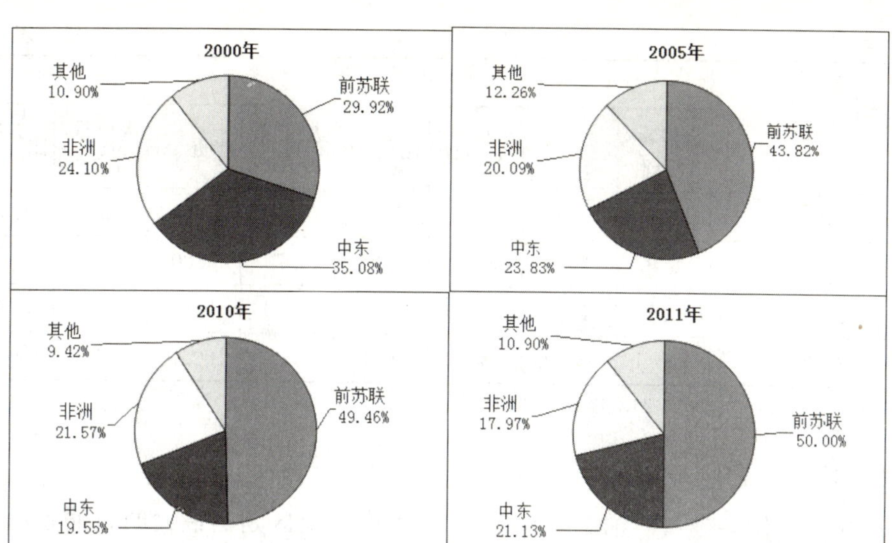

图 4－13　2000，2005，2010，2011 年西欧石油进口来源地构成

3. 日本

2000 到 2010 年，日本石油进口总量略有下降。中东地区一直是日本最大的石油来源地，2010 年从中东进口原油 17990 万吨，占进口总量 22570 万吨的 79.71%；亚太地区是日本第二大的石油进口地区，但进口量急剧下滑，从 2000 年的 3750 万吨下降到 2010 年的 1460 万吨；前苏联是日本第三大石油进口地区，2010 年进口量为 1450 万吨，占总量的 6.42%，之前亚太地区的份额转移到了前苏联地区；日本 2010 年从非洲进口石油 120 万吨，仅占进口总量的 0.53%（如表 4－12 所示）。虽然日本在非洲的石油进口量还很有限，但近年来非洲石油受到重视，为了从非洲国家获取更多的石油资源，日本充分利用其与非洲既没有殖民主义历史，也没有经济与政治瓜葛的有利条件，通过淡化政治、突出经济、提供财经援助、免除债务、发展经贸关系等手段，发展与非洲国家的关系。

表 4－12　2000—2011 年日本石油进口来源地构成

地区	2000		2005		2010		2011	
	进口量/百万吨	比重/%	进口量/百万吨	比重/%	进口量/百万吨	比重/%	进口量/百万吨	比重/%
中东	208.20	78.83	211.70	81.99	179.90	79.71	175.1	78.94
亚太地区	37.50	14.20	24.80	9.60	14.60	6.47	22.1	9.96
前苏联	0.30	0.11	2.30	0.89	14.50	6.42	8.8	3.97
美国	1.70	0.64	4.00	1.55	4.50	1.99	4	1.80

续 表

地区	2000		2005		2010		2011	
	进口量/百万吨	比重/%	进口量/百万吨	比重/%	进口量/百万吨	比重/%	进口量/百万吨	比重/%
印度	0.00	0.00	0.00	0.00	2.90	1.28	2.6	1.17
澳大利亚	4.70	1.78	3.20	1.24	2.70	1.20	2.5	1.13
其他	11.70	4.43	12.20	4.73	6.50	2.88	6.7	3.02
总计	264.1	100.00	258.2	100.00	225.7	100.00	221.8	100.00

资料来源:2001,2006,2011,2012 年 BP 世界能源统计.

4. 中国

2010 年中国共进口石油 29450 万吨,其中中东地区是其最大的石油来源地,2010 年共从中东进口原油 11840 万吨,占总量的 40.20%;非洲是中国第二大石油进口地区,2010 年中国从非洲进口原油 5380 万吨,占总量的 18.27%;中国主要石油进口地区还有前苏联、亚太地区、中南美洲等(如表 4-13 所示)。

中国于 1992 年开始从非洲进口原油,当年进口总量为 50 万吨,占进口总量的 4.4%。1993 年增至 213 万吨,占总量的 14%。此前,中国进口石油主要来源地是以印度尼西亚和马来西亚为主的亚太国家。由于这些产油国国内消费需求上升、供应缩减,中国从亚太地区所产原油进口量的减少部分几乎全部由以安哥拉油为主的非洲原油所补充。此外,来自安哥拉和利比亚的非洲原油更适合中国按照低硫原油标准设计的炼油厂加工。

表 4-13　2000—2011 年中国石油进口来源地构成

地区	2000		2005		2010		2011	
	进口量/百万吨	比重/%	进口量/百万吨	比重/%	进口量/百万吨	比重/%	进口量/百万吨	比重/%
中东	38.4	43.49	67.4	40.38	118.4	38.99	137.8	42.00
非洲	16.9	19.14	38.5	23.07	66.5	21.90	61.2	18.65
前苏联	4.7	5.32	19.6	11.74	33.3	10.96	48.6	14.81
亚太地区	22.6	25.59	30.3	18.15	28.8	9.48	28.4	8.66
中南美洲	0.4	0.45	5.3	3.18	24.1	7.94	27.1	8.26
澳大利亚	1.5	1.70	1.2	0.72	7.2	2.37	7.9	2.41
其他	3.8	4.30	4.6	2.76	16.2	5.33	18.1	5.52
总计	88.3	100.00	166.9	100.00	303.7	100.00	328.1	100.00

资料来源:2001,2006,2011,2012 年 BP 世界能源统计.

2000年到2010年，中国的石油进口量增长迅猛，2000年进口量为8830万吨，到2005年达到16690万吨，2010年更是增加到30370万吨，基本是5年翻一番的状态。其主要进口地区有中东、非洲、前苏联和亚太地区等。中东一直是中国最大的石油进口地区，并且进口量增长迅速，2010年进口量11840万吨，占进口总量的38.99%，但相比2000和2005年，比例略有下降；中国在非洲的石油进口也是蓬勃发展，从2000年的1690万吨增加到2010年的6650万吨，年均增长率26.68%(如图4－14所示)。

亚太地区是中国传统的进口来源地，近年来由于供应缩减，在中国市场份额逐渐下滑。2000年中国从该地区进口原油2260万吨，占进口量的25.59%，是除中东外的中国第二大石油来源地，但到2010年仅占进口总量的9.84%，排在中东、非洲、前苏联地区之后，位居第四。

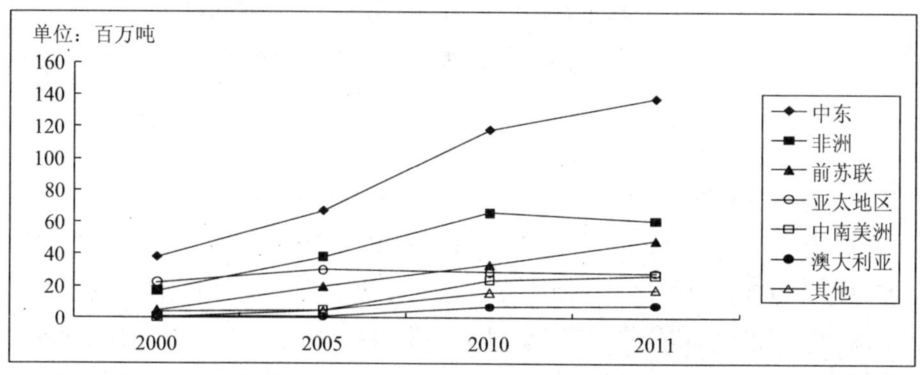

图4－14 2000—2011年中国石油进口来源地构成

不论是基于石油提炼企业在技术层面的路径依赖，还是基于广泛意义上的国家石油进口来源多元化的战略考虑，可以断言，就保障中国的海外石油供应来源而言，非洲越来越重要。①

非洲在20世纪40年内向西欧累计输出原油约30亿吨，在1/4世纪内向美国提供原油9亿吨。这对西欧、美国发展战后经济、取得巨额利润起了重要的作用，这些石油消费者所获得的庞大经济利益是不言而喻的。而对非洲石油输出国来说，只在20世纪70年代石油价格上涨，才给它们带来了意想不到的财富。1971—1984年阿尔及利亚、利比亚、尼日利亚石油收入总计约3300亿美元，加蓬等其他石油输出国同期约获数百亿美元。石油出口占这些国家全部出口的80%以上，有的甚至达100%。石油是非洲石油输出国经济的最大支柱，占国民生产总值的45%～70%，因此油价

① 赵剑.世界能源战略与能源外交(中国卷)[M].北京：知识产权出版社，2011：178.

上升，大大改善了他们的财政金融状况，同时他们也最大限度地使用这些收入，制定庞大的经济发展计划，并在不同程度上改变了其经济面貌。而自 1985 年油价大幅度下跌以来，非洲这些石油输出国首当其冲，自然要遭受巨大损失，1985—1987 年三年间，阿尔及利亚、利比亚、尼日利亚的年石油收入已从三位数降到两位数，1987 年分别为 33 亿美元、56 亿美元、70 亿美元，加蓬等年石油收入仅达一位数，普遍出现困境，不得不重新调整经济计划，减少建设项目，有的甚至入不敷出，导致财政赤字。至于一些非洲非产油国的境况则有些不同，他们原先处在世界以石油为主的经济上升浪潮中，加强了能源结构中的石油消费，以期促进经济的发展，然而油价的猛涨使他们外债增加，甚至债台高筑。油价的下跌，对他们振兴经济颇有好处。由此可见，世界石油市场的供求变化以及石油价格的升降，对于石油消费国，或石油输出国，都是一个很敏感的问题。然而在现今世界石油产销区地理空间格局基本稳定的前提下，基于产销双方各自的利益，虽几经石油风波冲击，非洲与西欧美国传统的石油贸易关系还将持续发展，西欧、美国仍将是非洲石油贸易区域组合中的主体，只是依赖程度有所变化而已。①

二、世界能源消费大国对非洲的能源争夺战愈加激烈

在能源供应日益短缺的当今世界，为保证自身的能源安全特别是石油安全，各大国在全世界范围内对石油这一战略资源都展开明争暗斗。近年来，国际石油价格急速上涨，号称“世界油库”的中东地区动荡不安，西方国家纷纷寻找其他油源，以实现进口渠道的多元化。而非洲大陆作为重要的新兴产油区，大国之间在此地的争夺就显得尤为激烈。②

1. 美国对非洲石油的觊觎——争夺世界能源格局中的主导地位

过去，美国人并不十分重视非洲的石油资源，石油进口大部分靠沙特、墨西哥、加拿大和委内瑞拉。但进入 21 世纪后，撒哈拉以南非洲国家巨大的石油储量引起了美国越来越大的兴趣。③ 目前，美国的非洲石油政策重点在几内亚湾地区，该地区石油储量达 800 多亿桶，日产原油量在 450 万桶以上，超过伊朗、委内瑞拉和墨西哥石油日产量的总和。据美国国家情报委员会的预计，到 2015 年，西非地区对美国的石油供应将占美国进口石油总量的 25%，超过整个海湾地区。2006 年非洲对美国的石油供应就首次超过了中东。几内亚湾也将被打造成为第二个波斯湾，其理由如下：

---

① 张昌兵. 中非石油能源领域合作面临的机遇与挑战[M]//周光宏. “走非洲，求发展”论坛论文集. 成都：四川人民出版社，2008：150 - 159.

② 陈会颖等. 世界能源战略与能源外交(非洲卷)[M]. 北京：知识产权出版社，2011：13 - 18.

③ 魏英. 多源博弈中的非洲石油[J]. 石油化工技术经济，2006(3)：9 - 15.

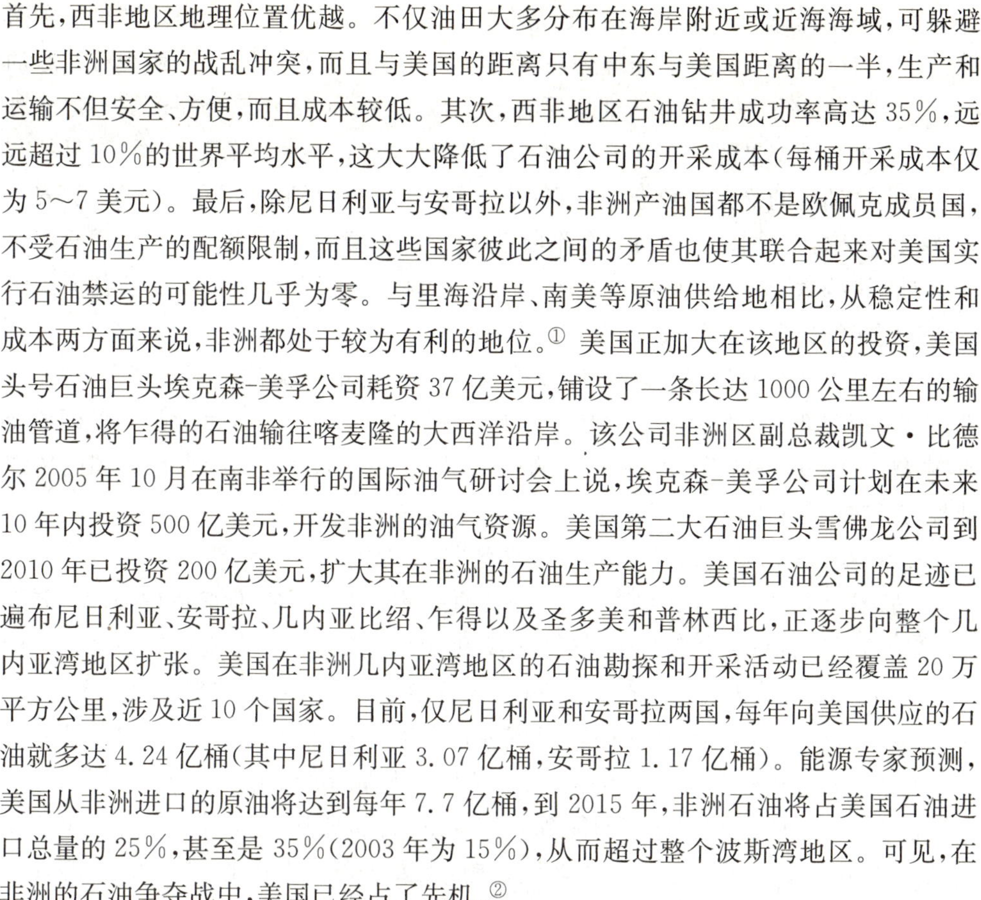

首先，西非地区地理位置优越。不仅油田大多分布在海岸附近或近海海域，可躲避一些非洲国家的战乱冲突，而且与美国的距离只有中东与美国距离的一半，生产和运输不但安全、方便，而且成本较低。其次，西非地区石油钻井成功率高达 35%，远远超过 10%的世界平均水平，这大大降低了石油公司的开采成本（每桶开采成本仅为 5～7 美元）。最后，除尼日利亚与安哥拉以外，非洲产油国都不是欧佩克成员国，不受石油生产的配额限制，而且这些国家彼此之间的矛盾也使其联合起来对美国实行石油禁运的可能性几乎为零。与里海沿岸、南美等原油供给地相比，从稳定性和成本两方面来说，非洲都处于较为有利的地位。① 美国正加大在该地区的投资，美国头号石油巨头埃克森-美孚公司耗资 37 亿美元，铺设了一条长达 1000 公里左右的输油管道，将乍得的石油输往喀麦隆的大西洋沿岸。该公司非洲区副总裁凯文·比德尔 2005 年 10 月在南非举行的国际油气研讨会上说，埃克森-美孚公司计划在未来 10 年内投资 500 亿美元，开发非洲的油气资源。美国第二大石油巨头雪佛龙公司到 2010 年已投资 200 亿美元，扩大其在非洲的石油生产能力。美国石油公司的足迹已遍布尼日利亚、安哥拉、几内亚比绍、乍得以及圣多美和普林西比，正逐步向整个几内亚湾地区扩张。美国在非洲几内亚湾地区的石油勘探和开采活动已经覆盖 20 万平方公里，涉及近 10 个国家。目前，仅尼日利亚和安哥拉两国，每年向美国供应的石油就多达 4.24 亿桶（其中尼日利亚 3.07 亿桶，安哥拉 1.17 亿桶）。能源专家预测，美国从非洲进口的原油将达到每年 7.7 亿桶，到 2015 年，非洲石油将占美国石油进口总量的 25%，甚至是 35%（2003 年为 15%），从而超过整个波斯湾地区。可见，在非洲的石油争夺战中，美国已经占了先机。②

2. 欧洲的非洲石油政策——稳步推进欧非能源传统战略关系

欧洲地区能源短缺，所消费的石油大多依赖进口，因地理位置和特有的历史渊源关系，欧洲石油公司很早就在非洲寻找开发石油。一方面欧洲国家期望能从阿尔及利亚、利比亚、埃及等北非国家得到稳定的能源供应，法国和德国的跨国石油公司都竞相把北非列为主要投资对象。另一方面，北非能源输出国也希望更多地得到欧洲国家的经济技术援助。欧盟计划与世界银行合作，在非洲修建重要的能源运输基础设施，以便将撒哈拉以南非洲的天然气资源输送到欧盟。跨撒哈拉天然气管线计划全长 4500 公里，从尼日利亚经尼日尔、阿尔及利亚，穿过地中海到西班牙，该管线的修建将极大改善非洲向欧盟输送能源特别是天然气的能力。③

---

① 陈会颖．世界能源战略与能源外交（美洲卷）[M]．北京：知识产权出版社，2011：140.

② 张昌兵．中非石油能源领域合作面临的机遇与挑战[M]//周光宏．"走非洲，求发展"论坛论文集．成都：四川人民出版社，2008：150－159.

③ 陈会颖．世界能源战略与能源外交：欧洲卷[M]．北京：知识产权出版社，2011：117－122.

英国皇家壳牌公司、法国埃尔夫公司等欧洲石油公司在非洲几内亚湾沿岸国家都建立了自己的基地。英荷壳牌公司不仅在非洲第一大产油国尼日利亚日产原油100多万桶，垄断了尼日利亚产油总量的40%以上，在2002年该公司已拥有尼日利亚300亿桶石油储量的55%左右，为尼日利亚境内规模最大的石油公司，而且拥有非洲诸多产油国的绝大多数合作项目；法国的埃尔夫等石油公司在尼日利亚、安哥拉、喀麦隆、乍得和加蓬等国石油合作项目成效卓著；意大利阿吉普公司在尼日利亚石油界的影响举足轻重，还伙同英国石油公司、挪威国家石油公司等欧洲各大国的石油公司相继进军安哥拉，以期有重大发现。

为配合欧洲石油公司的行动，欧盟精心推出《对非战略文件》，公开打出了"非洲人自己治理非洲"旗帜；并为非洲制订一项经济发展"总平面图"，目标是建设诸如交通、电信和铁路服务等跨非洲基础设施网络，其目的是巩固欧洲国家在非洲的传统利益，尤其是石油利益。

3. 日本的非洲石油政策——"走入非洲"石油能源战略

日本是世界第三大石油消费国，日消耗原油量达430万桶，但其国内石油资源匮乏，其所消耗石油的99%需从国外进口，其中80%左右来自中东地区。中东地区局势动荡不定，以及美国对中东石油的垄断，令日本不安。谋求石油来源渠道多元化，以分散石油进口源高度集中的风险，已成为日本的重要选择。加速实施对非洲的石油资源战略是日本海外石油供给源多元化战略的重要组成部分。

日本一直坚持"寸土不放"的能源外交政策，为实现其"走入非洲"石油能源战略，近年来陆续出台了一系列具体调整措施，主要表现在对内和对外两个方面：第一，对内联合和扶持国内大石油公司，改组合并石油公司，提高在非洲的竞争能力。第二，对外通过淡化政治、突出经济、政府开发援助（ODA）和经济合作协定（EPA）等援助手段，积极开展能源外交，建立并强化了与非洲产油国的关系。截至2007年11月14日，日本共向非洲27个国家的48个项目提供援助（不含贷款和债务减免）317.24日元，约合2.884亿美元。[①]

在日本政府对本国公司到国外勘探开发的一系列优惠政策的支持下，日本企业目前主要在埃及、阿尔及利亚、安哥拉等国勘探和开采石油。合作方式包括购买股份参与开发、签订产量分成协议和转让协议、直接投资开发油田等，以图拥有更多的油气资源和更多的"股份油"。与此同时，日本政府还从非洲国家购买石油资源储量，企图从中获得一定的产品支配权。

4. 非洲——中国与西方石油消费大国博弈的战场

随着我国国民经济的快速发展，对石油的需求也日趋增加，进口量年年递增。

---

① 申险峰. 世界能源战略与能源外交(亚洲卷)[M]. 北京：知识产权出版社，2011.

在国内石油产量增长缓慢而石油消费增长迅速的情况下，石油进口量出现连年大幅增长的局面，使国家石油消费对进口的依赖程度不断提高。2001 年中国石油对外依存度只有 29.1%，到 2009 年已经上升到 53.6%。根据 BP 2012—2030 年能源展望，石油在今后 20 年内预计将是增速最慢的燃料，需求增长将全部来自快速发展的非经合组织经济体。中国、印度以及中东几乎构成了所有的全球净增长。经合组织国家的需求可能已经达到峰值(2005 年)，预计消费量将减少 600 万桶/日。因此，我国的石油政策对我国今后 20 年的发展有着深远影响。正是非洲国家的巨大石油利益，使得中国和美国都不约而同地把调整后的战略重点放在非洲，这样无论从地缘战略、能源供应，还是商业机遇、政治向导上，中、美两国利益都不可避免地发生猛烈冲撞，非洲已成为中、美必争之地。据 2011 年 BP 世界能源统计数据显示，非洲同时是美国和中国除传统石油来源地之外的最大石油进口来源地。2010 年，美国从非洲进口石油 11270 万吨，占其全年石油进口总量的 23.61%，预计 2015 年有望提升到 25%；2010 年中国石油进口总量中，从非洲进口石油 6650 万吨，占其全年石油进口总量的 21.9%。中国与非洲 34 个国家建立贸易关系，其中 8 个是石油输出国，石油输出国只占 23.5%。美国与非洲 23 个国家保持贸易关系，其中 12 个是石油输出国，石油输出国占 52.2%，远远多于中国。由此可见，美国在非洲的能源市场开拓更胜一筹。由于中国在非洲能源利益远比美国更为重大，所以中国在非洲能源市场的开拓还需努力。

目前非洲已经成为仅次于中东地区的中国第二大原油来源地。非洲是我国开发海外石油资源的理想地，进入 21 世纪，双方高层不断互访，石油合作不断深化，使得中非石油合作在我国能源战略中的地位还在不断上升。我国从非洲进口石油源于 1992 年，从安哥拉和利比亚进口了 49.85 万吨。此后，进口来源国和进口量不断增加，特别是中非合作论坛部长级会议召开以来，中非双方的石油合作力度进一步加大。到 2008 年，我国自非洲进口原油 5395.6 百万吨。目前，我国进口原油中约 45%来自中东，30%来自非洲，3.5%来自亚太。

自 1997 年起中石油、中石化、中海油等相继投资进入非洲，在苏丹、安哥拉、尼日利亚、加蓬等国都获得了开发石油的机会。2004 年，中石化与非洲最大产油国尼日利亚签署协议，在尼日利亚投资 5 亿美元进行海上石油开发，并从 2005 年 7 月起，每天从尼日利亚进口 7 万桶原油。2005 年，中海油则以 23 亿美元购得尼日利亚 AKPO 油田 45%的股份，目前中国已经与尼日利亚、苏丹、阿尔及利亚和肯尼亚等多个非洲国家建立了石油勘探生产的合同。

近年来我国积极推广“安哥拉模式”，参加非洲石油资源的投资与开发，建立了长期稳定的石油生产基地，获得相对稳定的份额油。我国与非洲产油国采取份额油的合作方式，不仅很大程度上保证了石油进口的安全，而且降低了国际油价波动对我国进口石油的影响。目前我国和非洲石油合作的“安哥拉模式”得到很好的推广，我国获取了更多的份额油，提高了我国石油安全的系数，也大大促进了当地经济的发展。①

中非石油合作存在的主要问题：

一是进口渠道不稳定。虽然中国与非洲的原油贸易呈迅速增长的势头，但同时也潜伏着较大的风险。除了来自苏丹的权益油有所保障外，中国从其他非洲国家进口的石油大都经第三国或到国际市场上采购，进口渠道不稳定。我国利用国际资源的环境并不十分理想。

二是非洲产油国政局不稳、自主能力差。非洲国家石油资源虽然丰富，但是不少非洲产油国由于宗教和种族纷争、政府腐败、人民极度贫困等原因，造成政局不稳。中国大型石油公司在世界各地的积极活动，与西方大型石油公司的竞争，的确已经在很大程度上触动了欧美和日本主要石油公司。

三是中国自身的差距。与西方跨国公司相比，中国石油公司在规模、技术、资金、经验等方面还有相当大的差距。

四是中国在非洲已有的石油项目多处于非洲大陆东部，其油气品质和地缘优势不如西非几内亚湾沿岸国家。而目前项目所在国政局相对较为复杂，如南苏丹独立、南北苏丹石油资源利益的冲突导致局势不稳，给中国石油公司的业务发展带来了不少风险和困难。

① 周晓波，赵媛. 中非石油合作的战略意义与对策建议[M]//. 姜忠尽. 第二届“走非洲，求发展”论坛论文集. 南京：南京大学出版社，2011：143.

第五章 能源消费大国的非洲能源战略及其对中国的挑战

本章主要分析具有相当影响力的国际力量在非洲的能源政策，以及有关国家对中国在非洲活动的评价。以美国、欧盟、日本和印度四个大国的非洲能源战略作为分析的对象，进而分析他们对中国非洲能源战略的启示，而对国际上针对中国在非洲活动的不当批评，则启示我们在制定非洲能源战略时，注意这些负面因素对中国非洲能源战略的影响。

第一节 美国能源需求与非洲石油战略

一、美国的能源需求

作为世界经济霸主的美国，将经济发展、国家安全与能源供应相联系，能源安全已经成为保证美国国家安全的重要保障。中东、波斯湾、里海等世界能源产地均被美国认为是事关其核心利益的地区。因此，能源外交就成为美国国家安全战略中的重要组成部分。

根据美国能源署 2010 年的统计，美国是世界上能源消费最多的国家。[①] 出于保护自身经济的可持续发展、保护本国环境以及长期的战略考虑，美国对自身石油的开发进行了限制，将石油留在海底作为其战略储备。如此一来，美国庞大的消费则需要依靠进口别国的石油。自 1972 年美国石油产量达到 52790 万吨以来，石油生产逐年下降，2006 年石油生产量为 31180 万吨，较 2005 年又下降了 0.5%，只占世界石油产量的 8%(如图 5-1 所示)。为避免过于依赖油气资源，美国加大了对核能及其他新型能源的开发利用，除去可再生能源和新能源，石油作为常规能源仍占美国能

① 参见美国能源署官方网站，http://www.eia.gov/countries/index.cfm? topL=con.

源消费总量的40%。① 据美国能源部统计，到2015年美国对外石油依赖度将提高到68%，2025年将达到70%。石油净进口(包括原油和油品)将由2002年的1054万桶/日增加到2025年的1967万桶/日，年均增长2.7%。其中油品在净进口中所占比例将由2002年的13%增加到20%。②

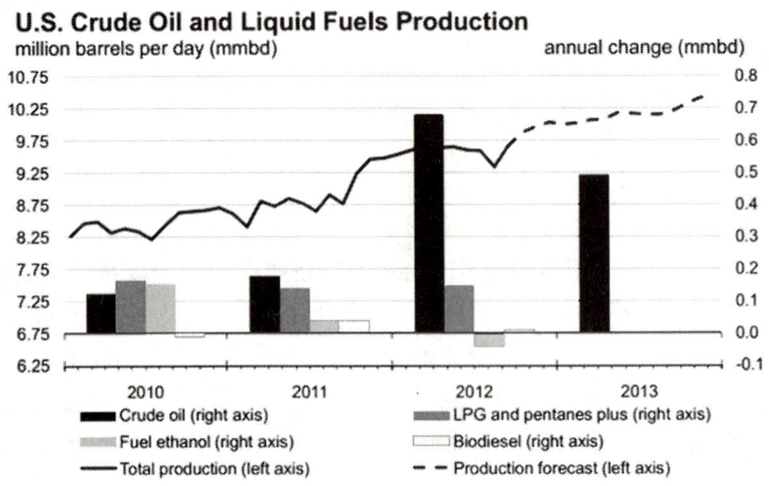

图5-1　美国原油与液化气生产情况图

资料来源：Short-Term Energy Outlook，September 2012，EIA.

1973年的石油危机为美国敲响了警钟，能源供应的脆弱性使美国下定决心要全力维护自身的能源安全，不再让国家为此遭受惨痛的经济损失以及在外交应对上陷入被动。美国于是成立了专门的能源管理机构，从政治、经济、军事等角度全盘考虑美国的能源安全战略，尤其强调预防性的能源外交。其后的历史发展显示，美国确实为此努力并取得了成效。但中东地区的风雨飘摇让美国花费了大量的人力、物力、财力，在重新发现了非洲这块"能源新大陆"之后，美国果断加强了对非洲的能源战略制定及实施。非洲主要国家2000—2010年原油产量如表5-1所示。

表5-1　非洲主要国家2000—2010年原油产量变化表　　千桶/日

国家	2000	2001	2002	2003	2004	2005	2006	2007	2008	2009	2010	2009—2010变化情况	2010占总量比例
阿尔及利亚	1578	1562	1680	1852	1946	2015	2003	2016	1993	1818	1809	−0.3%	2.0%
安哥拉	746	742	905	870	1103	1405	1421	1684	1875	1784	1851	3.8%	2.3%

① BP Statistical, *Review of World Energy*, June 2010:5.

② 陈凤英，赵宏图. 全球能源大棋局[M]. 北京：时事出版社，2005:152.

续表

国家	2000	2001	2002	2003	2004	2005	2006	2007	2008	2009	2010	2009—2010 变化情况	2010 占总量比例
乍得	—	—	—	24	168	173	153	144	127	118	122	3.5%	0.2%
刚果	254	234	238	217	223	245	278	228	241	270	292	8.1%	0.4%
埃及	781	758	751	749	721	696	697	710	722	742	736	−0.6%	0.9%
赤道几内亚	91	177	230	266	351	358	342	350	347	307	274	−10.8%	0.3%
加蓬	327	301	295	240	235	234	235	230	235	230	245	6.5%	0.3%
利比亚	1475	1427	1375	1485	1623	1745	1815	1820	1820	1652	1659	0.5%	2.0%
尼日利亚	2155	2274	2103	2238	2431	2499	2420	2305	2113	2061	2402	16.2%	2.9%
苏丹	174	217	241	265	301	305	331	468	480	479	486	1.5%	0.6%
突尼斯	78	71	74	68	71	73	70	97	89	83	80	−4.7%	0.1%
其他非洲国家	144	134	135	138	164	154	153	166	162	155	143	−8.0%	0.2%
非洲总计	7804	7897	8028	8411	9336	9902	9918	10218	10204	9698	10098	4.2%	12.2%
备注	本表格在计算年度变更及各组成部分占总计数量比例时，使用以百万吨/年为单位的数据												

在所有的非洲资源当中，石油的吸引力最大，尤其是在当今石油价格高居不下的情况下。根据英国石油公司的估计，非洲大陆已探明的石油储量大约为 1170 亿桶，相当于全球石油供应的 10%。大部分油田集中在少数几个国家，例如阿尔及利亚、安哥拉、尼日利亚和苏丹，这些国家的总蕴藏量约为 1050 亿桶，相当于整个大陆已探明储量的 90%。其他一些国家（乍得、刚果（布）、埃及、赤道几内亚和加蓬）的石油储量较少。英国石油公司进一步指出，非洲的天然气储量约占全球总储量的 8%，最大的天然气田同样集中于少数几个国家：阿尔及利亚、埃及、利比亚和尼日利亚。

尽管这些油气资源在规模上无法与波斯湾地区的油气田相媲美，但是对于美国来说仍然相当有诱惑力。首先，非洲产油国自身消耗的石油和天然气非常少，因此绝大部分开采的资源都可供出口；其次，非洲一些主要能源产区还有待全面开发，这就意味着必然还有新的油气田将被发现；第三，西非地区开采出来的大部分石油属于轻甜石油，即流动性强且含硫量低，深受美欧和中国炼油厂的欢迎；最重要的是，随着油井数量的不断增加，非洲石油日产量也有了显著的提高。据美国能源部的统计，非洲 2005 年的石油产量为每天 1 千万桶，而预计在 2030 年将达到每天 1.8 千万桶，其增长潜力是世界最大的。据统计，2010 全年全球石油主要贸易流向中，非洲向美国出口的石油高达 8380 万吨，在对美石油出口总量中排名第四。由此可见，非洲已经成为了美国非常重要的石油进口地区。

二、美国对非能源战略

冷战时期,美国对非政策的重点在政治,而冷战后,政策重点则转向了经济和贸易,而能源则是其中最为重要的一环,2007—2013 年美国的原油储备如图 5-2 所示。许多战略分析家都认为,美国重视非洲的战略价值最主要的原因就在于获得石油供应。美国前负责非洲事务的助理国务卿沃尔特·坎斯坦纳曾坦率地承认:"非洲石油对我们来说是重要的国家战略利益,并将随着我们的发展而变得日益重要。该地区的重要性将排在沙特阿拉伯之前。"对于石油储量位居非洲第四的苏丹,美国曾在 20 世纪 70 年代中期对苏丹资源进行了大规模勘探。但是,自 20 世纪 90 年代以来,苏丹由于内乱,被美国列为孤立和遏制的对象。至于油气资源丰富的利比亚,1986 年也因支持恐怖活动受到里根政府的制裁。但在美国公司被迫撤离的同时,法国和意大利等欧洲国家的石油公司却趁机抢占了利比亚石油市场。

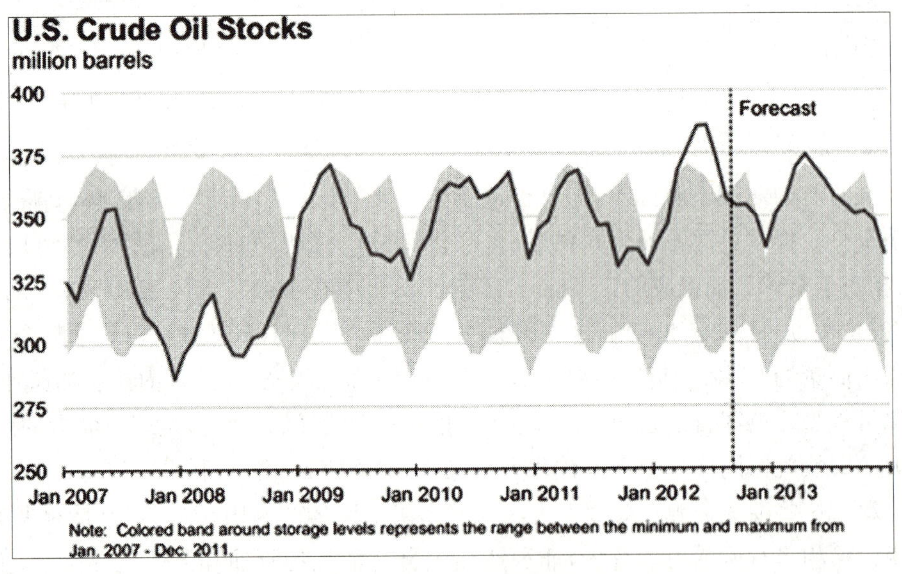

图 5-2　2007—2013 年美国原油储备状况图

资料来源:Short-Term Energy Outlook, September 2012,EIA.

自"9·11"事件以来,美国政要频频造访非洲,拉近与非洲关系。2002 年,时任美国国务卿的鲍威尔访问加蓬和安哥拉。2003 年 7 月,小布什总统在非洲访问了塞内加尔、南非、博茨瓦纳、乌干达和尼日利亚五国。2004 年 6 月,美国在利比亚的首都黎波里开设了外交联络处,恢复了与利比亚断绝 24 年的外交关系。美利关系回暖让美国可以通过正常的外交关系涉足利比亚石油生产和出口,为美国石油公司带来了巨大的甜头。2008 年，时任国务卿赖斯访问了利比亚等四国。2009 年，奥巴马总统在上任半年内便成功访问了非洲，三周之后，国务卿希拉里又对非洲七国进行访问。除加深与尼日利亚、阿尔及利亚、埃及等传统产油国的关系，美国还十分重视与乍得、赤道几内亚、喀麦隆等新崛起产油国发展关系，扩大美国在非洲的能源外交。为拉拢安哥拉，美国同意其加入《非洲增长与机会法案》和获得世界银行、国际货币基金组织的贷款。美国恢复开设了在赤道几内亚领事馆，对于石油储量位居非洲第四的苏丹，美国努力缓和双边关系，积极介入该地石油勘探开发。在利比亚，2004 年 4 月美国宣布放宽对利比亚实施的长达 18 年的经济制裁，为其控制利比亚石油资源铺平了道路。而伴随着利比亚的战乱、卡扎菲的下台，美国在利比亚的活动空间在实际上获得了更大的扩展。具体地讲，为确保美国在非洲的能源利益，美国主要采取了以下措施：

在政治上，灵活的政策手段多管齐下。美国采取各种手段实现自身政策目标，同时却极力掩盖其真实意图。首先，美国十分注意利用选举影响非洲国家政治。在非洲国家选举期间，美或资助反对派或质疑选举结果，想方设法让亲美人士上台。1991 年，美国干涉过赞比亚和利比里亚的大选；2000 年和 2002 年，在津巴布韦议会和总统选举中支持反对党民主运动，使长期执政的穆加贝及其民盟受到严峻挑战。其二，美国通过分而治之、离而间之的手段加强对非洲国家的控制。如曾支持刚果(金)的邻国卢旺达和乌干达对抗刚果(金)并削弱之，怂恿埃塞俄比亚和乌干达与苏丹政府作对。其三，美国在非洲反恐多管齐下，或培植反恐代理人，或通过提供培训和援助装备等方式来增强弱国反恐能力，或直接加以军事打击，如 1998 年以先发制人方式用导弹袭击苏丹。其四，联合国提出“千年发展目标”，希望通过帮助非洲国家减贫来实现发展，美国则相应抛出“千年挑战账户”，允诺 2004—2006 年间向“在民主和资本主义进程中”取得具体进展的贫困国家提供 100 亿美元资助，争取了道义上的主动。其五，美国还以投资、贸易和援助为杠杆，撬开非洲国家市场，使其形成对美依赖，通过文化和教育及跨国公司的渗透，将美式价值观和生活、消费方式植入非洲人的头脑和机体。

在经济上，聚焦重点投资、扩大经济存在。美国的非洲石油战略另一个秘而不宣的目标就是推动尼日利亚和安哥拉退出“欧佩克”，削弱“欧佩克”的影响，将世界石油价格维持在一个较低的水平，以拉动和刺激美国经济的复苏及增长。据悉，美国石油行业的院外游说集团一直在开展劝说尼日利亚与安哥拉退出“欧佩克”的活动。美国石油金融公司执行董事罗杰·迪万曾明确说：“美国政府有一项削弱欧佩克的长期战略，实现这个目标的途径之一就是使某些国家退出。”[①]美国斥巨资对非

① James Dao. In Quietly Courting Africa, US likes the Dowry[N]. New York Times, 2002-9-19.

洲进行援助。美国以援助作为拉拢非洲的诱饵，将非洲主要产油国列为美国对非经贸关系的重点，并扩大对非油气业的投资。布什在 2005 年 7 月参加 8 国集团峰会前宣布，美国在未来 5 年把每年对非洲援助的金额从目前的 43 亿美元提高到 86 亿美元。与此同时，美国与非洲的贸易迅速增加。据美国贸易代表办公室 2007 年 5 月 18 日向国会提交的《美国在撒哈拉以南非洲国家的贸易和投资政策及非洲增长与机遇法案执行情况的全面报告》中，美国 2006 年对非洲撒哈拉以南地区国家的贸易额同比增长 17%，达 713 亿美元(出口 121 亿美元，进口 592 亿美元)。其中，美国从该地区非石油生产国的进口只增长了 7%。2001 至 2009 年，美国国务院及美国国际开发署(USAID)对撒哈拉以南非洲的外交协助已上升至 55 亿美元，增长为 340%。[①]。

在军事上，以反恐为由扩大军事存在。美国在非洲石油战略最得意的一手妙棋就是以反恐和国家安全为由，通过增加对非洲产油国的军事援助，与这些国家开展联合军事演习并培训军事人员，以及让驻欧洲的航母战斗群增加对非洲西海岸的巡逻时间等形式加强美军在非洲的军事存在。美国不便于直接动用军队，因为这无疑会使非洲人想到殖民主义的形象，激起非洲人强烈的民族主义情绪，在本国和国外遭到强烈的反对。但是美国认为可以增加对该地区“友好”政府的军事援助，以保护能源供应安全为由，将军事触角伸向西非地区。在军事上控制非洲大陆，经济上监控非洲资源运输通道。美国采取军事渗透手法，开展联合军事演习，提供军事人员培训以及直接建立军事基地。此外，以美国为首的北约去年上半年在西非岛国佛得角境内举行了代号为“坚定的美洲豹——2006”大规模军事演习，这是北约军队第一次在非洲开展军事活动。同时，美军还在油轮过往的大西洋水域演习，成功演练了控制原油开采地区海上和空中走廊、监视原油通往世界市场运输路线的能力。一位资深的国防部官员在 2003 年对《华尔街日报》记者格雷格·杰夫说道：“美军在非洲的一项基本任务是确保尼日利亚油田的安全，未来美国进口石油中的 25%都来自这些油田。”原油价格的不断上升、西方对原油的依赖使得美国军方认为保护非洲资源更加重要，同时美国认为中国已经将非洲作为自身增强全球影响力的前沿战线。[②]

奥巴马上台后，对美国对非政策更是强调能源安全，维持美国在非洲的石油利益仍是重点。希拉里访问非洲七国时，安哥拉和尼日利亚在其行程中颇为重要，尼日利亚占美国石油进口额的 8%，而安哥拉则占石油进口额的 7%。可见，能源仍是美国对非政策的重要考量因素。

---

① Almquist, Katherine J. U. S. Foreign Assistance To Africa: Securing America's Investment for Lasting Development[J]. *Journal of International Affairs*, 2009(9): 19 -Ⅸ.

② Kempe, Frederick. U. S. military leadership focuses on Africa; China, oil, terrorism convert afterthought into attention-getter[J]. *The Wall Street Journal Asia* [Hong Kong]. 2006(3): 15.

三、美国在非洲大陆能源利益

美国之所以选择非洲作为自己的下一个资源目的地，有着各个方面的考虑及益处，为其国家利益的实现带来了极大的便利。布什政府时期国家安全战略执行负责人金·琼斯指出："非洲在军事、经济、政治上扮演着一个逐渐上升的战略角色，我们必须更加敏捷，以保证可以参加这一地区的竞争。"2001 年和 2009 年非洲与美国的原油贸易情况如表 5－2 所示。①

表 5－2　2001 年、2009 年非洲与美国的原油贸易表

年份	原油出口			油品出口			石油向美出口		
	非洲/10^6 t	西非/10^6 t	西非所占比例/%	非洲/10^6 t	北非/10^6 t	北非所占比例/%	非洲/10^6 t	西非/10^6 t	西非所占比例/%
2001	260.5	154.7	59.39	39.3	35.5	90.33	81.8	68.1	83.25
2009	338.2	212.3	62.77	30.9	25.3	81.88	107.4	79.2	73.74

注：原始数据采自《BP 世界能源统计》2002 年，2010 年，笔者计算编表；南非和东非无向美出口.

首先，非洲，尤其是西非的几内亚湾地区，能为美国提供大量的石油资源。非洲是世界上八大产油区之一，近年来由于深海勘探技术的运用，几内亚湾新油田不断被发现，石油储量不断增加，引起世界广泛关注。非洲探明的石油储量不断上升，尤其在西非的几内亚湾，伴随着石油勘探与开采水平的不断提高，那将是一块非常有潜力的地区。非洲的石油出口主要面向欧美地区（如表 5－3 所示），据美国媒体报道，尼日利亚现在是美国第五大石油供应国，每年向美国供应 3.07 亿桶；安哥拉位居第 7 位，每年供应石油 1.17 亿桶。在 2007 年之前，尼日利亚石油日产量已达到 300 万桶，比 2002 年提高 35%，安哥拉则在 2002—2007 年内将石油生产能力提高了 50%；赤道几内亚石油产量提高了两倍；乍得的石油可以通过输油管道运往喀麦隆。② 美国从非洲进口的石油 15%通过西非的几内亚湾，有关预测认为在将来 20 年将会上升到 25%以上。金·琼斯认为美国需要更多的海上军事存在，以对抗海盗、偷运以及广泛存在的管道虹吸偷油现象。非洲在美国能源战略中的重要性与日俱增。

其次，西非地区地理位置优越。不仅油田大多分布在海岸附近或近海海域，可躲避一些非洲国家的战乱冲突，而且与美国的距离只有中东与美国距离的一半，生产和运输不但安全、方便，而且成本较低。③ 西非的地缘政治局势相对于中东、里海

---

① Kempe, Frederick. "U.S. military leadership focuses on Africa; China, oil, terrorism convert afterthought into attention-getter". *The Wall Street Journal Asia* [Hong Kong]. 25 Apr 2006: 15.

② 劳里·戈林. 美国更多地从非洲获得安全石油供应[N]. 芝加哥论坛报[美]. 2002－12－17.

③ 张爽. 世界能源战略与能源外交(美洲卷)[M]. 北京：知识产权出版社，2011：97－103.

表 5-3 2006—2010 年西非石油出口流向 Mt/百万吨

国家	2006	2007	2008	2009	2010
美国	95.2	96.1	90.9	79.2	83.8
加拿大	1.8	4.0	5.2	3.9	6.8
墨西哥	—	0.1	—	0.2	—
中南美洲	9.9	21.1	15.0	14.8	12.7
欧洲	39.7	38.8	49.5	48.3	45.7
澳大利亚	—	0.1	—	0.5	1.4
中国	37.0	35.8	39.1	41.7	43.7
印度	—	—	16.6	17.4	21.3
日本	3.7	2.2	1.1	0.3	0.4
新加坡	0.3	0.2	0.1	—	—
其他亚太地区	43.2	37.7	6.7	7.4	9.8
世界其他地区	0.3	—	0.1	0.1	0.1
共计	233.9	240.2	228.8	217.6	228.8
美国比重	40.7%	40.0%	39.7%	36.9%	36.6%

资料来源:根据 BP 公司“世界能源统计评论”的"Inter-area movements"报告整理.

地区和委内瑞拉来说比较稳定。非洲产油国集中在西非的几内亚湾地区的大西洋沿岸,这些地区的国家国内局势可能比较复杂,但相对委内瑞拉国内局势的不稳定、中东地区的动荡、冲突和日益增加的敌意而言,还是比较稳定。同样,美国的目光不仅仅局限于西非地区,北非也在其视线范围之内,美国认为北非地区包含着其次要安全利益,所有的讨论主要围绕并且来源于该地区的战略地位。①

第三,非洲大陆本身没有大国,美国进入非洲,在非洲大力开发,进口石油,受到当地国家在地缘政治上的反弹较少。同时,为使石油资源为经济发展服务,非洲产油国相继调整了石油政策,单一的垄断地位正在被打破,开始实施对外开放,引进资金和技术。例如,喀麦隆 1995 年重新修订了与外国公司联合开采石油的有关条款,允许外国合伙人拿走高达 40 %的产量,在国外销售并把所得的收益留在国外。尼日利亚鼓励外国石油公司投资海上油气田,并准备放弃在合资企业中的全部股份且引入产量分成合同方式。非洲国家制定的对外开放、吸引外资的优惠政策导致外国石

① Hemmer, Christopher. U.S. Policy Towards North Afric: Three Overreaching Themes[J]. *Middle East Policy*. 14.4 (Winter 2007): 55-66.

油公司纷至沓来，非洲石油市场空前扩大，赤道几内亚、苏丹和乍得已跻身于非洲产油国之列。除尼日利亚与安哥拉以外，非洲产油国都不是“欧佩克”成员国，不受石油生产的配额限制，而且这些国家彼此之间的矛盾也使其联合起来对美国实行石油禁运的可能性几乎为零。这样一来，既削弱了欧佩克对美国进口石油的影响，又在实际上减少了美国从非洲进口石油的成本，降低了不稳定性。

第四，西非地区石油开采成本相对更低。地层地质学表明西非蕴藏着丰富的石油资源。只要通过地震勘探寻找到河床遗迹，便可在那儿开采到石油。西非是一个可以通过石油生产储藏船迅速开采石油的地方。此外，西非气候温暖，便于沿海打井，无需深入海洋，这大大降低了石油公司的开采成本。西非钻井采油的成功率在50%左右，而世界其他地方仅为10%。已钻探出的50%～60%的油井的生产能力超过了日产1万桶。

最后，美国通过强大的军事力量与实际的军事存在保证了美国的石油运输安全。能源安全除了有稳定的石油供应地以外，还要求有安全的石油运输路线。目前，石油的海上运输仍是各国主要的安全关切，海底石油资源越来越得到重视，强大的海权对保障海上石油安全十分重要。美国凭借强大的军事力量来保障其分享国际资源和利用国际市场的权利，在这些权利中，石油安全权利尤其受到重视。海权越强大，控制海洋的能力就越强，海上石油安全，包括海上石油运输及控制海上油田进行事实上的开发等就越有保障。美国拥有世界上最强大的海权，其海权能够保护美国海洋石油资源并能够控制海上石油运输的战略通道，然而在美国的全球战略体系中，印度洋是美国尚未最后完全控制的大洋，印度洋沿海地区各国海军实力的增长以及日益增加的敌意引起了美国的警惕，美国在这一地区的海上石油运输依然存在着一定的脆弱性。此外，恐怖组织制造的恐怖事件，尤其是对石油基础设施，如油田、管道、油船、炼油厂等的破坏，造成了石油市场的极大恐慌，使美国政府面临一定的挑战。美国对非洲石油的运输相比较于世界其他地区而言，危险性与不确定性减少了很多，这无疑对其非洲能源战略以至全球能源战略的部署与实施都是极其有利的。

四、美国非洲能源战略对中国的启示

能源问题自20世纪末以来就成为美国历届总统的题中之意，针对美国本身及世界各地区，美国制定了详尽的能源政策，在非洲这块能源新大陆上，美国投入了一定的精力，可以预见的美国将来会逐步完善并进一步实施其对非能源战略。中国针对非洲的能源战略及其整体的非洲战略与美国相比仍相距甚远。通过粗浅研究，美国的非洲能源战略，可以为我们的能源战略提供更多的思考。

在政治上，继续将中非关系定调为“长期稳定，平等互利的新型伙伴关系”的同

时，采取更为多样化的对非政策。对非援助时，仍保持真诚相待的政策特色，在"平等互利、讲求实效、形式多样、共同发展"的原则基础上，坚持对非洲援助不附加任何政治条件。在教育、医疗、基础设施建设、反恐等多个领域展开多元外交，为中国非洲能源外交行动展开创造条件。

在经济上，加大政府与中国油气公司在非洲的投资力度，与非洲国家开展合作勘探，展开互惠互利以及平等的经贸往来与合作。石油不仅是美国的国家利益战略产品，同样也事关中国的国家利益，所以在能源利益竞争方面，中国不应退却，而应积极迎击美国及其他国家的挑战，这样中国的政府及油气公司的整体竞争实力才会在实践中不断提高。

在军事上，积极参与对非洲的维和活动和反海盗护航。加强在东非及印度洋地区军事存在，增强自身在保卫本国能源利益的力量。提高海军实力，提升海权，为国家能源输送保驾护航。

在智能上，培养更好的能源、国际关系相关人才，能够有与美国智库相匹敌的能源政策制定及评估者，为国家外交政策的制定提供更多的可行性建议。

在技术上，加快国内能源的勘探开发，革新开发技术，提高能源利用率，使得中国在对外寻求能源支持的同时，能够有足够力量自保，以备不时之需。

美国的非洲能源政策脱胎于其整体国家能源战略，具有政策延续性和呼应性，政策与执行很好地相互配合，为其非洲能源政策的实施提供了很有力的支持。近年来，美国在非洲的石油利益取得日益增多，进口量大增，非洲也逐渐成为其政策关切所在，事实证明，美国的非洲政策是有效的。虽然中美两国面临国情不同，但在从非洲地区获取石油这一问题上面临相似境遇，参考学习美国在这一领域的成功经验，对于我国战略行动的展开，有一定的借鉴意义。

第二节 欧盟对非能源政策及其对中国的启示

随着非洲能源价值的凸显，加上目前欧盟正面临着能源匮乏的现实问题，欧盟开始更加注重在非洲的能源利益。自 2005 年以来，欧盟出台了一系列对非政策文件，加快调整非洲政策步伐，最终确立了非洲-欧盟能源伙伴关系，这不仅对欧非双方产生重要影响，也对中国在非洲的能源政策提出了新的挑战。

一、欧盟能源安全的现状及其对外能源战略

总体上来看，欧盟的能源消费以石油为主，同时天然气、核电、煤炭所占的比重也较高。但欧盟能源资源蕴藏量极低，是典型的能源输入型地区。欧盟各国的能源

储量和产量都十分有限，据统计，欧盟成员国只拥有世界煤炭探明储量的 6.5%、石油探明储量的 0.4%和天然气探明储量的 0.9%，[①]并且油气探明储量主要集中在开采条件恶劣、开采成本高昂的北海地区，而目前北海地区油气资源正在萎缩。据英国《金融时报》报道，代表北海油田相关企业的英国石油天然气协会(Oil & Gas UK)称，英国已探明的石油天然气储量按现有开采速度只够开采 6 年。[②] 事实上，英国已是欧盟成员国中为数不多能源自给率较高的国家了，[③]其他大多数欧盟成员国的能源依赖进口，欧盟整体能源对外依存度很高。近年来，特别是欧盟扩大后，欧盟的能源自给率进一步下降，预计到 2030 年能源进口依存度将升至 65%，其中，石油进口依存度将升至 93%，天然气进口依存度则飙升至 84%，固体燃料进口依存度将达 59%。[④]

从能源进口来源地来看，欧盟能源进口中大约 46%的石油和 90%的天然气来自俄罗斯，42%的石油来自中东和北非地区。[⑤] 其主要供应国是挪威、俄罗斯、沙特、利比亚、伊朗和伊拉克。但是中东地区的持续动荡和俄罗斯对欧盟能源供应的不稳定性，使欧盟能源供应变数增加。随着全球能源供需矛盾的日益突出，欧盟长期能源供应面临的风险因素增大，能源对外依赖度的不断提高使欧盟的能源供应安全难以得到保障，这已经成为制约欧盟经济发展的一个紧迫问题。

在上述因素共同作用下，欧盟不得不更加重视能源安全，特别是能源供应安全问题。欧盟能源委员安德里斯·皮尔巴格斯(Andris Piebalgs) 指出："欧洲需要清楚自己的目标以及对国际能源伙伴的期望，然后应以一个声音说话，积极采取行动，保障这些利益。形势日益严峻，我们不能坐以待毙，也不能各自为战。欧盟成员国的长期战略利益决定了必须采取新的措施。"[⑥]

2007 年 1 月，欧委会出台了《欧盟能源政策》报告，这是欧盟酝酿已久的关于总体能源战略的文件，其中对未来三年欧盟能源外交的方向和重点进行了明确论述。[⑦]

---

① BP Statistical Review of World Energy. 2012:6,20,30.

② 国际燃气网.英国油气储备只够维持 6 年开采. http://gas.in-en.com/html/gas-0847084746582134.html.

③ 英国、荷兰等北海沿岸国家拥有较丰富的石油和天然气，波兰、捷克、德国、希腊等成员国的煤炭储量较大，煤炭在能源自给方面占较大比例，核能是法国能源消费的主体.

④ Commission of the European Communities, An Energy Policy for Europe, COM(2007) 1 final:26. http://eur-lex.europa.eu/LexUriServ/LexUriServ.do? uri=COM:2007:0001:FIN:EN:PDF.

⑤ 国家电力监管委员会，欧盟提出能源发展五大措施. 2007 - 04 - 04. http://www.serc.gov.cn/xyxx/gjdl/200802/t20080220_5628.htm.

⑥ 皮尔巴格斯在布鲁塞尔召开的能源会议上的讲话：A Common Energy Policy for Europe. *EU Energy Policy and Law Conference*, Brussels, 9 March 2006. http://europa.eu/rapid/pressReleasesAction.do? reference=SPEECH/06/161&format=HTML&aged=0&language=EN&guiLanguage=en.

⑦ 扈大威.欧盟的能源安全与共同能源外交[J].国际论坛，2008(2):3.

欧盟能源战略从维护单一能源供应安全战略发展为兼顾多重战略目标的综合性安全战略，其基本架构由内部战略和外部战略两个部分组成。面向内部的战略包括建立石油储备战略、开发替代能源战略、提高能源效率战略和统一内部市场战略；面向外部的战略包括构建国际供应网战略、通过国际合作保障能源供应安全和来源多元化战略。

欧盟对外能源战略包括两大方向，一是构建“泛欧能源安全共同体”，在符合欧洲睦邻友好政策和行动计划的前提下，欧盟在通过合作和协作协议、联合协议等开展工作的同时，还致力于与其周边国家建立良好的能源关系和能源网络连接体系，不断扩大周边地区能源一体化进程，将之纳入并推动其日益接近欧盟的内部市场；积极构筑良好的能源周边环境，为在更广阔的地域空间开展能源外交和合作提供坚实平台和重要依托。二是广泛开展对外能源合作，与能源生产国、能源过境国和其他参与者建立战略伙伴关系，确保石油供给来源多样化。欧盟积极推行能源多元化战略，试图通过能源进口来源、进口通道以及合作机制等多方面的多元化，来分散和化解能源风险，确保能源安全。

从欧盟的能源安全战略中我们可以看出，欧盟的能源危机意识非常强烈，对外非常关注降低能源对外依存度，尤其着力于实现能源进口来源多元化。随着海湾形势的持续动荡以及欧俄关系紧张的加剧，开拓非洲能源市场逐渐成为欧盟突破的重点。特别是 2006 年和 2009 年的俄乌天然气纠纷事件使欧盟面临“断气”危险，暴露出欧盟能源供应途径单一的隐患，使得欧盟国家不得不考虑实现能源进口来源多元化，以确保欧盟未来能源安全。在此背景之下，在地理和历史上与欧洲有紧密联系的非洲便成为欧洲能源战略的主要关注方向。欧盟政策中心学者有同样的认识，“非洲代替动荡的中东作为能源和自然资源的供应地区，使得欧盟与非洲之间的合作更加急迫”。①

二、欧盟对非能源政策

非洲国家在历史上曾是欧盟主要成员国法国、英国、比利时、荷兰、葡萄牙和德国等国的殖民地和海外领地。因此，欧盟与非洲在历史渊源、社会制度和地缘政治等方面都保持着较为密切的关系，作为前宗主国在非洲仍有较强的影响力。它们利用这一影响积极拓展在非洲的石油利益，不仅在石油产量较大的北非和西非与世界主要大国抢占石油资源，还在埃塞俄比亚、坦桑比亚、乌干达等东非国家争夺石油勘探和开采权。尽管目前非洲大陆早已取得独立，但欧盟还是非洲最大的贸易伙伴，双方每年的贸易额已达 2700 亿美元，其中能源进口占欧盟从非洲进口总额的 50%

① The EU and Africa：Coming together at last? *EPC Policy Brief*, July, 2007.

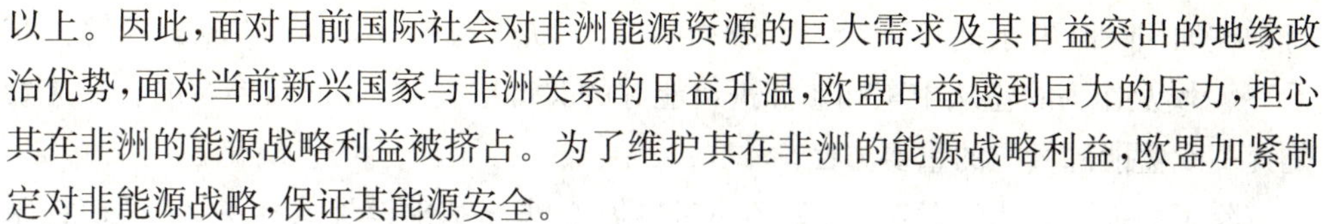

以上。因此，面对目前国际社会对非洲能源资源的巨大需求及其日益突出的地缘政治优势，面对当前新兴国家与非洲关系的日益升温，欧盟日益感到巨大的压力，担心其在非洲的能源战略利益被挤占。为了维护其在非洲的能源战略利益，欧盟加紧制定对非能源战略，保证其能源安全。

在能源供应多元化战略的指导下，欧盟开始进一步加强与非洲能源关系。2007年至2009年的欧洲能源政策行动计划中，曾把与非洲建立一个真正的、平衡的、全面的欧非能源伙伴关系作为优先发展领域之一。[①] 欧盟与非洲能源合作主要通过建立能源伙伴关系和促进良治为主要手段。

面对21世纪以来的种种挑战，欧盟重新调整对非政策，建立了一套更全面、灵活、综合的政策体系。自2005年以来，欧盟出台了一系列对非政策文件，加快调整非洲政策步伐，提出将实现与非洲之间"平等的政治伙伴关系"作为欧盟非洲政策的首要目标。而这一目标的主要核心内容便是加强同非洲的能源战略关系。

2007年12月9日，第二届欧盟非洲首脑会议举行，会议通过了《非欧战略伙伴关系——非欧联合战略》，提出建立两个大陆之间可信任的、安全的、可负担的、环境友好的和可持续的能源战略伙伴关系，并且制订了第一个能源行动计划(2008—2010年)。2008年9月欧盟-非盟高层会议举行，双方签署了一项能源伙伴关系共同声明，确定每两年举行一次非洲-欧盟高层能源对话会议，每两年举办一次非洲-欧盟能源合作论坛，至少每年召开一次非正式的联合专家组能源会议。2009年9月到2010年8月，双方就整合区域性能源、开展技术交流与合作进行了磋商，通过了《非欧能源伙伴路线图》。2010年9月，首届非洲-欧盟能源伙伴关系高级别会议在维也纳召开，新的"非洲-欧盟可再生能源合作项目"(RECP)正式启动。这一项目的目标是到2020年，使享受现代能源服务的非洲人口增加1亿。把非洲水力发电量增加1万兆瓦，风力发电量增加5000兆瓦，太阳能发电量增加500兆瓦。[②] 同时，还提出了使非洲内部及非欧之间的跨境电力运输能力增强一倍，非洲的天然气应用增加一倍，增加对欧天然气出口；加大非洲可持续能源的使用，提高能源利用率等目标。

欧盟对非能源外交的传统重点区域是北非地区，其中以阿尔及利亚、利比亚、埃及等国家为重点对象，双方能源合作历史较长。埃及的地缘政治的优势决定了无论在北非还是中东，其地位都相当重要。2007年11月1日，埃及和欧盟委员会共同主

---

① Council of the European Union：Energy Cooperation between Africa and Europe，9562/07，Brussels，15 May，2007.

② 国际能源网. 首届非洲欧盟能源伙伴关系高级别会议在维也纳召开. http://www.in-en.com/article/html/energy_1246124653765225.html.

持了欧洲-非洲-中东能源大会。2008 年 12 月，欧盟与埃及签署了“能源谅解备忘录”①。埃及作为欧盟从中东和非洲进口能源的关键中转站，加强与埃及的合作无疑是提高欧盟能源供应的重要方面。

除了加强与北非的联系，欧盟还通过“欧盟-非洲基础设施伙伴关系”、“信托基金”等支持框架来促进与撒哈拉以南非洲的能源基础设施连接。欧盟从第十个欧洲发展基金（2008 年至 2013 年）中，拨款 200 亿欧元支持撒哈拉以南非洲地区，其中 56 亿欧元支持交通、能源、水及信息和通信网络。酝酿中的撒哈拉天然气管道计划将极大地改善非洲向欧盟输送天然气的能力，从而减少欧盟对俄罗斯天然气的依赖程度。

而非洲由于历史的原因，各主要能源出口国的经济结构单一，大多数国家在资金、技术以及设备上对外部的依赖程度高。所以，它们希望西方国家尤其是欧洲国家继续对非洲给予帮助，通过对话在平等互利的基础上建立欧非伙伴关系，扩大对非投资和投资领域，进一步对非洲产品开放市场，从而促进非洲经济和社会的发展。双方互有所需是促成非洲-欧盟能源伙伴关系（AEEP）确立的主要因素。

作为建设非洲-欧盟能源伙伴关系长期计划的第一个阶段，2007 年到 2010 年间，欧非双方根据《非欧联合战略》和能源行动计划所确立的机制开始具体实施合作，并且取得了不错的进展。第三届欧非首脑会议于 2010 年 11 月底在黎波里举行，双方表示将继续推动欧非战略伙伴关系的向前发展，不过由于欧债危机的影响，欧盟自顾不暇，目前成果有限。

建立非欧战略伙伴关系无疑是追求能源安全供应的重要手段。然而，这还远远不够。推广西方的民主价值观念，强调对非洲的良治，也是欧盟非洲石油战略中的重要一环。21 世纪之后，欧盟逐渐将地区冲突解决、人权目标与能源关系挂钩，②用附加政治条件的援助来保证对非洲地区的控制力。2000 年举行的首届欧盟-非洲首脑会议上，欧盟就将议题集中在非法移民、恐怖主义、气候变化等方面，并强调非洲的安全对欧盟产生直接影响。根据欧非第一个能源行动计划，最优先的目标将是“和平与安全”、“进步和可持续发展”，以期形成应对“对安全的威胁”和“全球性的挑战”的共同能力。

欧盟对于非洲国家的能源政策有着浓厚的政治意味，试图将非洲石油生产国纳

① Memorandum of Understanding on Strategic Partnership on Energy between the European Union and the Arab Republic of Egypt. http://eeas.europa.eu/egypt/docs/mou_energy_eu-egypt_en.pdf.

② Javier Solana. The External Energy Policy of the European Union, At Annual Conference of the French Institute of International Relations, 1 February 2008. http://www.consilium.europa.eu/ueDocs/cms_Data/docs/pressData/en/discours/98532.pdf.

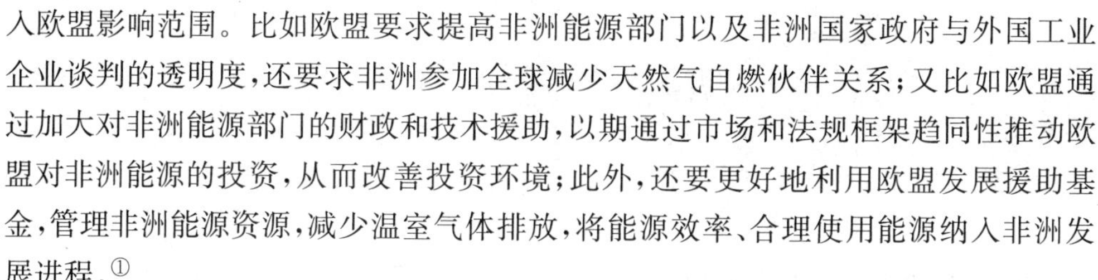

入欧盟影响范围。比如欧盟要求提高非洲能源部门以及非洲国家政府与外国工业企业谈判的透明度，还要求非洲参加全球减少天然气自燃伙伴关系；又比如欧盟通过加大对非洲能源部门的财政和技术援助，以期通过市场和法规框架趋同性推动欧盟对非洲能源的投资，从而改善投资环境；此外，还要更好地利用欧盟发展援助基金，管理非洲能源资源，减少温室气体排放，将能源效率、合理使用能源纳入非洲发展进程。①

长期以来，欧盟一直通过“援助”并附加政治条件的手段实现自己在非洲的政策目标，但是随着非洲发展加速，多方角色参与非洲国际格局，欧盟的这一政策手段已难以奏效。尤其是中国进入非洲获取石油之后，欧盟更是感觉骨鲠在喉。鉴于此，欧盟的非洲能源战略中着重加强了在“非洲治理”方面的力度，将欧盟塑造成为“非洲国家的朋友”和“非洲人民利益维护者”的角色，以期区别于与其他国家，特别是中国，从而挤压其他势力在非洲的能源竞争空间。

在此背景之下，欧盟转变政策手段，改变过去将人权、民主与贸易和发展援助直接挂钩的做法，将其综合纳入“治理伙伴关系”范畴中，通过赋予“治理”以广泛内涵，实现其政策目标。通过增加双方的对话合作领域，更加隐晦地干涉非洲国家的内政，增加其影响力，更好地控制石油产区，以排挤其他国际势力对于非洲石油的竞争。欧盟名义上以“治理”为目标，实则以此为手段，鼓吹自身所代表的价值取向，迎合非洲国家日益增长的现代化要求，以隐蔽的手段影响乃至控制非洲国家，以达到获取石油的实际利益和最终目的。

从欧盟的官方文件和对外声明可以看出，欧盟对非政策的目标是通过在非洲国家实现“良治”来摆脱贫困、战乱，实现联合国千年发展目标(MGD)并促进可持续发展，然而其实际目的则是要借助非洲的各种资源，特别是能源来实现欧洲的发展。非洲之所以会成为欧盟的合作对象，主要是因为其与欧盟在能源等方面有巨大的合作空间，而并非是完全出于人道主义的考量。此外，欧盟还希图通过对非洲治理的强调，取得“规范性权力”(Normative Power)的道德高地。

三、欧盟非洲能源政策对中国的影响和启示

由于经济增长和社会发展的需要，中国对外部能源的需求逐年上升。因此，进入21世纪，中国积极开展国际能源合作，参与国际能源市场的竞争，走国际化经营战略。非洲作为中国重要的石油供应地，在中国石油进口中占有越来越重要的位置。尽管中欧双方在能源结构、对外依存度以及对外能源关系等方面存在较大差异，但考虑到油气等能源的稀缺性，欧盟在非洲的石油战略对中国在非洲的石油获取不可

---

① 崔宏伟. 欧盟能源安全战略研究[M]. 北京：知识产权出版社，2010：212.

避免地造成一定影响。而且欧盟在一定程度上也将中国视为非洲油气资源的竞争者。但从另一方面来说,欧盟的对非能源战略对中国的对非石油战略也有部分的借鉴意义。

欧盟对中国石油战略的影响主要在于稳定的石油供应和对中非关系,尤其是能源战略关系有所影响。

一方面,欧盟近年来在非洲油气开发和运输领域开始注入大量的资金和资源并取得相当的成果,这对中国在该地区的能源利益将不可避免地造成一定程度上的冲击。未来欧盟与中国也必将形成一定的竞争关系,但竞争的激烈程度将取决于未来非洲上游领域的投资开发力度和两者的合作意愿。近年来,欧盟担心中国在非洲的能源战略对其在非洲的能源利益构成严峻挑战。多年以来,欧盟积极支持欧洲企业进入非洲,英荷壳牌公司、法国埃尔夫公司等欧洲石油公司在非洲几内亚湾沿岸国家都建立有自己的石油生产基地。欧盟公司在非洲石油市场上占据大量份额,在马太效应的影响下,中国的石油供应不可避免地受到挤压,中国石油输入量可能会受到影响。

另一方面,欧盟对非能源战略的调整,对中国的能源安全政策提出了新的挑战,甚至一定程度上会牵制中国在非洲的影响力和能源利益。零和博弈的思维在很大程度上左右了欧盟对中国国际能源合作的态度。由于中欧在非洲能源市场上竞争态势增强,欧盟就将中国发展与非洲关系视为对其传统对非政策的挑战和在非利益的争夺,并采取能源政治化优先立场,怀疑中国在能源经济合作和能源外交举措背后的战略意图,因而矮化中国的国际道义形象,将中国与非洲国家的能源合作污蔑为"资源威胁论"、"新重商主义"、"出口中国发展模式"等。甚至直指中国现在的作为与16世纪葡、西殖民美洲以及19世纪英、法、德等国瓜分非洲相比,仅仅是在方式上更加温和而已。2008年5月,欧洲议会通过决议称,中国政府将商业利益置于政治原则之上,对非洲一些专制政权无条件的支持导致这些国家的人权遭到侵犯,例如中国为获取石油坚持不制裁苏丹,并向苏丹出口武器,这种做法使独裁政权有恃无恐。① 此外,中国能源企业对非洲当地生态环境的影响也是西方媒体攻击的重点。西方媒体批评中国在尼日利亚三角洲的石油开采活动使当地生态遭到了极大破坏,而且中国公司在合同中根本没有涉及环境保护的内容。② 西方的这些诽谤,正被一些非洲国家在野党在选举中加以利用,进行恶意炒作,甚至无中生有,大肆攻击中国,其潜在消极影响不可低估。

---

① Ian Taylor. China's Oil Diplomacy in Africa. *International Affairs*, 2006,82(5): 937-959.

② Pádraig R. Carmody, Francis Y. Owusu. Competing hegemons? Chinese versus American, geo-economic strategies in Africa[J]. *Political Geography*, 2007. 26:504-524.

尽管欧盟的非洲能源战略对中国的海外石油利益造成一定影响，但是欧盟在非洲石油战略上的具体安排与措施同时也对中国的非洲石油战略有所启示。

第一，积极发展与非洲大陆能源输出国、过境国的战略合作关系。近年来，中非关系飞速发展，多届中非论坛的成功举办使中非关系不断加强。但是中国与非洲产油国尚无正式的战略合作关系，中非之间的石油合作关系极易受到影响。所以，学习欧盟有重点地与部分重点产油国建立牢固的合作关系，多元地保障石油供应是极有必要的。要积极谋求建立与非洲产油国的有效合作机制，追求与非洲石油输出国之间的利益平衡。

第二，进一步加强合作手段的灵活性。欧盟已经开始摒弃对非传统的家长态度，而采取更加灵活、隐蔽的方式，在推进非洲良治与人权的外衣下，积极开拓非洲市场。另外，欧非之间的对话不仅限于国家层面，形成了从超国家层面（欧盟-非盟）到个人层面的全方位、多层次的交往，无论是政府之间、非政府组织间，还是学术机构、民间团体，甚至专家学者间，互动都相当频繁。鉴于此，我国在今后的对非合作中，应该依据国际形势的变化，灵活运用外交政策，同时结合国际机构、非政府组织、社会团体等行为体的影响，提出适当、合理的政策建议，争取争当游戏规则的制定者，确保我国在对非合作中的优势地位。

第三，在追求我国能源安全的同时，促进非洲石油合作国的经济社会全面进步，真正实现与产油国的互利共赢，让西方媒体散布的“新殖民主义论”不攻自破。同样，中国作为新兴工业国和最大的发展中国家，有必要且有条件地总结一些自身发展经验和指导意见，有条件地与非洲国家适当地交流发展经验和教训。与非洲国家开展全方位的合作，是保证石油稳定供应的有效方式之一。

第三节　日本的非洲能源政策及其对中国的挑战

日本是一个能源严重依靠进口的国家，为保障经济发展的需求，日本通过实施能源进口多元化和海外能源自主开发战略，致力于构建能源安全版图。近年来，由于国际形势尤其是中东局势错综复杂导致国际油价涨跌不定，美、欧、印、中等大国之间的能源博弈日趋白热化，这无疑加剧了日本对能否确保石油稳定供应的担忧。与此同时，随着深海勘探技术的运用和发展，以及非洲大陆尤其是几内亚湾地区新油田的发现，非洲能源资源日益成为日本海外能源战略的重要选项。通过对内改组石油公司、扶持石油公司，对外积极开展政府高层外交，日本在非洲能源市场开始崭露头角，并取得明显成效。此外，日本在非洲的能源活动又借力于美国在非洲的战略部署和调整，以及西方对中非关系颇有微词的“统一口径”。如此，日本开发非洲能源等经济活动的背后，隐藏着强烈的政治动机，即争取非洲国家对其“入常”的支持、扩大与非洲区域性政府间组织的政策协调，从而抵消中国在非洲大陆的政治影响力。在此背景下，深入研究和分析日本对非洲能源战略的政策动因、运行路径及其内在缺陷，并探讨该战略对中国的政治经济含义，无疑具有重大的现实意义。

一、日本对非能源战略政策的动因

作为能源安全形势最严峻的国家之一，日本是仅次于美国和中国的第三大石油消费国、第三大原油进口国。2011 年日本的石油净进口量达到 430 万桶/日，并且是世界第一大液化天然气(LNG)进口国(占世界份额 33%)及仅次于中国的第二大煤炭进口国。日本既是能源消费大国，又是能源资源极度匮乏的国家，其能源自给率只有 16%。日本能源进口结构的特点是对石油进口的依存度高，且进口源高度集中。当前，日本能源的对外依存度高达 84%，其中石油的进口依存度几近 100%。日本石油进口地主要集中于中东地区，比例高达 87%，而美国仅为 25%，英国 4%、德国 7%、法国 41%。从日本海外权益油进口源来看，中东所占的比重也远高于其他地区，2001 年之后虽然逐步下降，但仍保持在 50%以上。[①] 过度依赖中东地区作为石油供应地，以及中东局势的长期动荡导致的国际油价不稳定，使日本能源命脉具有高度脆弱性。因此，实现石油来源多样化、分散石油进口过度集中的风险成为日本能源战略的长期目标。自 20 世纪 70 年代初开始，为稳定石油供应渠道，日本开始实施石油来源地多元化的政策，并一直致力于减少对中东石油的依赖，取得了一定的成效，如日本从中东进口石油的比例曾经由第一次石油危机爆发前的 82.1%降至 20 世纪 80 年代中期的 68.8%。尔后，受新兴经济体对石油需要猛增以及国内核事故的影响，日本的石油进口地区多元化政策未能长久实施。[②] 直到 2011 年，日本仍有 82%的原油来自沙特阿拉伯、卡塔尔、阿联酋等中东国家(见图 5-3)。其液化天然气的进口来源虽然分布较为均匀，但仍然集中在卡塔尔、阿联酋、阿曼等中东国家及马来西亚、印度尼西亚、澳大利亚等亚太国家，来自这两个地区的进口量占到日本液化天然气年进口总量的 84%(见图 5-4)。历史和现实的经验教训使日本深刻认识到了能源进口多元化的战略意义。

① 最新统计数据参见 BP Statistical Review of World Energy 2012.

② 王伟军. 试析日本的国际能源战略[J]. 世界经济研究，2006(3)：84-89.

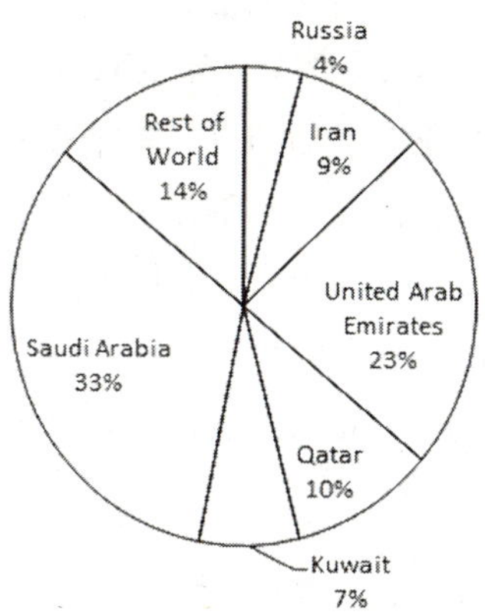

图 5－3　2011 年日本原油进口来源分布情况

图片来源：EIA："Country Analysis Briefs—Japan"，pp. 5. http://www. eia. gov/cabs/japan/Full. html.

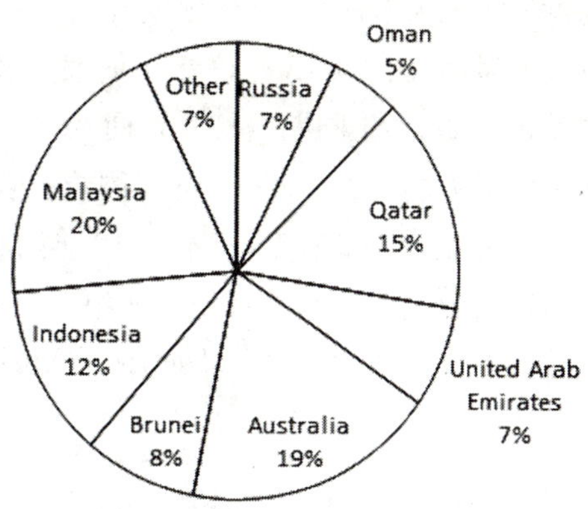

图 5－4　2011 年日本液化天然气（LNG）进口来源分布情况

图片来源：EIA："Country Analysis Briefs—Japan"，pp. 8. http://www. eia. gov/cabs/japan/Full. html.

日本政府努力摆脱短期能源困境的同时，意识到必须采取十分有效的结构性、战略性政策：从国内方面实施了核能开发、新能源发展计划、节能措施和石油储备，在国际层面则积极推进国际能源合作与开发。21 世纪以来，由于世界经济结构、能源结构及政治军事形势的变化，日本启动了新一轮国家能源战略研究，并于 2006 年 5 月由经济产业省（METI）能源资源厅颁布了《新国家能源战略》，力图以“加强节能”、“降低海外石油依存度”和“提高海外资源开发”三大举措来强化日本的能源安全，并取得了明显的成效。如石油在日本能源需求结构中的比例从 20 世纪 70 年代的近 80％减低到 2010 年的 42％（见图 5－5），特别是 2000 年至今石油总体需求量已经减少了 20％，这主要是由于能源利用率的提高，以及核能和天然气发挥了替代能源的作用。① 在 2011 年 3 月福岛核泄漏事故发生之前，日本是仅次于美国和法国

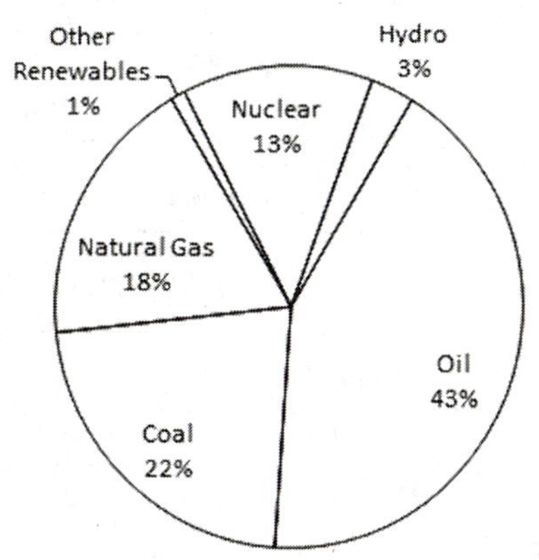

图 5－5　2010 年日本能源消费结构统计

图片来源：EIA："Country Analysis Briefs—Japan"，pp. 2. http://www. eia. gov/cabs/japan/Full. html.

① EIA，"Country Analysis Briefs—Japan"，pp. 5. http://www. eia. gov/cabs/japan/Full. html.

的世界第三大核能生产国，核能在日本能源消费结构所占的比例达到13%。但是，事故发生后，出于降低对核能的依赖以及灾后重建的需要，日本当年的日平均石油消费量比2010年同期增长3万桶，主要是通过增加低硫燃料油的进口量来弥补核电站关闭损失的发电量。[①] 另据美国能源署(EIA)估计，假如灾后几乎损失殆尽的核能生产能力无法逐步恢复，日本2012年的石油净消费量将比2011年平均再增长8万桶/日，自此以后日本将每年增加相当于4.7亿桶石油的能源需求量，使每年2220亿美元的能源进口成本进一步增加。[②] 2009—2011年日本石油和天然气进口来源分布如表5-4、表5-5所示。

表5-4　2009—2011年日本石油进口来源分布情况统计表(含原油与成品油)

年份	进口量及百分比 国家和地区	非洲	中东	前苏联国家	北美	印度	澳大利亚	中国	其他	总计
2009	年进口量/万吨	60	17940	890	380	170	290	150	1300	21180
	占当年进口总量比例/%	0.3	84.7	4.2	1.8	0.8	1.4	0.7	6.1	100
2010	年进口量/万吨	340	17990	1450	500	290	270	110	1620	22570
	占当年进口总量比例/%	1.5	79.7	6.4	2.2	1.3	1.2	0.5	7.2	100
2011	年进口量/万吨	380	17510	880	460	260	250	60	2380	22180
	占当年进口总量比例/%	1.7	78.9	4.0	2.1	1.2	1.1	0.3	10.7	100

表5-5　2009—2011年日本液化天然气(LNG)进口情况统计表

年份	进口量及百分比 国家和地区	非洲	中东	俄罗斯	马来西亚	印度尼西亚	澳大利亚	文莱	其他	总计
2009	年进口量/亿立方米	27	205	37	168	173	159	81	9	859
	占当年进口总量比例/%	3.1	23.9	4.3	19.5	20.2	18.5	9.5	1	100
2010	年进口量/亿立方米	22	213	82	186	170	177	78	7	935
	占当年进口总量比例/%	2.4	22.8	8.8	19.9	18.2	18.9	8.3	0.7	100
2011	年进口量/亿立方米	57	292	98	203	126	190	84	20	1070
	占当年进口总量比例/%	5.3	27.3	9.2	19.0	11.8	17.8	7.9	1.9	100

资料来源：根据BP Statistical Review of World Energy (2009—2011年)整理.

① Chico Harlan. "Japan's Energy Imports Carry Big Risk: Country's Shift Away from Nuclear Power Drives up Fuel Prices". *The Washington Post*, April 9, 2012. http://www.utsandiego.com/news/2012/apr/09/tp-japans-energy-impos-carry-big-risk/.

② Daniel Moser. "Who Will Benefit From Japan's Energy Policy ". *Seeking Alpha*, August 14, 2012. http://seek ingalpha.com/article/806981-who-will-benefit-from-japan-s-energy-policy.

这无疑加剧了日本政府提高海外能源特别是原油和低硫燃料油自主开发比率的紧迫性。自2011年中期以来，日本从西非的加蓬和东南亚的马来西亚、印度尼西亚等国进口低硫重度原油，以补充一部分核事故中损失的用于发电站直燃的核燃料。此外，日本液化天然气进口量从2010年的935亿立方米增加到2011年的1070亿立方米，涨幅约14%。

除了考虑中东石油供应的不稳定之外，非洲巨大的能源优势也是日本实施"进军非洲"战略的重要动因，这包括如下几个因素：首先，非洲探明的石油储量虽不及中东、北美和南美，但由于其石油产量稳步增长，其重要性在能源博弈白热化的今天仍然不可忽视，非洲石油质量大多上乘，含硫量低，易于提炼加工，很适合生产汽车燃油。第二，非洲油田大多位于大西洋海底或中西非沿海，海运便捷、运输成本低，且远离内陆动乱中心，供应相对安全。第三，撒哈拉以南非洲产油国中只有尼日利亚和安哥拉为欧佩克成员，不会受到同业联盟产量的限制，且彼此没有太多历史联系，不太可能出现联合一致对外的现象。[①] 第四，大多数撒哈拉以南非洲国家同石油进口国签订产量分成协议(PSAs)，这意味着外国石油公司可以从开发的石油和天然气中收回其投资成本，并且可以将其股份油和购买的石油运往国外。从表5-6可以看出，受2008年末金融危机的影响，日本2009年来自非洲的石油和天然气进口量相比2008年均呈现大幅度的缩水。但从2009年至2011年，特别是2010年全年，随着国际油气价格的趋于稳定，日本从非洲地区进口的石油和天然气又有了明显的增长，尽管在其能源进口结构中的比例仍然十分微小，但就非洲地区不同年份的纵向比较而言，其绝对数值的变化仍颇为可观。资源丰富、物产丰饶的非洲大陆对日本来说俨然是一片充满商机、有待开发的"处女地"。可以预见，由于中短期内无法恢复核能发电，在增加海外油气进口量及加快能源进口来源多元化的过程中，非洲地区对于日本来说将是一个日益重要的选项。

表5-6　2008—2011年日本自非洲进口能源情况统计表

年份	能源类别及进口量 次区域及国家	北非	西非	东南非	阿尔及利亚	埃及	赤道几内亚	尼日利亚	总计
2008	石油/万吨	40	110	490					640
	液化天然气/亿立方米				11.2	22.1	16.4	23.6	73
2009	石油/万吨	30	30	—					60
	液化天然气/亿立方米				—	2.4	17	7.7	27

① 中国国家能源局.日本加速实施非洲石油资源战略.http://nyj.ndrc.gov.cn/gjdt/t20050905_41304.htm.

续表

年份	能源类别及进口量 次区域及国家	北非	西非	东南非	阿尔及利亚	埃及	赤道几内亚	尼日利亚	总计
2010	石油/万吨	80	40	220					340
	液化天然气/亿立方米				0.8	5.7	7.2	8.4	22
2011	石油/万吨	50	120	210					380
	液化天然气/亿立方米				1	9	20	27	57

资料来源：根据 BP Statistical Review of World Energy（2008—2011 年）整理（为方便统计，石油进口情况按非洲三大次区域分类，天然气进口来源则以主要产气国为对象）。

二、"政治大国"框架下的非洲能源战略

日本"染指"非洲大陆是一项较为长期的国家战略。早在 2000 年，日本政府就已启动"石油非洲战略"，把非洲提升到战略利益的高度来认识。2003 年 9 月，在东京举行的第三届"非洲开发会议"上，99 个国家和 50 家国际机构的代表就非洲开发和支援事宜进行了商讨，日本首相小泉纯一郎称，将在今后五年无偿向非洲提供总额 10 亿美元的援助，同时保证，放弃对非洲贫困国家总额约 30 亿美元的债务。[①] 日本媒体认为，小泉及其后任首相对于非洲的"感情"持续升温，主要是看中了非洲大量未被开发的石油资源。[②]

然而，由于短期内非洲石油因素难以改变日本高度依赖中东地区的能源消费结构，日本在非洲的能源战略被赋予了浓厚的政治意味，即为其走向"普通国家"的政治大国战略服务。冷战结束以来，世界各大国纷纷在非洲大陆扩大政治、经济、外交和军事影响力，日本当然也不甘落后，特别是日本谋求成为联合国安理会常任理事国，尤其不能罔顾非洲大陆这一巨大的"票仓"。然而，由于广大非洲国家同日本、德国、巴西和印度组成的"四国集团"之间在事关联合国安理会改革、多哈回合谈判等国际事务中存在深刻的分歧和竞争，加之中国支持非洲国家在安理会改革上的立场，而反对日本成为常任理事国，日本在较长时期内若想赢得非洲各国的外交支援，无疑是十分困难的。另一方面，日本石油公司在非洲的项目、份额都十分有限，同欧美大石油公司相比，资金、技术优势并不明显，加之日本同非洲国家的双边和多边外交往往"雷声大、雨点小"，日本政府和民间实际上对非洲的能源资源潜力并不抱太大的期望，也无意索取太多。因此，日本在非洲的能源活动很大程度上是为了配合美国的全球战略，抵消中国在非洲大陆的政治影响力，充当"搅局者"的角色。各大

① Daniel Moser. "Who Will Benefit From Japan's Energy Policy". *Seeking Alpha*, August 14, 2012. http://seek ingalpha. com/article/806981-who-will-benefit-from-japan-s-energy-policy.

② 郝晓云，李作双. 日本能源战略动向[J]. 国际石油经济，2004(11)：39－42.

国在非洲大陆的角逐还往往伴随着意识形态辩论和发展模式的竞争。随着中国同非洲国家经贸关系和政治互信的不断深化，西方国家，包括日本在内，开始对中国的正常经营活动进行批评指责。他们声称，北京加强同非洲国家的双边关系完全是一种自私自利的行为，在寻求能源资源的过程中往往无视当地政府的良治、透明度、环境和人权保护；在那些自然资源受少数精英掌控的国家中，石油财富将会使腐败问题根深蒂固。美国政府更是认为，中国为了达成石油交易，愿意向苏丹、卢旺达等“流氓国家”提供政治、军事和财政援助，使得美国孤立和惩罚这些国家的目标难以实现，从而破坏美国在非洲促进民主、人权和限制核扩散的努力。[①] 日本媒体《读卖新闻》曾警告说，“中国为了加快从非洲寻找石油，不惜选择与支持恐怖主义和反民主的非洲国家做生意。”[②]日本在国际货币基金组织（IMF）的官员还曾指责中国“对安哥拉等国的贷款和投资往往以获取石油利益为前提，其中很多被投入于旨在促进该国石油工业发展的基础设施项目，使安哥拉得以拒绝接受国际货币基金组织的贷款，因为这些贷款要求安哥拉接受国际货币基金组织的独立审查，并及时披露和处理国内的重大腐败问题。”[③]可见，对于中国以不干涉内政、不附加政治条件为前提的对非洲援助贷款活动，日本和众多西方国家一样，仍然深怀戒心和不满。在此背景下，日本在对非洲国家提供援助方面长期采取“严格”的标准，将“民主选举”“人权保护”和“政府透明度”等作为受援国接受援助的基本条件，力图实现“一石二鸟”，在获取石油权益的同时输出文化“软实力”。早在 2002 年，日本首相官邸下设的“对外关系特别工作小组”就公开宣称：“将民主和良治带到非洲对于世界的稳定和繁荣是至关重要的。”再如，日本长期支持尼日利亚和刚果民主共和国的选举，并为非洲的法治和人权倡议提供资助。日本于 2005 年 12 月向联合国“人类安全信托基金”捐助 200 万美元，为在苏丹的非盟特遣部队提供国际人道主义和人权法知识的培训。[④] 这些举措同西方国家对中国在非洲大陆开发能源的疑虑和指责可谓不谋而合。日本既自诩为亚洲民主国家的“棋手”和世界民主事业的“拥护者”，自然不能对非洲国家不良的民主和人权记录“熟视无睹”。由此可见，对于日本来说，开发非洲能源资源

---

① Zhang Zhongxiang. China's Hunt for Oil in Africa in Perspective. *Munich Personal RePEc Archive*, East-West Center, Honolulu, USA, September 2006. http://mpra.ub.uni-muenchen.de/12829/1/MPRA_paper_12829.

② Joshua Eisenman, Devin Stewart. Sino-Japanese Oil Rivalry Spills into Africa. Institute for the Analysis of Global Security, January 19, 2006. http://www.iags.org/n0119062.htm.

③ Hisane Masaki. Japan vs China in Africa: [Analysis] Competition for energy, influence intensifying between Asian powers. http://harowo.com/2006/08/28/japan-vs-china-in-africa-analysis-competition-for-energy-influence-intensifying-between-asian-powers/.

④ China in Afica: Implications for Japanese Investors. Institute of Developing Economies, Japan External Trade Organization. http://www.ide.go.jp/English/Data/Africa_file/Manualreport/cia_12.html.

作为一种手段,其经济目的是次要的,政治目的才是主要的动机。

三、日本对非能源战略的运行模式与中长期布局

日本2006年新战略目标的提出,必须要扶持国内大石油公司,以便与国外对手展开竞争,进行海外能源开发。与此同时,日本还提出采取综合性的战略对策以确保能源资源供应,包括积极开展高层外交和双边磋商,通过缔结自由贸易协定(FTA)和投资协定、提供官方发展援助(ODA)和国际开发银行的贷款等,与资源国建立战略伙伴关系。[①] 日本对非能源战略的总体特征是:通过经济援助、技术合作、债务减免等途径提高在受援国的政治影响力,同时为石油能源合作创造良好的条件,在国内则积极改组合并本国石油公司,为其提供财政支持,以便同西方大石油公司在非洲能源市场展开切实有效的竞争。

其一,方兴未艾的日本"能源外交":非洲大陆是继中东、中亚和南美之后日本"能源外交"新的着眼点。二战以后,日本外交推行"日美轴心",极少关注非洲问题,日本领导人也鲜有踏足非洲大陆。从1966年起,随着经济的起飞和对外政策的转变,日本开始向非洲国家提供援助。20世纪70年代石油危机爆发后,拥有丰富能源资源的非洲开始引起日本的重视,使日本逐渐加大对非洲国家的官方援助,到了80年代末,日本对非援助曾达到10亿美元。20世纪90年代初,随着冷战结束和前苏联解体,原先东西方阵营的主要国家对非洲的援助纷纷减少,日本得以"乘虚而入",通过经济和技术援助,谋求扩大在非洲的政治和经济利益,逐渐成为仅次于法国的非洲第二大援助国。[②] 正是在这种背景下,日本于1993年召开首届"东京非洲发展国际会议",不仅显示和扩大了日本在非洲的影响力,而且标志着日本已经建构起对非洲政策的重要平台。

日本对非洲石油战略的特点是通过提供援助贷款、签订经济合作协定、减免债务、派遣访问团等手段,突出经济,强化与非洲产油国的关系。2006年年初,日本政府派出一支由石油开发商、贸易公司和工程企业的官员组成的代表团,前往毛里塔尼亚和乍得搜集能源情况,随后毛里塔尼亚石油和能源部长回访了日本,并与日本经济产业大臣二阶俊博举行会晤,双方同意将在该国石油领域加强合作。[③] 同年4月份,由政府资助的日本出口投资保险公司(NEXI)决定为在13个"高风险"国家做生意的日本公司承担保险,意在鼓励日本企业投资非洲及其他地区的自然资源项

---

① Joshua Eisenman, Devin Stewart. Sino-Japanese Oil Rivalry Spills into Africa. Institute for the Analysis of Global Security, January 19, 2006. http://www.iags.org/n0119062.htm.

② 国际评论:日本为何发动非洲外交攻势[N]. 广州日报,2008-6-8.

③ 非洲能源争夺:日本跟中国对着干. 凤凰网,2006-8-15. http://news.ifeng.com/opinion/detail_2006_08/15/1317912_0.shtml.

目，在这13个国家中，非洲占了10个。[①] 在2008年5月28日召开的第四届“东京非洲发展国际会议”上，日本首相福田康夫承诺：未来5年日本政府将在基础设施、农业生产、传染病预防和科学技术合作等方面扩大对非洲国家的援助，并将设立一个专门基金会，以促进日本企业对非洲的投资；日本将向非洲国家提供相当40亿美元的长期低息贷款，并在2012年以前将对非官方援助增加一倍，达到2000亿日元。[②]

《新国家能源战略》出台后，日本逐步加强了同中亚、中东、非洲等地资源丰富的国家之间的双边对话。2008年5月召开的第四届“东京非洲发展国际会议”是日本同非洲国家开展全方位合作特别是能源资源合作的新起点。日本政府之所以展开方兴未艾的对非外交攻势，主要是因为日本官方和民间都认识到：“日本在非洲地区的能源资源外交起步落后于中国，必须开始奋起直追，在这一过程中，日本政府和民间企业能够也必须有所作为，因为日本的设备、资金和技术优于中国，对于非洲各国具有不小的吸引力。”[③]可以说，日本将非洲视为新的能源供应地，很大程度上是受到中国积极开拓该大陆能源领域的刺激和影响。目前，日本拥有海外开发权益的油田主要集中在阿联酋、科威特、俄罗斯和印度尼西亚等国，相比之下，非洲大陆则是一片尚未持久经营的“处女地”。毫无疑问，非洲国家将是日本在今后较长时期内争取海外权益油的重中之重。

近些年来，日本有意强化“援助换资源”的办法，向非洲联盟（AU）整合非洲发展的计划提供财政和技术援助，对资源开发项目进行补贴，以期换取非洲稳定的能源供应。日本前外相前原诚司在2010年12月访问阿尔及利亚时就曾表示，希望促进日本与阿尔及利亚的双边关系，并以“帮助阿尔及利亚经济发展”为条件交换该国的石油资源。[④] 从前原诚司的非洲之行以及2011年2月日本政府代表与非盟官员在亚的斯亚贝巴的会谈可以看出，日本走的不是中国“与各国政府合作”这条饱受西方争议的道路，而是希望通过与非洲各区域性合作组织，如南部非洲发展共同体和东南非共同市场等加强联系，以提供财政、人力、技术援助为交换，间接打开各国能源市场，寻求迅速找到落脚点并取得区域性成果。

其二，官民一体的能源政策。日本在非洲的石油能源战略遵循战后日本海外能源开发的一般运作模式，即主要通过石油天然气金属矿产资源机构（JOGMEC）及其

---

① Hisane Masaki. Japan vs China in Africa: [Analysis] Competition for energy, influence intensifying between Asianpowers. http://harowo.com/2006/08/28/japan-vs-china-in-africa-analysis-competition-for-energy-influence.

② EIA. Country Analysis Briefs—Japan, pp. 4. http://www.eia.gov/cabs/japan/Full.html.

③ 米凯尔·E·戴维森. 亚洲面临三大能源困境. 载《外交学者》(日本)，转引自《中国石化报》，2011-2-25. http://enews.sinopecnews.com.cn/shb/html/2011-02/25/content_134220.htm.

④ 陶勇. 日本在非洲能源领域难有大作为[N]. 中国石化报，2011-2-25.

前身石油公司对海外能源开发予以支持。日本石油开发公司成立于 1967 年 10 月，最初是为促进国内和海外石油的开发和生产，并于 1978 年更名为日本国家石油公司(JNOC)，增加了石油储备业务。

然而，进入 21 世纪以后，日本国家石油公司在获取非洲权益石油方面并没有发挥很好的作用。为改变这种局面，日本政府主要采取了两个步骤。首先，于 2004 年 2 月将日本国家石油公司与日本金属矿产事业团(MMAJ)合并，组建了具有独立行政法人资格但仍为国营企业的“石油天然气金属矿产资源机构”(JOGMEC)，其任务是为日本公司在海外的生产和开发提供援助，并推动国内的能源储备。① 其次，日本政府联合和扶持国内大石油公司，以扩大企业规模，增强在非洲石油开采的竞争力。为此，日本愿意为本土石油公司进军非洲市场支付“政治入门费”：通过在财政、制度和情报方面提供支持，使本土石油公司的市场准入风险比西方石油公司小得多，同非洲石油东道国也更容易达成能源和发展协议。② 例如，日本国际合作银行(JBIC)以优惠利息为本国上游公司提供贷款，使这些公司在重要石油生产国的项目投标更为有效。这种财政支持帮助日本公司在世界各地的油气田成功购得股份，加强国家能源供应安全的同时也保障了本公司的金融稳定。2006 年 4 月，日本经济产业省控股 36%的日本国际石油开发公司(Inpex)和日本帝国石油公司(Teikoku Oil)合并组成联合控股公司(仍以 Inpex 为名)，迈出了建立大型国际石油企业的关键一步。③ 毫无疑问，此次合并是经济产业省为实现“新能源战略”目标、加强同欧美石油大公司在非洲能源市场的竞争而极力推动促成的，这是战后日本“官民一体”能源战略的一个缩影。国际石油开发公司已成为全日本最大的石油和天然气公司，第二大是日本石油开发公司(Japex)。由于国内油气资源短缺，日本能源公司遂积极参与海外石油和天然气上游项目的开发，为世界各地的能源项目提供工程建设、金融和项目管理等服务。日本的优势在于资本、技术实力雄厚，政府为保障能源安全、降低碳排放量，为能源利用效率方面的研发(R&D)项目提供强有力的支持。当前，日本已成为能源领域资本设备的主要出口国之一。

在日本政府一系列优惠政策的支持下，21 世纪以来日本企业在埃及、阿尔及利亚、安哥拉等国勘探和开采石油，并取得了较为明显的成效。2005 年 7 月，日本最大的石油生产商阿拉伯石油公司(AOC)与埃及签署合作协议，获得了苏伊士湾中部一处油田的开采权，根据计划，该处油田从 2007 年年中开始产油，日产量为 6000 桶。

---

① 尹晓亮. 战后日本能源政策[M]. 北京：社会科学文献出版社，2011：172－175.

② Warwick Davies. The Emerging Asian Energy Challenge in Africa[J]. *Petroleum Africa*, May 2007.

③ China in Africa: Implications for Japanese Investors. Institute of Developing Economies, Japan External Trade Organization. http://www.ide.go.jp/English/Data/Africa_file/Manualreport/cia_12.html.

2005 年 10 月，利比亚第三次发放石油开采证，新日本石油公司、石油资源开发公司、帝国石油公司、国际石油开发公司和三菱商事 5 家日本企业中标，赢得利比亚 6 块油田的开发权，这也是日本企业首次揽得利比亚石油开发特许权。2006 年 12 月，在利比亚一轮最大规模石油开采许可投标中，日本的石油公司获得了 3 座油井 12.9％的股份。① 2006 年出台的日本《新国家能源战略》中提出，政府的目标是到 2030 年时把拥有资源开发权的原油进口量在日本石油进口总量中所占的比例从目前的约 19％提高到 40％。② 2011 年大地震过后，随着日本对能源供应的需求进一步扩大，石油天然气金属矿产资源机构（JOGMEC）计划在 2012 财政年度增加超过 11.2 亿美元的支出，这几乎等于该公司自 2004 年成立以来海外上游投资项目金额的总和。③ 当前，日本的海外石油项目仍主要集中在中东和东南亚地区。参与海外开发和生产项目的日本石油公司包括前面提到的日本国际石油开发公司（Inpex）、日本石油开发公司（Japex），以及像科斯莫石油公司（Cosmo Oil）、新日本石油公司（Nippon Oil）、三菱、三井等大型企业。其中许多公司主要参与原日本石油公司最初建立的小规模项目，但近些年也有不少公司参与到高规格的上游项目中，包括对海外石油企业进行大规模投资。日本在非洲的主要上游项目集中在埃及、阿尔及利亚和刚果（金）等国，成果较为显著。在埃及，日本国际石油开发公司和三井合资取得西巴克尔区块（West Bakr Block）100％的开采权，自 1980 年开始生产石油，合同延长至 2020 年；在阿尔及利亚，日本国际石油开发公司拥有 El Ouar 地区的凝析油气一期与二期项目 10％的开采利益；在刚果（金），国际石油开发公司拥有近海 11 处油田 32％的股份，自 1975 年开始生产，合同延长至 2023 年。④

四、日本“进军非洲”能源战略的效果及其评估

日本凭借雄厚的整体经济实力，以强大的“经援”为基础，使其相对弱小的石油公司在非洲的石油开采中能够同西方对手展开切实有效的竞争，再加上非洲产油国和日本没有历史恩怨及现实冲突，容易建立友好关系，日本的非洲能源战略前景看似一片光明。然而，由于其运行机制的缺陷和外部力量的掣肘，日本“进军非洲”的能源战略却又困难重重、前途未卜，这主要体现在几个方面：首先，欧美大国由于历史的原因，在很大程度上早已控制了非洲尤其是北非产油国的石油生产权和销售

---

① Chico Harlan. Japan's Energy Imports Carry Big Risk: Country's Shift Away from Nuclear Power Drives up Fuel Prices. *The Washington Post*, April 9, 2012. http://www.utsandiego.com/news/2012/apr/09/tp-japans -energy-impos-carry-big-risk/.

② 日本经济产业省编发. 新国家能源战略，2006：26.

③ EIA. Country Analysis Briefs—Japan. pp. 4. http://www.eia.gov/cabs/japan/Full.html.

④ EIA. Country Analysis Briefs—Japan. pp. 5. http://www.eia.gov/cabs/japan/Full.html.

权，如许多美国石油公司垄断了西非国家的石油开采项目，仅埃索公司就在安哥拉获得了3个深海石油开采项目，总投资近百亿美元，力量相对弱小的日本石油公司很难与之展开成功的竞争。2007年，新日本石油公司的营业收入为480.126亿美元，远比不上埃克森美孚的3511.39亿美元、英荷壳牌石油公司的3188.45亿美元、英国石油(BP)的2743.16亿美元。在非洲石油开发的几个主战场，如几内亚湾、安哥拉和苏丹，日本企业不但比不过欧美跨国财团和新崛起的中国企业，甚至连韩国、马来西亚的油企也竞争不过。① 其次，非洲独立以来几十年的石油开发史已表明，各国在非洲的石油发言权与其在非洲的投入成正比，在这方面，虽然日本数额不小的"经援"无疑具有极大的吸引力，但日本的产业经济结构几经转型之后，已经发展成以知识和技术密集型产业为主的结构，当年日本制造业南移所引发的"雁阵效应"，已不可能再在非洲得以复制。② 当前日本在非洲的投资和贸易规模仅及中国的1/3，很重要的原因就是由于日本经济与非洲经济之间不存在中国经济与非洲经济之间的互补性。再次，和中国、印度、美欧各国相比，日本在非洲的经营时间仍相对较为短暂。西欧国家在非洲大陆有着数百年的历史影响，中国也已在非洲进行了50多年的扎实外交，印度凭借其地缘优势不断加深与非洲大陆的经济联系，而日本的对非外交则是从20世纪90年代才全面展开。虽然日本对非洲的援助金额一度位居各国之首，但在感情上，日本和非洲仍相对疏远。就在2008年第四届"东京非洲发展国家会议"召开之际，一名乌干达外交官就抱怨说，"在日本人的眼中，非洲的形象仍然比较消极负面。"多数日本人仍质疑日本政府在非洲花大力气的合理性和必要性，正如一坦桑尼亚外交官坦言，"日本商界在前往非洲投资方面反应十分缓慢，这种小心翼翼的风格将使日本失去很多机会。"③

由此可见，在全球能源格局中，日本对非洲能源资源战略的基础并不牢固。实际上，正是此战略背后若隐若现的政治动因阻碍日本在非洲能源开发领域积累起雄厚的实力。由于日本紧跟美国全球战略的步伐，试图搅乱中国在非洲的战略布局，主观上无意与欧美大石油企业展开真刀真枪的竞争，因此日本在非洲的能源经营并不像在东南亚、中东等地区一样，具有显著的排他特性。即便日本想走出一条与中国不同的"区域合作"型的能源扩张之路，其对非贸易和投资规模与中国的差距自不

---

① Chico Harlan. Japan's Energy Imports Carry Big Risk: Country's Shift Away from Nuclear Power Drives up Fuel Prices. *The Washington Post*, April 9, 2012. http://www.utsandiego.com/news/2012/apr/09/tp-japans-energy-impos-carry-big-risk/.

② Hisane Masaki. Japan vs China in Africa: [Analysis] Competition for energy, influence intensifying between Asianpowers. http://harowo.com/2006/08/28/japan-vs-china-in-africa-analysis-competition-for-energy-influence-intensifying-between-asian-powers/.

③ 国际能源：经济援助只因看好石油，日本等国加紧争夺非洲石油. 阿里巴巴化工网，2012-2-29. http://info.china.alibaba.com/news/detail/v0-d1023985879.html.

待言,非洲区域组织的协调活动能力较弱也会给日本带来不小的难题。从国内层面上来讲,已实现产业转型的日本毕竟“胃口”有限,若对非投资过于慷慨,对于支持率本就低迷的日本内阁来说,恐怕过不了民意这一关。总而言之,无论是官方外交还是企业经营,日本在非洲的能源开发等经济活动到目前为止尚未形成一种全盘性的战略规划。

五、日本的非洲能源战略对中国的影响和启示

毋庸置疑,日本为了实现能源安全这一新国家能源战略的最高目标,在非洲能源战略的实施和运行过程中,其影响必将波及毗邻而居且同为能源进口、消耗大国的中国,并对中国自身的能源安全环境和对外战略格局构成挑战。

日本加速实施非洲能源战略的目的是提高海外能源自主开发率,这也是日本2006年新能源战略的五个子目标之一。在此目标的驱使下,日本必将加速推进在世界各地找油、采油、买油的速度。而这一速度的提升过程,必将与经济增长迅猛、能源需求不断扩大的中国发生摩擦和冲突。从俄罗斯远东石油管道的“安大线”与“安纳线”之争,到东海油气田的开发合作,再到泰国的克拉地峡项目,无不折射出中日在能源领域的战略对峙与争夺。“能源问题既是亚洲各国之间进行多边合作的助推器,亦是诱发利益冲突和摩擦的导火索。”[①]显然,日本和中国在能源开发及供应渠道的激烈竞争,极大地带动了东亚地缘政治形势的演变。鉴于中东地区的动荡局势和欧美对中东石油的长期垄断,加之日本外交的主轴是奉行追随美国偏袒以色列的政策,日本在中东尤其在阿拉伯国家中很难发挥有实质意义的影响力,而随着非洲石油已探明储量和产量的稳步增长,日本把能源战略转向非洲已是必然的抉择。虽然目前日本在非洲的石油开发和生产规模尚小,但它无疑会凭借自身的资金和技术优势加快追赶美、欧、中、印等大国的步伐。[②] 出于地缘政治和能源安全的考量,中国对日本在非洲能源市场的勃勃野心应该保持清醒的认识。

日本加强与非洲国家的合作,旨在开辟能源进口新通道,提高海外能源自主开发比率。日本为加强与非洲产油国的关系,主要采取了灵活利用官方发展援助、经济合作协定等援助手段,积极配合产油国的需要,与产油国加强科技、经济、教育、医疗、人才培养、基础设施等方面的合作。例如,就对外援助而言,日本对非洲的援助规模到2006年开始超过东南亚地区,成为日本对外援助的最重要地区。从近年来日

---

① 米凯尔·E·戴维森. 亚洲面临三大能源困境. 载《外交学者》(日本),转引自《中国石化报》,2011-2-25. http://enews.sinopecnews.com.cn/shb/html/2011-02/25/content_134220.htm.

② Daniel Moser. Who Will Benefit From Japan's Energy Policy. *Seeking Alpha*, August 14, 2012. http://seek ingalpha.com/article/806981-who-will-benefit-from-japan-s-energy-policy.

本对外援助的动向来看，把援助作为外交和战略工具已经成为日本对非援助的一个重要特征，特别是将援助与维和行动相联系、支持“非洲发展新伙伴计划”(NEPAD)和非洲联盟(AU)等。① 鉴于广大非洲国家长期把中国视作发展路径的另一种选择，日本提升与非洲能源出口国的协商与合作，给当代中国外交提出了新挑战和新课题。另一方面，日本在外交援助制度的完善、商业与资本运作、文化价值观的输出等方面相比中国更加成熟，其国内石油企业也不会出现像中国同行业企业那样你追我赶的无谓内耗。②。因此，我们可以从两方面借鉴日本海外能源开发的做法：一是鼓励更多民间资本参与，由企业组成财团共同开发境外项目；二是完善对外援助的制度建设，鼓励发展政府与民间企业联合的对外援助，并重视文化价值观的沟通与共识，加强商业与资本运作。同时，我们也应吸取 20 世纪 90 年代日本石油公司的经验教训，对海外能源开发项目的贷款应做好充分的风险防范，包括考虑人民币升值可能产生的债务增加问题等，鼓励为境外能源开发项目提供美元贷款支持，在项目前期做好应对策略与方案。③

第四节 印度的非洲能源战略及其影响

近些年来，印度经济高速发展，逐渐树立起它大国的地位。可是伴随着经济的发展，印度能源短缺的问题也日趋严重，成为印度急需解决的问题。了解印度的能源现状，及印度在非洲的能源战略，可以为中国的非洲能源战略提供借鉴。

一、印度能源现状及其能源外交战略

印度在印度洋地区处于核心地位，是亚洲最有发展潜力的国家之一。印度人口总量和国土面积均居世界前列，但是其资源并不丰富，尤其是油气资源，印度已探明的油气储量仍然不到世界总储量的 1%，印度是目前世界第四大能源消费国，占全球总消耗的 4.0%(如表 5－7 所示)。近年来，印度经济迅速发展，据估计，在未来 20 年的时间里，印度经济增长速度可能在 8%～10%之间，过几年，印度就有可能成为世界第三大经济体，高速经济发展带来的大量能源需求使印度感到巨大的压力。印度的能源现状不容乐观。

---

① 周玉渊．从东南亚到非洲：日本对外援助的政治经济学[J]．当代亚太，2010(3)：107－122.

② 日本海外能源开发对中国的启示．新华网，2012－2－9．http://news.xinhuanet.com/energy/2012－02/09/c_122677992.htm.

③ 尹晓亮．战后日本能源政策[M]．北京：社会科学文献出版社，2011：283－284.

表 5－7　近 6 年来印度石油的消耗量和产量表　　千桶/日

印度石油	2006	2007	2008	2009	2010	2011
消费量	2571	2835	3068	3267	3332	3473
产量	762	769	767	756	827	858

注:摘自 BP 2011 年世界能源统计年鉴.

其一,消费需求急速上升。20 世纪 90 年代初印度政府推行“新经济改革”以来,印度的经济一直保持高速发展。据 2012 年 BP 世界能源统计年鉴公布的经济数据显示,2010 年到 2011 年印度对能源的消耗提高了 3.9%。目前印度的石油日均消耗量达 340 多万桶,是亚洲地区仅次于中国和日本的第三大石油消费国。据估计,今后印度的石油产品需求量将每年增加 6%,而天然气到 2025 年需求也将增至目前的 4 倍以上,形势非常严峻。同期,全球能源消费需求也迅速上升,如图 5－6 所示。

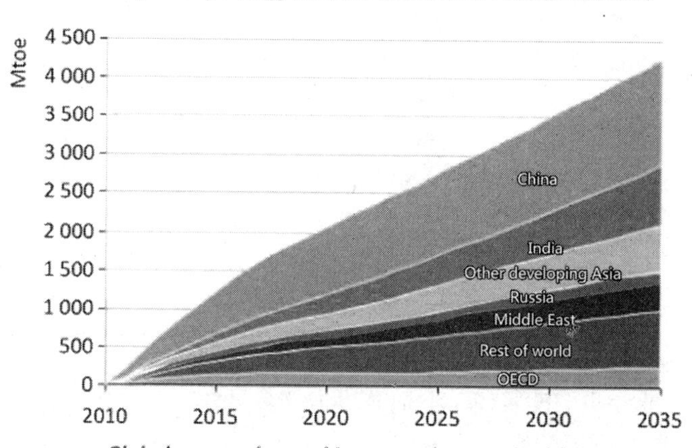

图 5－6　全球能源需求增长预测

注:World Energy Outlook, 2010.

其二,国内能源供应严重不足。印度是世界第五大石油消费国,但本国油气资源严重不足。印度主要的油田和气田分布在阿萨姆邦东部和古吉拉特邦,以及阿拉伯海底的古吉特拉邦和马哈拉施特拉邦大陆架上,另外在泰米尔纳杜邦和安德拉邦等地,也发现若干内陆和近海的石油构造。[①] 2011 年,印度石油探明储量约 8 亿吨,仅占世界探明储量的 0.3%;2011 年,印度消费了 4 亿吨石油,若以目前的开采速度,

① 孙士海,葛维钧. 印度[M]. 北京:社会科学出版社,2003:20.

到 2016 年即可采完。①

其三,能源对外依赖日益加深。印度国内能源需求增大与能源自给能力日益降低所形成的不平衡日益扩大,导致印度对能源进口的依赖程度不断加深,并且这一趋势将越来越严重。事实上,随着近年来印度经济增长的加速和对进口油气的依赖性加重,印度已成为世界第六大石油进口国。目前,印度从国外进口的能源占全部能源需求量的 75%以上,每年在能源进口上的花费高达 200 亿美元,而且每年在境外的油气田股权投资也多达 50 亿至 100 亿美元。② 为此,国际能源机构专家早已经发出警告:"印度对石油进口的依赖性不断加深,势必加大其受能源供应中断影响的脆弱程度。"③印度与其他能源消费大国(地区)的石油进口预测如图 5－7 所示。

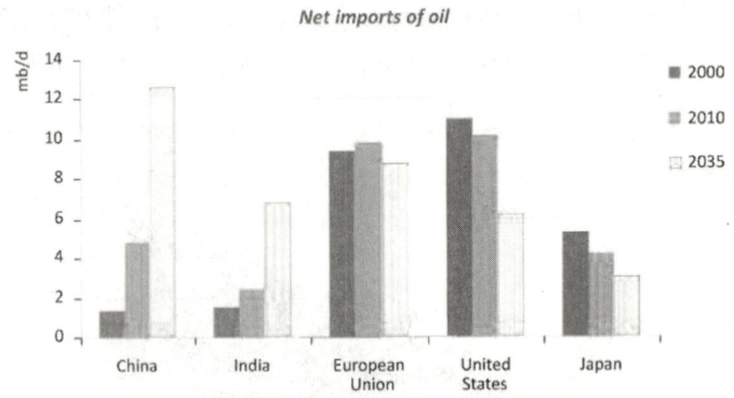

图 5－7　中、印、美、日和欧盟石油净进口及未来预测图

注:World Energy Outlook, 2010.

其四,能源扩展资金缺乏。能源工业是一个投资大、风险高的产业,特别是在石油勘探阶段,需要投入大量的资金,而且资金的回收期较长。由于印度急需购置外国制造的钻机及其他设备,石油工业资金短缺状况将进一步加剧,因此印度不得不求助于西方国家的贷款。另外,购买油气也需要大量的资金。现在印度进口石油占全国石油消费总量的一半以上,需要大量的资金去购买国外石油。印度正在建立的石油储备制度,也出现了资金短缺的现象。

印度是世界第四大能源消费国,但不像美国、欧盟、日本这些能源进口国,它没

① 赵夏乙. 如何保障能源安全——以印度炼油业中心的考察[J]. 中国石油大学学报,2012(3).

② 每天消耗 200 万桶石油印度能源棋子布局全球. http://biz.cn.yahoo.com/050303/137/863m.html.

③ India vulnerable to oil supply cuts, The Hindu, 1996/2/1. 转引自张力:《印度的能源安全:挑战与应战》,载《南亚研究季刊》2004 年第 2 期.

有完善的战略石油储备，所以印度将确保海外能源供应作为影响本国经济持续发展和国家能源安全的当务之急。

印度主要是与中东地区进行能源合作，中东地区油气资源丰富，并且与印度临近，目前印度油气的67%来自于中东地区。21世纪以来，印度非常重视与伊朗的能源合作，除签署大规模能源贸易协议外，拟铺设伊朗—巴基斯坦—印度天然气运输管道，印巴双方于2008年8月25日达成一致，①计划于2009年启动该项目，可是这条管道仍停留在纸面上，并没有付诸行动。究其原因，极不稳定的印巴关系极大地影响了印度的中东能源战略，印度担心印巴关系恶化时，巴基斯坦会掐断对印度的能源供应，而巴基斯坦和中东国家都是伊斯兰教国家，所以印巴关系的恶化也会影响印度与中东地区国家的关系，这样便不能保证能源来源的稳定性。除了印巴关系会影响中东地区对印度的能源供应外，美国对中东大部分石油资源的控制也影响了印度进口中东石油的安全。

印度于是把目光锁定在油气资源丰富的非洲，印度一位学者明确表示："印度需要非洲的石油和天然气，不进入这个能源市场，印度经济将可能陷入泥潭。"②

二、印度在非洲的能源战略

第一，政府主导开展对非能源外交。近年来，印度与非洲产油国如尼日利亚、苏丹、加蓬和利比亚等开展了一系列卓有成效的能源外交活动。2004年9月，印度总统卡拉姆访问南非，这是第一位访问南非的印度总统。2005年3月，印度外交部长纳特瓦尔也出访南非。印度正式展开"非洲石油攻略"始于2007年4月，印度石油和天然气部长先后访问了阿尔及利亚、埃及和利比亚等非洲国家，讨论合作事宜；同年7月，印度外长穆克吉访问了埃塞俄比亚，与非盟主席科纳雷会晤，并同埃塞俄比亚签订了一系列的经济和政治协议；8月，印度大党主席索尼娅·甘地访问南非；10月，印度总理辛格访问尼日利亚，加深了两国的外交、能源合作；11月6日，印度在新德里举办"印非能源合作会议"，会上时任印度石油天然气部国务秘书的斯里尼瓦桑表示，印度将争取在两三年内把从非洲的石油进口量提升到2400万～2500万吨/年，并提出了提供低息贷款、政府间援助、发展军事政治关系等交换条件。③ 2008年以来，印度曼莫汉·辛格政府一直以积极的姿态大力推动印非关系的发展。当年3月，由印度工商业联合会、进出口银行、商工部和外交部联合举办的第四届"印度-非

---

① 伊朗有望与印巴就天然气管道项目达成协议. http://news.sohu.com/20080902/n259321254.shtml.

② 任彦. 印非关系走进一步[N]. 人民日报，2008-4-10.

③ 印度能源触角伸向非洲中印能源战略短兵相接. http://intl.ce.cn/zgysj/201107/06/t20110706_22523327.shtml.

洲经贸合作会议”在新德里召开;4 月 8 日至 9 日在新德里召开了首届印非峰会,在会上,辛格总理向非洲开出了一系列“惠单”;[①] 11 月,印度工商业联合会、印度石油天然气工业部和联合国贸易和发展会议在新德里联合举办了首次印度-非洲油气大会,这次大会是印度进入非洲油气领域的一个重要举措,将会把印非能源合作推向更高的水平。2010 年初,印度前任石油部长迪奥拉访问苏丹、尼日利亚、安哥拉、乌干达四国,被《印度工商时报》称为“寻油之旅”。此行中,印度国有石油天然气公司和印度天然气集团(GAIL)都声称获得成功,前者和尼日利亚签署价值 3.59 亿美元的石油开发项目协议,后者则计划以投资尼日利亚城市天然气发展计划为交换条件,获得在当地油气田开采竞标的优先权,并在安哥拉签署了联合开采和冶炼项目合作协议。2011 年 3 月,尼日利亚外长阿朱莫戈比亚访问印度,印度石油部长雷迪表示,希望自 2012 年起每年进口 1800 万吨以上的原油,希望尼方“做好准备”,并表示愿意加大印度在当地的投资,帮助建设炼油厂、输油管等设施,换取印度石油企业在尼日利亚的“准入”资格。据安哥拉《罗安达快报》报道称,自 2011 年一季度末起,印度超过中国,成为仅次于美国的第二大石油进口国,石油进口量占安哥拉石油出口量的 7%。印度前驻安哥拉大使迦南施亚姆表示,印度希望获得安哥拉石油出口总量的 10%,并参与到石油投资开发领域中。印度在外交领域的积极努力为它在非洲争取了不少分数。

第二,企业积极进军非洲市场。尼日利亚、加蓬、苏丹、利比亚是非洲重要的石油生产国,这几个国家储量占据非洲石油蕴藏量的 80%,印度把上述国家作为自身的重要合作对象。印度主要的国有石油包括两个:印度国家石油天然气公司(ONGC)主要负责石油项目的上游职能,如勘探开发、生产经营规模、投资规模管理方面等;印度石油公司(IOC)主要负责下游职能,大多数为炼油厂,占全印石油 3/4 的运输量。它们是印度非洲石油外交的载体。在尼日利亚,印度国家石油天然气公司近年同尼日利亚签订了协议,从而获得尼两个深水油区 25 年的开发权。这两个深水油区的日产量预计在 65 万桶左右。另外,印度国家石油天然气公司米塔尔能源有限公司(ONGC Mittal Energy Limited)在尼日利亚 OPL 区块 212 和 OPL 区块 209 等区争取获得石油业合作项目。在中部非洲国家加蓬,新加坡马尔维石油公司、印度石油公司、印度石油有限公司和印度石油天然气公司于 2005 年 11 月同加蓬政府签署了石油开发合同,获准勘探和开发夏克蒂油田。这个油田位于加蓬中部的沼泽地区,占地约 3761 平方公里。在乌干达,由于乌所产石油需经管道由肯尼亚蒙巴萨港出口,印度埃萨集团控有蒙巴萨炼油厂 50%的股份,印度希望与乌干达合作为乌

---

① 遏止中国在非“扩张势头”日印韩发起“非洲公关战”. http://intl.ce.cn/zgysj/200806/30/t20080630_16000736.shtml.

新发现的石油资源建造一条输油管道和一个炼油厂。乌干达艾伯特湖区域的石油区块据称有多达 60 亿桶的储量，这成为印度另一个外交重点。在苏丹，印度石油天然气公司的子公司维德士石油有限公司(ONGC Videsh Limited)经营着苏丹部分石油产业项目。印度埃萨石油公司正寻求购买 BP 在非洲一些国家的燃料零售资产，包括博茨瓦纳、坦桑尼亚、纳米比亚、马拉维和赞比亚的燃料零售资产。在非洲石油开采、加工和运输整条产业链上都能看到印度国有石油公司的影子。[①] 印度主要石油公司在非投资见表 5－8、表 5－9 所示。

表 5－8 ONGC 在非洲的投资[②]

Country	Indian Company	Type of Investment	Size of Investment
Nigeria	Oil & Natural Gas Corp (ONGC)	Oil pipeline	Not stated(25% stake in the Greater Nile Petroleum Oil Company (GNPOC) project)
Sudan	Oil & Natural Gas Corp (ONGC)	Oil production	Not stated(24% share in Block 5A & 24% share in Block 5B)
Sudan	Oil & Natural Gas Corp (ONGC)	Oil refinery	US$1.2 bn
Sudan	Oil & Natural Gas Corp (ONGC)	Multi-product export pipeline	US$200 m
Sudan	Oil & Natural Gas Corp (ONGC)	Oil pipeline(part of the Greater Nile Petroleum Operating Company)	US$750 m

Source: Various newspaper articles

表 5－9 其他印度石油公司在非洲的投资[②]

Country	Indian Company	Type of Investment	Size of Investment
Côte d'Ivoire	Unknown(various companies acting as a consortium)	Oil prospecting	US$1bn
Nigeria	National Thermal Power Corp(NTPC)	Liquefied natural gas	US$1.7bn
Nigeria	Indian Oil Corp(IOC)	Oil refinery	US$3.5bn

① 龚伟. 印度能源外交与中印合作[J]. 南亚研究季刊，2011(1)：30.

② Sanusha Naidu. India's Growing African Strategy. Centre for Chinese Studies, Stellenbosch University, South Africa Version of record first published: 10 Oct 2008.

续表

Country	Indian Company	Type of Investment	Size of Investment
Nigeria	Indian Oil Corp(IOC)	Liquefied natural gas (LNG), plant & oil refinery	US $ 2 - US $ 4bn (proposed)
Nigeria	Oil India	25% stake in Sunetra Nigeria OPL 205 Ltd.	
Gabon	Oil India	45% stake(including operatorship) in an onshore block	
Sudan	Videocon Group	Oil Prospecting	US $ 100m (76% stake)

Source: Various Newspaper Articles

第三，加大在非洲能源市场的投资力度。目前，印度在非洲已有的直接投资主要集中于石油和采矿领域。印度力图实现投资多元化，意欲在服装、食品加工、零售业、渔业、海产养殖、房地产、旅游、发电厂和电信业等领域扩展，对非洲的商业战略着眼点远远超过资源本身。但是，至少在当前，印度直接投资石油业的特点明显。2002年，印度向苏丹投资7.5亿美元，开始了向非洲石油业领域投资的历程。目前，印度在苏丹石油勘探和开发领域的投资超过15亿美元。2007年10月，印度埃萨石油公司(Essar)在计划投资6000万美元开发尼日利亚潜在油气田的决定做出后，ONGC在2008年同尼日利亚有关方面签订了协议，从而获得该国两个深水油区25年的开发权。这两个深水油区的日产量预计在65万桶左右。至2010年，印度先后与尼日利亚、安哥拉、加蓬、苏丹等非洲国家签署了一系列油田投资开发及冶炼协议，其中仅尼日利亚一项投资额就达3.59亿美元。另外，印度公司准备投资60亿美元，用于尼日利亚的电力、铁路、炼油、农业等基础设施建设。除向尼日利亚、苏丹、利比亚等主要石油出口国大量投资外，印度还对安哥拉、乍得、尼日尔、刚果(布)、加蓬等产油国进行直接投资。

第四，以援助促进石油贸易。印度开拓非洲石油市场的重要战略手段除了上面讲到的两个以外，还有就是以援助换石油。2007年11月，印度石油和天然气部部长斯里尼瓦森(Srinivasan)曾指出："在未来两三年内，印度从非洲国家进口石油将达到2400万至2500万吨，占国内需求总量的20%～24%。"同年11月，在印度-非洲能源部长新德里集会上，印度表示将为非洲国家提供期限为10～15年，利率低至0.5%～

1.75%的贷款。这些贷款将被用于非洲的基础建设工程和石油工业项目。[①] 2008年，在印非峰会开幕式上，总理辛格表示，未来5到6年内为非洲的发展项目提供价值5亿美元的援助款。同时印度进出口银行也将为印非双边及非洲内部经贸往来提供54亿美元的信贷款，支持非洲国家在铁路建设、信息技术、通信、能源以及生物医药等领域的发展。[②] 2011年，在非盟总部阿布扎比举行的国际可再生能源机构（IRENA）非洲高级别论坛上，印度新能源与可再生能源部部长法鲁克·阿卜杜拉提出，印度要加强与非洲国家在新能源领域的合作，要在现有帮助非洲农村地区实现电气化项目的基础上，进一步发展太阳能和生物质能合作，计划在非洲建设40个太阳能电站和40个生物质能燃气工程。第二届非洲-印度峰会论坛上，印度总理辛格许诺在三年内向非洲提供50亿美元贷款和7亿美元的援助，帮助非洲国家发展。作为对非洲援助的一部分，印度新能源与可再生能源部将为非洲的学者和技术人员免费提供250个培训名额，领域包括农村电气化、小水电建设、太阳能和风能。印度将派遣相关领域专家到非洲开展培训，并将帮助非洲国家进行风能资源的评估和研究。[③] 由于印度对非洲的援助计划主要集中在富油国，像赤道几内亚、塞内加尔和加纳等国，使印度与几个主要产油国联系更紧密，对其在非洲的能源战略起到积极的推动作用。

三、印度非洲战略的利弊因素

1. 印度在非洲的能源战略的有利因素

（1）历史渊源深远。印度与非洲关系有史以来一直保持友好，印度人很早就开始移居非洲，所以非洲许多国家都有印度移民。19世纪末，印度民族运动的领袖甘地到达南非，在那里工作和战斗了21年，[④]为反抗南非殖民政府的种族歧视做出了重要的贡献，与南非人民结下了深厚的感情。独立后，印度一直支持非洲国家进行反帝反殖斗争，与非洲保持“姐妹关系”。

（2）经贸合作密切。印度对非洲油气资源的渴望是显而易见的，除了在这层利益上需要与非洲保持良好的关系外，还有一个次要的原因：印度一直渴望成为安理会常任理事国，所以与非洲国家的频繁交流可以增进非洲对印度好感和认同，这对它来说也是很重要的。对于非洲国家来说，他们希望借助资源优势摆脱同西方国家交往中形成的边缘化情况，同时促进自己经济的发展，印度对非洲的投资，可以帮助

---

① Sudha Ramachandran, India turns its energies on Africa, Asia Times, Nov. 10, 2007. http://www.atimes.com/atimes/south_Asia/IK10Df01.html. 亚洲时报，2007-11-13.

② 时宏远. 印非峰会背后的印度利益诉求[J]. 国际资料信息，2008(5)：32.

③ 中国储能网. 印度加强与非洲国家新能源领域合作. http://www.escn.com.cn/2011/0729/40204.html.

④ 任彦. 印度将主办印非峰会[N]. 人民日报，2008-2-13.

他们加快本国能源资源的勘探步伐。

(3) 地缘语言优势。印度与非洲隔印度洋相望,这种地缘条件便于彼此间的交往与合作,对能源的海上运输也非常有利。印度和非洲东海岸有传统的贸易往来,许多印度裔侨民已在非洲大地生活、传承几代之久。东部、东南部非洲许多国家在殖民时代曾与印度同属英国管辖,形成了共同的"印度洋英语圈",二战后,印度作为不结盟运动的倡导者,又与不少非洲国家结成了伙伴关系。

2. 能源战略中的不利因素

虽然印度积极促进与非洲国家的能源合作,其进展也比较顺利,但在合作的过程中也难免会产生一些问题。

(1) 印度国有能源公司的自主性较差,使其在海外投资时常常会错失良机。虽然印度国有能源公司在本国占有主导性地位,私有公司根本无法与国有公司竞争,但其自主性较差,大政方针仍需要政府决定,所以程序比较缓慢,使印度公司在海外的投资常常失败。2005 年与韩国一家公司竞购尼日利亚油田失败后,维德什公司负责人公开将批评的矛头对准了政府,指责有关政府部门没能就 14 亿美元的资金问题及时做出决策。

(2) 印度的能源战略比较零散,需要整合。像欧佩克国家以"价格战略"来钳制跨国公司的进攻型的多样化战略,又如石油消费国的"集体保护战略"以及石油生产国与消费国共同的"双赢互利"战略等,还有美国积极推动 OECD 国家成立国际能源机构(IEA),加强西方主要能源消费国的协调与合作等。从这些方面来看,印度是缺乏一个整体的能源战略的。从西方国家的标准来看,能源战略一般包括能源发展战略、能源安全战略、能源外交战略。印度的能源政策的整体性较差,不具有前瞻性,只能完成单独的领域的需要。

(3) 面临西方国家的竞争压力,特别是美国在能源产区霸权的压力。近年来,印度石油公司在非洲取得的新进展,在一定程度上触动了欧美发达国家的石油外交利益。美国国家情报委员会的一份报告中曾指出到 2020 年,印度将成为美国在全球经济霸主位置上的竞争者。不仅如此,印度还抱有"在多极化世界秩序中扮演重要角色的雄心"。美国对印度有意进行的海外能源外交更是担心,认为印度能源需求挑战美国。美国参议院外交委员会主席理查德·卢格在 2005 年 7 月美国参议院外交关系委员会举行的听证会上曾说:"自 2000 年以来,印度国有的石油天然气公司在海外勘探及能源开发项目中投资了约 30 亿美元,并在建立应急能源储备。这种活动对于我们和印度关系以及美国自己的能源未来都关系密切。"[①]有专家警告说,石油需

① Energy Trends in China and India: Implications for the United States. http://www.gpoaccess.gov/congress/index.html.

求可能促使美国等主要西方能源消费国家与印度对立。印度对美国长期以来试图控制整个世界能源市场的行为表示不满，政治家和民众都不喜欢美国的霸权。印度石油部长艾亚尔曾积极呼吁亚洲能源消费大国联合起来抵消美国的压力。印度提议，应着眼于建立一个以本地区经济、技术和政治优势为依托的"亚洲联盟"，朝建立亚洲战略石油储备的方向努力，从而使亚洲的"能源安全"摆脱政治不稳定性或西方国家的控制。总之，以美国为首的西方对印度石油外交的过分紧张及歧视态度，以及对印度石油公司在海外收购行动的压制，必然对印度在非洲乃至全球石油外交产生掣肘作用。

四、印度的非洲能源战略对中国的影响和启示

印度作为一个新兴的国家，随着经济的腾飞，大国地位也逐步被树立起来，其在亚洲的地位不容忽视。目前，印度从非洲进口的石油占国内需求的份额并不多，但其在非洲投资的积极性很高，在非洲的石油开采、油田控股的能力越来越大。2011年4月在新德里举行的第七届印度与非洲项目合作会议上，印度商业与工业部部长夏尔马曾信心满满地提出，到2015年，印度与非洲的双边贸易总额将由目前的450亿美元增至700亿美元。据统计，1991年印非双边贸易额仅为9.65亿美元，而到2008年已达350亿美元，仅2000年至2007年，印度对非投资金额就增加837%。2009年，对非洲投资已占印度对外投资总额的33%。[①] 不难看出，印度的外交也一直在为印度在非洲的能源战略服务，所以印度的非洲能源战略才能取得今天的成绩。

印度在非洲的能源战略对中国的非洲能源战略肯定会产生一定的影响，一方面，印度在非洲进口的油气的量的增加，肯定会减少中国石油进口的绝对量；另一方面，印度加强对非洲政策，不断加大政治和经济投入，这使非洲国家也看到了中印以及一些欧洲国家在非洲问题上竞争的一面，并乐于利用这种竞争为自己争取到更多的好处。比如，许多非洲国家已不满足于简单的债务减免和经济援助，而是希望有更多的投资援助。由于经济的快速发展，中印两国都面临能源需求急剧上升的问题。在对外寻求能源来源多样化的过程中，中印不可避免地在非洲存在一定的竞争。中国和印度能源安全形势比较相似，两国能源战略也各有千秋。印度的对非能源政策安排不仅对中国的能源战略有启示和借鉴作用，而且中印之间的共性以及面临的共同问题使中印在非洲能源战略上存在合作的可能性。

印度和中国一样都是新兴的亚洲国家，印度的主要能源公司已经趋向国际化发展，像印度石油天然气公司、印度石油公司和印度石油有限公司，印度不仅将提高本

---

① 中国新闻网.印度对非洲贸易7年增长7倍. http://www.chinanews.com/cj/2011/04-08/2959456.shtml.

国能源企业的国际竞争力纳入能源行业的长远规划之中，还采取了一系列改革措施以提高本国能源企业的竞争力，并取得了丰硕的成果。而长期处于计划经济体制下的中国能源企业的综合实力明显不足。从20世纪90年代后期开始，中国的能源企业虽然进行了较大的改革，但与国际上的大型能源公司相比，中国企业的管理与经营仍有许多弱点，比如管理体系官僚化、机构过于臃肿、集团与下属公司间的关系没理顺等，这些问题都有待解决。

印度与中国同处亚洲，与其分则两伤，不如合作两利。全球可开采油气资源的优质区块均已被西方列强瓜分殆尽，这使得中印两国在所剩不多的资源丰富地区展开竞争，只要这种竞争不是恶性的，就不会影响两国间关系的发展和地区的稳定与繁荣。但欧美等西方国家为了挑起中印之间的矛盾和恶性竞争，故意夸大中国和印度在非洲的竞争状况。美国就有在非洲利用印度来制衡中国的想法，而实际情况是，在非洲出口的石油中，欧洲占36%，美国占33%，中国只占8.7%（以2006年为例），以美欧为主的西方国家才是非洲石油最重要的出口对象国。事实上，中印两国在非洲存在非常大的合作空间，两国需要密切协调合作，共同应对西方的挑战，帮助非洲实现发展才是两者在非洲良性竞争的最佳模式。

中印两国的石油公司在资本、技术和管理经验方面均与国际大石油公司之间存在着较大的差距。如果两国企业联合进行海外投资开发，既可以减少不必要的相互掣肘，又可以通过整合资源，避免竞争造成内耗和低效，获得双赢。[①] 目前，中印已在探索能源安全领域开展合作的可能，例如，中印双方在哈萨克斯坦已开始合作开采石油；中印均已加入在苏丹的石油开采项目并成为合作伙伴，即印度向加拿大的塔里斯曼能源公司（Talisman Energy）买入其控股的苏丹"大尼罗河项目"（the Greater Nile Project）25%的股份，而中国先于印度已从美国西方石油公司（Occidental Petroleum Corporation）购入其中的股份。同样，作为新兴大国的中印之间存在共同的利益需求，而加强双方的联系有利于实现共同的目标。

第五节 西方关于中国对非洲石油战略的观点评析

近年来中国在非洲地区石油活动蓬勃发展，非洲已成为中国石油进口的重要来源之一，这种状况引起了西方各界的强烈关注。西方围绕中国非洲石油战略及其对全球石油安全与非洲地区政治经济发展的影响展开了争论，并提出了各异的观点与

① 韩立华. 中印能源合作环境及其前景分析[J]. 天然气技术，2007，1(2)：18.

建议，形成了对中国在非石油活动持积极与消极态度的两派。[①] 本节将简述西方对此的两类观点及其提出的建议，并对相关观点进行初步的解读。

一、西方对中国非洲石油战略批评的观点

中国在非洲石油活动的快速发展引起了西方各界的紧张与争议，其中有大部分是猜测和曲解。他们的主要观点是中国在非洲的石油活动是不顾一切地攫取石油资源，从而危害西方的利益，同时引发和激化非洲石油国家的各种问题。[②] 他们主要有以下观点：

其一，指责中国在非洲获取石油，威胁美国乃至西方的石油安全，损害美国国家利益。此类观点一直盛行于美国，是美国右翼专家的主要观点。不少美国外交战略分析者坚持认为中国在非洲的石油战略危害了美国的全球霸权。[③] 这种观点不仅盛行于学界，而且在政府部门也有不少支持者。2006 年 3 月 16 日，白宫正式公布的新版《美国国家安全战略报告》认为中国奉行重商主义政策，试图从源头"锁定"石油供应。为了保证能源供应，中国与"无赖国家"保持密切关系。[④] 显然，苏丹、安哥拉等与中国关系密切的非洲国家就是华府重点关注的对象。美中经济与安全评估委员会认为，"中国已经和受美国关注的国家寻求能源合作……中国不断增长的能源需要，如果加上其快速扩展的经济，将引起美国在经济和安全上的担忧。"[⑤]美国国防部在对国会的年度报告中提到，美国除了担心中国在非洲与其争夺能源外，还担心中国与一些特殊国家的关系得到加强，迫使美国退出该区域，进而危及美国的利益。[⑥]

美国学界最具代表性的观点是美国资深非洲问题专家、美国非洲学者协会非洲安全研究项目（ASRP）主任丹尼尔・沃尔曼（Daniel Volman）所鼓吹的"中美瓜分非洲石油论"。他认为，中国在非洲获取石油必将与美国狭路相逢。他强调中国在非洲获取石油已威胁到美国的安全利益。[⑦] 有的学者使用权力转移理论来解释中美国

---

① 伍福佐. 威胁还是整合？——试析西方学界对中国能源安全影响的争论[J]. 国际论坛，2006，8(5)：52-54.

② Joshua Eisenman & Joshua Kurlantzick. China's Africa Strategy [J]. *Current History*, May 2006, 219-224; China's Oil Venture in Africa Hong Zhao; Beijing's Oil Diplomacy, *Survival*, 2002, 44(1): 115-134.

③ Stephanie Giry. China's Africa Strategy. Out of Beijing[J]. *The New Republic*, Nov. 15, 2004: 19-23.

④ The White House. The National Security Strategy of the United States of America, March 2006: 41-42.

⑤ U. S.-China Economic and Security Review Commission, Report to Congress 2004: 11.

⑥ Office of the Secretary of Defense. Annual Report to Congress: Military Power of the People's Republic of China, 2005: 2.

⑦ Michael Klare & Daniel Volman. America China & the Scramble for African's Oil[J]. *Review of African Political Economy*, 2006, 33(108): 297-309.

绕非洲石油展开的竞争。由于中美两国都严重依赖进口石油，所以在全球石油需求超过供应所造成的零和游戏境况下，冲突是必然的。崛起的中国对石油的需求已对全球石油供应造成压力，其持续攀升的石油进口量必然会影响到美国的进口需求。① 美国学者斯蒂芬妮·吉利(Stephanie Giry)认为中国在非洲的存在损害了美国在非洲努力推广的民主模式，而且中国破坏了美国的全球反恐战略，并且容易引起武器扩散的问题。② 美国布鲁金斯学会的彼得·哈特米(Peter Hatemi)认为中国在非洲的能源利益，特别对尼日利亚和安哥拉(同样也是美国的重要石油供应国)的石油投资与贸易活动，已经对西方的石油利益构成了一定的挑战，中美为获得这些国家的石油供应将面临更大的竞争。"随着这些资源被中国企业'锁定'，华盛顿必须对美国获得这些重要原材料和能源资源存在长期中断的可能性保持警惕。"③英国学者伊恩·泰勒(Ian Taylor)也认为，中国在苏丹抢占油田的目的是控制石油源头，获得低价油干扰国际石油市场，从而操纵全球石油市场，改变西方主导的石油安全体系。④

其二，蔑称中国在非洲掠夺资源，进行能源扩张，在非洲实行"新殖民主义"。⑤ 为数不少的西方学者及媒体认为，中国重视发展对非关系完全是出于对石油等战略资源的争夺，中国在非洲是一种"新殖民主义"的表现。这种观点认为，中国近年因资源需要对非洲进行渗透。这种观点以欧洲方面提出较多，作为前非洲大陆殖民地的宗主国，欧洲国家对于中国在非洲的石油活动感到恐慌。尤其是中非能源合作关系进展顺利并延伸到战略合作之时，他们对中国的行为横加污蔑诋毁，片面地夸大中国的一些细微错误。"在沉寂了 30 年后，中国当前卷入非洲反映了一种野心勃勃的新方略。今天，能源、贸易和不断增加的地缘政治利益都是中国在非洲的议事日程上极重要的因素。"⑥英国外交大臣杰克·斯特劳(John Whitaker Straw)于 2006 年 2 月访问尼日利亚时表示："中国今天在非洲所做的，大多数是 150 年前我们在非洲做的。"德国学者丹尼斯·图勒(Denis M. Tull)认为，中国在非洲实行"新殖民主义"或"经济帝国主义"。他们的理由是，中国在"掠夺"非洲资源方面与西方无区别；

---

① Peter Hatemi & Andrew Wedeman. Oil and Conflict: in Sino-American Relations[J]. *China Security*, 2007. 3(3): 95 - 118.

② Stephanie Giry. China's Africa Strategy. Out of Beijing[J]. *The New Republic*, Nov. 15, 2004: 19 - 23.

③ Erica S. Downs. The Fact and Fiction of Sino-African Energy Relations[J]. *China Security*, 2007, 3(3): 42 - 68 .

④ Ian Taylor. Unpacking China's Resource Diplomacy in Africa. *Center on China's Transnational Relations Working Paper* No. 19, The Hong Kong University of Science and Technology: 13 - 24.

⑤ David Zweig & Bi Jianhai. China's Global Hunts for Energy[J]. *Foreign Affairs*, 2005, 84(5): 25 - 38.

⑥ Muekalia. Africa and China's Strategic Partnership. *CSIS Prospectus: Opening a Sino-U. S. Dialogue on Africa*, 2003: 8.

中非经济交往不仅打击了非洲同类行业，而且未能解决当地就业问题；中国谋求在政治上“控制”非洲国家，将苏丹等国作为自己的“前哨站”。①

更为甚者，有的学者提出中国在非洲实行“外科手术式的殖民主义”，即以最低限度地破坏攫取非洲的自然资源。他们将中非间的合作与16世纪葡、西殖民美洲以及19世纪英、法、德等国瓜分非洲相比较，认为中国仅仅是在方式上更加温和而已。②

其三，指控中国在非洲为获取石油危害非洲民主建设与人权状况，影响非洲大陆稳定。③ 中国与一些被西方视为“贱民国家”(Pariah States)的能源关系对西方的民主人权观以及核不扩散机制构成了挑战。④ 这些指责大多针对中国在苏丹、安哥拉和尼日利亚等国的石油投资行为。英国皇家非洲学会会长理查德·道登(Richard Dowden)甚至认为“中国人喜欢和不民主的政府打交道”。⑤ 2005年7月，美国议员克里斯托弗·史密斯(Christopher Smith)在众议院国际关系委员会例会时说到，“中国在非洲的活动抵消了过去15年(美国)为促进非洲民主和良治的努力”。⑥ 中国的非洲政策支持苏丹和津巴布韦的独裁政权，阻碍当地经济发展，并加剧冲突和侵犯人权。⑦

他们认为中国在非洲大陆上为获取石油而采取的横蛮举动有以下表现：他们批评中国只顾自己的石油利益，而不顾苏丹发生的人道主义危机。中国为获取石油坚持不制裁苏丹，并向苏丹出口武器，在苏丹南部地区建立了三个武器工厂。⑧ 在安哥拉，中国支持罗安达的独裁政权，中国进出口银行向其提供20亿美元的贷款，安哥拉以每天提供40000桶石油，以及大量的施工合同作为交换。他们认为中国这样做妨碍了国际货币基金组织对安哥拉要求加大透明度措施、遏制腐败和改善经济管理所

---

① Denis M. Tull. China's Engagement in Africa: Scope, Significance and Consequences[J]. *Journal of Modern African Studies*, 2006,44(3):459－479. Ian Taylor. China's Oil Diplomacy in Africa[J]. *International Affairs*, 2006,82(5):937－959. Joshua Eisenman. Zimbabwe: China's African Ally[J]. *China Brief*, 2005,5(15):9－11. Dianna Games. Chinese the New Economic Imperialists in Africa[J]. *Business Day*, February 2005:78－96.

② AlbertJ. Bergesen. The New Surgical Colonialism: China, Africa, and Oil:45－89. http://www.allacademic.com/one/www/www/index.php.

③ Stenphanie Giry. China's Africa Strategy. Princeton N. Lyman. China's Rising Role in Africa, Testimony before the US Economic and Security Review Commission. July 21, 2005. http://www.cfr.org/publication/8436/chinas_rising_role_in_africa.html.

④ 伍福佐.重商主义还是自由主义?——试析西方学界对中国能源外交的争论[J].国际论坛，2009，11(2):38－42.

⑤ Alan Beattie. Loans that could Cost Africa Dear[J]. *Financial Times*, April 23, 2007.

⑥ Michael Klare & Daniel Volman. African Oil Rush and U. S. National Security[J]. *Third World Quarterly*, 2006,27(4):609－628.

⑦ Peter Brookes. Into Africa: China's Grab for Influence and Oil[J]. *Heritage Lectures*, No. 1006 February 9, 2007:2－4.

⑧ Ian Taylor. China's Oil Diplomacy in Africa[J]. *International Affairs*, 2006,82(15):937－959.

进行的制裁。德国学者邓尼斯·图尔(Dennis Tull)认为中国的对非政策与其表面上所宣传的平等互信互利等冠冕堂皇的口号相距甚远。[①] 他们认为,中国的做法使独裁政权有恃无恐,中国的这种无条件投资只能助长当地暴力和威权体制。[②]

其四,指责中国野蛮地掠夺石油,严重破坏非洲环境。西方媒体批评中国迫使产油区居民迁移,报道称有的苏丹人指出,中国石油公司征用土地破坏了当地传统生计,干扰尼罗河北部地区居民生活,对南方居民也缺乏尊重。[③] 此外,西方学者还指出中国在尼日尔河三角洲的石油开采活动使当地生态遭到了极大破坏,而中国公司在合同中根本没有涉及环境保护的内容。[④]

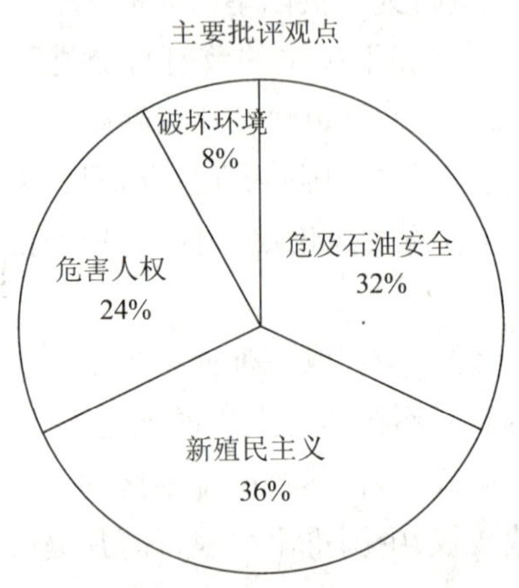

图 5-8　西方对中国在非石油活动的批评

注:本部分共收集主要观点 25 条,按以上分析分为四大类进行分析.

西方各界对于中国非洲石油活动的批评(如图 5-8 所示),深层次而言是对中国在非洲日益扩大的影响力的反应,本质上是"中国威胁论"在中非关系上的体现。虽然这些观点对中国横加指责,但是在如何应对中国在非洲的石油活动却提出了相异的建议。

"消极论"者认为,中国的行为已经对美国、欧洲的非洲战略构成威胁,倘若放任中国在非洲坐大而不加以遏制,那么美欧就会陷入被动窘迫的境地。[⑤] 如美国海军

---

① Denis M. Tull. China's engagement in Africa : scope significance and consequences[J]. *Journal of Modern African Studies*, 2006,44(3):459-463.

② Ian Taylor. China's Oil Diplomacy in Africa[J]. *International Affairs*, 2006,82(5):937-959.

③ Anabela Lemos and Daniel Ribeiro. Taking Ownership or just Changing Owners. Firoze Manji and Stephen Marks, eds. *African Perspectives on China in Africa*. Nairobi and Oxford: Fahamu, 2007:63-70.

④ Pádraig R. Carmodya & Francis Y. Owusu. Competing hegemons? Chinese versus American, geo-economic strategies in Africa[J]. *Political Geography*, 2007,26(5):504-524.

⑤ 曹升生. 美国建立非洲司令部动因中的中国因素[J]. 四川师范大学学报(社科版),2010(1):114-116.

上校斯宾塞(Herbert Spencer)认为,中国对石油等战略矿产和新兴市场的不懈追求,以及日益增长的政治影响,对美国造成了挑战。① 美国海军陆战队上校菲利普·罗杰斯(Philippe D. Rogers)认为中国的行为已对美国构成威胁,将来所制定的遏制中国的非洲战略必须融合所有的权力工具,以消解中国在非洲的吸引力。具体包括增加高端访问、扩大派驻非洲各地区组织外交官的数量、经济上放宽"非洲增长与机遇法案"(AGOA)和"千年挑战账户"(MCA)的标准以及在能源方面保持和加强中国人所缺乏的深海石油开发技术。② 美国海军中校托德·霍夫施德(Todd Hofsted)认为,那种认为美国应同中国在非洲开展合作的观点是不切实际的;美国只能通过间接的方式,创造一种环境来改变中国在非洲的行为。③

消极论的观点带有强烈的军方色彩,从上文中所引用的一些美国军方研究者的部分观点来看,军方研究者强烈地要求遏制中国在非洲的石油行动,其观点也是基于"中国在非石油活动危及美国全球战略"这一错误前提的。他们可说是在非洲战略问题上的"鹰派",值得注意的是,他们虽然主张遏制中国,但并非简单地坚持强硬的"硬碰硬"战略,而是主张在多方面,使用巧实力围堵限制中国在非洲的石油战略乃至外交战略。

"积极论"者的观点与之相反,他们认为,中国经济的发展使之对石油的需求极速增长,美国单一的遏止战略无法避免中国与美国抢夺石油,美国应当与中国合作,促使中国向美国希望的方向进行。①皮特·帕姆(J. Peter Pham)将中国挺进非洲对美国的影响总结,并得出结论是:中国在非洲迅速发展,同时给美国带来机遇与挑战。也就是说中美围绕非洲石油和扩大各自影响力展开竞争是必然的,但美国也确实需要中国参与到对非洲腐败国家的管制中来④。

西方从学界到媒体各方对中国的非洲石油战略的批评反映了他们对于中国的行为的恐慌心态。长期以来,非洲对于世界而言是"遗忘的大陆",随着中国在非洲的巨大成功,西方国家又唱起了"威胁论"。

当然,美欧之间也有着不同的关注点。对于美国来说,更关注的是中国在非洲的原油获取及其对美国石油进口的影响,以及中国以石油为线的非洲战略对于美国全球战略的威胁,其主要基调是"中国威胁论";而欧洲国家对于中国在其势力范围

---

① Michael Klare & Daniel Volman. African Oil Rush and U. S. National Security[J]. *Third World Quarterly*, 2006, 27(4): 609 - 628.

② Philippe D. Rogers. Dragon with a Heart of Darkness? Countering Chinese Influence in Africa[J]. *Joint Force Quarterly*, Iss. 47, 4th quarter 2007: 23.

③ Todd A. Hofstedt. China in Africa: An AFRICOM Response[J]. *Naval War College Review*, 2009, 62(3): 79 - 100.

④ J. Peter Pham. China's African Strategy and Its Implications for U. S. Interests[J]. *American Foreign Policy Interests*, 2006, 28: 241 - 248.

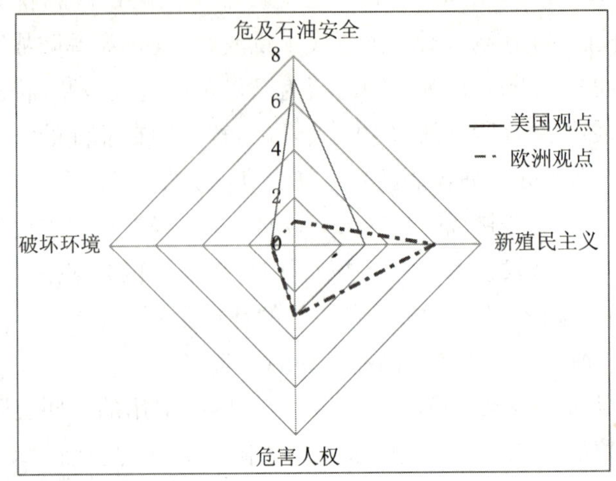

图 5-9　美欧对中国在非石油活动的批评

或前殖民地中的巨大成功极为嫉妒，认为中国向其领域扩张，其主要基调是“新殖民主义”。故而这两类观点为主要观点，分别有 8 条和 9 条之多。加之近来欧盟以“促进良治”作为其对非洲政策的一个重要手段，批评中国危及非洲民主人权变成了其政策合法性和有效性的一部分，而西方一贯以民主人权作为批评中国的重要武器，故而此类观点也不在少数。最后，石油开发涉及的环境破坏为司空见惯之事，西方石油公司在此也饱受诟病，故而在非洲石油活动不如西方的中国在该问题上受到的指责较少(如图 5-9 所示)。

同样，对于西方各界观点在各个问题上的趋向也有着不同。在对中国的非洲战略表示批评的观点中，学界一直是主要力量，政界人士公开言论则作为导向观点存在，相比之下主要媒体在此方面关注并不多(西方各类媒体对该问题评论较多，但本文从战略分析的角度出发，主要选取的是在西方有一定影响力的主流媒体的观点，故在问题领域表现不多)。但是，相较于学界而言，媒体在引导公共舆论方面作用较大。从图 5-10 中可以看出，西方媒体对于所谓“新殖民主义”和“危害民主人权”等领域关注较多，致使这两类观点对于中国在非洲石油活动的形象影响极广、危害极大，致使公众及部分学者受其影响，应当引起我们注意(如图 5-10 所示)。

不可否认，以上的观点中有部分值得借鉴之处，例如批评中国破坏非洲的环境，以及有急功近利的不当之处。然而，大部分的观点都存在偏见，态度咄咄逼人乃至恶意诋毁。例如美国军方的部分研究人员，从自身团体利益出发，大肆宣扬中国对非石油战略对于美国军事安全的影响，这往往是无稽之谈，中国在非洲无一兵一卒常驻部队，而美军则在谋求建立非洲司令部。西方学者所谓中国在非洲获取石油影响美国的全球战略，说明他们抱守冷战思维不放，处心积虑遏制中国，唯恐中国获得

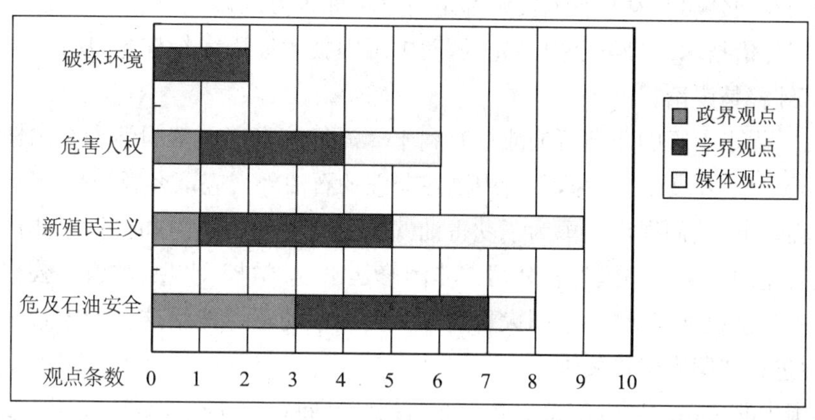

图 5－10　政界、学界与媒体对中国在非石油活动的评论

更进一步的发展。更为可笑的是所谓“新殖民主义”，那些前殖民国家在想方设法控制非洲国家的同时，对于中非之间的平等合作非常恐慌并大加攻击，不容许中国向非洲发展。这种论调可谓是贼喊捉贼。但不容忽视的是，这些观点对部分非洲人民产生了一些不好的影响，对于中国在非洲的形象乃至未来的发展有所损害。我们首先应当正视这些批评，对于西方的观点严厉批驳，揭露其本质；其次应当改变一些有失妥当的做法，以更好的实际行动让非洲人民判断。

二、西方对中国非洲石油活动的积极观点

虽然西方对中国在非洲的石油活动横加指责，混淆视听，然而仍有很多媒体和学界人士认识到中国在非洲石油活动所带来的好处，他们赞赏中国在非洲所作出的努力，并驳斥了上述批评观点。

其一，认为中国在非洲获取石油有利于世界石油市场稳定。能源问题专家埃莉克·唐斯(Erica Downs)在某些方面驳斥了中国在非洲的石油活动威胁美国能源安全的观点。她认为，中国国有石油公司的商业利益与中国的国家利益并不完全一致。获得商业利润是中国国有石油公司到海外寻求油气资源的一个最主要动机，当前全球能源市场特别是石油市场已经高度一体化，中国国有石油公司在海外生产的油气实际上是增加了而并非减少了国际市场的能源供应。可见，中国国有石油公司在海外开采石油，尤其是在那些西方石油公司不能够或不愿意投资的油田开采石油，实际上是增加而并非减少其他消费国可以获得的石油量，有助于缓解油价上涨的压力。① 英国密德萨斯大学的学者反驳了上文提及的“中美瓜分非洲石油论”，他们认为，现在的非洲产油国都是主权国家，与历史上的瓜分非洲截然不同；非洲产油

① Erica Downs. China's Quest for Overseas Oil[J]. *Far East Economic Review*, 2007,170(7):53－54.

国让外国石油公司开发其石油资源都是通过招标等方式；西非地区的深海石油西方石油公司凭借技术优势早已捷足先登，而中国因技术原因无缘涉足，所以“中美瓜分石油论”纯粹是谬论。[①]

其二，提出中国的非洲石油战略有利于非洲经济发展。德国学者查尔斯·齐格勒(Charles E. Ziegler)认为，分析中国在非洲的石油外交应该客观全面，不应当过度夸大负面影响，他们提出中国为了获得油气资源在非洲的贸易和投资对非洲国家的发展是有益的。例如中国许多公司在非洲修建医院、学校、水坝、政府办公楼和体育场等一些基础设施。此外，中国大量进口非洲国家的能源能给这些国家带来大量的收益，促进这些国家经济发展。[②]

美国中非关系问题专家德伯勒·布劳提冈(Deborah Brautigam)指出，虽然中国不是无偿的捐助者，但那些认为中国对非援助会破坏稳定、恶化管理、加剧贫困的观点是错误的，中国向非洲提供贷款、机器设备、建筑服务，非洲则用石油和其他资源偿还，这是一种双赢的合作。[③] 美国威斯康星大学的爱德华德·弗里德曼(Edward Friedman)认为，中国固然不会给非洲带来民主、平等和终结腐败，但中国变革性的力量开始让非洲脱贫。[④]

其三，表示西方对中国在非洲的反应被恶意夸大，应当正视中国在非洲的行为。[⑤] 不少西方学者认为，所谓中国向安哥拉提供贷款影响国际货币基金组织(IMF)对罗安达进行改革腐败的压力是片面的，中国的贷款大多用于石油投资，安哥拉政府的透明度改革与中国关系并不大。而至于中国对于解决苏丹达尔富尔问题更是从善如流，中国的出发点是积极的，中国并非为了石油而践踏人权。[⑥] 有的学者认为中国在非洲的行为并非由西方所评判，非洲人民的实际感受才是对真正的标准。中国在非洲的石油开发所带来的系列效应是西方公司无法比拟的。[⑦]

---

① Jedrzej George Frynas & Manuel Paulo. A New Scramble for African Oil? Historical, Political, and Business Perspectives[J]. *African Affairs*, 2007, 106(423): 229 - 251.

② Charles E. Ziegler. The Energy Factor in China's Foreign Policy[J]. *Journal of Chinese Political Science*, 2006, 11(1): 15 - 16.

③ Deborah Brautigam. *The Dragon's Gift: The Real Story of China in Africa*[M]. New York: Oxford University Press. 2009: 307.

④ Edward Friedman. How Economic Superpower China Could Transform Africa[J]. *Journal of Chinese Political Science*, 2009, 14(1): 1 - 20.

⑤ Erica S. Downs. The Fact and Fiction of Sino-African Energy Relations[J]. *China Security*, 2007, 3(3): 42 - 68.

⑥ Erica S. Downs. The Fact and Fiction of Sino-African Energy Relations[J]. *China Security*, 2007, 3(3): 42 - 68.

⑦ Peter Brookes. Into Africa: China's Grab for Influence and Oil[J]. *Heritage Lectures*, No. 1006 February 9, 2007: 2 - 4.

这些对中国在非洲的石油活动表示肯定的学者也提出了切实可行的建议。他们强调中国对非洲发展的积极意义，并提出如何解决全球能源问题，加强能源合作的建议，认为中美两国应当共同维护石油供应与国际油价的稳定。美国思想库战略与国际问题研究中心(CSIS)资深非洲问题专家斯蒂文·莫里森(Stephen Morrison)在报告中提出，应当加强与中国在非洲问题上的合作，中美之间存在巨大的合作空间。① 2008年6月，美国思想库外交政策委员会出版了《应对中国挺进非洲》，作者戴维·司宁(David Shinn)提出中美在非洲石油战略上都存在一些问题，他认为双方应当正视这些分歧，并寻找解决之路。② 这些美国学者认识到，中国在非洲的石油活动并未威胁到美国的根本利益，但如果美国与之展开争夺石油的斗争对于双方都没有好的结果。美国专家迈克尔·卡莱(Michael Klare)提到，“中国与美国在非洲问题上应该有很多相同的利益，像我们都希望供应来源多样化，我们共享并依赖全球石油市场，和我们共同关心的油价波动，我们的份额和利益都要求解决冲突和促进相关国家和地区的稳定。”他提出，这样的情况下，美国应“在适当的层面上与中国接触，以寻求合作开发的新理念，可以推进共同利益。”③各类赞许观点比例见图5-11。

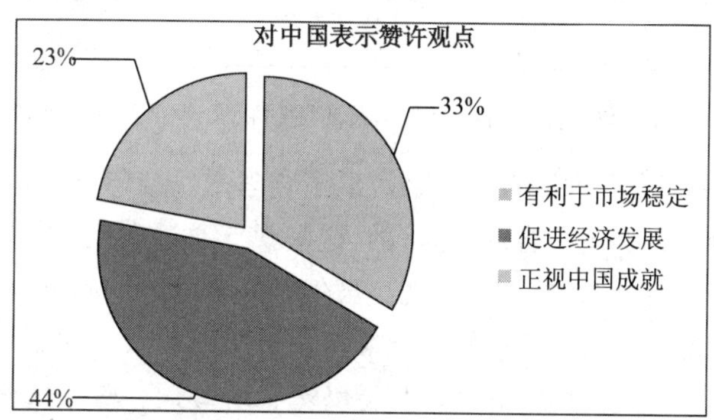

图5-11　西方对中国在非石油活动的正面评价

西方对于中国对非石油战略的持积极态度的观点反应西方对此的正面合理态度，然而这些观点与批评观点相比，在数量上存在劣势，但是在质量上却远远占优。这些观点大多出自与政府决策关系密切的智库或研究中心，他们大多通过实地考察，举行各类会议论坛，得出客观的意见。他们虽然提及中国的不足之处，然而更多

① Bates Gill & Chin-Hao Huang & J. Stephen Morrison. China's Expanding Role in Africa: Implications for the United States. *A Report of CSIS Delegation to China on China-Africa-U. S. Relations*, January 2007: vi-vii.

② David Shinn & Joshua Eisenman. Responding to China in Africa. *American Foreign Policy Council*, June 2008: 1-12.

③ Michael Klare & Daniel Volman, America. China & the Scramble for Africa's Oil[J]. *Review of African Political Economy*, 2006, 33(108): 297-309.

的是赞赏中国在非洲所做出的贡献。

在对中国在非洲石油活动表示赞许的观点中，大多出自于相对客观的学术界观点。而从另一个侧面来看，西方的媒体舆论对于中国的非洲战略很少给以赞誉，体现出我国对西方媒体舆论的正面影响严重不足。而对于美欧之间观点来说，美方赞赏观点相较于批评的观点而言明显居多，欧洲对中国赞许的观点少于批评观点。可见，对于中国在非洲的进展，欧洲所持反感态度明显（如图 5－12 所示）。

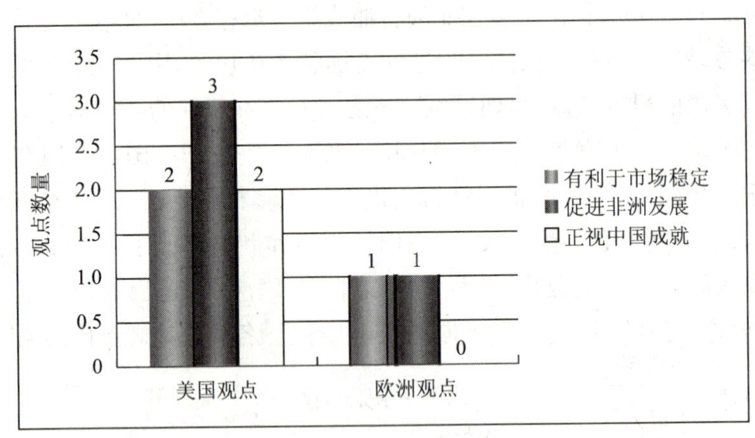

图 5－12　美欧对中国在非石油活动积极评价上的区别

这些观点对中国在非洲的石油战略作出了合理的总结与评价，并对西方的恶意诋毁一一作出回应，并提出了合理的建议。这些观点通过实地考察研究，客观可靠，澄清了部分对中国的误解。然而这些观点虽然客观真实，但尚缺全面。很多观点还是以西方为中心，篇中坚持“西方主导论”，而并不从中非双方的立场来观察中非关系，在某些问题上，对于中国在非洲的发展仍然有所微词。毕竟这些观点多出自于智库的报告，其用意在于影响政府外交决策，而普通学者的观点多在于反驳攻击中国的观点，很少有系统全面观察中国通过石油战略对非洲的贡献。

三、分析结论

1. 批评观点与赞同观点之间巨大的差异分析

近年来中非能源关系的快速发展，使先前对非洲不屑一顾的欧美国家深受刺激，它们迅速加大了对中非石油关系的研究。西方各界对于中国非洲石油战略的争论反映了西方对于中国对非战略和中国能源战略的关注和疑虑。总体而言，大部分观点认为中国在非洲汲取石油，掠夺资源，并试图挑战现有石油体系，因此要加以遏制。也有部分学者认识到中国在非洲获取石油所带来的益处。而且很少有学者直接关注于中国的石油战略为非洲大陆所带来的好处，他们甚至关注于 20 世纪中后期中非关系所带来的良好后果,[①]而很少直接关注21世纪以来中国为促进非洲大陆发展所作出的贡献。对中国在非洲活动的评价的明显性倾向使中国在非石油战略受到较大的影响,这些负面影响对中国能源战略乃至整体战略的实施有一定的干扰作用。

然而,对于中国在非石油活动的评价观点巨大的差异化值得我们注意。从图5-13来看,批评观点对于赞许观点具备压倒性优势,可见西方国家的主流对中国在

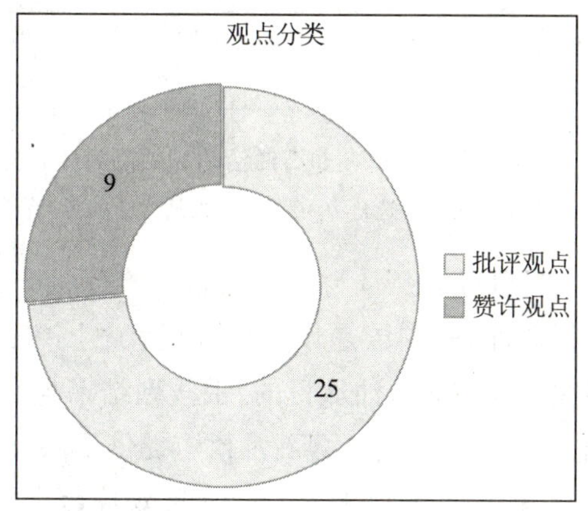

图5-13 西方对华在非观点的差异

非洲的石油活动是持批评态度的,无论政界、学界和舆论媒体。从时间上来看,西方对于中国在非石油活动的批评从2004年开始增加,在2006年到达顶峰(注:由于材料搜集原因,不代表2007年之后批评观点呈现下降趋势)。值得注意的是,2005年,非洲石油占中国进口量的30%,之后虽然总量增加,但是所占比例是下降的。这一趋势明显说明,尽管西方对于中国批评观点五花八门,归根结底是对于中国在非洲获取石油的不满。中国对非洲能源占有率的上升,令西方无比嫉恨。同样,从时间上对于赞同观点考察,不难发现赞同观点很大程度上是跟随批评观点而产生的,如图5-14所示。从内容上来看,不少赞同观点也只是对批评观点的反驳。当然,对于中国赞同的观点较批评观点的延迟主要在于中国的行为所产生的结果需要一定时间来体现。毕竟毁易成难,若无具体的有效的事例支撑,对中国赞同的观点很难出现。这说明对华在非洲石油活动的评价完全是自发性的过程,在各种观点的互动中,完整地体现出中国对非石油活动在西方所产生的影响。

将对中国在非洲石油战略的评论大而化之,在这一领域的不同观点和建议更是折射出西方对于中国成为世界舞台重要角色过程中"中国威胁论"和"中国和平崛

---

① Bernt Berger and Uwe Wissenbach. EU-China-Africa Trilateral Development Cooperation: Common Challenges and New Directions. DIE Discussion Paper, 2007,21:3-9.

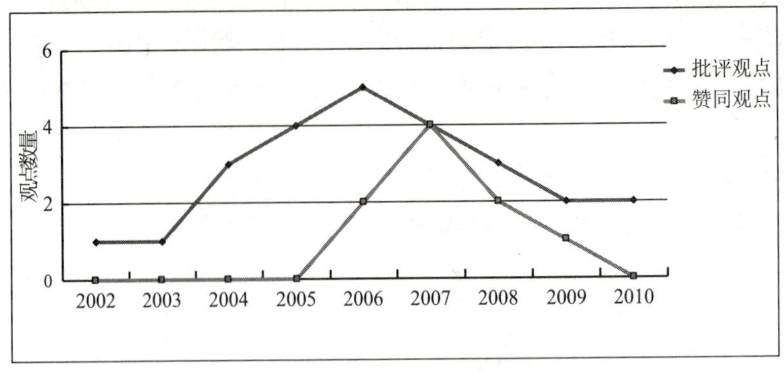

图 5-14　西方对华在非石油活动的关注时序差异

备注：由于资料原因，本文资料多选自 2010 年出版发行之前的各类资料.

起”的两种不同看法。“中国威胁论”认为中国在非洲的石油扩张是不仅为了霸占非洲石油资源，更是为了控制非洲，中国是作为挑战现状的国家出现；而持“中国和平崛起”论点则认为中国在非洲获取石油从目的、手段到结果与西方国家无异，反而作为新兴国家的中国在非洲石油开发为世界石油供应提供了保障。

对中国在非洲石油活动评价的巨大差异化从客观原因上固然是西方国家和中国长期以来的隔阂在短期内难以消解，但是中国对于西方意见的忽视也是重要原因之一。随着全球化进程加快，信息的影响力逐渐加强。中国尽管加强与非洲国家的全面联系，但对中国在非洲的评价观点长期忽视，致使不少非洲人民受西方影响，对中国长期以来存在误解。中国政府应当重视西方观点，减少其负面影响，加强其正面效应。

2. 美欧之间对中国在非洲石油战略评价差异分析

在对分析中国对非石油战略的评判上，出现了另一个较大的差异化现象，即美欧之间存在着一定的差别。[①] 从数量上来看，美国占近 2/3，显示出美国在该领域的话语权乃至全球的舆论影响力中处于主导地位(如图 5-15 所示)。美欧之间观点总量的不平衡体现出当今西方观点的主流与支流的区别，毕竟美国作为唯一的超级大国，在学界和媒体的影响力大大超过欧洲；另一方面也说明美国对非洲石油的关注日益加强，将中国视之为其非洲能源战略乃至全球战略的竞争对手。这也从侧面提示我们应当更注意美国的观点，毕竟其影响力大大超过欧洲。

如图 5-16 所示，从具体观点材料分析来看，在批评观点的数量上，美欧之间相差不多，与总量上的巨大差距相比显示得极不平衡。这显著说明：欧洲更倾向于对

① 由于本文作者所用外语是英语，忽略了不少的法文和德文资料，是观点分析结果有所差异的重要原因之一. 当然，本文主要讨论英语世界中的非洲观点评析.

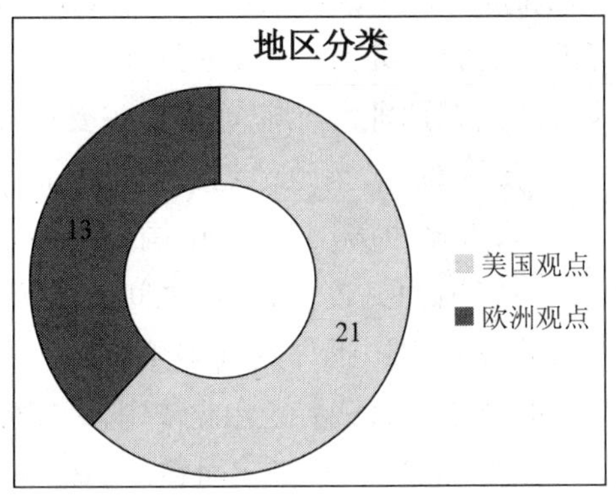

图 5－15　美欧对中国在非石油战略评价差异

中国在非洲石油战略提出批评观点。在赞成观点方面更是突出显示了美国在该方面的主要地位。相比于欧洲，美国在批评和赞同观点上均占据主要地位；而与美国相比，欧洲更倾向于对中国的批评。美国仍有不少观点要求正视中国在非洲的行为，接受中国日益扩展的石油战略，并要求与中国展开合作。相比之下，欧洲在对中国石油战略的批评与赞同观点之间多集中于批评，欧盟并不情愿与中国在非洲地区展开能源领域的合作。① 具体观点上来说，美国更为注重于中国在非洲石油扩张对于美国能源安全的影响；欧洲则多批评中国的"殖民主义"行径，关注中国石油活动对于非洲人权民主建设的影响。毫无疑问的是，欧洲所持的批评观点更引起非洲人民的反感，美方观点较大程度上就事论事。

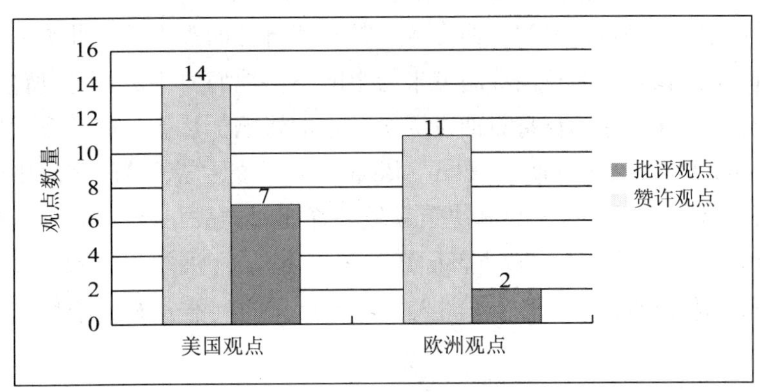

图 5－16　美欧对中国在非洲石油活动的积极评价与负面评价差异

从政界、学界和媒体的观点倾向可以看出一个国家/共同体的政策态度，所以从

① ［德］白小川．欧盟对中国非洲政策的回应——合作谋求可持续发展与共赢［J］．世界经济与政治，2009(4)：72－81．

这一分析来看，选择中国对非洲能源战略的合作方美国在带来挑战时同样伴随机遇，而欧盟更倾向于持有消极意愿。究其原因，主要有以下几点：第一，中国进入非洲地区获取石油，主要地区还是在西非和北非等非洲主要产油区，这与美国（西非）和欧洲（北非）的主要石油来源国重合，招致他们的非难是正常的。但是，由于西非几内亚湾地区的海洋石油开采大多由美国控制，中国尚未涉足，在西非地区中国油田大多位于较为动荡地区，与美国冲突较少，相互之间矛盾不大。而在北非地区的油田中欧之间竞争激烈，故欧洲对中国批评远远多于赞同。第二，欧洲作为非洲大陆的前宗主国，在非洲地区的政治、经济、社会和思想上影响极大，无论对于美国还是中国强势进入非洲地区都感到恐慌和紧张。而在广阔的非洲大陆上中美之间尚无直接的地缘竞争和冲突，在一定程度上尚有合作的可能性。欧洲则认为近十年来中国在非洲大陆急速扩展的石油行为是对其传统利益的侵害，而对此多加阻挠。所以，在非洲地区的活动应当尝试与美国开展有限的合作，而与欧洲则要加强交流对话，促进双方之间的互信，以适应彼此的存在。

不仅美欧之间对于该问题有着各自的利益关切点，而且学术界与媒体之间也存在分野，议会主张和政府行为之间亦有分歧。在苏丹问题上，西方的非政府组织和公共媒体似乎更乐于从政治的角度解读中国与苏丹石油合作关系问题，借达尔富尔危机爆发而发表带有强烈倾向性的报道、评论（包括出版、发表著作和论文）；政府智库则善于根据自身政策需要做较多的实证研究和综合分析，从大角度、大层面切入这一问题。在他们看来，研究中美关系、美非关系，维护世界既有能源格局等才应是主要问题，中苏石油合作仅是其中的环节性、从属性问题。①

对于中国在非洲的石油战略，西方各界都有着自己的观点并为此展开无休止的争论。然而，中国在非洲的石油战略带来的影响不由他们所决定，中国所坚持的“不干涉”原则也表明并不操纵自身石油投资所带来的影响。然而如同加拿大国际治理创新中心（CIGI）的汉尼·贝斯塔（Hany Besada）所说的：“毫无疑问，对中国在非洲的政策已经激起了一场在学术界和决策领域针锋相对的战斗，论题是如何最好地评估中国在非洲的经济扩张。但双方都同意的关键点是：非洲领导人和决策者有责任来确保中国的贸易和投资能带给非洲人民切实可见的利益并有助于稳定的经济和良好的治理。”②

① Amy Myers Jaffe & Steven W. Lewis. Beijing's oil diplomacy. *Survival: Global Politics and Strategy*,44(1):115－134.

② Hany Besada. The Implications of China's Ascendancy for Africa,The Centre for International Governance Innovation. *Working Paper* 2008,40:30. www.cigionline.org.

第六章

跨国能源公司在非洲的发展战略与能源安全研究

中国能源企业是国家能源战略的重要执行者。然而，由于中国能源企业“走出去”的时间较短，受到自身认识、经验能力等主观条件和国际政治经济环境等客观条件的限制，中国能源企业的国际运营能力还有待进一步提高。以 BP、壳牌、道达尔、埃尼为代表的欧洲能源企业，以埃克森美孚、雪佛龙为代表的北美能源企业，以马来西亚、印度、日本国有石油公司为代表的亚洲能源企业，以及活跃于纳米比亚铀矿开发领域的澳大利亚企业是非洲能源领域的重要力量。他们在非洲能源领域中的战略行为和战略举措是中国企业可以借鉴和学习的宝贵财富。

第一节　欧洲跨国能源公司在非洲的发展战略

随着世界人口的急剧增长和世界经济的发展，能源消费将在未来一段时间继续快速增长。据英国石油公司(BP)的研究预计，在未来 20 年中世界主要能源消费将在目前基础上增长 40%，其中石油与天然气仍将是全球能源消费的主体，2010 年石油与天然气消费占世界能源消费的 57%，预计 2030 年这一比例将为 53%，即使将来为应对全球气候变暖实行国际能源署(IEA)的“450 号方案”，估计 2030 年石油和天然气的消费比重也将在 49%左右。① 因此，全球各大能源公司抢夺石油与天然气资源的动力有增无减。

非洲大陆油气资源丰富，因此成为各大能源公司的重要涉猎地。特别是近年来，国际油价上涨，号称“世界油库”的中东地区局势动荡不安，非洲以其临近欧洲的地理优势更加获得欧盟及其跨国能源公司的青睐。不仅如此，非洲大陆多盆地构

---

① BP. "BP Annual Report and Form 20 - F 2011", April 2011, pp. 22 - 23. http://www.bp.com/assets/bp_internet/globalbp/globalbp_uk_english/set_branch/STAGING/common_assets/bpin2011/downloads/BP_Annual_Report_and_Form_20F_2011.pdf.

造，其石油多为浅层石油，且属于低硫类的高品质石油，开发及提炼成本相对低廉。非洲还是全球勘探程度较低的地区，发现重大油田的机会大，而且油气勘探主要依靠外国公司。据统计，目前有400多家外国公司在非洲持有勘探合同区块面积，外国公司持有的勘探区块面积占非洲合同区块面积近80%。[①] 近几年来，世界各国的能源公司纷纷加强了在非洲大陆的角逐，不仅有欧美发达地区老牌石油公司的身影，还出现了中国、印度、巴西等新兴市场国家的能源公司参与非洲的油气开发，可以预计的是，随着未来国际资本大量涌入非洲地区，非洲的石油与天然气的产量还将继续提高。由于欧洲的跨国能源公司进军非洲大陆时间早、占地广、市场份额大，因此在非洲能源开发上具有举足轻重的地位，并形成了较为成熟的发展战略，从而具有很高的研究价值。本节旨在探究欧洲跨国能源公司在非洲的发展战略，以期为中国能源企业进军非洲提供借鉴。

一、欧洲跨国能源公司在非洲的市场份额

欧洲地区拥有在世界范围内享有重要地位的跨国能源公司，它们历史悠久、实力雄厚，是当今国际能源界的巨头，如荷兰皇家壳牌公司（Shell）、英国石油公司（BP）、法国道达尔集团（TOTAL）以及意大利埃尼集团（Eni）等公司。而且，由于历史上几乎全部非洲国家都曾经是欧洲一些国家的殖民地，导致欧洲的一些老牌石油公司进入非洲地区开展油气勘探开发的时间很早，比如壳牌、BP和道达尔这三家公司在非洲地区的石油开采已经有几十年历史，非洲国家纷纷独立后，欧洲的能源企业利用历史联系、语言文化上的优势在非洲大陆抢占先机。因此，欧洲的跨国能源公司在非洲大陆拥有很大的油气储备量和油气产量，在油气运输、燃料零售等业务上占有很大的市场份额。

根据目前的勘探结果，非洲陆上的石油和天然气资源主要分布在北非三大盆地区和几内亚湾附近的盆地群；海上石油主要集中分布在几内亚湾一带，该地区已探明的石油储量占世界海上石油总储量的14%左右。[②] 非洲目前有20多个产油国，截至2010年底，非洲地区拥有已探明的石油储量是1321亿桶，[③]占世界总储量的9.5%，这一比例较之2000年上升了1个百分点；非洲地区拥有已探明的天然气储量是520.1万亿立方英尺，占世界总储量的7.9%。2010年，非洲地区的石油产量是1009.8万桶/日，占世界总产量的12.2%，较2009年上升了4.2%；非洲地区的天然

① 范珊珊．大国逐鹿非洲油气[J]．能源，2011(1)：86－88．

② 吴晓明著．大国策：通向大国之路的中国能源发展战略[M]．北京：人民日报出版社，2009：147．

③ 依据国际统计惯例，石油储量包括对冷凝气体、天然气液体和原油的统计．后文所说石油产量、石油储量皆如此．

气产量是2090亿立方米，占世界总产量的6.5%，较2009年上升了4.9%。其中，尼日利亚、阿尔及利亚、利比亚、埃及和安哥拉5个国家的石油产量占非洲总产量的85%左右；阿尔及利亚、埃及、利比亚、尼日利亚四国的天然气产量占非洲总产量的92%左右，其中，阿尔及利亚一国的天然气产量占非洲总产量的近40%，埃及一国的天然气产量占非洲总产量的近30%，两国是非洲地区的天然气生产大国。[①] 由于非洲油气资源分布不均，因此跨国能源公司的开发重点就集中分布在这些资源富有国。

在非洲开发油气资源的欧洲能源公司主要有BP、壳牌、道达尔、埃尼、挪威国家石油公司(Statoil)以及西班牙的两家公司即雷普索尔(Repsol)和西班牙国家石油公司(CEPSA)，此外，英国天然气公司(BG)在非洲的天然气资源开发上占有重要地位。根据2011年美国《石油情报周刊》(Petroleum Intelligence Weekly)以油气储量、油气产量、产品销售额和炼油能力等指标进行的统计数据显示，BP、壳牌、道达尔这三家欧洲能源公司分列世界第6、7、9位，埃尼集团、挪威国家石油公司和西班牙雷普索尔公司也均在前30名内。本节研究以这些跨国公司为主，同时考察西班牙国家石油公司和英国天然气公司这两家在非洲能源开发方面有重要影响的公司，以期勾勒出欧洲跨国能源公司在非洲的发展战略图景。

1. 欧洲跨国能源公司在非洲地区的油气储备

BP、壳牌、道达尔、埃尼等跨国能源公司一直保持着较强力度的油气勘探活动，不断增加油气储备，经过长期努力，它们已经在非洲地区斩获颇丰。以2010年统计数据为衡量标准，截至2010年底，BP已探明油气总储量达到180亿桶油当量，其中非洲地区的已探明油气储量达到14.22亿桶油当量，占其全球储量的7.9%。其中，BP在非洲已探明石油储量是7.45亿桶，占其全球储量的7%，已探明天然气储量3.68万亿立方英尺，占其全球储量的8.6%。[②] 截至2010年底，壳牌拥有已探明油气储量达到142亿桶油当量，在非洲有12.5亿桶油当量，占其全球储量的9%。其中，在非洲拥有已探明石油储量为7.37亿桶，占其全球储量的12%，拥有已探明天然气储量近3万亿立方英尺，占其全球储量的6.3%。[③] 截至2010年底，道达尔公司已探明油气储量为106.95亿桶油当量，其中石油储量占大约56%，天然气占44%。道达尔在非洲的油气储量是34.78亿桶油当量，占其全球储量的32.5%，需要特别指出的是，非洲大陆是道达尔公司最大的油气储藏地。[④] 据估

---

① BP. "BP Statistical Review of World Energy June 2011", June 2011, pp. 6－28. http://www.bp.com/liveassets/bp_internet/globalbp/globalbp_uk_english/reports_and_publications/statistical_energy_review_2011/STAGING/local_assets/pdf/statistical_review_of_world_energy_full_report_2011.pdf.

② BP. BP Annual Report and Form 20－F 2011. pp. 40－54.

③ Shell. Royal Dutch Shell PLC Financial and Operational Information 2006—2010. April 21, 2011, pp. 68. http://reports.shell.com/investors-handbook/2010/servicepages/welcome.html.

④ TOTAL. Energy In Motion: Perspectives of TOTAL 2010 Annual Report. April 2011, pp. 15. http://www.total.com/MEDIAS/MEDIAS_INFOS/4523/EN/Total－2010－perspectives.pdf.

算，该公司在非洲拥有石油储量约 20 亿桶，拥有天然气储量约 9 万亿立方英尺。截至 2010 年底，埃尼集团在全球拥有油气储量 68.43 亿桶油当量，其中在非洲的油气储量达到 32.29 亿桶油当量，占其全球储量的 47.2%。具体而言，埃尼集团在非洲地区的石油储量达到 17.28 亿桶，占其全球储量的 47.7%，在非洲地区的天然气储量达到 8.3 万亿立方英尺，占其全球储量的 46.6%。[①] 各公司在非洲的油气储量如表 6-1 所示。

其他欧洲跨国能源公司在非洲的油气储量要相对较少一些，而且业务集中在有限几个非洲国家。截至 2010 年底，挪威国家石油公司已探明的全球油气储量为 53.25亿桶油当量，其中在非洲地区的储量为 4.06 亿桶油当量，占 7.6%。挪威国家石油公司的石油储量为 21.24 亿桶，在非洲地区的储量为 3.13 亿桶，占 14.7%。挪威国家石油公司的天然气储量为 17.9 万亿立方英尺，在非洲地区的储量为 5210 亿立方英尺，占 2.9%。该公司的油气储量主要分布在欧亚大陆，尤其是在挪威本国的资源储量就占到其全球储量的 78%。[②] 此外，值得一提的是英国天然气公司，其业务虽然集中在天然气资源方面，但储量惊人，截至 2010 年底，其已探明油气总储量达到 162 亿桶油当量，其中在非洲地区的储量约为 40 亿桶油当量，集中在坦桑尼亚和埃及两国，绝大部分为天然气资源。[③]

表 6-1　著名能源公司在非洲的油气储量统计(截至 2010 年 12 月 31 日)

各公司 在非洲的油气储量	BP	壳牌	道达尔	埃尼集团	BG
油气储量/ 亿桶油当量	14.22	12.50	34.78	32.29	40
占该公司 全球储量的比例/%	7.9	9.0	32.5	47.2	24.7
石油储量/ 亿桶	7.45	7.37	20	17.28	—
天然气储量/ 亿立方英尺	3.68 万	3 万	9 万	8.3 万	—

资料来源：作者根据各公司 2010/2011 年报公布数据整理而成.

① ENI. ENI Annual Report 2010. March 30, 2011, pp. 14-16. http://www.eni.com/en_IT/attachments/publications/reports/reports-2010/Annual-Report-2010.pdf.

② Statoil. Statoil Annual Report on Form 20-F 2010. March 24, 2011, pp. 27 and pp. 45. http://www.statoil.com/AnnualReport2010/en/Download%20Center%20Files/01%20Key%20Downloads/11%20Annual%20report%20on%20Form%2020F/AnnualReportonForm20F.pdf.

③ BG. BG Annual Report and Accounts 2010. April 2011, pp. 133-134. http://www.bg-group.com/InvestorRelations/Reports/ara2010/Documents/1.%20Annual%20Report%20and%20Accounts%202010/BG_AR10_Full.pdf.

2. 欧洲跨国能源公司在非洲地区的油气生产

同样，以 2010 年统计数据为标准，欧洲几大能源公司在非洲的油气产量和生产重心差异很大。

2010 年，BP 在非洲的油气产量是 33.3 万桶油当量/日，占其全球产量的 8.7%，其中石油产量为 24.6 万桶/日，占其全球产量的 10.3%，生产集中在安哥拉（17 万桶/日）和埃及（5.9 万桶/日）两国，两国占 BP 非洲产量的 90%以上，此外 BP 在阿尔及利亚的产量为 1.7 万桶/日。BP 公司在非洲的天然气产量是 5.56 亿立方英尺/日，占其全球产量的 6.6%，BP 的天然气生产仅在埃及（4.30 亿立方英尺/日）和阿尔及利亚（1.26 亿立方英尺/日）展开。

2010 年，壳牌公司在非洲地区的油气总产量是 48.1 万桶油当量/日，占其全球产量的 15%，其中石油产量为 35.6 万桶/日，占其全球份额约 1/4，具体为：尼日利亚 30.2 万桶/日，加蓬 3.4 万桶/日，埃及 1 万桶/日，喀麦隆 1 万桶/日。天然气产量是 7.24 亿立方英尺/日，占其全球份额的 8%，具体为：尼日利亚 5.87 亿立方英尺/日，埃及 1.37 亿立方英尺/日。

2010 年，道达尔公司在非洲地区的油气产量达到 75.6 万桶油当量/日，占其全球产量的 31.8%，其中石油产量是 61.6 万桶/日，占其全球产量的 46%，具体为：阿尔及利亚 2.5 万桶/日，安哥拉 15.7 万桶/日，喀麦隆 0.9 万桶/日，刚果共和国 11.5 万桶/日，加蓬 6.3 万桶/日，利比亚 5.5 万桶/日，尼日利亚 19.2 万桶/日。道达尔公司在非洲地区的天然气产量是 7.1 亿立方英尺/日，占其全球产量的 12.6%，具体为：尼日利亚 5.42 亿立方英尺/日，阿尔及利亚 0.87 亿立方英尺/日，安哥拉 0.34 亿立方英尺/日，刚果共和国 0.27 亿立方英尺/日，加蓬 0.2 亿立方英尺/日。

2010 年，埃尼集团在非洲地区的油气产量是 100.2 万桶油当量/日，占其全球产量的 55%，其中石油产量是 62.2 万桶/日，占其全球产量的 62%，具体为：阿尔及利亚 7.4 万桶/日，埃及 9.6 万桶/日，利比亚 11.6 万桶/日，突尼斯 1.5 万桶/日，安哥拉 11.3 万桶/日，刚果共和国 9.8 万桶/日，尼日利亚 11 万桶/日。埃尼在非洲地区的天然气产量是 21.1 亿立方英尺/日，占其全球产量的 46%，具体为：阿尔及利亚 0.2 亿立方英尺/日，埃及 7.55 亿立方英尺/日，利比亚 8.71 亿立方英尺/日，突尼斯 0.26 亿立方英尺/日，安哥拉 0.31 亿立方英尺/日，刚果 0.67 亿立方英尺/日，尼日利亚 3.41 亿立方英尺/日。

2010 年，BG 公司在非洲地区的油气产量是 20 万桶油当量/日，占其全球产量的 31%。2010 年，BG 公司的天然气全球产量达到 28.3 亿立方英尺/日，在非洲地区的产量是 10.87 亿立方英尺/日，占 38%，集中在埃及和突尼斯两国，埃及产量为 8.7 亿立方英尺/日，是 BG 公司天然气产量的第一大国，突尼斯产量为 2.1 亿立方英尺/日。2010 年，BG 公司的石油产量达到 17.4 万桶/日，在非洲地区的产量是 1.07

万桶/日，占 6%，同样集中在埃及和突尼斯两国，埃及 0.31 万桶/日，突尼斯 0.75 万桶/日。

2010 年，挪威国家石油公司的油气总产量是 188.8 万桶油当量/日，其中在挪威本国的产量是 137.4 万桶油当量/日，海外产量是 51.4 万桶油当量/日。该公司在非洲地区的总产量是 28.9 万桶油当量/日，占全球产量的 15%，占海外总产量的 56%，具体为：安哥拉 17.3 万桶油当量/日，尼日利亚 4.6 万桶油当量/日，阿尔及利亚 6.5 万桶油当量/日，利比亚仅为 0.4 万桶油当量/日。[①]

以上 6 家公司代表了欧洲跨国能源公司在非洲的油气开采图景，它们在非洲大陆各能源国家广泛开展油气勘探、开发，可以说是“遍地开花”（如表 6－2 所示）。此外，还有两家重要的欧洲能源公司在非洲地区进行油气生产，但局限在一两个国家，尽管如此，由于它们在特定能源大国的油气产量惊人，仍然不可忽视。比如西班牙国家石油公司目前仅在非洲地区的阿尔及利亚、埃及和摩洛哥开展油气业务，而主要石油开采集中在阿尔及利亚一国，2010 年产量就达到 23.9 万桶/日。[②] 截至 2010 年底，雷普索尔公司仅在非洲地区的阿尔及利亚和利比亚两国开展油气生产，2010 年，该公司在阿尔及利亚的油气产量是 0.9 万桶油当量/日，在利比亚的油气产量是 4 万桶油当量/日（在利比亚主要是生产石油），在非洲的油气产量占该公司全球产量的 14%。[③]

表 6－2　2010 年欧洲主要能源公司在非洲的油气产量统计

各公司 在非洲的油气产量	BP	壳牌	道达尔	埃尼集团	挪威国家 石油公司	BG
油气产量/ （万桶油当量/日）	33.3	48.1	75.6	100.2	28.9	20
占该公司 全球产量的比例/%	8.7	15	31.8	55	15	31
石油产量/ （万桶/日）	24.6	35.6	61.6	62.2	—	1.07

① BP. BP Annual Report and Form 20－F 2011. pp. 50－54. Shell. Royal Dutch Shell PLC Financial and Operational Information 2006—2010. pp. 71－73. TOTAL. TOTAL Annual Report and Form 20－F 2010. March 2011, pp. 13. ENI. ENI Annual Report 2010. pp. 17－18. BG. BG Annual Report and Accounts 2010. pp. 139. Statoil. Statoil Annual Report on Form 20－F 2010. pp. 27 and pp. 46－49.

② CEPSA. CEPSA Annual Report and Corporate Responsibility Report 2010. April 2011, pp. 36－47. http://www.cepsa.com/stfls/CepsaCom/Coorp_Comp/Ficheros_corporativo/Annual_Report_CR_CEPSA_2010.pdf.

③ REPSOL. REPSOL Annual Report 2010. April 2011, pp. 44－55. http://www.repsol.com/imagenes/es_en/Report_yellow_tcm11－591244.pdf.

续表

各公司 在非洲的油气产量	BP	壳牌	道达尔	埃尼集团	挪威国家 石油公司	BG
天然气产量/ （亿立方英尺/日）	5.56	7.24	7.12	21.1	—	10.87
生产重心地区 （油气产量超过5万 桶油当量/日）	安哥拉 埃及	尼日利亚	安哥拉 尼日利亚 刚果 加蓬 利比亚	利比亚 尼日利亚 埃及 刚果 阿尔及利亚	安哥拉 阿尔及利亚	埃及

资料来源：作者根据各公司2010/2011年报公布数据整理而成.

根据上述统计数据我们可以发现，无论是从油气储量还是从油气产量来看，意大利埃尼集团和法国道达尔公司都要远远超过英国BP公司和荷兰皇家壳牌公司，埃尼集团是在非洲大陆生产油气的第一大欧洲能源公司，道达尔次之。从油气储量来看，非洲大陆是埃尼集团和道达尔公司的第一油气储备库，分别占其全球储量的47.2%和32.5%。从石油产量来看，埃尼集团和道达尔公司相差不大，两者遥遥领先于其他欧洲能源公司。可见，与其他欧洲跨国能源公司不同，非洲地区是埃尼和道达尔公司的主要石油产地。从天然气产量来看，埃尼集团在非洲一家独大，该公司一家的产量超过道达尔、BP和壳牌三家公司在非洲的天然气产量总和，与此同时，BG公司专注于天然气业务，非洲也是该公司的重要产区。可以说，BP和壳牌公司国际化程度较高，非洲地区仅是其全球战略的一部分，而真正以非洲大陆作为公司主要战略基地的是埃尼和道达尔两家公司。其他欧洲能源公司在非洲地区的发展各有侧重，比如BG公司侧重埃及的天然气业务、西班牙国家石油公司在阿尔及利亚的石油生产一家独大。

3. 欧洲四大跨国能源公司在非洲地区的主要油气项目

本部分内容将详细介绍欧洲四大能源公司BP公司、壳牌、道达尔和埃尼集团在非洲的主要能源项目，以对欧洲能源公司在非洲的项目布局有一个细致的了解。

BP公司在非洲的能源项目主要分布在安哥拉、阿尔及利亚、利比亚和埃及四国。在安哥拉，BP主要开发其海域内的4个深水油气区块：15号、17号、18号和31号。其中，在18号和31号两个区块BP公司享有经营权。此外，BP在安哥拉首个液态天然气项目中还享有13.6%的权益。2011年12月，BP又在安哥拉获得了5个深水区块进行勘探和生产的权益，这使得BP在安哥拉获得了领先地位，总共享有9个区块作业权益，覆盖面积30842平方公里，这些区块基本上都是BP与安哥拉方面共同享有权益，合作开发。在阿尔及利亚，BP与阿尔及利亚国家石油公司、挪威国家石油公司合作开发两个天然气项目：因萨拉赫（In Salah）和因阿迈纳斯（In Amenas),BP 分别享有 33.15%和 45.89%的权益。此外,BP 还和阿尔及利亚国家石油公司在阿境内合作开发多个石油生产项目。在利比亚,BP 与利比亚投资局合作勘探利比亚境内石油资源,刚完成前期勘探活动尚未开设钻井进行生产,2011 年利比亚国内政权更替后,BP 公司宣布等待与利比亚新成立的政府开展合作。在埃及,BP 与他方合作占埃及石油年产量的 40%,并又于 2011 年 10 月宣布在尼罗河三角洲有重大油气发现。

壳牌公司在非洲的油气开发业务主要分布在尼日利亚、埃及、利比亚和加蓬四国,此外,在阿尔及利亚、贝宁、喀麦隆、加纳、南非、坦桑尼亚、多哥和突尼斯开展能源业务。其中,尤以埃及和尼日利亚为开发重心。在埃及,壳牌公司与埃及国家石油公司合作开发油气资源,壳牌享有 50%的权益,开发地域集中在埃及西部沙漠地带和西北部近海水域,还与 BP 公司合作开发两个海域的油气项目。壳牌公司是第一个进入尼日利亚的外国公司,这主要得益于殖民时代尼日利亚是英国的殖民地。壳牌与尼日利亚方面合作成立了壳牌石油发展公司(SPDC),壳牌享有 30%的权益,该公司是尼日尔三角洲地区最大的油气合作开发项目,共拥有 27 个海岸石油矿藏租借权,合同有效期直到 2019 年。壳牌石油发展公司的主要项目 Gbaran-Ubie 于 2011 年初实现了天然气峰值产量 10 亿立方英尺/日,石油产量在 2011 年也达到了 5 万桶/日,并有望在将来达到峰值产量 7 万桶/日。由于尼日利亚安全形势不佳,壳牌公司将一部分业务出售给了尼日利亚本土石油公司。壳牌还在尼日利亚拥有大量的液态天然气业务,建立了一条天然气供给、液化生产到产品销售的完整产业链,整个过程主要在壳牌公司或者参股公司内部完成。壳牌在尼日利亚液态天然气工厂(NLNG)中享有 25.6%的权益,壳牌石油发展公司是这个工厂的最大天然气供应商,而壳牌公司又是该工厂液态天然气产品的最大购买者。这样,壳牌公司在尼日利亚建立起了集原料供应、生产、购买销售三个环节为一体的产业链。

新能源方面,壳牌虽在生物燃料、风能等方面颇有建树,但这些能源研究和开发主要集中在美国、德国、荷兰以及巴西等国家,还未在非洲大陆进行开发。其涉及芳香剂、聚乙烯等产品生产的高科技产业也并未在非洲设置工厂,这些科技含量较高的壳牌化学产品制造厂主要分布在美国、德国、荷兰、英国以及中国、日本等国家,在非洲大陆是“零”存在,仅在南非德班(Durban)开设有一家生产化学媒介物的工厂。

道达尔公司在非洲的能源业务非常广泛。在安哥拉,道达尔公司与他方合作开发几个区块,占有 40%～50%不等的权益;在喀麦隆,道达尔与他方合作开发 6 个油气项目,道达尔均占有 25.5%的权益,还享有操作经营权。在加蓬,道达尔公司一家独大,在二十多个油气项目中,道达尔享有百分之百权益的占一半以上,余下的项目道达尔所享有的权益也多在一半以上,并掌握着绝大部分的操作经营权,此外,道达尔还掌握有加蓬两条输油管道 100%的权益。道达尔还与他方合作在尼日利亚开展多个油气项目。在阿尔及利亚，道达尔与阿尔及利亚国家石油公司(Sonatrach)合作开发阿国的油气项目，如提米蒙(Timimoun)天然气项目，道达尔享有37.75%的权益，阿尔及利亚国家石油公司享有51%的权益，CEPSA公司享有11.25%的权益。合作开发阿赫奈特(Ahnet)天然气项目，道达尔享有47%的权益，阿尔及利亚国家石油公司享有51%的权益，CEPSA公司享有2%的权益。在毛里塔尼亚，道达尔与阿尔及利亚国家石油公司、卡塔尔国际石油公司(Qatar Petroleum International)合作开发油气项目Ta7和Ta8，道达尔享有60%的权益，另外两家公司各自享有20%的权益。此外，道达尔还积极投资开发非洲的液态天然气项目，正在建设中的安哥拉液态天然气工厂道达尔享有13.6%的权益，预计2012年投产后年产量为500万吨。道达尔还享有尼日利亚液态天然气工厂15%的权益，各项工程完成投产后道达尔每年可获得大约100万吨的液态天然气。道达尔还在该国Brass液态天然气项目享有17%的权益，建成后每年产量可以达到1千万吨。道达尔的储存库主要在法国和印度，液态天然气的再气化工厂主要在法国、英国、克罗地亚、墨西哥、美国和印度。

南非煤炭资源丰富，道达尔公司已在南非开发煤炭资源近三十年，近两年依然在积极寻找新的煤炭矿藏，2011年又有一个煤矿投产，并预计2013年还有一个新的煤矿投产，届时道达尔在南非将拥有6个煤矿。道达尔还涉足新能源行业和电力行业，但诸如核能、太阳能、风能以及海水动力能等清洁能源，道达尔主要在欧盟地区发展，如法国、英国、西班牙。此外，道达尔在阿联酋的阿布扎比(Abu Dhabi)也有项目。在非洲地区道达尔参加的主要电力项目是在尼日利亚，道达尔与尼日利亚国家石油公司(NNPC)合作建设了使用天然气发电的工厂。

埃尼集团在非洲投资的主要油气项目有：阿尔及利亚的MLE(Menzel Ledjmet East)和CAFC(Central Area Field Complex)项目，埃尼集团享有75%的权益，建成投产后前者可以达到3.5亿立方英尺/日的产能，后者主要生产石油，预计2014年以前投产，届时可以为埃尼集团增加3.3万桶油当量/日的产量。在埃及，埃尼集团参与开发多个油气项目，2010年其在埃及的石油产量是9.6万桶/日，天然气产量是7.55亿立方英尺/日。而且，埃尼集团与埃及石油部于2010年7月签署了战略框架协定，双方将在埃及地中海沿岸开展油气勘探活动，同时协议要求埃及方面要确保埃尼集团通过阿拉伯输气管道安全获得天然气运输和供应。在利比亚，埃尼集团的重点是利比亚西部天然气项目，埃尼享有50%的权益。在安哥拉的基宗巴(Kizomba)油田项目，埃尼集团享有20%的权益，预计2013年达到设计产量10万桶/日，在安哥拉液态天然气工厂中，埃尼集团还享有13.6%的权益，该工厂预计于2012年投产，可以处理加工天然气11亿立方英尺/日，实现每年生产520万吨液态天然气。

截至2010年底，埃尼集团总共拥有11个石油冶炼工厂，冶炼能力可以达到每年3780万吨(相当于75.7万桶/日)。埃尼集团的石油冶炼工业集中分布在欧盟地区，主要在意大利本土、德国和捷克三地，并未在非洲地区部署。[①]

二、欧洲跨国能源公司在非洲的能源开发战略

尽管非洲大陆在各大欧洲能源公司的战略地位有所不同，但持续关注非洲的油气勘探、加大在非洲的油气储备则是BP、壳牌、道达尔、埃尼等欧洲公司的共同特点。[②] 这些欧洲能源公司在非洲大陆"攻城略地"，每年投入巨额资金抢夺值得进行资源勘探的地块，经年累积，各大公司均储备了大量的非洲地块。截至2010年底，道达尔公司在非洲地区总共拥有的已开发和尚未开发的油气地块面积达到7.38千万英亩，占其全球总量的44%；埃尼集团在非洲总共拥有已开发和尚未开发的油气地块面积为3.76千万英亩，占其全球总量的47.5%；壳牌在非洲总共拥有已开发和尚未开发的油气地块面积为3千万英亩，占其全球总量的12%；BP在非洲总共拥有已开发和尚未开发的油气地块面积为2.18千万英亩，占其全球总量的18%。[③] 这些公司拥有的绝大部分地块都尚未开发，已开发面积仅占极小比例。欧洲四大能源公司在非所占油气地块面积如表6-3所示。

表6-3 欧洲四大能源公司在非洲占有的油气地块面积统计（截至2010年12月31日）

各公司在非洲的油田面积	BP	壳牌	道达尔	埃尼
占有的油气地块面积总量/千万英亩	2.18	3	3.76	7.38
占其全球总量的比例/%	18	12	47.5	44

资料来源：作者根据各公司2010/2011年报公布数据整理而成.

欧洲能源公司在非洲大陆积极投资拿地，大规模进行石油和天然气的勘探开发，每年都新增加大量的已探明油气储量，但欧洲能源公司的投资并不均衡，概括而言，其在非洲的能源开发战略主要包括四个方面：

（1）主要投资于油气开采，将非洲大陆作为石油产业的上游产品供应地，极少涉及石油冶炼和石油化工等高附加值的下游石油产业。

截至2010年底，在BP公司独立拥有或在其中享有股份的16家大型石油冶炼厂里，其中5家在美国、7家在欧洲、3家在澳大利亚和新西兰，在非洲（南非的德班）

---

① BP. BP Annual Report and Form 20-F 2011. pp. 85-86. Shell. Royal Dutch Shell PLC Financial and Operational Information 2006—2010. pp. 17-22. TOTAL. TOTAL Annual Report and Form 20-F 2010. pp. 18-20. ENI. ENI Annual Report 2010. pp. 22-24.

② 董翠，戴勇. 国外大石油公司上游投资趋势及策略研究[J]. 当代石油石化，2010(8)：38-44.

③ TOTAL. TOTAL Annual Report and Form 20-F 2010. pp. 10-51. ENI. ENI Annual Report 2010. pp. 12-29. Shell. Royal Dutch Shell PLC Financial and Operational Information 2006—2010. pp. 12-18. BP. BP Annual Report and Form 20-F 2011. pp. 40-54.

仅有一家(如图 6-1 所示)。而科技含量、经济附加值较高的石油化工厂,BP 拥有 18 个,主要分布在欧美地区和中国、新加坡等亚洲国家,在非洲地区是"零"存在。① 2010 年道达尔的石油冶炼能力为 236 万桶/日,欧美地区占 94%。在非洲,道达尔仅在南非、塞内加尔、科特迪瓦、喀麦隆和加蓬的石油冶炼厂中享有微少权益。2009 年,道达尔出售了其在赞比亚英德尼(Indeni)石油冶炼厂的 50%的权益,从而缩小了

图 6-1 2010 年 BP 公司的冶炼基地和化工基地全球分布图

资料来源:BP. "BP Annual Report and Form 20-F 2010", pp. 15.

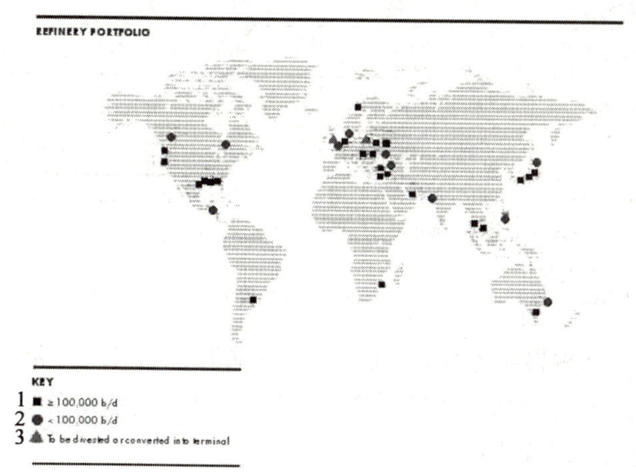

图 6-2 2010 年壳牌公司石油炼油基地全球分布图

资料来源:Shell. "Royal Dutch Shell PLC Financial and Operational Information 2006—2010", pp. 42.

① BP. BP Annual Report and Form 20-F 2010. April 2010, pp. 55-60. http://www.bp.com/liveassets/bp_internet/globalbp/STAGING/global_assets/downloads/I/BP_Annual_Report_and_Form_20F.pdf.

自己在非洲的下游业务范围，道达尔石油化工产品生产分布如表 6-4 所示。壳牌在全球拥有 30 多个石油冶炼基地（如图 6-2 所示），但是仅在非洲分布一个。涉及芳香剂、聚乙烯等产品生产的高科技产业壳牌也并未在非洲设置工厂，这些科技含量较高的壳牌化学产品制造厂，主要分布在美国、德国、荷兰、英国以及中国、日本等国家，在非洲大陆是“零”存在，仅在南非德班开设有一家生产化学媒介物的工厂。埃尼集团的石油冶炼工业集中分布在欧盟地区，主要在意大利本土、德国和捷克三地，并未在非洲地区部署。此外，西班牙雷普索尔公司的石油冶炼厂主要分布在西班牙本国，该公司的石油冶炼能力为 87.8 万桶/日，其中 88%分布在西班牙，其在海外仅在秘鲁分布有石油冶炼厂。挪威国家石油公司的业务主要集中于上游的石油与天然气的勘探开发，很少涉及石油冶炼和石油化工，BG 公司和它类似，也主要进行油气勘探和开发，尤其是天然气资源的勘探开发、运输以及市场供应，很少涉及石油冶炼和化工行业。总之，非洲地区主要是作为这些欧洲能源公司的油气供应地而存在，处于整个石油产业链的上游。

表 6-4 道达尔公司石油化工产品生产状况及分布

Product/(millions of tons)	2010			
	Europe	North America	Asia and Middle East[a]	Worldwide
Olefins[b]	4695	1195	1300	7190
Aromatics	2500	940	755	4195
Polyethylene	1180	460	500	2140
Polypropylene	1335	1150	295	2780
Styrenics[c]	1050	1260	640	2950

(a) Including minority interests in Oatar and 50% of Samsung-Total Petrochemicals capacities.

(b) Ethylene，propylene and butadiene.

(c) Styrene and polystyrene.

资料来源：TOTAL. "TOTAL Annual Report and Form 20-F 2010"，pp. 46.

（2）在油气产品零售业务方面，欧洲大部分能源公司较少涉足非洲大陆，BP、壳牌也开始收缩它们在非洲的燃料供应等市场业务，只有道达尔公司继续扩大其在非洲销售石油产品的市场优势。

壳牌公司拥有世界上最发达的燃料零售网络，在超过 80 个国家拥有大概 43000 个燃料服务站。2010 年以来，壳牌公司逐渐调整全球产业布局，将这些零售等下游业务集中到欧美发达地区和中国、巴西等新兴市场国家，决定退出以 2009 年为基点的35%的零售市场，其中包括5%的燃料服务站，这些退出份额主要分布在非洲地区。[①] 2010年4月，壳牌公司宣布将重新评估它在非洲21个国家的下游业务的前途问题，而后于2011年2月宣布将舍弃其在非洲的大部分下游业务，这笔交易预计可以达到10亿美金。[②] 2011年，壳牌已经完成了它在非洲佛得角、马达加斯加、马里、毛里求斯、摩洛哥、塞内加尔和突尼斯大部分零售网络等下游业务的出售，这是它在非洲收缩下游业务的第一个阶段，预计整个撤退计划在2012年完成。[③] 此外，壳牌在博茨瓦纳、纳米比亚、坦桑尼亚和多哥等国的下游业务也考虑将在稍晚些时候加入这一退出计划。BP公司为了提高资本效率，也与壳牌公司一样，近几年正在进一步收缩其在非洲的零售市场等业务。BP也对其在南部非洲的业务进行了重新的战略思考和布局，BP决定将其零售业务主要集中到南非和莫桑比克，因此BP出售了它在纳米比亚、赞比亚和博茨瓦纳的相关下游业务，并计划将其在马拉维和坦桑尼亚公司权益的50%予以出售，BP公司的这一战略退出已经于2010年和2011年实施。[④] 与壳牌、BP等欧洲跨国能源公司不同的是，道达尔没有收缩在非洲的零售网络和产品供应，反而拓展业务、巩固优势。2009年，道达尔获得了肯尼亚和乌干达的大量市场份额和后勤资产，截至2010年底，道达尔公司在非洲40多个国家经营着3570个燃料服务站，并且操作经营着南非和尼日利亚的两个主要市场销售网络，成为非洲地区最大的石油产品市场供应商，市场占有率接近14%。[⑤]

其他欧洲跨国能源公司也几乎没有涉足非洲的油气产品零售业务，截至2010年底，挪威国家石油公司总共拥有2283个燃料服务站，它的零售网络大部分集中在挪威本国和斯堪的纳维亚半岛的其他国家，拥有1765个燃料服务站，另外518个服务站分布在波兰、拉脱维亚、立陶宛、爱沙尼亚和俄国这五个东欧国家，在非洲地区没有开展相关业务。[⑥] 埃尼集团的零售网络也主要局限在欧盟地区，尤其是意大利本土。西班牙雷普索尔公司的下游零售网络主要在西班牙本国，此外在秘鲁、葡萄牙和意大利还有少量业务。

（3）欧洲能源公司多进行协同投资，包括欧洲公司之间的协同和它们与能源开

---

① Shell. Royal Dutch Shell PLC Financial and Operational Information 2006—2010. pp. 44.

② Shell. Annual Review: Royal Dutch Shell PLC Annual Review and Summary Financial Statements 2010. April 2011, pp. 13. http://www.annualreview.shell.com/2010/servicepages/downloads/files/download2.php? file=all_shell_review_10.pdf.

③ Shell. Royal Dutch Shell PLC 4th Quarter and Full Year 2011 Unaudited Results. February 2012, pp. 3. http://www-static.shell.com/static/investor/downloads/financial_information/quarterly_results/2011/q4/q4_2011_qra.pdf.

④ BP. BP Annual Report and Form 20-F 2010. pp. 59.

⑤ TOTAL. TOTAL Annual Report and Form 20-F 2010. pp. 43.

⑥ Statoil. Statoil Annual Report on Form 20-F 2010. pp. 85.

发国国内公司协同投资，共同开发非洲的油气资源，既降低了单独投资的商业风险，又通过与能源开发国国内公司的合作获得了政策便利。①

例如在阿尔及利亚，BP与阿尔及利亚国家石油公司（Sonatrach）、挪威国家石油公司合作开发两个天然气项目因萨拉赫和英阿迈纳斯，BP分别享有33.15%和45.89%的权益，挪威国家石油公司分别享有31.85%和50%的权益。同样是在阿尔及利亚，道达尔与阿尔及利亚国家石油公司合作开发阿国的油气项目，如提米蒙天然气项目，道达尔享有37.75%的权益，阿尔及利亚国家石油公司享有51%的权益，西班牙国家石油公司享有11.25%的权益。合作开发阿赫奈特天然气项目，道达尔享有47%的权益，阿尔及利亚国家石油公司享有51%的权益，西班牙国家石油公司享有2%的权益。在毛里塔尼亚，道达尔与阿尔及利亚国家石油公司、卡塔尔国际石油公司合作开发油气项目Ta7和Ta8，道达尔享有60%的权益，另外两家公司各自享有20%的权益。②

此外，欧洲能源公司还采取与非洲能源国成立合资公司的形式进行资源开发，例如壳牌与尼日利亚方面合作成立了壳牌石油发展公司（SPDC），壳牌享有30%的权益，该公司拥有石油富集地——尼日尔三角洲地区最大的油气合作开发项目，共拥有27个海岸石油矿藏租借权，合同有效期直到2019年。

（4）欧洲跨国公司在非洲的能源开发以传统能源为主，主要是石油、天然气资源。

在煤炭资源富有国南非，欧洲各大跨国公司中主要是道达尔在南非进行煤炭开发，该公司已在南非开发煤炭资源近三十年，近两年依然在积极寻找新的煤炭矿藏。欧洲能源公司虽然也在积极研究发展风能、太阳能、潮汐能、生物能源等新能源，但主要是在欧美地区，并未在非洲进行新能源的战略布局。例如壳牌虽在生物燃料、风能等方面颇有建树，但这些能源研究和开发主要集中在美国、德国、荷兰以及巴西等国家，还未在非洲大陆进行开发。而BP公司则集中发展生物能源和风能，前者主要分布在巴西，后者主要分布在美国，BP在美国拥有1000多个风力涡轮机。道达尔公司的核能、太阳能、风能以及海水动力能等清洁能源，主要在欧盟地区发展，如法国、英国、西班牙。埃尼集团、挪威国家石油公司等能源公司也是如此，它们出于投资环境、人才供应等方面的考虑，并不看好在非洲大陆投资新能源。

（5）欧洲能源公司开发非洲能源以科技的手段、方法为支撑，既提高对常规性油气资源的开采效率，又得以对开发条件较困难的资源进行开发，增强了在非洲能源

---

① 汪巍．非洲石油勘探开发市场格局与竞争策略[J]．中外能源，2008(2)：11－15．

② BP. BP Annual Report and Form 20－F 2010. pp. 40－54. TOTAL. TOTAL Annual Report and Form 20－F 2010. pp. 10－50.

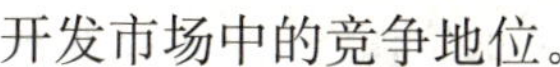

开发市场中的竞争地位。

例如壳牌公司就致力于创新勘探技术，尤其是在非洲几内亚湾应用较广的深海水域、近海区域的勘探技术，基础设施的作业技术以及不断发展的新型密封气体的技术。针对非洲地区的能源开发，壳牌建有研究中心为此提供科技支持、策略建议。非洲沿海地区的油气开发近来颇热，而进行水下作业特别是深水作业就特别需要拥有相应的水文地理技术，壳牌公司注意收集非洲几内亚湾海域的地震数据，并放置海底传感器以测算海底陆地构造的稳定性，便于准确确定海上石油钻井平台及其钻孔的位置。在尼日利亚，壳牌已经提出要努力减少在石油开发过程中产生的天然气伴生气的燃烧作业，以期减少天然气燃烧产生的浪费，这符合尼日利亚政府提出的提高天然气伴生气利用效率的政策规定，因此使壳牌获得了尼日利亚的有关油气勘探项目。2008 年 BP 公司发起建立了操作管理系统（Operating Management System，OMS），设计该系统旨在寻求一种实现安全生产、风险管理和 BP 公司一体化操作的严格和系统化的路径，环境保护、企业社会责任承担等也纳入到这个共同体系之中。概言之，OMS 是想在整个 BP 公司中应用某项标准，将企业集团范围内的各种实践包括工程技术实践建立于共同的准则之上。BP 在非洲的勘探开发也应用这一系统，涉及对土壤、空气、水环境、油气钻探废弃物和野生动植物的治理。尤其是在 BP 勘探开发的非洲重地安哥拉，BP 公司还借助高分辨率的卫星绘制安哥拉数以千里海岸线的环境地图，并利用潜水器探测安哥拉附近深海的海洋环境，以搜集信息更好地了解 BP 公司在当地开发的环境风险。BP 公司还利用水压技术开发安哥拉的非传统气体能源，包括致密地层天然气（Tight Gas）、煤层气（Coalbed Methane）和页岩气（Shale Gas），通过采用这种高科技手段以降低潜在的环境危害。其他欧洲公司如挪威国家石油公司的勘探战略也十分关注非传统的碳氢化合物资源和目前技术难以开发但预期在不远的将来技术可以开发的潜在资源。

注重科技手段的使用为欧洲公司在非洲油气区块的勘探开发中增添了不少竞争优势，使非洲国家得以将一些油气资源开发存在较高技术条件限制的项目交给欧洲公司。

三、欧洲公司在非洲开发能源的独特优势

在非洲能源勘探开发的激烈竞争中，欧洲公司得益于历史联系、地理优势以及欧盟（European Union）作为一个超国家组织的协调引导，使得欧洲跨国能源公司具有其他外国公司所不能比拟的一些独特优势。

（1）非洲大陆众多国家曾经是欧洲国家尤其是英国、法国、意大利、葡萄牙等国的殖民地，历史联系以及由此造成的语言、文化上的优势给了欧洲能源公司开发非洲油气资源的很多便利。

欧洲能源公司对非洲大陆的投资集中的分布不均衡，这些欧洲能源公司在非洲经营时间久，而且经常借助非洲国家与公司母国的历史联系而在油气开发上有所侧重，比如道达尔公司在刚果、加蓬的独一无二的优势地位，2010 年它在刚果共和国的石油产量能够达到 11.5 万桶/日，在加蓬的石油产量达到 6.3 万桶/日。以加蓬为例，它曾经是法国殖民地，法语是其官方语言，道达尔公司凭借母国法国同加蓬的历史联系和文化联系，在加蓬一家独大，在二十多个油气项目中，道达尔享有 100%权益的占一半以上，余下的项目道达尔所享有的权益也多在一半以上，并掌握着绝大部分的操作经营权，此外，道达尔还掌握有加蓬两条输油管道 100%的权益。① 埃尼集团在利比亚有独特优势，2010 年埃尼集团在利比亚的石油产量达到 11.6 万桶/日，天然气产量达到 8.71 亿立方英尺/日，遥遥领先于其他外国公司。壳牌和 BP 公司也因为 20 世纪上半叶英国统治尼日利亚而具有了在该国进行油气勘探开采的先发优势。② 尤其是壳牌公司在尼日利亚占据绝对优势，壳牌在尼日利亚的油气总产量占该国油气总产量的半壁江山，自尼日利亚成为产油国以来，壳牌集团在该国石油工业中始终占据着核心地位，③并且加大开发力度保证这种优势地位。在 2014—2020 年的全球规划中，属于尼日利亚的区块预计生产规模将达到 90 万桶油当量/日，占其全球预计产量的将近 1/4。

（2）欧洲能源公司在开采非洲天然气资源上具有地理优势。天然气作为一种清洁能源，在应对全球变暖、减少二氧化碳排放的要求下，其市场空间非常巨大。

壳牌、BP 等大型跨国公司不仅加强了天然气的勘探开发，而且积极研究天然气合成油工艺（GTL 技术），并逐渐走向工业化。④ 非洲地区拥有丰富的天然气资源，截至 2010 年底，已探明天然气储量为 14.7 万亿立方米，占世界储量的 7.9%，2010 年产量为 2090 亿立方米，非洲的天然气资源主要分布在阿尔及利亚、埃及、利比亚和尼日利亚，四国的天然气储量占非洲总储量的 90%以上，四国 2010 年的产量为 1900 亿立方米，占非洲总产量的 91%。欧盟地区天然气资源匮乏，截至 2010 年底探明储量仅为 2.4 万亿立方米，占世界总量的 1.3%，欧盟 2010 年天然气产量为 1749 亿立方米，与此同时，欧盟该年度的天然气消费总量却达到 4925 亿立方米，存在着巨大的差量缺口。⑤ 与石油的全球市场特点相比，天然气市场具有突出的地区特征，因此绝

① TOTAL. TOTAL Annual Report and Form 20 - F 2010. pp. 14. 近年来美国公司在逐渐挤压道达尔的这一优势地位. 参见沈小钰. 论跨国石油公司在非洲的能源博弈. 国际关系学院学报，2010(1)：57 - 62.

② Jêdrzej George Frynas. Matthias P Beck and Kamel Mellahi, Maintaining Corporate Dominance after Decolonization: "the First Mover Advantage" of Shell-BP in Nigeria[J]. *Review of African Political Economy*, No. 85, 2000, pp. 407 - 425.

③ 张刚. 外国石油公司在非洲的竞争趋势分析[J]. 国际石油经济，2008(3)：8.

④ 何曼青. 跨国公司战略调整九大趋势[J]. 中国石油石化，2007(23)：43.

⑤ BP. BP Statistical Review of World Energy June 2011. pp. 20 - 28.

大部分天然气主要靠管道运输。管道方式形成了天然气生产者、消费者和过境者之间的捆绑关系，彼此市场的相互依存度较高。[①] 非洲大陆毗邻欧洲，可以节约管道铺设成本和天然气运输成本，而欧洲的天然气需求市场又极其巨大，两者造就了非洲天然气供应与欧洲消费的天然优势。

这一地理便利为埃尼集团、道达尔公司、BG公司等欧洲能源公司在非洲开发天然气资源然后运至欧洲提供了经济优势，它们大多开展从非洲运输天然气到欧洲的业务，2010年非洲出口1000亿立方米天然气，其中有800亿立方米的天然气运往欧盟地区。在管道建设上，欧洲能源公司也加大力度，之前非洲天然气主要从北非经由意大利亚平宁半岛运往欧洲，从2001年开始，西班牙国家石油公司就与阿尔及利亚国家石油公司合作，总共投资9亿欧元建设连接阿尔及利亚和西班牙的MEDGAZ输气管道，该管道于2010年铺设完成，全长200公里，经过海底的最大深度为2160米，2011年开始通过该管道经由西班牙向欧盟每年输送16亿立方米天然气，成为阿尔及利亚以及非洲地区天然气输往欧盟的重要战略通道。[②]

(3) 欧盟作为一个统一平台发挥作用。欧盟的建立发展为该地区能源公司在海外参与竞争提供了广阔而统一的平台。

截至2011年底，欧盟已经覆盖了大部分欧洲大陆，拥有27个成员国，包括英国、法国、德国、意大利等主要的欧洲经济强国，壳牌、BP、道达尔、埃尼这些能源巨头皆在欧盟的监管范围之内，欧盟出台的能源方面的法令、政策通过各成员国内化为欧盟跨国能源公司的行为规范，欧盟在针对欧盟地区能源公司提供统一的法律和制度监管上已经有了相当进步。截至2011年3月，欧盟一共颁布了150多个有关能源的法规、指令和决定，内容涉及石油、天然气、电力、可再生能源、能源效率、能源网络以及核能等。[③] 欧盟还成立了两个能源监管机构：一是欧盟能源监管委员会(CEER)，于2000年3月成立，基本目标是在欧盟内部形成单一、竞争性、有效和可持续发展的电力和天然气市场。二是2003年11月成立的欧盟电力和天然气监管中心(ERGEG)，由27个欧盟成员国的国家能源监管机构联合组成。它是欧盟委员会从事能源监管的正式咨询机构，由CEER资助经费来维持其运行，为欧盟委员会在电气领域的创新和平稳运作提供咨询和帮助。

近年来在能源安全和气候变化的双重挑战下，欧盟不断加强欧盟层面的统一能源安全战略，其中，供应安全是欧盟能源安全战略的核心，包括修改欧盟战略石油储备立法和重新修订天然气供应安全指令，集体应对能源供应危机；实行能源供应多

① 崔宏伟. 欧盟能源安全战略研究[M]. 北京：知识产权出版社，2010：4.

② CEPSA. CEPSA Annual Report and Corporate Responsibility Report 2010. pp. 64.

③ 郭关玉，Dai Xiudian. 浅析欧盟能源政策与中欧能源合作[J]. 社会主义研究，2011(5)：114.

样化政策，重点发展与主要能源生产国和主要能源过境国的政治和经济关系，特别是要将东南欧、中亚里海、中东北非等周边地区纳入到“泛欧能源供需体系”，以保障欧盟长期的能源安全。2006 年欧盟委员会对外公布了《获得可持续发展，有竞争力和安全能源的欧洲战略》的能源政策绿皮书，提出要采取措施促进欧洲能源企业走出去，大力支持欧洲能源企业在世界各个资源富集地区获取油气权益。2007 年 3 月，欧盟首脑会议一致通过了“欧洲能源政策”，欧洲理事会在有关内部能源市场、对外能源关系、应对气候挑战等方面提出了新的政策举措和行动计划。2008 年 12 月，欧洲理事会和欧洲议会正式通过了欧盟委员会提交的能源与气候立法一揽子建议，目标是到 2020 年欧盟温室气体排放量在 1990 年基础上减少 20%，可再生能源在能源组合中占 20%，能源利用效率提高 20%。由此，欧盟成员国在温室气体减排、增加利用可再生能源和提高能效方面，必须承担具有法律约束力的规定指标。2009 年 3 月，欧洲理事会又通过了 2008 年 11 月欧盟委员会提交的欧盟战略性能源评估报告——《欧盟能源安全与团结行动计划》，报告强调了能源供应安全的重要性。2009 年批准生效的欧盟《里斯本条约》，提出要实现欧盟共同能源政策的目标，在与能源供应方的对话沟通中，确保欧盟用一个声音对话。①

为确保能源供应，欧盟以内部统一能源大市场为依托，以扩大政策及大周边政策为手段，开展了全方位的能源外交，谋求建立泛欧能源共同体，打造多条“能源走廊”，实现能源品种、进口来源和运输途径的多元化，以减轻对外能源依赖，降低风险，确保能源安全。能源问题已经成为欧盟共同外交与安全政策的重要组成部分，必将对欧盟对外关系的未来走向产生深刻影响。② 欧盟出台的诸多政策和措施，为欧洲跨国能源公司在非洲的发展提供了有力支撑。

四、欧洲跨国能源公司对非洲产生的影响

欧洲跨国能源公司在非洲国家的存在产生了广泛影响，一方面有其积极的正面作用，这些跨国公司往往能够为非洲国家带来石油业发展所需的技术和资金，促进当地经济总量的增加。比如非洲主要产油国尼日利亚、阿尔及利亚、利比亚、安哥拉等国每年都依靠石油开采从跨国能源公司那里获得大量财政收入。以尼日利亚为例，该国油气资源丰富，一直受到欧洲跨国能源公司的青睐。据统计，1991—1996 年尼接受了外国在非洲直接投资总额的 1/3，仅壳牌石油公司开采的石油每年就给它

---

① 崔宏伟. 欧盟能源安全战略分析的三种理论视角[J]. 德国研究，2010(3)：32 - 38. 崔宏伟. 欧盟能源安全战略研究[M]. 北京：知识产权出版社，2010：12 - 23.

② 扈大威. 欧盟的能源安全与共同能源外交[J]. 国际论坛，2008(2)：1 - 7.

带来 70 亿美元的收入，经济增长速度得以维持在 3.5%左右。[①] 同时，由于非洲产油国的经济发展基本上严重依赖石油产业，国内民众就业部门稀少、单一，因此非洲能源国家大多要求外来能源公司能够雇佣当地劳动力，解决民众关心的就业问题。BP、壳牌、道达尔等欧洲能源公司均在非洲雇佣了相当数量的劳动力，这在一定程度上也为当地员工提供职位上升机会。壳牌在这方面做得最好，该公司倡导多元文化(Diversity)和促进包容(Fosters Inclusion)的人才战略。据统计，2010 年在分布有业务的 36%的国家或地区，壳牌的高级管理岗位有一半以上由当地人员担任，在非洲地区的管理岗位中起用了很多当地人才。壳牌在尼日利亚雇佣了超过 2000 名的员工，在南非雇佣了 2000 名员工，在摩洛哥雇佣了 1000 名员工。[②] 在非洲雇佣相当数量的当地劳动力，可以为企业发展营造良好环境，有助于降低非洲当地民众对外企的敌意，这一点值得中国企业借鉴。

另一方面，欧洲跨国能源公司也给非洲产油国带来了消极的负面影响，主要包括两个方面：一是欧洲公司片面投资导致非洲能源国家石油工业结构不合理，二是欧洲公司的石油勘探开发给一些非洲国家带来了严重的环境污染。

非洲能源国家油气产量丰厚，但石油提炼产业和化工产业的发展处于极低的水平。尽管非洲地区石油的已探明储量和产量在世界上占有较大份额，如表 6－5 所示，以 2010 年数据计算，分别为 9.5%和 12.2%，但石油的提炼能力和实际提炼产量均处于较低水平。据统计，自 2000 年以来，整个非洲大陆的石油提炼能力一直徘徊在 300 万桶/日，2010 年为 329.2 万桶/日，而实际提炼产量近十年来仅维持在 200 万桶/日至 250 万桶/日，与此对比，2010 年欧盟地区石油的已探明储量占世界比例仅为 0.5%，产量仅占世界的 2.4%。但欧盟的石油提炼能力自 2000 年以来一直保持在 1500 万桶/日以上，2010 年为 1524 万桶/日，近十年来的实际提炼产量则维持在 1200 万桶/日到 1400 万桶/日的水平，2010 年数据为 1258.5 万桶/日。[③]

这样的数据差异，与欧盟跨国石油公司密不可分，英国 BP、荷兰皇家壳牌、法国道达尔、意大利埃尼集团等欧洲石油巨头都起到了“搬运工”的作用，它们在非洲地区进行石油勘探、开发等上游作业，然后将大量原油运输到欧盟地区的石油提炼厂，制成各种石油化工产品，然后销往世界各地。因此，非洲石油生产国普遍缺乏石油产品，需要从外国进口。例如，尼日利亚作为非洲大陆的主要原油生产国，却要从欧盟地区进口大量的石油制成品。

---

① 姚桂梅. 西方大国角逐非洲石油的战略及影响[J]. 亚非纵横，2005(2)：64－69.

② Shell. Royal Dutch Shell PLC Financial and Operational Information 2006—2010. pp. 61.

③ BP. BP Statistical Review of World Energy June 2011. pp. 6－18.

表 6-5　非洲与欧盟地区的石油储量、产量和提炼能力对比

基本对比	2010 年已探明石油储量占世界比例/%	2010 年石油产量占世界比例/%	2010 年石油提炼能力/(万桶/日)	一般石油提炼能力(2000—2010 年)/(万桶/日)
非洲	9.5	12.2	329.2	约 300
欧盟	0.5	2.4	1524	1500 以上

资料来源:BP. "BP Statistical Review of World Energy June 2011", pp. 6-18.

欧洲跨国公司长年的石油生产给非洲带来了严重的环境污染并由此引发了一些社会问题。欧洲能源公司在非洲的漏油事故给当地环境和当地民众健康带来了直接的危害,同时也对当地渔业和农作物造成了破坏。尼日利亚一直是非洲的第一产油大国,2010 年尼日利亚的石油产量是 208 万桶/日,[①]但同时,尼日利亚的主要石油产区尼日尔三角洲地区的石油污染问题也是举世闻名。联合国环境规划署(United Nations Environment Programme)经过长达 14 个月的调查评估,其间总共有 4000 多份样品接受了检测,包括从 142 处专为研究挖掘的井中采集的地下水样品,以及从 780 处深井中提取的土壤样品,该机构于 2011 年 8 月公布调查报告。报告显示,石油泄漏、石油污染给尼日尔三角洲的奥戈尼地区(Ogoniland)的民众生活和生态环境造成了恶劣影响,发现至少 10 处奥戈尼社区的饮用水中含有高浓度的碳氢化合物,在奥戈尼西部的一个社区中,各家各户都饮用受到致癌物质苯污染的井水,水中苯的浓度超过世界卫生组织规定标准值的 900 倍。石油污染还给当地红树林植被造成了灾难性影响,许多红树林的树叶被剥蚀殆尽,它们的根和茎上覆盖着厚厚的一层沥青类物质,有时厚达一厘米甚至更多。而报告指出,壳牌公司数十年来疏于管理是造成奥戈尼地区污染的主要因素。联合国环境规划署认为,壳牌多年来一直对漏油事件没有采取及时有效的措施,以致情况不断恶化。[②] 有关学者以尼日尔三角洲地区为案例进行的石油污染研究显示,虽然欧洲能源公司给当地造成的环境污染引起了民众的强烈反感,但是过分依赖跨国能源公司带来财政收入的尼日利亚政府在反制壳牌、道达尔等公司时表现乏力,而这些公司由于没有受到当地环境利益相关者的足够压力,导致治理石油污染的资金投入始终维持在较低水平,以铺设输油管道为例,壳牌公司在尼日利亚的铺设深度较浅,与其在欧洲地区的铺设深度相差很大。[③] 非洲的主要产油国都面临着类似困境,尤其是几内亚湾地区的众多石油生产国都面临着石油

① International Energy Agency. Annual Statistical Supplement with 2010 Data(2011 Edition). August 10, 2011, pp. 18.

② United Nations Environment Programme. Environmental Assessment of Ogoniland. August 4, 2011. http://www.unep.org/newscentre/Default.aspx? DocumentID=2649&ArticleID=8827&l=en.

③ Gabriel Eweje. Environmental Costs and Responsibilities Resulting from Oil Exploitation in Developing Countries: The Case of the Niger Delta of Nigeria[J]. *Journal of Business Ethics*, 2006,69(1):27-56.

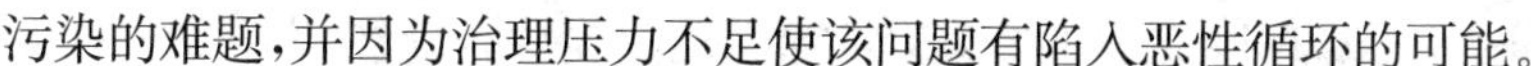

污染的难题，并因为治理压力不足使该问题有陷入恶性循环的可能。

此外，欧洲能源公司在非洲开发石油过程中普遍伴随有天然气的燃烧，这直接导致温室气体的排放，对当地居民的健康和气候环境产生负面影响。

五、对中国能源企业在非洲发展的启示

欧洲跨国能源公司在非洲地区的能源开发已经有了比较明晰的战略轨迹可循，它们不断加大上游油气储备，在非洲抢占油气资源，然后将这些油气资源大量运送到欧洲进行提炼、消费，与此同时，欧洲跨国能源公司将经济附加值、科技含量较高的石油冶炼基地、化工厂等部署在欧美地区，而将非洲大陆当成它们的原料供应地。在主要的欧洲跨国能源公司中，法国道达尔公司、意大利埃尼集团极为依赖非洲大陆的油气资源，非洲是这两家公司的第一大油气储备地和油气生产地，相比而言，英国 BP、荷兰皇家壳牌两家公司国际化程度高，非洲仅是它们全球能源战略的一部分，其重要性不及对于道达尔和埃尼的重要性大。除了道达尔公司在非洲扩展石油产品销售的下游业务外，BP、壳牌等大型跨国公司近年来都收缩了它们在非洲的相关业务，转而向中国、巴西等新兴市场国家发展零售网络等下游业务。其他欧洲能源公司如意大利埃尼集团、英国天然气公司、挪威国家石油公司、西班牙雷普索尔公司等主要的营销网络重点均在欧洲甚或本国，几乎没有涉足非洲大陆。简言之，这些欧洲公司的战略方针是：在非洲获得有竞争力的价格优势的油气资源，将这些资源配置到能够实现最大价值的欧美市场。

在具体的能源开发战略上，欧洲能源公司在非洲各有侧重，英国、法国、意大利等国公司借助其母国与非洲国家的历史联系，在一些非洲国家独占鳌头。加之天然气资源开发的地域性特征，欧盟作为一个效能良好的超国家组织对欧盟能源企业的协调规范，使之享有其他外国公司所没有的独特优势。欧洲跨国公司开发非洲能源，以传统的石油、天然气资源为主，几乎不涉及新能源；在投资油气资源时大多采取协同投资的方式，不仅欧洲公司之间紧密合作，而且与非洲国家的能源公司在所在国合作开发油气项目。

中国石油、中国石化、中国海油等中国能源企业在非洲油气开发上也已经取得了不小进展，深入了解欧洲能源公司的非洲开发战略、方式方法，明晰各大欧洲公司在非洲的市场占有和开发情况，对于我国公司展开有针对性的竞争措施和在非洲开展油气业务具有重要启示意义。诸如欧洲跨国能源公司在非洲开发油气资源所采用的协同投资的方式，以及注重创新技术手段等均值得中国能源企业借鉴。以协同投资为例，欧洲能源公司在非洲的合作开发以欧洲公司之间以及欧洲公司和能源国当地公司之间的合作为主。中国公司近来也取得了一定进展。例如，2010 年以来，道达尔公司在东非地区积极拓展新业务，合作伙伴中就出现了中国企业的身影。在

乌干达的艾伯特湖泊(Lake Albert)地区,道达尔携手英国能源企业图洛(Tullow)和中国企业中国海洋石油总公司共同开发三个油气区块,三家公司分别享有三分之一的权益,并且各拥有一个油气区块的作业经营权。在该地区将近10000平方公里的地域,已探明石油储量超过10亿桶,据预测该地域未勘探区块还将有更大的油气发现。[①] 但总体来说,欧洲能源公司与中国公司在非洲合作开发油气项目还较为少见。此外,我国能源企业应继续创新在非洲的投资模式,通过开采"份额油"和购买现有公司股份参与该国石油资源开发等手段,推广建立与当地互利共赢的合作模式。[②]

第二节 北美跨国能源公司在非洲的发展战略

当今世界,美国是最大的能源消费国。美国的兴衰在很大程度上依赖于能源的稳定和安全供应。美国的能源结构中石油始终约占40%,天然气约占25%,煤炭约占20%,核能约占8%,其余为水等可再生能源和新能源。[③] 天然气和石油仍将是美国主导性能源,而油气供应与消费不平衡趋势将进一步加剧,同时受技术和成本的制约,新能源的消费实施起来总是需要一段时间,且具有一定的难度。在可预见的未来30年内,选择其他能源来完全取代石油和天然气今天的位置事实上是不现实的。美国政府的实际选择是继续大量消费石油,进一步提高美国石油对外依存度。这表明在任何政策下,美国都将继续依靠原油进口来满足其一半以上的石油需求。

"9·11"事件后,美国为了确保本国能源安全,开始有意识地减轻对中东石油的依赖,同时开始重视和抢占非洲能源。在此背景下,美国跨国能源公司开始重返非洲,加大在非洲的能源勘探和开发力度。本节分析北美跨国能源公司(主要是美国的跨国能源公司)的对非战略和在非洲的业务开展情况,以及对非洲当地的影响,并在此基础上探讨其对中国跨国能源公司的启示。

一、北美跨国石油公司及其全球战略介绍

1. 埃克森美孚(Exxon Mobil)

埃克森美孚公司(Exxon Mobil Corporation)是世界超大型的上下游一体化的跨国综合石油石化公司之一,也是世界最大的私营油气生产商和最大的私营天然气营销商,同时还是世界最大的石油炼制商和润滑油生产商之一。埃克森美孚1999年由

---

① TOTAL. Energy In Motion: Perspectives of TOTAL 2010 Annual Report. pp. 59.

② 沈小钰.论跨国石油公司在非洲的能源博弈[J].国际关系学院学报,2010(1):62.

③ 张爽.世界能源战略与能源外交:美洲卷[M].北京:知识产权出版社,2011:61-62.

埃克森公司和美孚公司合并而成，其历史甚至可以追溯到约翰·洛克菲勒于 1882 年创建的标准石油公司。公司目前主要从事油气勘探、炼油化工与营销等业务，业务遍及世界 200 多个国家和地区，在全球拥有 8 万多名员工。2011 年，埃克森美孚上游业务的营收有大幅增长。其中利润为 344 亿美元，资本的平均回报率为 26.5%，每桶油当量的利润为 20.94 美元，平均每天生产原油 450 万桶油当量，比 2010 年增加了 1%，已探明石油和天然气储量为 20 亿桶油当量，上游业务投入和勘探费用为 331 亿美元，而过去五年对此的投资总计 1160 亿美元。①

埃克森美孚发展战略的显著特点是长期性与灵活性并重，良好的战略设计和高效的战略管理并举。一方面，长期坚持技术开发、财务管理战略，保持战略的长期性；另一方面，根据环境变化及时调整具体业务的发展战略，体现战略的灵活性。具体表现在：严格投资、经营业绩优异、技术领先、保持高标准的道德规范和商业诚信。在关注战略设计的同时，更加注重科学高效的战略管理，包括战略设计过程、战略执行的管理和战略试试效果的评估，从而增强公司核心竞争力。② 埃克森美孚在研究、发展和技术应用方面的年均投资超过 10 亿美元，埃克森美孚对技术领先的重视是一个明显的竞争优势。

截至 2011 年底，埃克森美孚全球范围内的上游业务分布如图 6-3 所示。

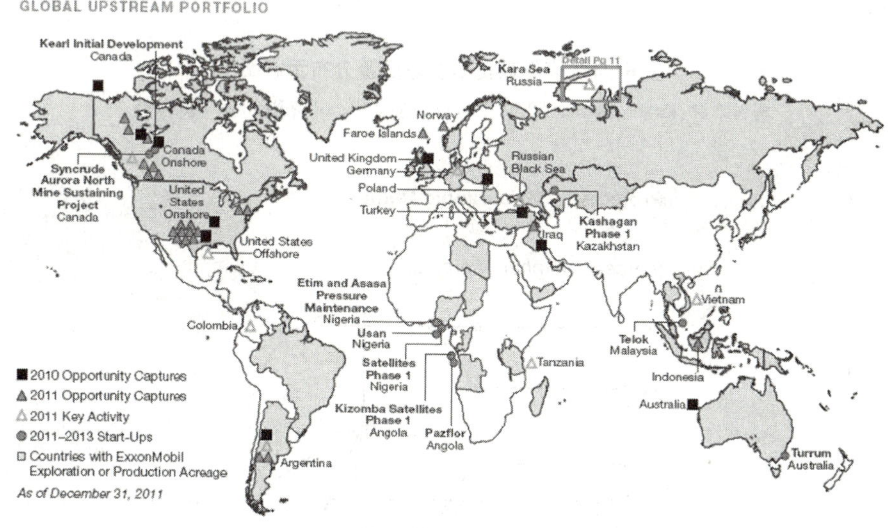

图 6-3　埃克森美孚全球上游业务示意图

资料来源：Exxon Mobil. "2011 Financial & Operating Review", pp. 10.

① Exxon Mobil. 2011 Financial & Operating Review. April 2012, pp. 8. http://www.exxonmobil.com/Corporate/files/news_pub_fo_2011.pdf.

② 刘炳义，郝鸿毅，周建双. 跨国石油公司发展战略及其演变趋势[J]. 石油科技论坛，2007(1)：6-7.

从图中可以发现，非洲地区的业务项目在埃克森美孚的全球业务分布中具有十分重要的地位，特别是几内亚湾地区更是埃克森美孚项目的集聚区。

另外，2011 年在既有强大和多样化的资源状况的基础之上，埃克森美孚又取得了 24 个新的资源机会。这些机会既有常规性的类型，也有非常规性的类型。这其中包括了埃克森美孚在 2011 年 10 月份签署的位于伊拉克库尔德地区的面积达 848000 英亩的六块油田的石油生产合同。① 埃克森美孚按地区分布的资源基地图和项目工程图分别如图 6－4，6－5 所示。

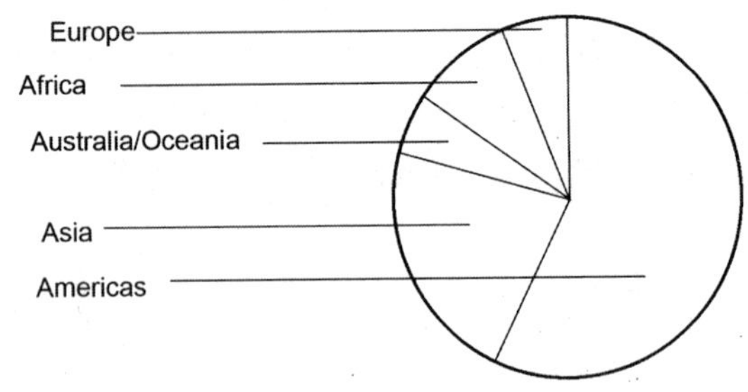

图 6－4　埃克森美孚全球资源分布示意图

资料来源：Exxon Mobil. "2011 Financial & Operating Review", pp. 12.

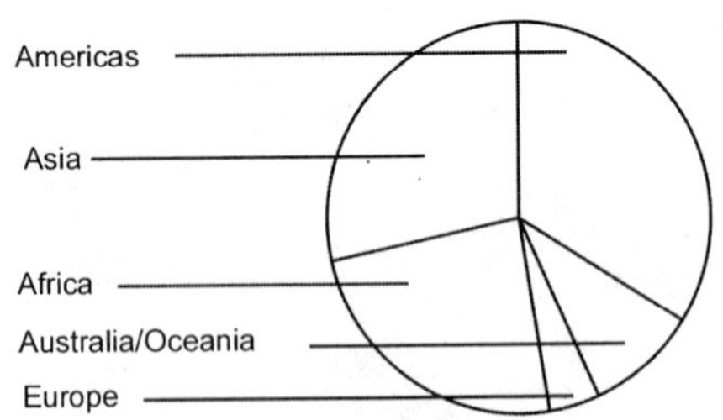

图 6－5　埃克森美孚全球项目分布图

资料来源：Exxon Mobil. "2011 Financial & Operating Review", pp. 13.

① Exxon Mobil. 2011 Financial & Operating Review. pp. 11.

2. 雪佛龙(Chevron)

雪佛龙是世界最大的综合性能源公司之一，其下属子公司在世界各地都有业务。雪佛龙的业务几乎涉及能源行业的所有方面：勘探、生产和运输原油及天然气；提炼、营销和分配交通燃料和润滑油；售卖石化产品、发电和生产热能；提供增加能源利用效率的方法；发展包括生物能源在内的未来能源资源等。

2011 年无论在财务上还是在经营上对雪佛龙公司而言都是出色的一年。得益于较高的油价、油气产量及炼油毛利，雪佛龙的利润和现金流同比都有大幅提高。同时，该公司连续 24 年提高了年度股利并重启了股票回购。2011 年，雪佛龙公司销售和其他收入为 2443.7 亿美元，同比增长 23.3%，实现净利润约为 270 亿美元，同比增长 41.4%。[①]

截至 2011 年底，雪佛龙总公司和子公司在世界范围内已探明的净油当量为 112.4 亿桶。2011 年的净油当量的产量为 267 万桶/天。同时，雪佛龙还拥有 160 万亿立方英尺的天然气储量，相当于约 270 亿桶原油。[②]

雪佛龙 2010—2011 年盈利及生产情况如表 6-6 所示。

表 6-6　雪佛龙公司 2010—2011 年盈利及生产状况

	2011	2010	变化率
销售额及其他运营收入/(百万美元)	244371	198198	23.3%
净利润/(百万美元)	26895	19024	41.4%
非控制性股权收益/(百万美元)	113	112	0.9%
原油、冷凝混合物及液化天然气产量/(千桶/天)	1849	1923	(3.8)%
天然气产量/(百万立方英尺/天)	4941	5040	(2.0)%
净油当量的产量/(千桶油当量/天)	2673	2763	(3.3)%

资料来源：Chevron. "Chevron 2011 Annual Report", pp. 4-5.

从表中可以发现，尽管雪佛龙 2011 年的油气产量与 2010 年相比稍有下降，但其销售及运营总收入及总利润却有大幅攀升，特别是净利润与上一年度相比上升幅度超过 40%之多。

雪佛龙正在优先发展包括几个行业内最大和最具开拓性质的巨额资金投入的

① Chevron. Chevron 2011 Annual Report. April 2012, pp. 4. http://www.chevron.com/annualreport/2011/documents/pdf/Chevron2011AnnualReport.pdf.

② Chevron. Chevron 2011 Annual Report. pp. 7.

项目。雪佛龙认为，要想成功，必须尽最大可能和尽可能按正确方式行事。雪佛龙注重在员工身上投资，因而能招聘、发展和维持世界一流的员工队伍。而且他们严格遵守工作程序、遵守纪律规定、严格完成项目，以确保公司和项目能负责任地运营。其战略具体体现为“4＋1”战略：通过强调“优良运营、降低成本、投资管理和利润增长”，以实现“组织能力”增长，并力求在安全、可靠、效率和环境等方面都取得优秀的表现，成为令人羡慕的全球化能源公司。

雪佛龙继续坚持加大勘探开发投资力度。为了进一步防范和控制风险，提高投资回报率，该公司坚持严谨稳健的投资政策，严格按照项目开发和执行程序对投资进行全过程管理，包括投资项目的专家咨询与评估、建设项目的确定、有效化解风险以及优化执行过程等。

雪佛龙坚持以上游业务为公司发展重点，集中力量勘探开发前景好、潜力大的油气区，提高勘探成功率和开采率，同时出售非核心业务资产以及核心业务的不良资产；大力调整和优化炼油业务，提升产品质量，降低经营成本，提高市场竞争力；实施区域差别化战略和新型业务拓展战略，进一步做好油品营销业务，提升公司品牌价值和社会形象；加快天然气、燃料电池等新兴业务的发展步伐，整合天然气加工、运输、营销以及GTL项目等，延伸价值链，实现加工与服务增值。同时，雪佛龙强调注重健康、安全、环境，积极履行公司社会责任。①

3. 康菲(ConocoPhillips)

康菲目前正在进行为期三年的战略计划，以期重新定位公司。重点是优化业务组合，增加回报率，加强财政灵活性，以及增加股东的分配。

2011年，康菲的季度股息回报率增加了20%，回购了价值111亿美元的股票，减少了10亿美元的债务，从包括其持有的卢克石油公司的股票撤资产生48亿美元的收益。2011年，财政和运营的成功使康菲的战略计划得以贯彻执行，公司运营良好，很好地占据了市场机遇，收益增加到122亿美元，增长率为38%。调整后的每股收益8.76美元，比2010年增长了48%。②

相比埃克森美孚和雪佛龙来说，非洲部分的业务在康菲的地位并不那么重要，康菲在非洲的石油产量只占其2011年公司总产量的4%，如图6-6所示。

① 刘炳义，郝鸿毅，周建双.跨国石油公司发展战略及其演变趋势[J].石油科技论坛，2007(1)：11.

② ConocoPhillips. Growing Value：2011 Summary Annual Report. March 2012，pp. 3. http://www.conocophillips. com/EN/about/company _ reports/annual _ report/Documents/ConocoPhillips% 202011%20Summary%20Annual%20Report. pdf.

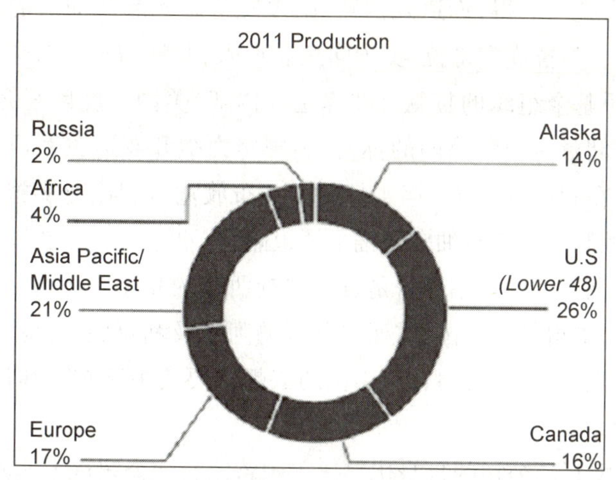

图 6－6　2011 年雪佛龙公司石油产量全球分布图

资料来源：ConocoPhillips. "Growing Value：2011 Summary Annual Report"，pp. 21.

二、北美跨国石油公司在非洲的运营状况分析

1. 北美跨国石油公司，特别是美国的跨国石油公司在非洲活动的优势

（1）美国政府为之营造的良好的政治环境。石油是关乎美国经济和安全的重要的战略资源。美国在构筑符合自己的战略利益、价值取向的霸权体系的过程中，控制石油是仅次于主导贸易和金融机制来维系霸权合作、霸权稳定的次支配手段。美国对非洲的兴趣和重视首先源于美国的一些石油公司的分析报告，之后才得到了政界的认可，并最终促使政府为美国石油公司在非洲的活动保驾护航，提供良好的环境。

2000 年 3 月，在美国众议院非洲小组委员会一次有关非洲能源潜力的会议上，美国两大能源巨头埃克森美孚和雪佛龙以及一些规模相对较小的石油公司如阿美拉达赫斯（Amerada Hess）、马拉松石油公司（Marathon Oil）以及海洋能源公司（Ocean Energy）等都对非洲市场产生了浓厚的兴趣。①

乔治 · W · 布什政府上台后便频频造访非洲，积极拉拢非洲领导人。2002 年，布什总统的国务卿鲍威尔访问了非洲产油大国加蓬和安哥拉。布什也在同年 9 月的联大会议上接见了非洲的 10 位国家元首，其中主要是产油国的领导人。不仅如此，布什还于次年的 7 月份亲赴非洲，访问了塞内加尔、南非、博茨瓦纳、乌干达和尼日利亚五国。奥巴马政府上台后对非热度也丝毫未减，刚上任的半年内奥巴马与国务卿希拉里便分赴非洲访问。除加深与尼日利亚、阿尔及利亚、埃及等传统产油国的关

---

① ［法］菲利普 · 赛比勒 · 洛佩兹著. 石油地缘政治［M］. 潘革平译. 北京：社会科学文献出版社，2008：111.

系,美国还十分重视与乍得、赤道几内亚、喀麦隆等新崛起产油国的发展,扩大其在非洲的能源外交。为拉拢安哥拉,美国同意其加入《非洲增长与机会法案》和获得世界银行、国际货币基金组织的贷款。在赤道几内亚,美国一度恢复开放其关闭的领事馆。对于石油储量居非洲第四的苏丹,美国努力缓和双边关系,积极介入该地区石油勘探开发。在利比亚,2004 年 4 月美国宣布放宽对利比亚实施的长达 18 年的经济制裁,为其控制利比亚石油资源铺平了道路。①

美国开发非洲石油的长期部署是首先控制西非的几内亚湾石油,尤其是尼日利亚、安哥拉、加蓬、乍得等产油国,进而向北非的阿尔及利亚、利比亚、苏丹等国推进,进而控制整个非洲石油资源。目前,美国的兴趣主要集中于在石油储量和产量都最丰富的几内亚湾。②

(2) 美国跨国石油公司的自身优势。美国跨国石油公司进入非洲石油市场的时间较早,且自身拥有雄厚的资金和先进技术。目前,美国的石油公司已相继进入尼日利亚、安哥拉、几内亚比绍、乍得、圣多美和普林西比,并逐渐扩展至整个几内亚湾区。

① 埃克森美孚在非发展情况。

埃克森美孚在非洲的业务主要是上游部分,即石油及天然气勘探、开发、生产以及电力的销售。目前,埃克森美孚公司在安哥拉、尼日利亚、赤道几内亚、乍得、利比亚等 9 个非洲国家拥有 35 个合作区块。以 2006 年为例,该公司在非洲的油气产量占公司总产量的 18%,日产量高达 80 万桶油当量。近百年来,埃克森在非洲 28 个国家的累计钻井数已经超过了 5000 口。③

埃克森美孚是非洲领先的石油生产商之一,其在非洲的业务占埃克森美孚 2010 年总生产量的 14%,以及上游收益的 18%。除了生产活动,埃克森美孚在非洲也有持续的勘探行动。公司在非洲近海区域的总面积为 1500 万英亩的 23 块区域中拥有利益,并在 2010 年参与了 3 个深水勘探井业务。埃克森美孚还致力于推动在这一地区的液化天然气业务。④

埃克森美孚在 2010 年启动了三个项目。之后,还会有 56 个处于业内领先水平的项目陆续被规划、设计和执行。埃克森美孚在全球主要的项目有 14 个,其中 8 个在非洲,可见非洲在埃克森美孚的全球战略中的重要地位,如图 6－7 所示。

为了更好地输送非洲石油,埃克森美孚与雪佛龙等公司投资 37 亿美元,用于铺

---

① 沈小钰.美国能源战略与对非能源外交[J].当代世界,2010(4):46.

② 邓向辉.非洲能源国际竞争与中非能源合作[D].中共中央党校博士论文,2010:55.

③ 张刚.外国石油公司在非洲的竞争趋势分析[J].国际石油经济,2008(3):8.

④ Exxon Mobil. 2010 Financial & Operating Review. pp. 54.

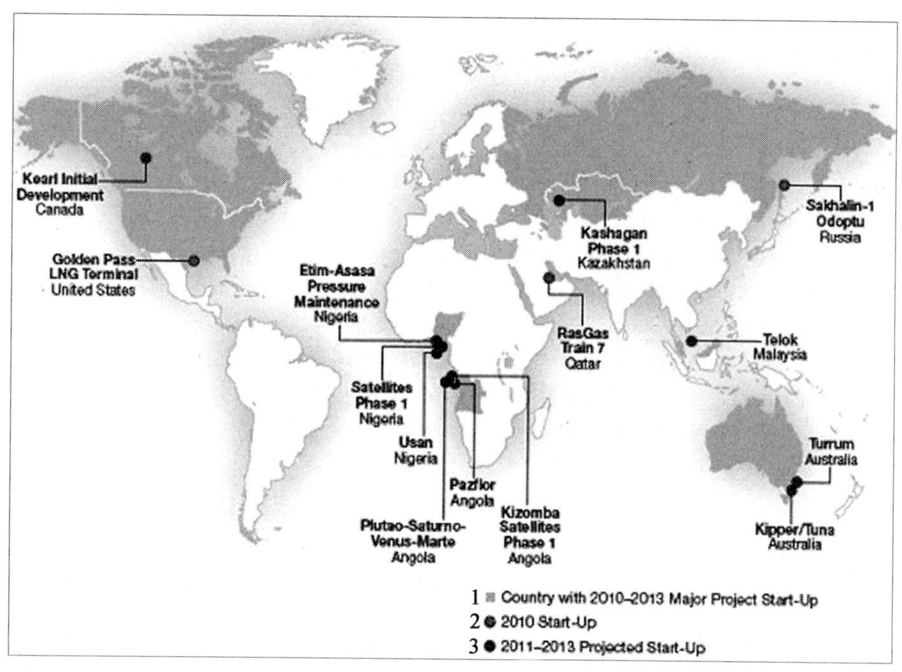

图 6－7　埃克森美孚在非洲的油气项目

资料来源：Exxon Mobil. "2010 Financial & Operating Review", pp. 38.

设乍得和喀麦隆之间的石油管道，将乍得的石油输往喀麦隆的大西洋沿岸。

如图 6－8 所示，埃克森美孚在非洲的业务具体分布在以下数个国家。

A. 安哥拉：埃克森美孚在安哥拉拥有面积为 270 万英亩的四块深水区的权益。埃克森美孚及其合资伙伴已宣布在安哥拉的 63 处资源发现，可开采资源潜力约为 140 亿油当量桶，这代表了一个世界级的发展机遇。1994 年埃克森美孚获得在安哥拉的 15 区块，并占有 40％的权益，1998 年有了第一个资源发现。截至目前，埃克森美孚在此已发现约为 50 亿油当量的资源储量，日产 52 万桶石油，这也使得 15 区块成为安哥拉最高产的油块区域。这一区块其他上马的项目还包括基宗巴卫星油田天然气收集项目。这一集气项目开始于 2010 年，2011 年开始将这一区块相关的天然气收集和运输到索约（Soyo）的液化天然气厂。基宗巴卫星油田项目预计能回收 2.5 亿桶原油，有望在 2012 年开始投产。

此外，在安哥拉，埃克森美孚在 17 区块拥有 20％的权益，1996 年在这一区块首次发现石油。2010 年埃克森美孚公司宣布了在此处的 15 处新发现，可开采潜力约为 60 亿油当量。2010 年，这一区块的吉拉索尔（Girassol）、达利亚（Dalia）和罗莎（Rosa）项目日均总产量为 43.1 万桶。这一区块的帕斯弗洛尔（Pazflor）项目位于离海岸 100 英里的 2600 英尺的水下，将采用浮式生产储油船，日均生产 20 万桶油。下

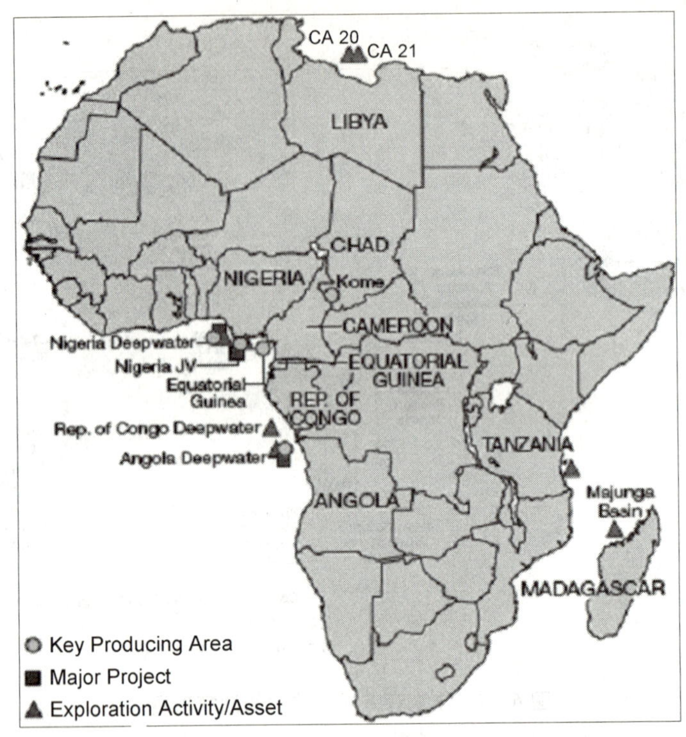

图 6-8　埃克森美孚在非洲的业务分布图

资料来源：Exxon Mobil. "2011 Financial & Operating Review", pp. 31.

一个项目为 Cravo-Lirio-Orquidea-Violeta（CLOV），这是一个 2010 年开始的合资项目，预计日均生产 16 万桶石油。在 31 区块，1999 年埃克森美孚开始在此获得 25%的利益，并于 2002 年有了第一个发现。截至 2010 年，此处共有 19 处发现，资源总量约为 20 亿油当量。Plutao-Saturno-Venus-Marte（PSVM）项目位于这一区块北部 5900 至 6700 英尺深的水下。在 32 区块，埃克森美孚拥有 15%的利益，截至 2010 年底，在此处共有 12 处发现，资源总量约为 14 亿油当量。

2010 年埃克森美孚在安哥拉的总产量为 14.1 万桶/日。未来几年，埃克森美孚在安哥拉还有几个开工项目，如图 6-9 所示。

B. 尼日利亚：埃克森美孚在尼日利亚海岸的浅水和深水区都享有权益。埃克森美孚与尼日利亚国家石油公司在尼日利亚东南海岸的浅水区经营着一个合资企业，并拥有 40%的原油和冷凝油权益，以及 51%的液化天然气权益。埃克森美孚同时还负责运营深水区的尔哈（Erha）和北尔哈（Erha North）油田，其合同为按产量分成。另外，埃克森美孚还从位于尼日利亚近海的邦加（Bonga）和 Amenam/Kpono 油田生产石油。这两个项目预计都是 2012 年上线。2011 年，埃克森美孚在尼日利亚近海的石油净产量达到 32.4 万桶/日。

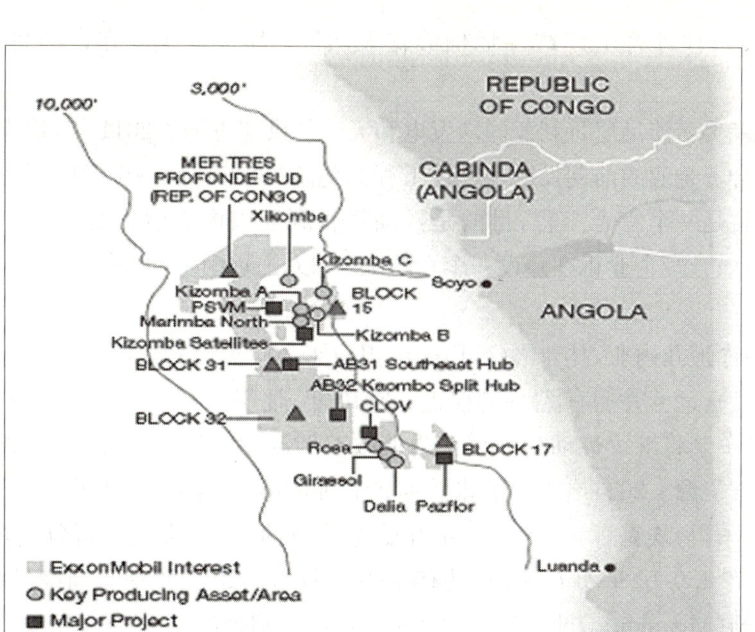

图 6－9　埃克森美孚在安哥拉的项目分布图

资料来源：Exxon Mobil. "2010 Financial & Operating Review", pp. 55.

在尼日利亚深水区的业务主要有尔哈/北尔哈项目。尔哈项目位于离海岸 60 英里处 3900 英尺的水下，埃克森美孚占有 56％的权益。尔哈和北尔哈这两个项目于 2006 年开工建设，是埃克森美孚在尼日利亚运营的第一个深水产区。两个项目有 30 多个钻井，能生产石油 20 万桶/日。埃克森美孚在北尔哈 2 期工程里也拥有 56％的权益，该项目将推动北尔哈油田的生产，使其最高可产 50 万桶/日石油。

此外，埃克森美孚还进入了博斯(Bosi)项目。埃克森美孚在博斯项目中有 56％的权益，项目预计将开发 5 亿桶石油以及 2.5 万亿立方英尺天然气。邦加北部和西北部(Bonga North and Northwest)项目埃克森美孚有 20％的权益，预计开发约 5 亿桶石油。邦加西南部(Bonga Southwest)项目埃克森美孚有 16％的权益，预计开发 8 亿桶石油。OML 138/Usan 项目位于离尼日利亚海岸 60 英里处 2500 英尺的水下，埃克森美孚有 30％的权益，包括后期的整个项目，预计生产高达 5 亿桶石油。主要的合同已于 2008 年早期达成，2010 年推进了钻井和海岸装置设备。勘探和开发钻井计划将于 2011 年和 2012 年进行。

埃克森美孚在尼日利亚的液化天然气项目方面，尼日利亚的液化天然气生产始于 1998 年的奥索(OSO)油田液化天然气项目。2008 年东区天然气液化 2 期工程使得公司的这一业务得到极大推动。2011 年，这两个项目日均生产 3.4 万桶液化天然气,这些项目预计将生产约 4 亿桶液化天然气。埃克森美孚在该项目有 51%的权益。

埃克森美孚涉足尼日利亚国内发电和天然气供应方面。2011 年,埃克森美孚完成了一个合资企业的前期发电和设计工程的建造,该工程为一个 500 万兆瓦的发电厂。该项目是一个综合工程,目的是提高尼日利亚国内天然气的利用率和发电能力。另外,该合资企业正在建设一个新的工厂,以便向国内市场输送约 1 亿立方英尺天然气/日。

C. 在赤道几内亚,扎菲洛(Zafiro)油田位于 400 英尺到 2800 英尺的深水区,埃克森美孚负责运营并拥有 71%的权益。2010 年,油田净产量为 4.5 万桶/日。按计划,埃克森美孚将继续推动与赤道几内亚政府的谈判,以减少石油自燃和开发扎菲洛的天然气资源。2011 年是从扎菲洛生产石油的第 15 年,这一年的产量为 8 亿桶。

D. 在乍得,埃克森美孚 2003 年开始生产石油,并一直是乍得领先的生产者。2011 年生产 4.0 万桶/日石油,并具有 40%的权益。2011 年一个围绕科梅(Kome)和米安德姆(Miandoum)油田的三钻井项目继续得到推动。

此外,埃克森美孚的油气业务还在刚果共和国、马达加斯加、利比亚和坦桑尼亚等非洲地区积极展开,预计在将来会不断有新的油气收获。

② 雪佛龙在非洲的发展情况。

雪佛龙的业务遍及天然气的每个方面——生产、液化、管道建设和海上运输、营销与贸易、发电以及将气体液化等。在包括西非在内的世界广大地区,雪佛龙都拥有相当多的天然气资源。2010 年,雪佛龙油气产量平均为 280 万桶油当量/日。主要产区包括安哥拉、澳大利亚、阿塞拜疆、孟加拉国、巴西、加拿大、丹麦、印度尼西亚、哈萨克斯坦、尼日利亚、科威特和沙特阿拉伯之间的分割区、泰国、英国、美国和委内瑞拉,主要勘探领域包括在美国墨西哥湾、澳大利亚西北部的近海地区和西部非洲等。

雪佛龙在非洲的油气业务主要分布在安哥拉、尼日利亚、利比亚和刚果等国。

在安哥拉,雪佛龙是该国最大的石油生产商以及最大的石油产业雇主,雪佛龙每年持续在主要能源工程方面投资数十亿美元,并计划增加在安哥拉的石油生产和天然气的储藏利用。2011 年,雪佛龙在安哥拉日产 54 万桶油。公司在安哥拉投资了数十亿美元在几个大的工程项目上,以增加石油产量和天然气储备。其最重要的投资包括本格拉-伯利兹-洛比托-汤博库(Benguela Belize - Lobito Tomboco)项目;投资 38 亿美元的汤姆巴-兰达纳(Tombua-Landana)项目以及在 Soyo 的年产 520 万吨/年的液化天然气厂。雪佛龙在安哥拉有四块特许经营权,分别是卡宾达省近海的 0 区块,更远处的深水 14 区块,安哥拉西北海岸的 2 区块以及 Fina Sonangol Texaco 的陆上区块,其中的两个由雪佛龙公司负责运营。雪佛龙也拥有安哥拉液化天然气有限责任公司(一家陆上液化天然气合资企业)的股份。雪佛龙是安哥拉最大的外国石油行业雇主,雇佣了3100多名安哥拉人,占公司在安哥拉工人总数超过86%。在安哥拉,雪佛龙还涉足刚果河峡谷隧道管道,在该管道中占有38.1%的股份,这条管道按设计将每天运送2.5亿立方英尺天然气至Soyo的安哥拉液化天然气厂。该项目包括位于刚果河峡谷以下的87英里(140千米)长的管道。该项目于2011年下半年开始,2013年完工。雪佛龙还投资了安哥拉在Soyo的液化天然气厂,该厂年产520万公吨,是安哥拉液化天然气项目的核心。该厂投资90亿美元,每天处理11亿立方英尺天然气,雪佛龙在该项目中拥有36.4%的利益。液化天然气厂的建设开始于2008年,2012年投入运营。①

在尼日利亚,雪佛龙是第三大石油生产商,以及最大的投资者之一,每年投入30多亿美元。2011年,雪佛龙在尼日利亚日平均生产51.6万桶(23.2万净桶)原油,3.43亿立方英尺(1.42亿净立方英尺)天然气,1.1万桶(0.4万净桶)液化天然气。雪佛龙下属的雪佛龙尼日利亚有限公司在13区块开采权中占有40%的权益,并负责运营。雪佛龙在尼日利亚具有广泛权益,业务涉及陆上、浅水和深水区等不同区域。雪佛龙还是西非天然气管道有限公司的最大股东,拥有36.7%的股份。该公司建设、拥有和管理这条421英里(678千米)的西非天然气管道。这条管道设计的原因是给位于非洲的加纳、贝宁和多哥的消费者供气,用以发电和进行工业生产。2011年2月完成了使管道输送能力增加为1.7亿立方英尺/日天然气的压缩工厂。

在利比亚,雪佛龙公司近海区获得了占地240万英亩的三个深水区块,拥有70%的股份和作业权。2010年第四季度一开始为期三年的勘探计划。在刚果共和国,在特许的莫霍-比隆多(Moho-Bilondo)区块内的比隆多海域2号和3号井的发现已经被证实。雪佛龙在这一特许的区域拥有31.5%的利益。

此外,雪佛龙在乍得、喀麦隆等非洲地区也有开展油气业务。一方面,雪佛龙公司在非洲大陆积极进军油气开采,另一方面,该公司也在非洲进行下游油气销售业务的收缩,2010年12月和2011年2月,公司完成了在马拉维、毛里求斯、留尼汪、坦桑尼亚和赞比亚的销售业务的出售。②

③ 其他北美石油公司在非洲也在展开积极布局。

不仅上述美国的几大能源巨头在非洲攻城略地,其他能源公司也纷纷到非洲开展业务。2005年,利比亚举行了解除制裁后的第一轮15块油田的公开招标,美国公

① Chevron. Angola Fact Sheet. pp. 1 - 2. http://www.chevron.com/documents/pdf/angolafactsheet.pdf.

② Chevron. Chevron 2010 Annual Report. April 2011, pp. 16. http://www.chevron.com/documents/pdf/ Chevron2010AnnualReport. pdf.

司单独或与其他国家的公司合作一举拿下了 11 块油田。同年 7 月，美国西方石油公司恢复了在利比亚锡尔特盆地和其他 4 个勘探区块的石油生产业务。同年 10 月，利比亚第二轮 44 个石油勘探开发区块开标，美国公司也榜上有名。12 月，康菲石油等 3 家美国能源大公司与利比亚国家石油公司签署协议，以 18 亿美元的出价恢复了它在利比亚油气田的投资。①

美国的安纳达科(Anadarko)石油公司在阿尔及利亚东部的石油日均产量达到 50 万桶，该公司正在阿尔及利亚拜尔肯盆地(Berkine Basin)区块开发 7 个新油气田，以使原油日产量增加 15 万桶。② 安纳达科公司也是阿尔及利亚和埃及最大的外国石油生产商。③ 美国的埃索石油公司也与安哥拉联手，斥资 30 亿美元，在安哥拉首都罗安达西北海域兴建一座日产原油 25 万桶的深海油田，而这已是埃索石油公司近 3 年在安哥拉投资的第三个深海油田。在加纳濒临几内亚湾的塔诺(Tano)区块，美国的科斯莫斯公司已签约准备进行海洋石油勘探。在赤道几内亚，美国的赫斯(Hess)公司开发的奥库米(Okume)油田，将使该国日均产油量增加 6 万桶。美国的丹文能源(Devon Energy)公司在赤道几内亚开始深海钻探，准备打 3 口井，预计在 2008 年开始产油。美国的阿帕奇(Apache)公司最近也在埃及西部沙漠发现了油藏。在南部非洲，加拿大的阿托玛斯(Artumas)公司获得了莫桑比克北部鲁伍马(Rovuma)区块的勘探权，准备用 3 年时间进行二维地震勘探。在卢旺达，加拿大凡高德(Vangold)公司准备与有关当局签订产量分成协议，在该国西北部白象(White Elephant)作业区开发石油。白象作业区面积 2708 平方千米，位于卢旺达与乌干达边境地区，在乌干达一侧已有油气显示。④

三、北美跨国能源公司对非洲产生的影响

1. 北美跨国能源公司对非洲国家产生的积极影响

埃克森美孚和雪佛龙等美国跨国石油公司积极促进项目所在国的经济和社会发展，对非洲的援助和公益投入也一直在这些公司的支出中占有重要地位。

表 6－7 便反映了 2009 年非洲在它们整个公益投入中所占的比例，都居于这两家公司该项投入的第二名。

---

① 张爽. 世界能源战略与能源外交(美洲卷)[M]. 北京：知识产权出版社，2011：146－147.

② 汪巍. 非洲油气领域招商引资举措与我国对策[J]. 中外能源，2010(4)：7.

③ 吴晓明. 大国策：通向大国之路的中国能源发展战略[M]. 北京：人民日报出版社，2009：161.

④ 汪巍. 非洲石油勘探开发市场格局与竞争策略[J]. 中外能源，2008(2)：12－13.

表 6－7　北美跨国公司在非洲经营状况

公司	总投入/亿美元	地区性分布	投入重点领域
埃克森美孚	2.35	美国 61%，非洲 14%，加拿大 8%，俄罗斯/里海 7%，亚太 3%，中东 3%，欧洲 3%，拉美 1%	高等教育、公民和社区、员工捐助、预科教育、健康、其他教育、环境、员工活动投入、文化艺术
雪佛龙	1.44	北美 48%，非洲 20%，拉美 4%，亚太 14%，欧洲，欧亚和中东三者 14%	艾滋病防治、教育和职业培训、支持当地中小企业发展

资料来源：五大跨国石油公司 2009 年度社会责任报告解读. WTO 经济导刊，2010(12)：69.

具体而言，这些正面作用体现在：

(1) 刺激当地经济发展，推动就业。农业方面，由雪佛龙卡宾达海湾石油公司和美国国际开发署共同参加的“促进农业发展计划”(ProAgro)项目旨在注资帮助安哥拉。该项目采用以市场为导向的价值路径帮助生产者、供应商、银行、加工商以及分销商之间建立可持续的商业联系。该项目为超过 5500 名有组织的农民提供技术帮助，其中 29%是妇女。2007—2009 年，该项目帮助农民将粮食产量从平均 17 吨/公顷增加到 32 吨/公顷。① 渔业方面，雪佛龙及其区块合作方发起了支持卡宾达渔业机构项目(FiSS)，捐资 300 万美元帮助 2700 户当地渔民和家庭提高社会和经济状况。为期三年的项目目的是帮助渔民建立组织化的小型商业机构。除了技术支持，该项目还发起了小型信贷项目，为将近 150 名男女渔商提供了帮助。卡海油还为超过 200 名组织化的渔民派发了雷达、安全防护设备、GPS 和其他导航工具以及急救物品。这些设备将装置在卡宾达提艾劳(Tieiro)地区的 400 多条渔船上。

雪佛龙等公司还致力于推动中小企业的发展，以其在安哥拉的表现为例，一是建立卡宾达商业孵化器(Cabinda Business Incubator)，雪佛龙建立一个商业中心，其主要目标是通过高质量的培训、建议、咨询等服务提供动态管理和技术支持，以提高中小企业的活力。在试点期，25 家企业获得了帮助。该项目是与卡宾达政府合作的，当地志愿培训机构作为代表。为确保可持续性，项目的试点和巩固预计要花费三年时间。二是投资安哥拉企业项目(AEP)，促进安哥拉多元化、有活力的中小企业的发展。三是参加非洲投资银行小额信贷，BAI Microfinanças (BMF)在卡宾达开设分支机构，雪佛龙拥有其中 7.02%的股份，BAI 拥有 92.98%的股份。BMF 为中

① Chevron. Cabinda Gulf Oil Company Limited：2010 Corporate Responsibility Report. April 2011，pp. 1－15.

小企业提供了 950 万美元的贷款。①

在推动当地就业方面,埃克森美孚通过为当地创造就业机会、培育当地供应商和承包商、提供知识和技能培训等多方面举措来促进当地社会能力建设。在尼日利亚,埃克森美孚通过技术审计、培训和派送技术员工指导当地供应商,促进当地供应商与其他国际公司合作等措施,帮助当地供应商的产品达到国际标准。经过几年的培育,埃克森美孚在尼日利亚本土的技术服务商已经能够取代国际公司完成管道生产和安装、平台建设、油井测试等主要工程项目服务。2009 年,埃克森美孚公司给予尼日利亚本土供应商和技术服务商的合同额达到 18 亿美元。② 埃克森美孚和雪佛龙参加乍得-喀麦隆项目进一步表明了两个公司愿意推动撒哈拉以南的非洲的经济和社会发展。随着管道工程的不断进展,雪佛龙与世界银行和非政府组织不断合作,它们都是该项目的关键支持者。该项目为乍得乃至更大区域的人民提供了工作机会、经济发展机遇和其他利益。乍得籍员工占到该项目总员工数量的 90%。项目在乍得雇佣了 7000 多名工人,在喀麦隆雇佣了 100 多名工人。另外,项目及运营开支至 2010 年共计达到了近 6.5 亿美元。③

值得一提的是,雪佛龙是安哥拉最大的外国石油行业的雇主,拥有近 3130 名安哥拉员工,这占到了雪佛龙在安哥拉所有员工的 88%。雪佛龙在安哥拉的专业和高级职位中,安哥拉人占据了其中的 76%。④

(2) 推动当地社会公共事务的发展。在公众健康和医疗方面,埃克森美孚于 2000 年发起了非洲健康计划,支持以疟疾为主的疾病预防、控制和治疗项目。埃克森美孚在该社区发挥了积极作用,并致力于帮助当地民众有效地与国际非政府组织、政府机构以及其他各方合作,以抗击疟疾的扩散。自从 2000 年埃克森美孚基金的非洲健康计划成立以来,公司已经贡献了 5000 万美元去支持当地和国际组织去减少疟疾造成的负担,以及提高非洲大陆人民的健康水平。⑤ 在乍得,雪佛龙及其合作伙伴发起了有利于社区和项目员工的健康和教育倡议。这些倡议包括艾滋病/艾滋病毒和疟疾的教育和预防项目。而反霍乱项目则重点关注提高卫生设施和饮用水的清洁。股东还在多巴油田附近建设、翻新和提供了诊所,以及运送护士到各地区进行骨髓灰质炎的疫苗接种。⑥ 船上诊所(The Riverboat Clinic)成立于 2001 年,雪

① Chevron. Cabinda Gulf Oil Company Limited: 2010 Corporate Responsibility Report. pp. 1 - 15. http://www.chevron.com/documents/pdf/ 2010 - AngolaCR-English.pdf.

② 李文,许晓玲,何芳.跨国石油公司社会责任管理与实践[J].国际石油经济,2010(9):37.

③ Chevron. Chad Fact Sheet. pp. 1 - 2. http://www.chevron.com/documents/pdf/chadfactsheet.pdf.

④ Chevron. Cabinda Gulf Oil Company Limited: 2010 Corporate Responsibility Report. pp. 1 - 15.

⑤ Exxon Mobil. Africa Health Initiative. pp. 1 - 6. http://www.exxonmobil.com/Corporate/Files/news_pub_ahi.pdf.

⑥ Chevron. Chad Fact Sheet. pp. 1 - 2.

佛龙是主要的发起者。这种流动的医疗服务顺着尼日尔三角洲西部的拉沃斯河和贝宁河(the Escravos and Benin Rivers)来回巡诊。船上载有药品和其他医疗设施,为沿岸居民免费提供医疗服务。2008 年,流动诊所共为 23000 多名居民提供了服务,还为 1000 多名妇女和儿童提供了免费疫苗。2010 年,诊所月平均医治 3000 名患者。①

在教育和文化体育方面,雪佛龙为尼日利亚的中学和大学提供奖学金。2009 年就使 5 个州的 860 名学生受益,2010 年项目扩大至 10 多个州。雪佛龙与合作方一起为 10 个尼日利亚大学捐赠了 11000 多本地理书籍。在安哥拉,雪佛龙的"安哥拉伙伴关系倡议"推动和平事业,提高了所在社区的健康,带来了更好的教育机会。2010 年雪佛龙致力于安哥拉的教育质量,以及妇女受培训和学习技能的权利,使妇女有能力在安哥拉的经济发展中发挥更大作用。2010 年,雪佛龙仅在安哥拉对教育方面投入就超过 660 万美元。2010 年雪佛龙还通过赞助歌星尤拉·赛梅朵(Yola Semedo)的唱片《我的灵魂》(Minha Alma)的发行来支持安哥拉正在蓬勃发展的音乐产业。此外,还有其他相似的赞助。雪佛龙的目标是推动安哥拉艺术的发展,促使越来越多的人喜爱艺术。

(3) 为当地交通设施和环境保护投入资金。例如,在安哥拉,雪佛龙起初是为他们的员工、承包商及其家庭设计道路,现在雪佛龙已将该项目范围扩大,并与安哥拉道路和交通国家委员会合作资助一个国家道路安全运动,使卡宾达市的 20 万居民能接触到电台、电视和报纸。他们将为司机、乘客和行人传授安全出行的知识。该项目也促使安哥拉引进了当代国家的道路编号。在保护当地生态环境方面,雪佛龙援助了尼日利亚的莱基(Lekki)保护中心,这个 190 英亩大的鸟兽保护区是拉各斯(Lagos)地区唯一的保护莱基半岛动植物的保护区。2005 年,雪佛龙为保护环境设立了研究生奖学金,同时雪佛龙也为尼日利亚保护基金提供财政支持。

2. 北美跨国能源公司对非洲大陆产生的消极影响

(1) 引发社会不满和动荡。北美跨国石油公司在非洲的投资发展给非洲产油国带来了巨额石油收入,但石油财富分配不公往往会引起民众的极大不满甚至是暴力行为,也成为非洲一些产油国社会动荡的根源之一。

石油利益还引发当地居民与石油公司之间的不断纠纷,甚至是严重的流血冲突。石油财富分配不均以及由此带来的腐败问题,可能引发产油国政局动荡不安。②

(2) 助长腐败。非洲产油国在使用和分配巨额石油收入时缺乏透明度和必要的

① Chevron. Nigeria Fact Sheet. pp. 1－3. http://www.chevron.com/documents/pdf/nigeriafactsheet.pdf.

② 邓向辉.非洲能源国际竞争与中非能源合作[D].中共中央党校博士论文,2010:119.

监督，导致了严重的社会腐败问题。《2006年全球腐败国家排行榜》排前10位的国家中非洲国家占了5个，《2009年全球腐败国家排行榜》中索马里和苏丹位列第一位和第四位。因为腐败问题，非洲每年经济损失达1500亿美元，占整个非洲大陆生产总值的1/4。[①] 以尼日利亚为例，由于缺少治理和有效控制，尼日利亚石油行业腐败盛行，矛盾重重，发展缓慢而缺乏效率。为此，2007年8月28日，尼日利亚总统宣布废除尼日利亚国家石油公司(NNPC)，建立国家能源委员会，负责石油核查委员会、国家石油公司(NAPCON)、石油产品分配公司、国家油气资产和管理服务公司。尼总统表示在新石油政策的指导下，新成立的尼日利亚国家石油公司将成为一个完全以利润为导向的、商业化的有限责任公司，原油石油公司的政治色彩将大大减退，以更好地抑制腐败。尽管尼官方积极推进这一工作，但各方对于其能否成功持怀疑态度。[②]

(3) 引发环境问题。尽管欧美大型跨国石油公司在勘探和开发能源的过程中注意环境保护，但并不能完全避免对环境的污染。特别是一些输油管道由于年久失修，会发生原油泄漏事故。这些污染对当地的土地和河流都会造成严重危害，影响当地农渔民的正常作业和生活，甚至会造成严重的社会问题。2011年11月，东非国家吉布提一家轻罪法庭宣布，因法国道达尔集团下属两家子公司造成海上石油污染，构成伤害他人健康罪，对其分别处以1亿欧元的赔偿和100万欧元的罚款。

四、对中国能源企业在非洲发展的启示

政府方面，应继续加强与非洲各国的政治、经济、文化社会的全方位的合作，进一步推进与非洲的双边及多边合作与交流，为中国各大石油公司在非洲的发展营造一个良好的社会环境。

企业方面，具体应从以下几个方面展开工作。

(1) 制定公司的发展战略及对非业务的战略。成功的石油公司总能够根据形式的变化及时调整自己的发展战略。跨国公司都有专门的战略研究机构和相应的战略管理部门，拥有畅通的信息渠道和雄厚的经济研究力量，并建立起了高效的决策机制，从而能够针对经营环境和市场变化情况迅速采取有力的对策。同时，这些跨国石油公司不但重视发展战略的调整，而且还从公司制度体系、组织框架、管理方式等多方面进行改革和调整，通过建立一整套的战略制定、实施和监督体系来保证所指定的战略的有效实施。[③]

---

① 李锋. 贪污让非洲每年损失1500亿[J]. 廉政展望，2006(8)：57.

② 吴晓明. 大国策：通向大国之路的中国能源发展战略[M]. 北京：人民日报出版社，2009：152.

③ 刘炳义，郝鸿毅，周建双. 跨国石油公司发展战略及其演变趋势[J]. 石油科技论坛，2007(1)：8－9.

(2) 培养强烈的社会责任感意识，加大对当地社会公益事业的投入。应该看到，近年来，我国的石油公司在这一方面的表现已经有所提升。比如，中国石油天然气集团公司 2007 年 1 月便与苏丹喀土穆州社会发展部签署《社会公益基金协议》，主要辅助对象为喀土穆州的社会弱势群体，包括孤儿、聋哑儿童、患病妇女、盲人、就业技能缺乏者等。[①] 同时也应该看到，由于种种原因，中国在非洲的项目往往习惯雇佣国内员工而非当地员工，在非公司当地员工的比例偏低，这使得我国在非公司饱受指责。因而，包括石油公司在内的在非中资企业必须努力改善在这方面的表现，更好地融入当地社会，更主动地承担企业社会责任，加大对非洲的经济、教育、健康和环境等事业的支持力度，树立中国石油公司的良好形象，实现与所在国及当地社会的"互利共赢、共同发展"。

(3) 将上游领域作为投资重点，注重勘探和开发业务的发展。从埃克森美孚和雪佛龙等超大型跨国石油公司的业务比例可知，其近年来对上游业务的投资比例不断增加，上游业务成为其利润来源的主要源头。因此，我国的大型石油公司在非洲的投资也应该更加重视上游业务。将油气的勘探和开发作为重点，努力扩大油气资源来源，增加产量。

(4) 坚持审慎的投资原则，重视风险预防和控制。能源项目的特点是投资规模大(动辄需要几亿至几十亿美元)，开发周期长(项目的勘探开发往往需要几年甚至几十年的时间)。这就使得石油公司在作出投资决策时必须充分考虑油气价格的变动、市场环境和所在国政治环境的变化以及项目设备本身能否承受长期运营等因素。不仅在项目的决策阶段要注意防范和规避风险，而且在项目的设计、建设和运营的整个阶段都要坚持严格的审核、检测、监督和评估。

(5) 重视技术开发及人才的吸收维护。国际石油公司特别注重对员工主动性和创造性的激发，为人才提供多样化岗位，将专业技术培训与管理能力培训相结合，并针对人才的特殊个性制定长期的职业生涯培养计划。[②] 我国的石油公司应注意借鉴国际石油公司的人才管理和培养经验，使人才优势成为公司具有明显竞争力的持续源泉之一。

(6) 重视与包括北美跨国能源公司在内的跨国公司的合作。我国石油公司应该注重与非洲产油国的国营石油公司及其他国家石油公司开展多种形式的合作，这样不仅能够增加中标比例，而且可以有效地降低风险，实现优势互补。正是在这一方针的指导下，才有了中美两国石油公司在 2009 年签署协议共同开发安哥拉 32 区块

① 中国石油天然气集团公司. 2010 年度报告. http://www.cnpc.com.cn/resource/cn/other/pdf/2010nb-c.pdf.

② 滕睿，孙竹. 国际石油公司管理模式的发展[J]. 中国石化，2009(6)：25.

石油的实现。2009年，中海油与中石化以13亿美元联合收购美国马拉松石油公司持有的安哥拉32区块20%的权益。安哥拉32区块是一个油气资源富集的深水勘探区块，区块总面积为5090平方公里，共包括12个油气发现。该区块距海岸线150公里，海域水深为1400米至2200米。交易完成后，马拉松石油公司在该区块的权益将降至10%，埃克森美孚公司也持有15%的权益。①

众所周知，我国虽然号称能源大国，但人均能源占有量远低于世界平均水平。2003年，中国石油净进口量接近1亿吨，成为继美国之后的第二大石油消费国。② 中国能源问题的解决，不仅要"节流"，更要"开源"，即要积极参与世界能源的竞争与合作，实施能源进口多元化战略。非洲由于其丰富的能源储量和自身优势，理所当然成为中国能源进口多元化战略的关键来源区域。应该说，近年来，中非能源合作一直呈现出良好的势头，合作内容也由过去单一的能源贸易扩展至能源勘探和开发。但中非的能源合作也面临着一些挑战，同时与西方能源公司相比在规模、资金、管理等方面也处于劣势。因而，中国能源公司在非洲的进一步发展必须要确立明确的对非战略，重视人才和技术的引进，学习西方能源公司的先进经验，加强与国外大能源公司的合作。这样，不仅能更好地解决中国的能源问题，而且有助于分散能源勘探和开发过程中的风险，最大程度地保障中国能源公司的合法利益。

第三节　亚洲跨国能源公司在非洲的发展战略

在欧美跨国能源企业于非洲能源市场占主导地位的情况下，亚洲跨国石油公司在非洲的影响力不断增强。其中，除了中国能源企业以外，影响最大的有印度石油天然气公司、马来西亚国家石油公司和日本国际石油开发公司等。本节主要对亚洲主要跨国石油公司在非洲的经营战略和市场地位进行分析，然后阐述亚洲石油公司在非洲的竞争与合作以及主要石油公司的市场活动对非洲本土的影响，最后对中国在非能源企业提出了相对于其他亚洲跨国能源企业的借鉴意义。

一、在非洲的亚洲跨国能源企业

近年来由于工业化的发展，亚洲能源消费激增（见表6－8）。仅以石油为例，根据BP的预测，未来20年间，全球石油需求中将有约70%来自亚洲的非经合组织国

---

① 中海油与中石化联合收购安哥拉石油区块20%权益. 新华网，2009－7－18. http://news. xinhuanet. com/fortune/2009－07/18/content_11729113. htm.

② 隋舵. 国际石油资源博弈与中国的石油外交战略[J]. 学习与探索，2005(3)：27.

家。BP首席经济学家克里斯多夫·鲁尔曾说:“未来20年内,预计超过3/4的全球能源需求的净增长都将来自亚洲的非经合组织国家。”[①]但与此同时,面对能源的高消费与高需求,亚洲地区的自身的能源储量却极低。仍以石油为例,2010年,亚洲石油总储量只占世界的3.3%,是全世界各地区中最低的。据美国《石油情报周刊》近日作出的分析,2012年亚太地区的石油需求量将增长70万至90万桶/日,而该地区产量增长可能还不到10万桶/日,石油供应缺口最高可达80万桶/日。[②] 这必然影响亚洲地区的稳定与发展,所以能源高需求与低储量之间的矛盾是制约亚洲发展的一个关键性因素。

表6-8　亚洲2011年和2012年石油需求表

年份		2011				2012			
季度		一	二	三	四	一	二	三	四
石油需求/(百万桶/日)	季度需求	20.27	20.23	19.70	20.61	20.57	20.87	20.45	21.42
	年平均需求	20.20				20.83			

资料来源:IEA. "IEA Oil Market Report", February 10, 2012. http://www.oilmarketreport.org.

在这种现实情况的驱动下,亚洲各跨国能源公司开始积极参与在世界各地的能源竞争,其中非洲是主要地区之一。在非洲石油竞争格局中,亚洲国家石油公司的身影越发活跃,成为非洲石油市场上的一支劲旅,近年来参与非洲石油上游合作的亚洲石油公司已经多达近20家。如马来西亚国家石油公司在阿尔及利亚、埃及、安哥拉、苏丹、乍得等15个非洲国家拥有上游业务和油气产量。中石油自1995年成功进入苏丹石油市场以来,已经将其业务拓展到阿尔及利亚、利比亚、乍得、毛里塔尼亚、尼日尔、赤道几内亚等10个国家。此外,印度国家石油天然气公司、印度石油公司、印度国营天然气公司、印度Oil India、韩国国家石油公司、韩国天然气公司、韩国SK Energy、泰国石油勘探开发有限公司以及来自中国台湾地区的台湾中油公司等都在非洲积极拓展石油业务。而据尼日利亚当地媒体援引路透社报道,2012年前两个月,亚洲跨国能源企业从尼日利亚、安哥拉等西非产油国日均进口石油量创历史新高,达182万桶。[③]

除了中国几家大型石油企业之外,在非洲最有影响的亚洲跨国石油企业包括印度石油天然气公司、马来西亚国家石油公司、日本INPEX公司、韩国国家石油公司

① 未来全球能源需求看亚洲——专访BP首席经济学家克里斯多夫·鲁尔[N].中国能源报,2011-10-24,第9版.

② 亚洲需寻找更多石油来源[N].中国石化报,2012-2-17,第5版.

③ 驻尼日利亚使馆经商处编.亚洲国家从尼日利亚等西非产油国日均进口石油量有望创历史新高[N].尼日利亚一周经贸动态,2012-2-5,第158期.

等，这些有影响力的亚洲跨国石油企业在非洲制定特殊战略，参与各种竞争与合作，在非洲石油市场中皆有一席之地。

（一）亚洲跨国石油公司在非洲的经营战略

跨国石油公司在国际市场上若想在竞争中占得优势，在石油区块竞标中赢得胜利，就必须要有优于别人的经营战略。亚洲跨国石油公司在非洲也都制定了各自战略，经营战略是否完善决定了这些公司在非洲能否成功。下面以印度石油天然气公司、马来西亚国家石油公司和日本 INPEX 公司为例，阐述这三个亚洲跨国石油企业在非洲的经营战略。

1. 印度石油天然气公司

印度石油天然气有限责任公司（以下简称 ONGC），前身为印度石油天然气委员会，成立于 1956 年，1993 年改为现名称，总部设在印度台拉登，是在印度和国际上有一定影响的一家综合石油天然气公司。公司从事石油和天然气的勘探、生产、提炼、运输；公司的产品包括原油、天然气、液化石油气、石脑油、乙烷/丙烷、芳烃石脑油、煤油、高速柴油、汽油、航空涡轮燃料等。印度又是个典型的贫油国，已探明的储藏量只占世界已探明储量的 0.4% 左右。作为第四大原油进口国，印度国内 80%的原油需求是从国外进口的。所以，非洲的石油对于印度国家的发展和稳定都有着重要意义。而 ONGC 在印度政府的政策引导下，积极参与国际石油竞争。

ONGC 维德仕有限公司（ONGC Videsh Ltd，OVL）是该公司的子公司，专门负责国外的石油勘探、开发活动。作为印度最大的跨国公司，OVL 在 15 个国家拥有 40 多个石油和天然气项目（其中 9 个是生产项目），这 15 个国家分别是越南、俄罗斯、苏丹、伊拉克、伊朗、缅甸、利比亚、古巴、哥伦比亚、尼日利亚、圣多美和普林西比、埃及、巴西、叙利亚和委内瑞拉。[①] 在非洲，ONGC 通过 OVL 积极参与非洲能源竞争。

首先，ONGC 通过 OVL 在非洲的直接投资取得了许多石油开采权以及能源项目协议。通过这些直接投资，ONGC 在非洲产油国的油气项目中占据一定的份额，扩大了影响力及市场占有率。

其次，ONGC 通过与国外跨国公司以及非洲当地的国家石油公司合作扩大其在非洲的利益。例如，2005 年，OVL 和世界上最大的跨国钢铁公司 LN 米塔尔钢铁集团（即现在的安赛乐米尔塔钢铁集团）组成了 ONGC 米塔尔能源有限公司（ONGC Mittal Energy Ltd，OMEL），这一合资石油公司在非洲活动频繁。2006 年 6 月，在尼日利亚的石油招标中，OMEL 以对尼日利亚基础设施建设投资 60 亿美元的承诺换得了两个海上区块和石油开采权。此外，OMEL 在非洲的活动还包括：在科特迪

① ONGC. Company Overview. http://www.ongcindia.com/profile_new.asp#e.information.

瓦的海上区块 CI-112 的 23.5%的权益；参与在利比亚的两个陆上石油勘探区块的 49%的权益；在埃及北拉马丹区块取得的对石油勘探的特许权协议；在加蓬的石油和天然气产业超过 500 万美元的潜在投资等。[①] 2005 年 3 月，ONGC 与其合作伙伴美国 IPR 石油公司合作取得了埃及一油气区的油气开发权。当时，IPR 石油公司已经获得了埃及北拉马丹 6 号油气区的开发权。作为其合作伙伴，ONGC 将在该区域投资 2000 万美元。北拉马丹 6 号油气区位于苏伊士湾中部，面积 290 平方公里，石油储量为 6 亿多桶。[②]

此外，除了直接投资和与其他公司合作以外，ONGC 还收购其他跨国公司在非洲的股份。例如，2003 年，OVL 出价 715 亿美元购买了加拿大塔里斯曼能源公司在苏丹 25%的股份，印度从中获得了 323 万吨石油。此外，OVL 还计划从马来西亚国家石油公司手中收购苏丹迈鲁特盆地(Melut Basin) 第八油区 30%的股权。

2. 马来西亚国家石油公司

马来西亚国家石油公司(Petroliam Nasional Bhd，Petronas)成立于 1974 年，它是国家全资所有的上下游一体化的综合性石油公司。通过三十几年的发展，Petronas 已经成长为一家综合性的跨国石油天然气公司，涉足广泛的石油业务，在世界各地开展上游和下游石油和天然气业务。目前，Petronas 在 30 多个国家拥有逾 100 家子公司及联营公司，其 80%的收入源自于国际业务与出口。国际化经营使马来西亚国家石油公司如虎添翼，迅速发展壮大。

在非洲市场的马来西亚能源企业中，最有实力的就是马来西亚国家石油公司。马来西亚资源丰富，根据《马来西亚第 4 季度石油与天然气报告》显示，到 2015 年，马来西亚的石油需求将只占亚太地区的 2.40%，而石油供应却达到亚太总供应的 11.6%，仅从 2011 年至 2020 年，石油产量就有可能增加 22.2%。同时，到 2015 年，马来西亚天然气消费将约占亚太总消费的 6.49%，但产量却占 13.29%。可以看出，同其他亚洲国家相比，马来西亚能源自给率较高，所以其国内石油公司与印度等其他一些能源缺乏国家的跨国企业国外战略并不同。

首先，Petronas 在非洲的基本战略是“借船出海”。Petronas 国际化经营的重点是上游的油气勘探开发。Petronas 在上游领域的海外开拓，并不拥有技术上的优势，也没有强大的国内支持，它基本是资本运营，其基本途径是“借船出海”——“搭”国外大石油公司的“船”，参与国外的油气勘探开发项目，都让大石油公司当作业者，它只图分享份额油。这是它上游海外经营的主要战略，而在非洲也是一样。例如，

---

① Fantu Cheru and Cyril Obi. *The Rise of China and India in Africa-Challenges, Opportunities and Critical Interventions*. Zed Books Ltd, pp. 36.

② 印度石油天然气公司获得埃及油气开发权[N]. 国际金融报，2005-3-3，第 8 版.

非洲大陆最长的石油管线是连接乍得多巴油田和喀麦隆大西洋沿岸克里比港、长1070公里的乍得-喀麦隆石油管道。该管线的所有者是美国埃克森美孚石油公司、雪佛龙石油公司和马来西亚国家石油公司组成的一个国际财团与喀麦隆和乍得政府合资成立的喀麦隆石油运输股份有限公司(Cameroon Oil Transportation Company S. A. 缩写为 COTCO)。该管线总造价为37.2亿美元,2004年6月全面投入运营,最大输油能力为25万桶/日。乍得每年获得20亿美元的石油收入,喀麦隆每年将从石油管线上获得5.5亿美元的过境费。在安哥拉则是与埃克森美孚、雪佛龙公司、安哥拉国家石油公司合作。在石油销售领域,Petronas 则以与当地国家石油公司的合资合作为主,如在南非的下游项目。

其次,Petronas 在非洲的投资范围很广,其基本策略是"东方不亮西方亮",分散投资风险。进入21世纪以后,Petronas 改变了单一的参股风险勘探——产量分成合同,而是开始采取收购外国公司在勘探区域或油田的股权的办法。在非洲,Petronas 最早有影响的活动是在1996年,Petronas 进入南非买下英振(Engen)公司30%股权,1998年买下剩余的20%股权,使英振成为其海外活动的全资子公司。

在埃及,Petronas 于2003年4月24日在埃及首都开罗宣布,它将支付17.5亿美元给意大利爱迪生(Edison)电力公司,用于收购该公司在埃及一天然气储量为6.3万亿立方英尺的深海气田以及一家 LNG 生产厂。

在苏丹,Petronas 于2005年收购了苏丹港口炼油厂一半的股权。自2009年投产后,该炼油厂平均每天可处理10万桶原油。[①] 2003年3月,马来西亚国家石油公司的全资子公司 Petronas 国际公司完成了对美孚国际公司的子公司美孚石油苏丹有限公司的收购。美孚石油苏丹有限公司是在苏丹注册的一家公司,在苏丹的业务主要涉及销售石油、汽车燃料、飞机和船用燃油、润滑油以及其他石油产品。除了在苏丹全国设有服务站网络之外,该公司还拥有3个油库,分别位于苏丹港、喀土穆和杰里。Petronas 声明,收购美孚石油苏丹有限公司,将为 Petronas 在苏丹的石油业务增加附加价值铺平道路,进而在该国增强其品牌形象。收购的美孚石油苏丹有限公司改名为 Petronas 苏丹销售公司。此外,Petronas 还是大尼罗石油作业公司的股东,在苏丹每天生产23万桶石油,而且它也涉及数项综合勘探和生产活动。[②]

除了收购外国公司的股权,Petronas 在非洲与其他跨国能源公司的合作也为其非洲战略降低了不少风险。以在南苏丹的投资为例(见表6-9),Petronas 与其他跨

① 中国驻马来西亚经济商务参赞处参处. 马来西亚国家石油公司收购苏丹港口炼油厂50%的股份. 2005-9-9. http://my.mofcom.gov.cn/aarticle/sqfb/200509/20050900377960.html.

② 苏丹石油状况简介. 中国钻井网,2007-11-27. http://www.africawindows.com/html/feizhouzixun/shanghaizatan/20071127/15611.shtml.

国能源公司的合作，既降低了潜在投资风险，又维持了公司在南苏丹的市场地位。

表 6-9　Petronas 在南苏丹的合资项目公司

合资公司	所涉项目区块	Petronas 所占份额	合作公司
大尼罗河石油作业公司(GNPOC)	Block 1,2，3	30%	中国国家石油公司(CNPC) 印度石油天然气公司(ONGC)
小尼罗石油公司(PDOC)	Block 3，7	40%	中国国家石油公司(CNPC) 苏丹国家石油公司(Sudapet) 中国石油化工集团(Sinopec) Tri-Ocean Energy
白尼罗河石油作业公司(WNPOC)	Block 5A	67.87%	ONGC Videsh 苏丹国家石油公司(Sudapet)

资料来源：Wikipedia. "Petronas Operations in South Sudan". http://wiki.openoil.net/index.php? title=Petronas_Operations_in_South_Sudan.

3. 日本国际石油开发公司(INPEX)

国际石油开发公司(International Petroleum Exploration Corporation，INPEX)是 1966 年成立的一家日本石油公司，总部设在日本东京。该公司的前身为 INPEX 控股公司，2005 年，其收购了日本帝国石油公司(Teikoku Oil Co.)，2008 年改名为国际石油开发公司。国际石油开发公司于 1966 年作为日本政府的国策企业设立，是日本国内最大的石油资源开发企业，现在仍由日本经济产业省实际控股。该公司主要在国际上进行石油和天然气资源的勘探、开发、生产、销售，目前在世界 26 个国家拥有 71 个石油天然气项目，是日本石油天然气储量和生产量最大的能源企业。① 日本是能源消费大国，但又是一个能源尤其是石油能源极其贫乏的国家，石油进口依存度几近 100%。日本大部分石油进口来源于中东，但中东不断跌宕起伏的政局使其石油市场不稳定，因而日本逐渐将投资扩大至非洲，积极支持国内能源企业在非洲的活动。INPEX 的非洲战略也因此而不断强化。

同印度石油天然气公司相比，虽然 INPEX 进入非洲时间不长，市场占有率也较低，但是 INPEX 在非洲的投资收效却都很高，这主要得益于其精心制定的战略。为了成功取得海外能源项目，INPEX 制定并采取了一系列战略步骤：第一，广泛收集预计存在石油和天然气地区的法律和国家状况，确定是否存在风险。然后申请和申办采矿权或勘探和开发权，并签订勘探和开发合同(首先主要是和石油生产国政府的合同)。第二，除了一般的地面地质调查，还要通过航拍照片、卫星图像和地震波实现的地球物理调查来评估潜在的地下石油和天然气的储量。第三，一旦通过勘探活

① INPEX. INPEX CORPORATION Annual Report 2011. pp. 4. http://www.inpex.co.jp/english/index.html.

动已证实石油和天然气的存在，INPEX将钻评价井，以评估石油和天然气田的价值度，同时进行生产试验(即确定石油或天然气数量是否足够实现商品化)和评估储备量，以对油气田的商业可行性作综合判断(例如检验其盈利能力)。第四，钻生产井以实现石油和天然气的生产(建造分离石油和天然气的处理设备、生产和运输设施，如运输石油和天然气的管道)。①

(二)亚洲重要跨国石油公司在非洲能源市场的进展

在非洲石油市场中，虽然亚洲石油公司的影响力不断上升，但是占主导地位的仍是西方大石油公司和非洲本土石油公司。西方石油公司进入非洲时间较早，战略成熟，技术优良，很早就在非洲石油市场取得了稳定的地位。亚洲石油公司作为新起的力量，与西方石油公司在实力上仍有差距，但其各自制定的战略在竞争中不断完善，这成为其在市场中占有一定地位的关键影响因素。在非洲的亚洲石油公司中，除了中国公司以外，市场占有率最高的当属Petronas。

1996年Petronas出资4.36亿美元购买了在南非油品市场占1/4份额的南非第二大炼油厂——英振30%的股份，从而成为通过购买股份进入快速发展的非洲市场的第一家亚洲公司。Petronas通过英振有限公司在撒哈拉以南非洲寻求新的发展契机，把英振在坦桑尼亚的储备设施作为其在非洲发展的基地，该公司已在坦桑尼亚投入1000万美元。进入非洲市场之后，Petronas不断扩大市场，目前在非洲已经占据了一席之地。根据中国石油勘探开发公司的统计显示，依据各大石油公司将在2007—2016年从非洲获得的累计权益油气作业当量(不包括各公司的LNG产量)，Petronas被列入前十名(见表6-10)。除Petronas外，其他石油公司的产量主要来自尼日利亚或者来自安哥拉的深水区。

表6-10 国际石油公司2007—2016年在非洲的预计累计权益油当量

排名	公司名称	预计累计产量/亿桶油当量
1	尼日利亚国家石油公司	64.84
2	道达尔	25.91
3	埃克森美孚	25.31
4	壳牌	21.54
5	雪佛龙	18.91
6	埃尼	11.79
7	安哥拉国家石油公司	8.98
8	BP	7.63

① INPEX. INPEX CORPORATION Annual Report 2011. pp. 28.

续表

排名	公司名称	预计累计产量/亿桶油当量
9	马来西亚国家石油公司	4.53
10	马拉松	4.38

资料来源：陆如泉、迟艳波、韩晓林.展望非洲油气勘探开发市场——十大石油公司非洲油气上游业务排名分析[J].国际石油经济，2007(3)：8-10.

而在国际石油公司在非洲拥有的勘探区面积前10位的排名中，Petronas以15.0872万平方千米位居第五位（非洲已公布的油气勘探区总面积大约是1100万平方千米，其中已授许可证的勘探区面积不到总面积的50%，大约是450万平方千米，排名前10位的石油公司在非洲所拥有的勘探区面积占已授许可证勘探区总面积的约40%）。此勘探区面积排名并未考虑Petronas在埃塞俄比亚的勘探区，如果将该勘探区纳入，Petronas的排名将上升至第二位。虽然与西方大石油公司以及非洲当地国家石油公司相比，Petronas在非洲的石油产量相距甚远，但从勘探面积来看，Petronas在非洲的影响力不可低估。Petronas在阿尔及利亚、利比亚、埃及、安哥拉等15个非洲国家拥有上游业务，并在苏丹、乍得等国拥有油气产量。

Petronas在阿尔及利亚、利比亚、埃及、安哥拉等15个非洲国家共参与了24个项目（见表6-11）。虽然与西方大石油公司以及非洲当地国家石油公司相比Petronas在非洲的石油产量不占优势，但从勘探面积和其参与的项目分布来看Petronas在非洲的影响力不可低估。

表6-11　Petronas在非洲参与的项目表

所在国家	石油区块	Petronas所占资产份额/%
阿尔及利亚	Ahnet Block	45
	Block 401C	40
摩洛哥	Tiznit Block	31.8
	Rabat Sale	75
毛里塔尼亚	Block 6	35
多哥	Togo Block	33
贝宁	Block 4	30
安哥拉	Block 24	15
赤道几内亚	Corisco Bay Block N	60
	Block P	31
埃塞俄比亚	Gambela Block	100
	Ogaden Basin Study	

续表

所在国家	石油区块	Petronas 所占资产份额/%
埃及	Nemed Block	16
	WDDM	50
苏丹	Block 1,2 & 4	30
	Block 3 & 7	40
	Block 5A	68.875
	Block 5B	41
	Block 8	77
乍得	Permit H/Doba Dev.	35
尼日尔	Agadem Permit	50
喀麦隆	PH 77	50
莫桑比克	Zambezi Delta Block	85
加蓬	Moabi	30
	Mpollo	25
	Nguma	30

资料来源：Ahmad Said. Head, Petronas: Growing in Africa. Africa Region, PETRONAS Carigali Sdn. Bhd. Trade and Finance Conference and Exhibition Marrakech, Morocco. 8th. Oil & Gas. April 26－30, 2004.

除了马来西亚国家石油公司之外，印度 ONGC 和日本 INPEX 经过近些年的精耕细作，它们在非洲的石油市场中也都有一定的占有率，并且这些公司在非洲石油勘探开发业务的前景也非常看好。

ONGC 在非洲的市场占有率很高，这可以从其在非洲的直接投资所取得的项目中大致看出(见表 6－12)。这些项目能够充分显示出 ONGC 经过一段时期的努力，已经在非洲石油市场竞争格局中有较大的影响力。

表 6－12 ONGC 在非洲的投资

国家	投资类型	投资项目	投资规模
尼日利亚	石油管道建设	大尼罗河石油经营公司项目	25%的权益
	海上深水勘探	Block－2①	13.5%的权益

① Block－2 位于尼日利亚、圣多美与普林西比联合开发区，面积为 1034 平方千米. ONGC 尼日利亚纳尔默达有限公司(ONL)持有 13.5%的权益. 这一区块的其他合作伙伴包括中国石化(28.67%)、Addex 石油公司(14.33%)、ERHC 能源公司(22%)、赤道勘探公司(9%)、琥珀公司(5%)、Foby 公司(5%).

续表

国家	投资类型	投资项目	投资规模
苏丹	石油生产	Block 5A①	24.125%的权益
		Block 5B②	24%的权益
	石油勘探与生产	大尼罗河工程 1、2&4 区块	12 亿美元
	管道建设	喀土穆-苏丹港管道工程	1.94 亿美元
利比亚	石油勘探	Block NC－189③	49%的权益
		Block 81－1④	100%的权益
	石油勘探和生产	43 号合同区	100%的权益

资料来源：根据 OVL 英文网站所提供的资料整理. http://www.ongcvidesh.com/Assets.aspx.

然而，虽然 ONGC 快速地获取了部分国家油气招标的许可证，在非洲市场影响很大，但其在非洲的多个项目都在中途停止。一方面是由于资金不足以及技术缺乏所造成的对油气田的价值评估不准确。比如利比亚的 Block 81－1，在中标后，经过 ONGC 公司的勘探考察发现此区块无法建立钻井，在 2010 年 12 月 9 日勘探第一阶段结束后，ONGC 就放弃了此区块。为此，因为没有完成钻井的承诺，OVL 向利比亚国家石油公司支付了 400 万美元。另一方面是因为非洲本土国家局势的动荡，尤其是利比亚的局势。如 43 号合同区在招标成功后进展顺利，但是由于利比亚动荡的局势，此区块的所有活动在 2011 年 2 月全部停止。到 2011 年 3 月，OVL 在此区块的投资高达 3917 万美元，利比亚国内的局势不稳给 OVL 公司造成巨大损失。所以说，由于各种原因，ONGC 虽然进入非洲石油市场较早并有一定的影响力，但其实际市场地位与马来西亚国家石油公司相比，差距甚远。

日本国际石油开发公司（INPEX）进入非洲较晚，活动区域多在中东地区，其在非洲的市场地位同其他两个公司相比较低。但是 INPEX 公司进入非洲石油市场后积极参与石油天然气的勘探竞争，目前 INPEX 在非洲有多个项目（见表 6－13）。其中刚果民主共和国海上区块（Offshore D. R. Congo Block）和在阿尔及利亚的 El

---

① Block 5A 位于苏丹穆格莱德盆地座，面积约为 20917 平方公里. OVL 持有 24.125%的权益，马来西亚国家石油公司为 67.875%和苏丹政府公司（Sudapet）拥有 8%.

② Block 5B 油田位于沼泽地琼莱州，占地 2 万多平方千米，是由马来西亚国家石油公司所领导的白尼罗河石油运营公司财团所经营的，这一财团还包括 OVL 公司、苏丹国家石油公司和国有尼罗河石油公司以及瑞典伦丁石油公司.

③ NC－189 陆上区块面积为 2088 平方千米，位于利比亚苏尔特盆地的中西部，OVL 在 2003 年 6 月获得 49%的股份. 土耳其国家石油公司的子公司——土耳其石油海外公司（TPOC）持有剩余 51%的作业权益.

④ Block 81－1 是位于利比亚西南部 Ghadames 盆地的陆上勘探区块，面积为 1809 平方公里。OVL 于 2005 年 12 月 10 日签订了此区块的勘探与生产分成协议，持有 100%的区块的作业者权益.

Ouar Ⅰ,Ⅱ是 INPEX 在非洲参与的最重要的两个项目。①

表 6 - 13　INPEX 在非洲的投资情况

国家	项目/油气田名称	合同类型	合同有效期	原油生产量/(1000 桶/日)
刚果	海上 D. R. Congo	特许权协议	2023. 11. 21	14
安哥拉	3/05	PSA②	2025. 6. 30	45
	3/85	PSA	2011. 6. 30	8
	3/91	PSA	2012. 12. 31	10
阿尔及利亚	Ohanet	风险服务合同	2011. 10. 27	15

资料来源:INPEX. "INPEX CORPORATION Fact Book 2011", pp. 15. http://www.inpex.co.jp/english/index.html.

一是刚果海上区块。1970 年 7 月,INPEX 获得了 D. R. Congo 海上区块 17. 03%的工作权益,并已在该地区参与石油勘探和开发。1972 年 7 月,又获得额外的利益,使其参与份额到达到目前的 32. 28%。1971 年在此区域发现了第一块石油,即 GCO 油田,并在 1975 年开始石油生产。包括 GCO 油田在内,目前 INPEX 已在 D. R. Congo 海上区块发现 11 块油田。INPEX 在这一区块的合同延长到 2023 年。

二是 El Ouar Ⅰ,Ⅱ区块。2001 年 11 月,INPEX 获得了位于阿尔及利亚东部的 El Ouar Ⅰ,Ⅱ陆上区块 10. 29%的工作权益。之后,INPEX 对这一区块进行了勘探,1997 年的勘探钻井和随后的钻井评价证实了 El Ouar Ⅰ 区块存在天然气、凝析油和原油。2001 年,El Ouar Ⅱ 区块的钻井勘探也发现了天然气和凝析油。目前,INPEX 正在对这些区块和周边区域的联合开发进行研究。

除了直接参与这些活动,INPEX 也通过其在非洲的一系列子公司积极参与非洲石油市场的竞争,努力扩大市场占有率(见表 6 - 14)。

① INPEX. INPEX CORPORATION Annual Report 2011. pp. 56.

② PSA(产品分成合同):是指投资者逐年从产品中收回成本,有权收取若干份额的剩余产品作为承担勘探风险,以此作为进行开发生产的实物报偿的一种合同. 合同的核心是:资源国将油气区块作为资产投入,投资者进行勘探开发并承担全部风险. 如果发现油气田,在投资者回收全部勘探开发投资和生产费用后,与资源国按产品分成比例分割利润. 其中资源国政府会拿走大部分的利润油,并且拥有合同区块中所有相关的装置和设备以及矿产资源的所有权.

表 6-14　INPEX 非洲子公司的市场活动

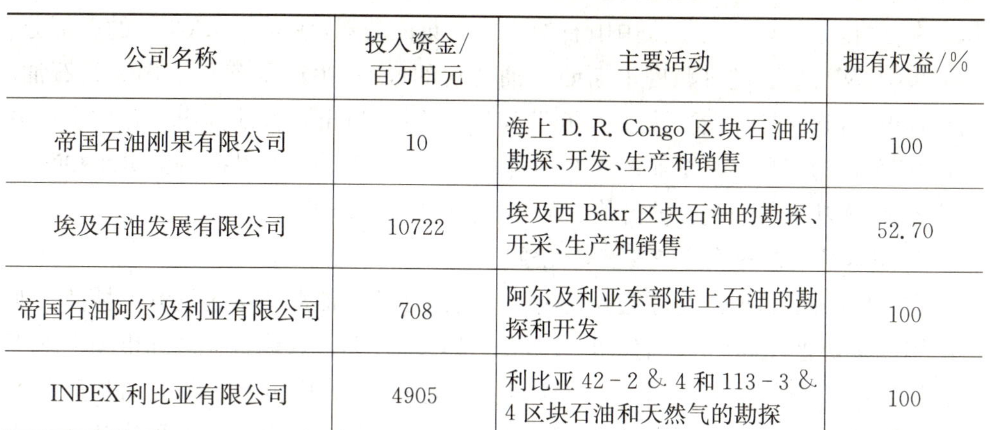

公司名称	投入资金/百万日元	主要活动	拥有权益/%
帝国石油刚果有限公司	10	海上 D. R. Congo 区块石油的勘探、开发、生产和销售	100
埃及石油发展有限公司	10722	埃及西 Bakr 区块石油的勘探、开采、生产和销售	52.70
帝国石油阿尔及利亚有限公司	708	阿尔及利亚东部陆上石油的勘探和开发	100
INPEX 利比亚有限公司	4905	利比亚 42-2 & 4 和 113-3 & 4 区块石油和天然气的勘探	100

资料来源：INPEX. "INPEX CORPORATION Annual Report 2011", pp. 118. http://www.inpex.co.jp/english/index.html.

二、亚洲跨国能源企业在非洲的竞争与合作

亚洲跨国能源企业在非洲市场上竞争力越来越强，市场占有率也不断提高，不管是在传统的油气领域还是新能源领域都积极拓展业务。在对西方跨国能源企业构成挑战的同时，亚洲跨国能源企业在非洲市场彼此之间也存在着不断的竞争与合作。

1. 亚洲跨国能源企业在非洲的合作

亚洲跨国企业在非洲的合作一般分为两种。第一种形式是同一国家不同公司彼此之间的合作，而这种类型的合作大多跟一国政府的政策导向相关。亚洲的能源企业与西方国际能源企业相比，最大的区别就在于前者多为国有企业。而所谓的国有企业，其对外的扩展、政策制定以及资金技术都与本国政府密切相关，多为国家对外政策服务。所以，政府有时会为了本国在非洲的利益，而对在非能源企业进行政策指导和调控。例如，在印度政府的支持下，在非洲的印度石油公司彼此的合作。2005 年，印度马尔维石油公司、印度石油公司、印度石油有限公司和印度石油天然气公司联合同加蓬政府签署了石油开发合同，获准勘探和开发夏克蒂油田。这个油田位于加蓬中部的沼泽地区，占地 3761 平方公里。再如，在 2005 年底结束的利比亚第二轮石油对外招标中，多家日本石油公司[包括日本石油天然气和金属国家集团公司(JOGMEC)、日本石油勘探公司(JAPEX)、新日本石油等]联合投标，共同应对激烈的竞争，成功获得了 23 个中标区块中的 5 个区块。

亚洲跨国企业在非洲的另一种合作就是不同国家间能源企业的合作，这种合作是出于各公司希望通过联合来增强竞争力。在西方跨国能源企业占主导地位的情况下，新兴国家彼此之间也会加强合作和联系。中国和印度石油公司之间的合作堪

称这方面的典范。中国和印度的石油公司在苏丹、伊朗、哥伦比亚和叙利亚都有合作。在苏丹，ONGC 公司加入中国石油天然气集团公司，成为 GNPOC[①] 的一部分。2003 年，GNPOC 通过收购塔里斯曼石油公司的股份，生产了苏丹境内大量石油。同年，OVL 和中石油形成了另一个开发苏丹米鲁特(Malut)盆地油田的合作伙伴关系，使印度成为苏丹石油工业的主要利益相关者。2005 年，中国石油集团和 ONGC 联袂投标，成功获得叙利亚的价值 5.73 亿美元的石油资产。

2. 亚洲跨国能源企业在非洲的竞争

在合作的同时，亚洲跨国能源企业彼此之间在非洲能源市场也展开了博弈。亚洲跨国能源企业，尤其是石油公司，大多是一国政府所有，其能否在国际市场上处于优势地位，一方面取决于其自身的实力与战略，另一方面则依赖于政府的政策资金支持。2004 年 5 月，在安哥拉石油区块的竞标中，ONGC 提出了对安哥拉基础设施发展 3.1 亿美元的投资，但由于远远低于中国的 7.25 亿美元而未能竞标成功。2004 年 10 月，中石化与印度 Videsh 公司竞购壳牌公司出售的安哥拉 18 号油田 50%的股权。OVL 公司提出为安哥拉政府提供 2 亿美元的经济援助，中石化则提出提供为期 17 年、价值 20 亿美元的援助，最后中方获得了该股权。

ONGC 之所以在竞争中一再失利，是因为其自主性比较差，进行海外投资也要受政府的管辖和指导，而印度能源政策的出台会受到很多掣肘，很多部门都参与能源政策的制定，所以印度能源企业在海外投资的时候会受到很大的影响。此外，ONGC 很少接受到政府的投资资助。缺乏自主决策权、政府的批准程序十分缓慢、加上资金的不足，往往使 ONGC 在海外进行活动时错失良机。2005 年 8 月，尼日利亚政府首期发放的 30 个油区勘探开采权证招拍，最终在韩国石油公司与 ONGC 之间展开角逐，最后，韩国石油公司以 4.85 亿美元的竞价夺回了 ONGC 本已到手的两个区块开采权。[②] 这次竞购尼日利亚油田失败后，OVL 公司负责人公开将批评的矛头对准了政府，指责它没能就 14 亿美元的资金问题及时作出决策。ONGC 一位前主席拉哈(Subir Raha)也曾公开抱怨说，印度公司在海外之所以有那么多挫折，主要原因在于政府的管理体系混乱无章，效率低下。

亚洲跨国能源企业在非洲能源市场的竞争是必不可少的，但是恶性的竞争对各公司来说都是一种损失。从上面的例子可以看出，很多竞争的结果导致中印石油公司双方无论哪方胜出，均需付出更为高昂的代价，同时对整个亚洲的石油市场也会

---

① GNPOC(大尼罗河石油作业公司)是一个在苏丹的石油勘探和生产公司经营，成立于 1997 年 6 月 18 日，从事连接喀土穆和苏丹港的苏丹内陆油田的大尼罗河石油管道的建设. 它是一家合资经营公司，其中：中国石油天然气集团公司拥有 40%的份额；马来西亚国油 Carigali 海外子公司拥有 30%；OVL 公司拥有 25%；苏丹 sudapet 公司拥有 5%.

② 魏英. 多元博弈中的非洲石油[J]. 石油化工技术经济，2006(3)：12.

产生重大影响。正如中印关系所反映出的，亚洲石油公司在购买原油时通常并未取得一致协议而只是单独进行交易，这严重影响了谈判的效率和成果，致使亚洲从中东和非洲进口原油的价格长期高于欧美国家，平均每桶高约1至2美元，每年则需要多支付几十亿美元，这种现象被称为"亚洲溢价"，它对亚洲各国经济利益造成不小的损害，也不利于各国石油公司在非洲石油资源开发版图中争取主动权。如果各方能在开发非洲石油资源时开展有效合作，避免无益各方的恶性竞争，就能在一定程度上降低亚洲溢价的不利影响。

三、亚洲跨国能源企业对非洲产生的影响

非洲的能源自开采以来就备受争议，很多社会以及环境学家在石油对于非洲的意义观点上争论纷纷。跨国能源企业走入非洲，引进了先进的技术和大量资金，这必然也是非洲发展的机遇，但同时也给非洲的社会发展及环境造成了灾难。而石油这一"上天的礼物"在给非洲带来进步的同时，也使非洲人民遭受着"石油诅咒"。亚洲跨国石油公司也不例外，其在非洲的活动也具有双面性。

1. 亚洲的跨国石油公司对非洲产生的积极影响

亚洲跨国能源公司较之欧美公司突出的一点是，其对非洲的积极影响主要表现在对非洲基础设施的建设上。亚洲石油公司在非洲竞标项目时，大多承诺对产油国基础设施的投入。例如，2006年6月，ONGC米塔尔能源有限公司(OMEL)在尼日利亚的石油招标中，就以对尼日利亚基础设施建设投资60亿美元的承诺换得了两个海上区块和石油开采权。在上文所述的几个亚洲石油公司中，对非洲基础建设投资最多的是印度ONGC的海外子公司OVL，这主要体现在OVL在非洲的企业社会责任活动中。OVL在非洲的企业社会责任活动涉及卫生、教育及经济领域。[①] 在医疗卫生领域，该公司在苏丹已开了两间诊所，伴有四名医生和15名员工。在2006—2009年期间治疗的患者约达114382人。除了免费医疗营，OVL还通过喀土穆扶轮社(Rotary Club Khartoum)定期举办斋浦尔义肢营(Jaipur Foot Limb Camp)活动。OVL在非洲的医疗活动还包括捐赠医疗设备、对苏丹希望国际慈善组织给予经济支持以及向达尔富尔地区水灾灾民捐赠的药品等。而在教育领域，自2005年至2007年间，OVL公司向29所学校捐赠教学设备，其中12所在喀土穆，1所在苏丹港，另外16所在特许经营区。在农业援助方面，仅在2003年至2005年期间，OVL就以种植、春耕和种子等形式援助了10万美元，获益贫困家庭达1600户。

除了OVL在非洲作出基础设施扶助以外，其他各公司也都不同程度地对非洲

---

① Ajay Kumar. Report-ONGC Videsh in Africa. February 15, 2011, SIS, JNU. http://www.ongc-videsh.com/default.aspx? AspxAutoDetectCookieSupport=1.

产油国的基础设施建设作出了相应的贡献。比如马来西亚国家石油公司 Petronas，该公司在苏丹影响非常大，这不仅仅是因为它是一个石油天然气企业，更重要的是对于苏丹人民来说，Petronas 更是一个好的企业公民，它不断地对苏丹各社区提供援助，改善了人民的生活。[①]

基础设施建设涉及经济、环境和社会等各个领域，亚洲石油公司对非洲基础设施建设的投入，改善了非洲本土的社会经济状况。

2. 亚洲跨国石油公司在非洲的活动对非洲造成的负面影响

必须指出的是，这些负面影响并不仅仅是亚洲石油公司造成的，而是在非洲所有跨国公司的长久活动的结果。

(1) 跨国石油公司在非洲的石油开采活动对非洲本土的生态环境造成破坏，进而造成本土人民的生活质量下降等一些社会问题。石油公司在非洲的石油开采等活动，都是为了本身的利益，一开始就没有考虑非洲本身的生存环境。石油开采导致了原有生态环境的恶化，而石油生产过程中所产生的废弃物以及一些漏油事故不仅给渔业和农作物带来了破坏，更对当地人民的健康产生了威胁。

(2) 经济上，跨国石油公司在非洲的开发投资并没有使石油富裕国变成真正的“富裕国”。首先，石油公司虽然对非洲进行了大量的投资，但是人民直接获益少，大多数财富掌控在政府或财团手中。这不仅没让非洲实现普遍富裕，反而造成社会财富分化严重，经济发展滞后。所以，尽管非洲这些年来的石油产量不断增加，但很多国家发展却没有太大起色，贫困人口反而越来越多。[②] 其次，大量石油开采造成了非洲经济结构的失衡。由于跨国石油公司对石油行业的大量投入，能源行业虽然发展起来，但是非洲的经济结构失衡却加重。结果是经济结构单一、农业萎缩，工业制造业发展缓慢，粮食、工业制品供应不能满足国内消费市场的需求。而且，巨额的石油收入导致货币币值被过度高估，严重损害了传统工业和农业生产，对商品和农作物出口形成了强烈冲击。

(3) 跨国公司本身责任意识不强，致使非洲民生问题加重。一些国际石油公司虽然在一些非洲社区投入资金，参与社区建设，但这不一定被所在社区认可。例如，一些公司对当地居民并没有给予充分就业考虑，大部分企业所做到的雇员当地化仅限于劳动力的当地化，是低层次的当地化，而且这种当地化程度也很低。[③] 例如，马来西亚国家石油公司在埃及的员工都不是当地人，而在其发展较早的苏丹的所有员

① K. P. Waran. In Sudan, the magic word is 'Petronas'[N]. *New Straits Times*, 2000－11－7.

② 赵瑞琪. 尼日利亚遭遇“石油诅咒”[J]. 观察与思考，2007(1)：54.

③ 王海霞. 跨国石油企业在苏丹面临的雇员管理问题[J]. 广西大学学报：哲学社会科学版，2010(1)：177.

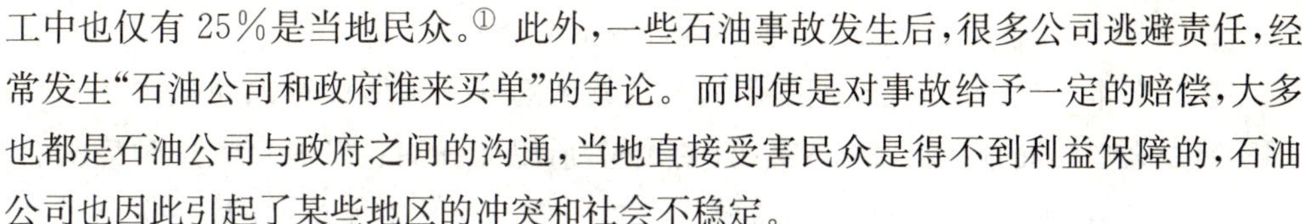

工中也仅有25%是当地民众。[1] 此外，一些石油事故发生后，很多公司逃避责任，经常发生“石油公司和政府谁来买单”的争论。而即使是对事故给予一定的赔偿，大多也都是石油公司与政府之间的沟通，当地直接受害民众是得不到利益保障的，石油公司也因此引起了某些地区的冲突和社会不稳定。

四、对中国能源企业在非洲发展的启示

中国与非洲国家在能源领域的合作始于20世纪末，而从非洲大量进口原油始于1992年，主要进口来源国是安哥拉和利比亚。中国石油企业起初也是随着国家能源需求的导向而走入非洲市场的，其中中国石油天然气集团公司(CNPC)、中石化和中海油(CNOOC)三大油企影响力最大。苏丹是中国石油企业开发非洲石油资源的先行案例，也是中国石油天然气集团公司(CNPC) 在海外最大、最成功的项目。之后中国油企在非洲各个产油国都展开活动，目前三大油企已经在非洲占据了一定的市场。CNPC已在苏丹、阿尔及利亚、毛里塔尼亚、突尼斯、利比亚、乍得、尼日尔和赤道几内亚这些非洲国家开展业务；中石化在非洲的业务分布于埃塞俄比亚、安哥拉、尼日利亚、尼日尔、加蓬、阿尔及利亚、突尼斯、埃及；而中海油在非洲的业务则遍及尼日利亚、肯尼亚、赤道几内亚、安哥拉、加纳、加蓬、索马里等国。[2] 然而，随着中东地区这一世界石油重要来源地的动荡不安，非洲这一油气热土逐渐吸引了众公司的眼球。西方大公司继续维持其主导地位，亚洲跨国企业的兴起以及非洲本土油气公司的壮大，使得非洲油气市场的竞争越来越激烈。所以，中国油企所面对的挑战也越来越大，这就需要各企业认真思考如何在竞争中赢得优势。

(一) 中国在非洲的石油企业应加强合作观念

1. 加强与西方国际石油大公司的合作

西方大石油公司最早进入非洲市场，占据了非洲石油勘探开发的主导地位。相比之下，中国油企进入非洲时间较晚，在市场占有率及影响力上也较低，而同时西方石油公司不希望中国石油企业进入它们长久垄断的市场。但非洲目前逐步开放的深海油田多为勘探难度高、前期投入大的部分，单凭某一公司难以完成，这为各国石油企业的强强联合提供了可能。中国石油企业可以通过联合参股、寻找技术伙伴等方式，与国际石油大公司合作，这既可分担投资风险，又能学到先进的管理经验和技术，尤其是海上勘探开发技术，为独立竞标深海油田做好准备。[3]

---

① Petronas. Petronas Sustainability Report 2011. pp. 34. http://www. petronas. com. my/sustainability/Pages/sustainability-report. aspx.

② 卢潇. 论美国霸权下中国在非洲石油利益的远虑近忧[J]. 湖南社会科学，2010(6)：220.

③ 汪峰. 中国与尼日利亚石油合作面临的挑战及对策[J]. 上海商学院学报，2010(5)：12.

2. 应加强与非洲本土企业和亚洲能源企业的合作

在非洲本土化浪潮的推动下，非洲石油领域的开发主体性意识加强，非洲产油国不断加强本国油企在石油开采中的主动权，所以非洲油企发展壮大是时势所然。正所谓“凡事预则立，不预则废”，越早关注非洲能源开发主体意识，及早研究对策，对于中国油企来说意义重大。[①] 因此，中国油企应主动寻求与非洲本土企业合作，将可降低中资企业进入非洲油气领域的门槛。在保证自身利益的前提下，与非洲本土公司进行多边商业合作，可有效降低开发和投资风险。

同时，和亚洲其他能源企业的合作也不容忽视。亚洲作为一个整体，各能源企业之间应加强合作，降低彼此竞争的负面影响。通过彼此的合作，中国企业可以学习其他企业的经营战略以及技术，以促进自身的提升。

（二）制定详细的开发战略，提高勘探技术

面对亚洲其他国家能源企业的竞争，中国在保持自身优势的同时，应充分了解这些公司的运营战略。从上文中可以看出，不管是 Petronas 的“借船出海”、分散投资风险，还是 ONGC 的对外收购与合作政策，都是其量身制定的战略。当然，除了这些基本的战略，中国企业在进行投资之前，应制定一系列的战略步骤，对即将投资的区域进行准确评估，降低投资风险。这就要求中国在非能源企业在制定自身总体战略的同时，应努力提高勘探技术，确保投资收益最大化。

（三）关注非洲“民生”导向，强化责任意识

如前文所述，在非洲能源领域唱主角的还是传统的跨国石油公司，中国石油企业与他们在非洲的竞争并不占优势。而事实上，在资金和常规硬实力方面，中国公司不在下风，而在文化传统、法律制度和社会资信等认知的软实力方面确有明显的劣势。[②] 因此，中国石油企业必须在软实力上摆脱劣势地位。

近年来，非洲油气行业“民生”导向加强。[③] 一方面，部分非洲产油国要求国际油企加大惠顾地方民生力度。尼日利亚《本土化法案》要求所有国际油企必须在作业区内设立办事处，为本地雇员提供职业培训，在四年内使公司的本地雇员比例达到95%，并尽可能使用本地服务产业。尼日利亚《新石油工业法》则要求合作开发的油田需给予当地社区 10%的股份。加纳的目标则是在 2020 年将油气领域的本土化程度提升至 90%。另一方面，非洲产油国对作业油企的环保标准提出了更高的要求。如 2010 年 3 月初，尼日利亚要求雪佛龙、壳牌等石油巨头在 15 个月之内停止燃烧伴生气，以减缓对环境的污染。安哥拉等国也提出类似的要求。国际石油公司已被迫

① 周术情. 非洲油气开发主体意识与中非能源合作[J]. 西亚非洲，2010(8)：63－66.

② 陈卫东. 非洲是市场，更是课堂[J]. 中国石油石化，2012(3)：27.

③ 秦天. 中非油气合作新形势及前景[J]. 国际资料信息，2011(4)：25.

作出积极回应，表示愿意配合产油国政府应对气候变化，实现可持续发展。

面对非洲的民生问题、非洲对跨国公司的更高要求以及其他亚洲跨国能源企业在非洲造成的负面影响，中国企业应努力加强完善自身的企业理念，强化责任意识。

所以，中国石油企业要扎根非洲，不仅要和非洲高层保持密切联系，还必须与地方政府、酋长及普通百姓建立良性互动，强化责任意识，关注非洲的“民生”导向，形成自己的企业文化，以在竞争中得到非洲普遍的认同。中国与苏丹、安哥拉油气的合作就是一个很好的例子，正是因为参与了对象国的整体经济规划，如基础设施建设、中下游产业链、金融扶持等，才会取得成功。鉴于此，中国油企应转变角色，在开拓油源的同时兼顾提供服务；在履行社会责任、节能减排上狠下工夫；在吸纳就业等方面多做些努力。

第四节　澳大利亚铀矿公司在纳米比亚的发展情况

随着全球生态压力不断增大、国际石化能源价格持续高位盘旋，清洁能源核电日益受到重视。发展核电是我国国家能源安全战略的重要组成部分。然而我国现已探明的铀矿储量与中长期的需求量之间差距较大，仅靠国内资源无法有效保障天然铀的供应。继前文三节分析欧洲、北美、亚洲的跨国能源企业在非洲的发展战略后，本节将以澳大利亚铀矿公司为例，着重介绍分析外企在非洲铀矿资源富集地——纳米比亚的发展情况，以期为中国铀矿公司“走出去”提供借鉴。

一、铀矿资源的开采现状与前景

核电是一种安全、清洁、可靠的能源。世界上第一台商业核电站是在 20 世纪 50 年代开始运营的。自 20 世纪末的最后十几年开始，为了满足日益增长的电力需求，减少温室气体排放，发展低碳经济，多国正在兴起“核电热”。2010 年全球的核发电总量为 2630 TWh(TWh＝10 亿千瓦时)，约占全球总发电量的 13.8%，比 2009 年的 2558 TWh 增长了 2.8%。2010 年，共有 16 个国家的核发电量在全国总发电量中的份额超过 20%，其中份额最高的法国达到 74%。① 截至 2010 年 12 月 31 日，全球总计有 441 座商业核反应堆在运营，总发电能力达 375 兆瓦。连续 7 年以来新建核反应堆的数量持续上升，2010 年全球新建反应堆 16 座，达到 1985 年以来的最高值(如图 6－10 所示)。其中巴西 1 座，中国 10 座，印度 2 座，日本 1 座，俄罗斯 2 座。有 67

---

① 伍浩松，王海丹. 世界核电现状[J]. 国外核新闻，2011(7)：7.

座核反应堆在建设中，是 1990 年以来的最高值，超过 60 个成员国向国际原子能组织表达了引进核能的愿望。[①] 由此可见，核电持续吸引着世界许多国家的目光，未来核电具有很大的发展潜力（如图 6－11 所示）。

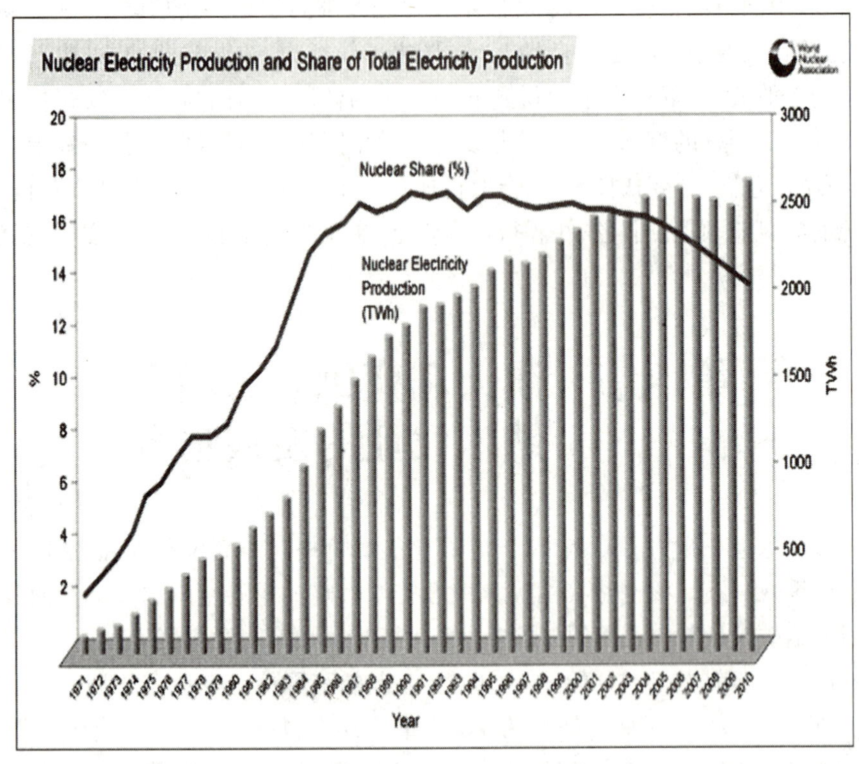

图 6－10　世界核发电总量及所占总发电量的份额

资料来源：Nuclear Power in the World Today. http://www.world-nuclear.org/info/inf01.html.

核电的快速发展带动铀需求增加。根据经合组织核能署和国际原子能机构（NEA-IAEA）联合秘书处的预测，到 2035 年，世界核能发电能力将会从 2010 年底的 375 GWe（gigawatt electrical，千兆瓦）增至 540 GWe（谷值）～ 746 GWe（峰值），相应地，届时世界各地的核能发电站对铀的需求也将从 2010 年底的 63875 tU（吨铀）上升至 98000～136000 tU。中国和印度均已宣布了雄心勃勃的大规模核电发展计划，俄罗斯、韩国、日本等国也都通过加大对国外铀资源的投资来加强本国的铀供应能力。因此，在可预见的未来，铀资源会与石油、天然气以及其他重要资源一样，成为各国在全球市场上激烈竞争的对象（如图 6－12 所示）。

① IAEA. Nuclear Technology Review 2011. September 2011, pp. 5－8. http://www.iaea.org/Publications/Reports/ntr2011.pdf.

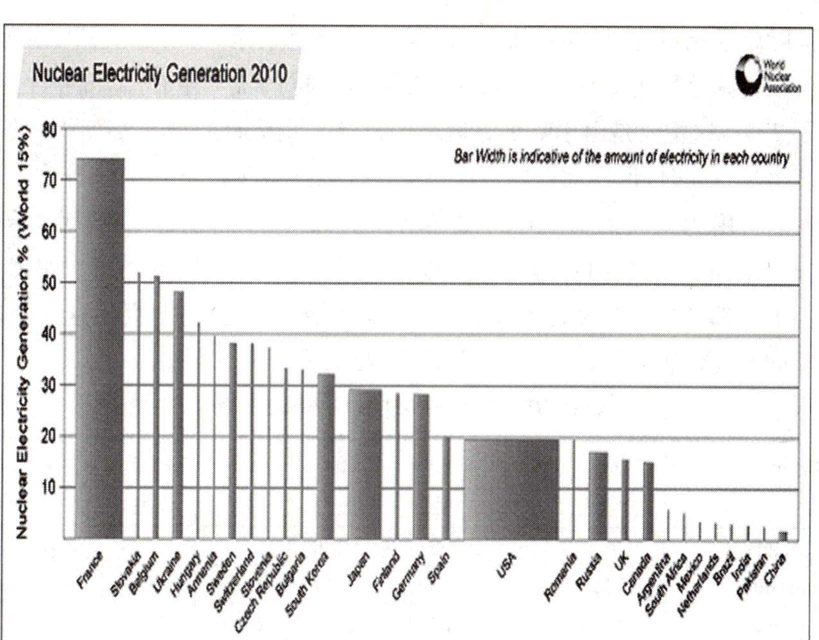

图 6－11　2010 年世界各国的核电份额

资料来源：Nuclear Power in the World Today. http://www.world-nuclear.org/info/inf01.html.

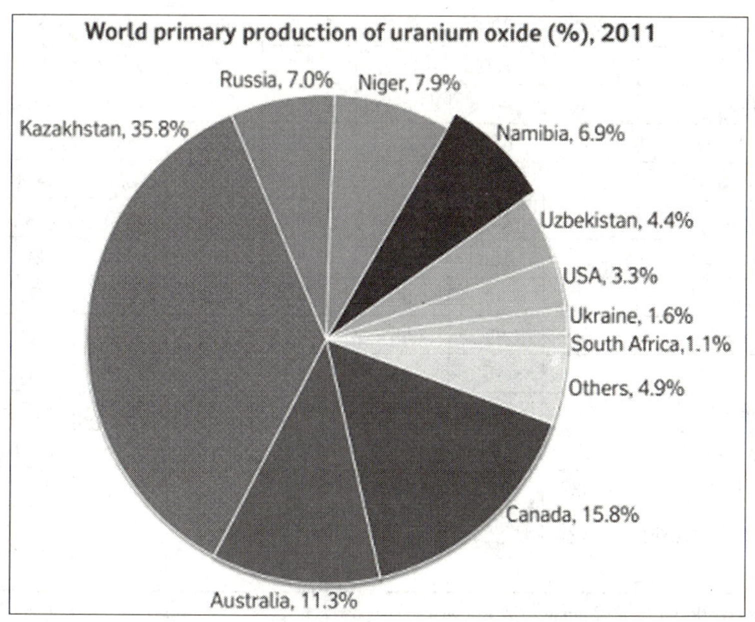

图 6－12　2011 年世界主要产铀国产量份额

资料来源：Rossing Uranium Mine. "Uranium Production". http://www.rossing.com/popups/uranium_production.htm.

据国际原子能机构出版的《铀 2011:资源、生产和需求》即"红皮书"中显示,全球已发现的铀资源总量比 2008 年增加了 12.5%,全球的铀产量在 2008 年至 2010 年间上升了 25%,这主要是由于哈萨克斯坦作为当今世界最大的铀生产国在此期间产量有显著增长。同时,世界铀矿勘查形势也保持强劲势头,2010 年,全球用于铀矿勘探和开发的费用达 20 亿美元,比 2008 年增长了 22%。① 特别是在俄罗斯、哈萨克斯坦、印度、南非、尼日尔和约旦等地区铀勘探活动非常活跃,勘查费用大幅增长。大部分产铀国家都增加了铀勘探费用,查明了新的铀资源,并努力促使这些新的铀生产中心提前上线。2004—2011 年世界铀矿产量如表 6-15 所示。

表 6-15 2004—2011 年世界铀矿产量 tU

Country	2004	2005	2006	2007	2008	2009	2010	2011
Kazakhstan	3719	4357	5279	6637	8521	14020	17803	19451
Canada	11597	11628	9862	9476	9000	10173	9783	9145
Australia	8982	9516	7593	8611	8430	7982	5900	5983
Niger	3282	3093	3434	3153	3032	3243	4198	4351
Namibia	3038	3147	3067	2879	4366	4626	4496	3258
Russia	3200	3431	3262	3413	3521	3564	3562	2993
Uzbekistan	2016	2300	2260	2320	2283	2657	2874	3000
USA	878	1039	1672	1654	1430	1453	1660	1537
Ukraine(est)	800	800	800	846	800	840	850	890
China(est)	750	750	750	712	769	1200	1350	1500
Malawi						104	670	846
South Africa	755	674	534	539	655	563	583	582
India(est)	230	230	177	270	271	290	400	400
Brazil	300	110	190	299	330	345	148	265
Czech Republic	412	408	359	306	263	258	254	229
Romania(est)	90	90	90	77	77	75	77	77
Germany	77	94	65	41	0	0	0	52
Pakistan(est)	45	45	45	45	45	50	45	45
France	7	7	5	4	5	8	7	6
total world	40178	41719	39444	41282	43798	51450	54660	54610
tonnes U_3O_8	47382	49199	46516	48683	51651	60675	64461	64402
percentage of world demand		65%	63%	64%	68%	78%	78%	85%

资料来源:World Uranium Mining. "World Market Report". http://www.world-nuclear.org/info/inf23.html.

① IAEA. Global Uranium Supply Ensured for Long Term, New Report Shows. 2012-9-19. http://www.iaea.org/newscenter/pressreleases/2012/prn201219.html.

二、澳大利亚铀矿公司在纳米比亚的开发情况

纳米比亚位于非洲西南部，截至2009年，全国人口约213万，是全球人口密度第二低的国家，仅次于蒙古。自1990年从南非统治下独立以来，政治稳定，基础设施良好，逐步发展出了完整的矿业体系。该国矿产资源丰富，采矿业是其经济的主要支柱，矿业产值占国民生产总值(GDP)的11.5%，90%的矿产品用于出口。钻石开采和加工是纳米比亚重要的矿产业，其次为铀矿业。纳米比亚1976年开始铀矿生产。从图6-13中可以看出，2008—2010年间纳米比亚是非洲最大、世界第四铀生产国，2011年产量有所下降，被尼日尔超过。目前有40多家外国矿业公司正在纳米比亚从事铀矿业活动。

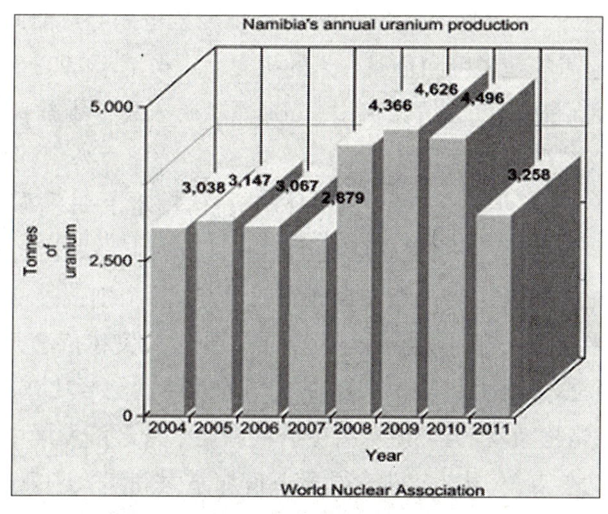

图6-13　2004—2011年纳米比亚年铀产量

资料来源：Namibian. "Namibia's annual uranium production". 24 May, 2012. http://www.namibian.com.na/uploads/pics/graph_07.jpg.

纳米比亚早在1928年就在其纳米布沙漠(Namib Desert)发现了铀资源，但直到20世纪50年代后期才开始大规模的铀矿勘探工作，并在罗辛地区发现了铀资源富集区。澳大利亚力拓矿业(Rio Tinto)集团于1966年获得了罗辛矿床(Rössing)的采矿权。早期铀勘探工作还发现了另外两处大型铀矿床，即特雷科皮(Trekkopje)和兰杰·海茵里希(Langer Heinrich)。除了这三座现役铀矿外，还有一些铀矿目前正处于勘探和开发阶段，包括胡萨布(Husab)、巴伦西亚(Valencia)、克罗斯角(Cape Cross)、艾坦戈(Etango)、曼瑞尼卡(Marenica)等。其中特雷科皮铀矿正由法国的阿海珐集团(AREVA)进行投资开发，巴伦西亚铀矿由加拿大的福尔西斯公司(Forsys Metals Corp.)进行开发，克罗斯角由加拿大的斯目普拉能源(Xemplar Energy)公司开展铀矿勘探工作，其他铀矿均由澳大利亚公司进行开采经营。

澳大利亚铀产量居世界第三位，本身铀资源丰富，拥有奥林匹克坝（Olympic Dam Deposit）、兰杰（Ranger）和贝弗利（Beverley）等大型铀矿。其从事铀矿开发活动历史悠久，尽管天然铀为澳大利亚创造了巨额经济利益，但澳大利亚工党给天然铀开采业施加了种种限制条件，如从1983年以来直到2007年4月之前一直坚持的"三矿政策"，即只允许开采和运行兰杰、奥林匹克坝和纳巴雷克（Nabarlek）三处铀矿，导致许多条件很好的矿床未能得到开发。虽然此后工党已经放弃了这一政策，但澳大利亚政府又于2010年5月2日宣布了一项提案，即从2012年开始向矿业企业征收高达40%的资源超额利润税，尽管必和必拓（BHP Billiton Ltd.）和力拓集团迅速对这项提案提出抗议，而政府后来也对该提案的态度有所改变，但并不能完全消除该提案的影响。[①] 除了政治方面的因素，环境因素也是生产商面临的困扰之一，比如力拓集团就迫于本地居民和环保人士的压力而不得不于2003年签订协议，同意将一座高品位的大型铀矿床即贾比卢卡（Jabiluka）矿床置于维护保养状态，等到未来获得本土居民支持后再继续开发。[②]

而纳米比亚自1990年独立后，为吸引外国投资，制定了一系列适合本国国情的法规，针对外国企业和个人开展经贸活动的禁止性、限制性法律法规比较少，贸易、投资环境较为宽松。根据纳米比亚外商投资法规定，除个别例外，外国公民可以投资或从事任何纳米比亚人都可从事的经营活动。外国公民在依法开办公司、开展经营活动、缴纳所得税等方面，将与纳米比亚人同等对待。纳米比亚能源矿产部已经出台了2030年战略框架，将努力使资源在纳米比亚未来经济发展中发挥最大作用，并将铀矿开发作为重点。[③] 因此，目前很多来自加拿大和澳大利亚的上市公司在纳米比亚开展铀矿勘探开采工作。其中澳大利亚的公司主要包括以下六家：力拓能源（Rio Tinto Energy）公司、帕拉丁能源（Paladin Energy Limited）公司、班纳曼资源（Bannerman Resources）公司、埃克斯特拉科特资源（Extract Resources）公司、曼瑞尼卡能源（Marenica Energy Limited）公司和深黄（Deep Yellow Limited）公司。

1. 力拓能源公司

该公司是力拓集团（Rio Tinto Group）旗下子公司，主要致力于煤矿和铀矿的开采和销售，是世界第三大铀矿生产商，致力于核能的和平利用。其铀开发活动主要包括两大项目：澳大利亚的兰杰铀矿和纳米比亚的罗辛铀矿。罗辛铀矿是全球第三大铀矿，也是最大露天铀矿之一，1928年被发现，1976年开始投产。力拓矿业集团

---

① 澳大利亚将向大矿企征收高额矿产资源租赁税. 新华网，2012-3-30. http://news.xinhuanet.com/world/2012-03/20/c_111680391.htm.

② 伍浩松. 全球铀市场概况[J]. 国外核新闻，2010(11)：19.

③ 刘增洁. 纳米比亚铀资源生产及供需形势[J]. 国土资源情报，2010(8)：36.

拥有该矿 68.6%的权益，其合作者为持股 15%的伊朗国外投资公司(IFIC)、持股10%的南非工业发展有限公司(IDC)和持股 3%的纳米比亚政府，另外 3%的股权由当地的个人持有。罗辛铀矿的年额定产能为 4000 tU，预计 2012 年产能可提高到4500 tU。截至 2011 年年底，该矿已共生产 101123 tU。2011 年，该矿的产量为2641 tU(2010 年为 3083 tU，2009 年为 3519 tU，2008 年为 3449 tU，2007 年为2582 tU，2006 年为 3067 tU)，约占全球总产量的 8%。截至 2009 年年底，罗辛铀矿的证实储量(Proven Reserve)为 7650 tU，概略储量(Probable Reserve)为51800 tU，矿石平均品位为 0.031%U。铀矿主要销往中欧、北美、中国和东南亚国家。目前力拓公司计划将罗辛铀矿服务年限延长到 2030 年。

2. 帕拉丁能源公司

澳大利亚第二大铀矿公司，成立于 1993 年，其旗舰项目就是纳米比亚的兰杰·海茵里希铀矿，除此之外该公司还在马拉维、尼日尔、加拿大以及澳大利亚本土进行铀矿的勘探开采工作。

兰杰·海茵里希也是一座露天铀矿，位于纳米比亚中部西端的纳米布沙漠(Namib Desert)，距纳米比亚主要海港沃尔维斯湾(Walvis Bay)东 80 公里，距罗辛矿东南 50 公里。1973 年由政府资助在该地区进行航空放射性测量时被发现，1974—1980 年间进行广泛的评估工作，之后由于铀价普遍下跌而终止了一段时间。1999 年之后由于铀价的上扬重新进行预可行性研究，并于 2002 年被帕拉丁能源公司收购，2006 年下半年投入商业运行。2011 年，该矿的产量为 1437 tU(2010 年为1419 tU，2009 年为 1108 tU，2008 年为 919 tU)。2009 年完成的耗资 5000 万美元的二期开发工程将该矿的年产能提升至 1430 tU。耗资 1 亿美元的三期开发工程已经完成建设，使该矿的年产能在 2011 年年中达到 2000 tU。拟开发的四期工程中，到2014 年年中将有一座产能为 400 tU 的堆浸设施投产，用于处理低品位矿石。四期开发工程完工后，该矿的年额定产能将达到 3850 tU。帕拉丁能源公司于 2010 年 10月表示，根据最新的勘探结果，兰杰·海茵里希铀矿的总储量约为 46500 tU，推测资源量(Inferred Resources)为 12000 tU。帕拉丁公司表示，采用堆浸方法可能还会使未来该矿的资源量进一步上升。

3. 班纳曼资源公司

该公司于 2005 年成立并成为公开招股公司，起初在澳大利亚本土进行一些资源开发工作。2005 年 5 月，该公司在纳米比亚购得艾坦戈项目(Etango Project)的80%股份，并开始聚焦于纳米比亚的铀矿开发事业。班纳曼公司目前在纳米比亚有两个铀矿项目:艾坦戈和斯瓦科普河(Swakop River Project)。其中艾坦戈是其核心资产项目，位于纳米比亚西海岸铀资源丰富的埃龙戈(Erongo)地区，在罗辛矿西南30 公里，勘探区总面积 500 平方公里。艾坦戈的地质情况属于与罗辛矿极为类似的花岗岩岩体,矿层最深达 400 米,但有 2/3 的资源位于不到地下 200 米处。潜在的铀资源量也与罗辛矿相当,有可能是世界上最大的未开发铀矿之一。该公司于 2010 年 10 月宣布的数据显示,艾坦戈矿床的确定资源量(Measured Resource)与推定资源量(Indicated Resources)总计为 57330 tU,矿石平均品位为 0.019%U,推测资源量为 24600 tU。该公司已分别于 2010 年和 2011 年获得项目开发和项目建设的环境许可,目前正在办理采矿许可证。可行性研究已于 2012 年 3 月完成,证实和概略储量总计 46000 tU,矿石品位为 0.0165%U,可持续生产至少 16 年,年额定产能为 2700 tU,投入成本为 8.7 亿美元。根据班纳曼公司的说法,艾坦戈项目的运营有可能使纳米比亚升至世界第三大铀生产国和出口国。①

斯瓦科普河项目也位于埃龙戈地区,三面环绕帕拉丁能源公司所属的兰杰·海茵里希铀矿。

4. 埃克斯特拉科特资源公司

全球最重要的新兴铀矿公司之一,总部位于澳大利亚的珀斯(Perth),在伦敦、斯瓦科普蒙德(Swakopmund,纳米比亚港口城市)和温得和克(Windhoek,纳米比亚首都)都设有分部,在澳大利亚、多伦多和纳米比亚分别上市。其旗舰项目是胡萨布铀矿(Husab),对这一矿床拥有 100%的权益。它是全球已知的第三大原生铀矿矿床,也是纳米比亚最大和矿石品位最高的花岗岩型铀矿床,于 2008 年在胡萨布北端发现。该项目同样位于埃龙戈地区,距沃尔维斯湾东北约 45 公里、罗辛矿以南约 5 公里,原名罗辛南铀矿(Rössing South),后因该专属勘探区位于胡萨布山脉之下,更名为胡萨布铀矿。根据埃克斯特拉科特公司 2011 年 6 月公布的数据,该矿 1 号区和 2 号区的确定资源量为 32000 tU,矿石平均品位为 0.043%U,推定资源量为 105500 tU,矿石平均品位为 0.037%U。1 号区到 5 号区的推测资源量为 50000 tU,矿石平均品位为 0.029%U。因此,总的资源量大概在 188000 tU,矿石平均品位为 0.035%U。该矿的总投资约为 7 亿美元。根据目前的计划,将采用露天开采的方式,于 2014 年投产,并于 2015 年达到约 5700 tU 的年额定产能。如果这一计划成为现实,该矿将成为仅次于加拿大麦克阿瑟河(McArthur River)铀矿的全球第二大铀矿。

5. 曼瑞尼卡曼瑞尼卡能源公司

1978 年成立于澳大利亚新南威尔士州,2002 年定名为西澳大利亚金属有限公司(West Australian Metals Ltd.)。2007 年年初签下了曼瑞尼卡工程之后经营重点转向铀矿开发,并于 2009 年 11 月将公司名称改为曼瑞尼卡。该矿位于阿海珐的特雷科皮矿以北 30 公里,矿床主体是古河道矿,但也有部分是花岗岩——白岗岩。根据该公司 2011 年 12 月最新公布的数据,曼瑞尼卡铀矿的推定资源量为 2500 tU,矿

① Bannerman Projects. 2012-9-19. http://www.bannermanresources.com/display/index/etango.

石品位为 0.01%U；推测资源量为 19600 tU，矿石品位为 0.008%U。该公司计划投资2.6亿美元，采用堆浸技术开采，预计 2014 年开始投产，以 1350 tU 的年产能运行 13 年。

值得一提的是，该公司与一家中国民营企业四川汉龙集团开展合作，2010 年 11 月 1 日，汉龙集团在香港设立的汉龙资源有限公司和曼瑞尼卡能源有限公司就纳米比亚铀矿项目开发正式签署了融资协议和谅解备忘录。协议内容包括立即提供融资以及双方作为战略性合伙人一起寻找更广泛的铀矿投资和发展机会。根据协议，汉龙资源投资 500 万澳币成为曼瑞尼卡第一大股东，占公司总股本约 12%。该笔融资将被用来支持其在纳米比亚的旗舰工程曼瑞尼卡项目的可行性研究、项目开发以及未来在铀矿方面的战略性收购。同时，汉龙将有权指定一名代表入职曼瑞尼卡董事会。

6. 深黄公司

总部位于西澳大利亚的苏比亚克(Subiaco)，聚焦于铀矿开采，目前主要开发活动集中于纳米比亚的瑞普泰尔(Reptile)地区，同时也在澳大利亚的昆士兰(Queensland)和北领地(Northern Territory)进行铀矿开发。目前在纳米比亚的开发项目主要有奥玛霍拉(Omahola)工程和图巴斯红砂(Tubas Red Sand)工程，处于勘探中的项目有古河道(Palaeochannel)工程，包括图巴斯-图马斯(Tubas-Tumas)项目和奥西那尼斯(Aussinanis)项目。奥玛霍拉工程是其旗舰项目，包括三座矿床的开发，即印加(Inca)、盎格鲁阿拉斯凯特(Ongolo Alaskite)和在中间的 MS7 阿拉斯凯特(MS7 Alaskite)。印加矿床位于艾坦戈以南约 10 公里处，距离海岸约 35 公里，是含铀磁铁矿床，位于地下约 200 米深。推定资源量为 3076 tU，推测资源量为 2000 tU，矿石平均品位为 0.037%U。盎格鲁阿拉斯凯特矿床位于印加矿床东北约 12 公里处，是一座白岗岩矿床，发现于 2010 年。推定资源量为 5110 tU，推测资源量为 1870 tU，矿石平均品位为 0.034%U。MS7 阿拉斯凯特矿床的推定资源量为 1190 tU，推测资源量为 930 tU。2012 年 1 月，该公司公布的最新数据显示，整个奥玛霍拉工程的资源量为 14800 tU，矿石平均品位为 0.037%U。2011 年 11 月，该公司提交了印加矿的环评报告并正在申请采矿许可证，预计年额定产能为 960 tU。盎格鲁- MS7 矿床的环评报告在 2012 年提交，预计于 2015 年正式投产。

图巴斯红砂工程是一座浅地层的风成沙矿，在印加矿以南 10 公里、图巴斯古河道的南边。推定资源量和推测资源量总计为 10900 tU，矿石品位为 0.0125%U，但采用水力旋流技术可提高至 0.05%。该公司希望未来能将该矿床与印加和盎格鲁共同进行开采，预计于 2014 年正式投产，年产能为 850 tU。预可行性研究表明，该矿以及尾矿坝的建设需要投资约 3.2 亿美元。

图巴斯-图马斯项目位于印加矿东南，其中图巴斯的推定资源量为 2350 tU，图马斯的推测资源量为 4470 tU，矿石品位为 0.03%U。

奥西那尼斯项目位于海岸边，距离前述工程约 60 公里，位于其南部。推定资源量和推测资源量总计为 6955 tU，矿石品位为 0.02%U。①

各铀矿项目及其产能如表 6－16 所示。图 6－14 是一张上述各铀矿的地理位置图，从中可以大概看出各铀矿相距不远，均集中于斯瓦科普蒙德和沃尔维斯湾附近的富铀地区。

表 6－16　各铀矿项目及产能

九个项目名称	澳大利亚公司	投产日期（预计）	证实储量/tU	概略储量/tU	确定资源量与推定资源量/tU	推测资源量/tU	年额定产能/tU（加*者为预计数字）	平均品位/U
罗辛	力拓	1976	7650	51800	—	—	4000	0.031%
兰杰·海茵里希	帕拉丁	2006		46500	—	12000	3850	—
艾坦戈	班纳曼	—		46000	57330	24600	2700*	0.019% 0.0165%
胡萨布	埃克斯特拉科特	2014	—	—	137500	50000	5700*	0.035%
曼瑞尼卡	曼瑞尼卡	2014	—	—	2500	19600	1350*	0.01% 0.008%
奥玛霍拉	深黄	2015	—	—		14800	960*	0.037%
图巴斯红砂		2014	—	—		10900	850*	0.0125% 0.05%
图巴斯-图马斯		—	—	—	2350＋4470 ＝6820	—		0.03%
奥西那尼斯		—	—	—		6955	—	0.02%

三、澳大利亚铀矿公司在纳米比亚承担的社会责任

1. 环境保护

铀矿公司在开采铀矿时不可避免会对当地自然环境造成一定程度的影响，但可以通过事前的风险评估和运营过程中的规范化管理降低对环境的破坏。澳大利亚各大铀矿公司在介绍自身铀矿项目时都会声明该项目已经得到当地环境部门的批准。埃克斯特拉科特公司就作出声明：公司对有开采意向的铀矿及其配套设施和基

① Uranium in Namibia. 2012－9－19. http://www.world-nuclear.org/info/inf111.html.

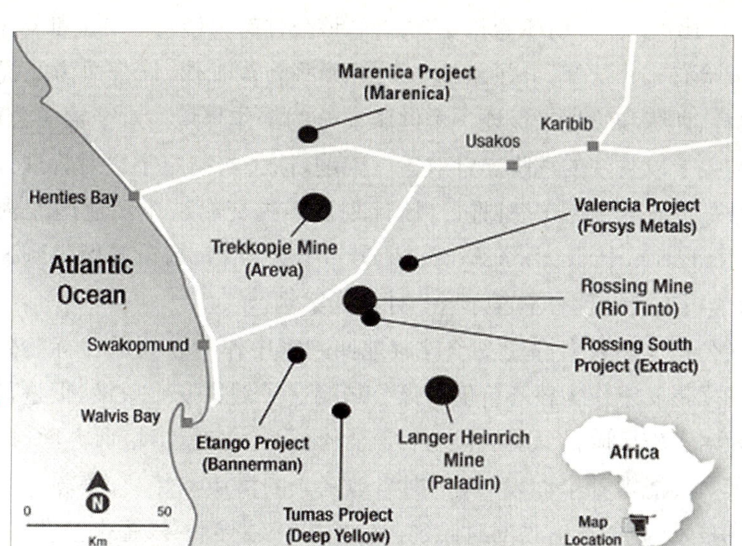

图 6－14　纳米比亚铀矿分布

资料来源：Marenica Energy. "Namibia Marenica Uranium Project". http://www.marenicaenergy.com.au/projects/namibia_marenica.html.

础工程对当地生物物理环境和社会经济环境将会产生的影响及其控制，已经进行了大量专业研究，特别强调这种研究是聘请了当地有声誉的科学家和社会经济学专家进行的，并发布了环境影响评估报告和影响管理计划以符合“赤道原则”(Equator Principles)[①]和国际金融公司(International Finance Corporation，IFC)的环境和社会绩效可持续标准。该公司还将举行每半年一次的环境听证会，由独立评审员进行评估，确保公司在实际开采运营过程中能达到上述标准。班纳曼公司也提出，在进行项目评估和开发时都要遵循相应的环境条例，进行环境风险评估，将环境管理系统融入日常公司运营中，不断提高公司在环保方面的表现，并保持同利益相关者(包括当地政府和居民等)的沟通渠道畅通。

2. 保护劳工权益

除重度污染密集之外，铀矿企业还具备技术密集、劳动密集和高危作业行业的特点，因而劳工权益显得相当重要，主要涉及工资标准、员工福利、劳动环境和安全保障等方面。

埃克斯特拉科特公司由于在职业健康和安全、平等就业、雇佣条件、职业技能培训和劳资关系等方面执行高标准，该公司因而被评为纳米比亚的“首选雇主”(Em-

① 赤道原则最早发端于 2003 年 6 月，当时由一些私人银行(包括花旗银行和巴克莱银行等)制定，旨在用于确定、评估和管理项目融资过程中所涉及环境和社会风险的一套自愿性原则.

ployer of Choice)。在劳动环境和安全方面，该公司努力使每个员工都对工作当中可能发生的危险有充分认知，并了解应该做好哪些防范工作，该公司为此提供了必需的信息、教育、训练和管理来保证一个健康安全的工作环境。对于铀矿公司而言，辐射是特别需要予以关注的危险。针对这一问题，该公司制定了辐射管理计划来保证辐射以有效的方式得到管理和监督，该计划已经提交给纳米比亚国家辐射防护局(National Radiation Protection Authority)，并被定期稽核，以确保得到遵守。到目前为止，该公司未被发现有不遵守这一计划的案例。

班纳曼公司也将人人都能安全健康地回到家中作为公司的目标。公司将员工以及社区的幸福安宁作为核心价值。该公司制定了健康安全政策，促进员工之间互相关照以及对工作风险的认知，拒绝不安全的行为。在员工培训方面，班纳曼公司致力于使其员工能得到全面发展，发掘当地工人的潜质和特长，培养并提高他们的工作能力和技术水平，在适当的时候选拔他们担任领导职务；提供公费项目，资助员工在地质、医学等相关专业进行深造。

帕拉丁公司同样重视员工的职业培训，该公司长期支持纳米比亚最大的职业培训中心之一——纳米比亚矿业技术研究所(Namibian Institute of Mining Technology, NIMT)的工作，并为其学员提供在兰杰·海茵里希铀矿的见习机会，每位学员都可以得到资深帕拉丁技术人员的指导。该公司还资助该研究所设备的维护费用，包括一处电脑培训中心的设立，帮助学员获得更加丰富的学习经验。

3. *发展公益事业*

慈善捐赠和公益活动是企业社会责任中历史最为悠久的内容，曾被认为是公司社会责任的同义语。[①] 本节中提到的铀矿公司所作出的公益活动以教育方面所占份额最重。

帕拉丁公司就长期资助蒙德萨青年机遇信托基金(Mondesa Youth Opportunities Trust)。该基金为斯瓦科普蒙德地区贫困镇蒙德萨小镇(Mondesa-DRC)的小学生提供教育上的帮助，包括提高英语、数学和计算机技能，还为这些学生提供每天的免费午餐以及音乐课、体育练习的机会，并资助建立了一个设施完备的图书馆。帕拉丁公司在2010—2011年度为该基金作出的贡献包括将受资助的学生数量由90名增加到150名，恢复了之前因资金问题而停开的两个年级课程，还聘请了新老师。[②]

帕拉丁公司在支持教育发展事业时格外重视数学和自然科学方面，如采矿、地质、冶金、化学等专业。该公司连续三年成为纳米比亚全国数学家大会(National

---

① 盛斌，胡博.跨国公司社会责任：从理论到实践[J].南开学报：哲学社会科学版，2008(4)：120.

② Paladin Energy. Mondesa Youth Opportunities Trust. http://www.paladinenergy.com.au/default.aspx? MenuID=175.

Mathematics Congress)的主要赞助方。该会议成立于 2006 年，与纳米比亚教育部合作举办，每次日程为三天，由数学专家结合数学教学方面的最新进展对 250～300 名当地数学教师进行培训，这种对教师职业技能的提高能使数千儿童受益。①

为了支持纳米比亚埃龙戈地区的发展，埃克斯特拉科特公司设立了斯瓦科普铀矿基金(Swakop Uranium Foundation)，本着对社区、地方和国家有利的原则，该公司与利益相关者共同制定程序，设立这个基金的目标有三个：一是为所处社区的经济和社会福利作出贡献，特别聚焦于教育和健康；二是支持教育，增加数学和自然科学专业学生的数量，以提高当地人的技术水平，推动纳米比亚国家经济的发展；三是通过当地的监督和追踪机制来支持可持续发展项目。该基金项目包括资助采矿专业的纳米比亚学生在本国和南非的大学里继续深造机械工程和会计相关科目。②

曼瑞尼卡公司于 2009 年 10 月与本地企业千禧矿业(Millennium Minerals)公司签署了谅解备忘录，共建曼瑞尼卡·千禧社区信托基金(Marenica Millennium Community Trust)，起始资金为 150000 澳元(约等于一百万纳米比亚元)，帮助贫困的纳米比亚人，特别资助对年轻人的教育。③

除了教育之外也有其他的公益活动，其内容广泛，涵盖生态环境、道路交通、儿童营养和青少年健康发展等多个方面。帕拉丁还资助纳米比亚环境和旅游局在纳米布·瑙克鲁夫特(Namib-Naukluft)国家公园设置生态厕所，并在兰杰·海茵里希矿区附近设立了 52 个垃圾站，将玻璃、钢铁和其他生活垃圾分类收集，以利于废品回收和再利用。④ 帕拉丁还资助了另外两个环境项目，其一是对哈特曼(Hartmann)山斑马进行的试点研究，包括对这种斑马的数量和活动进行考察，并绘制季节性的水源和牧场地图；其二是关于荒漠土对水的吸收和储存的研究，目的在于了解沙漠生态对于当地植物的支持能力。对水浸润荒漠土的影响因子的研究对矿产开采后如何进行生态环境的修复意义十分重大。帕拉丁还资助两个贫困儿童的营养餐方案，一个在沃尔维斯湾，另一个在斯瓦科普蒙德，两地分别设点，为 500～600 名儿童提供肉食，旨在确保贫困儿童每天都能吃上健康的午餐。帕拉丁已表明愿意长期资助这项计划。此外，帕拉丁还资助沃尔维斯湾的库斯芒德(Kuisebmond)镇建立了蓝色海洋运动俱乐部(Blue Waters Sport Club)，增加青少年参加体育运动的机会，帮助他

① Paladin Energy. A Focus on Math and Science Education. http://www.paladinenergy.com.au/default.aspx? MenuID=160.

② Extract Resources. Community Relations. http://www.extractresources.com/sustainability/community-menu-item.html.

③ Marenica Energy. Broad-Based Black Empowerment Agreement. http://www.marenicaenergy.com.au/projects/black_empowerment_agreement.html.

④ Paladin Energy. Other Community Assistance. http://www.paladinenergy.com.au/default.aspx? MenuID=161.

们能够健康发展。

埃克斯特拉科特公司也通过斯瓦科普铀矿基金向国家灾害救济基金(National Disaster Relief Fund)捐款,以援助纳米比亚北方发生的水灾;赞助当地的拯救生命(Xupifa Eemwenyo)道路安全运动,该运动旨在减少节庆期间道路交通事故和伤害,增进司机和行人的道路安全意识;赞助阿伦迪斯(Arandis)镇议会的首次消防工作和第一次急救课程。①

另外,帕拉丁还和其他几家铀矿公司包括深黄、埃克斯特拉科特、班纳曼以及当地运输公司共同集资修建矿区附近的高速公路。②

从上述介绍可以看出,铀矿公司作出的公益活动并非无的放矢,而是有很强的针对性和策略性。对企业社会责任进行的研究表明,"企业根据自身所处的经济环境和行业特点针对某一具体领域集中进行慈善和资助活动,可以改善企业整体的竞争环境,提升企业的竞争优势。"③上述几家铀矿公司在对公益活动进行资助时都将重点放在对青少年的教育方面,而在教育领域里又不约而同地选择数学、自然科学专业以及采矿、冶金、会计等专门技术作为资助的重点方向。这显然是因为这些专业和铀矿公司本身的经营运作联系紧密,出资帮助在校学生或者单位员工在这些专业进行深造,不仅有利于树立企业形象、改善劳资关系、增进公司与所在社区的融洽程度,更有助于企业本身人才的招募和员工职业技能的提升,对公司的成长发展有战略性意义。而对生态环境、道路交通等方面的资助也同样有利于公司的生产经营。

另外值得一提的是,以上关于公益活动和慈善捐助的信息均来自各公司官方发布的企业社会责任报告。事实上,这样的社会责任报告被视为跨国公司在东道国承担社会责任的重要表现路径之一,也已经成为当前跨国公司的一个普遍举措。通过社会责任报告,公司可以和利益相关者进一步沟通,宣传公司的基本价值观,反映公司在践行社会责任方面的业绩,披露当前存在的问题以及改进的方向,接受社会公众的监督。④ 有些公司还会定期出版宣传刊物,如埃克斯特拉科特公司的半月刊 *Swakop Vission*,对当地人关心的一些问题作出回答,也介绍公司矿业项目的相关信息,使公司的运营做到公开透明,这类与利益相关者的沟通都是保持可持续发展的重要途径。无论是采用在官方网站上发布信息资料的形式,还是采用更正式更完善地发布"可持续发展报告""社会环境报告"等年报形式,这样的责任报告都使公司行

---

① Extract Resources. Community Relations. http://www.extractresources.com/sustainability/community-menu-item.html.

② Paladin Energy. C28 Highway Upgrade Programme. http://www.paladinenergy.com.au/default.aspx? MenuID=158.

③ 盛斌,胡博.跨国公司社会责任:从理论到实践[J].南开学报:哲学社会科学版,2008(4):120.

④ 徐二明,郑平.中国转型经济背景下的跨国公司在华企业社会责任研究[J].经济界,2007(3):42.

为更具公信力，表明公司已将社会责任形成清晰而明确的理念，并将其融入公司的企业文化和发展战略中，有助于树立起良好的公司形象。

四、中资企业在纳米比亚寻铀的现状及发展前景

1. 中国对铀的需求及在纳米比亚中资铀矿企业的现状

经济发展需要能源保证，特别是进入 21 世纪以来的最近几年，国内能源消费尤其是电力消费强劲增长，能源供需十分紧张，同时还面临环保要求日益提高等诸多挑战。而核电是一种清洁、安全、技术成熟、供应能力强的发电方式。伴随着全球核电建设复苏的大环境，政府和社会各界对国家加快发展核电已形成共识，中国核电发展正由早期的“适度发展”期进入“加快推进”期。核电发展战略已成为我国电力发展战略和国家能源安全战略的重要组成部分，发展核能是实现能源、经济和环境协调发展的有效途径。在 1997—2006 年的 10 年中，核能消费以年均 18%的速度在快速增长，是世界核能利用增长最快的国家之一。[①] 2007 年，国务院正式批准的《国家核电发展专题规划(2005—2020 年)》计划到 2020 年，中国争取将核电运行装机容量从目前的 906.8 万千瓦提高到 4000 万千瓦，核电占全部电力装机的比重从现在的不到 2%提高到 4%，预计 15 年投资总额将达到 4500 亿元。事实上，中国已经掀起了一场比该计划更为宏大的核电建设热潮。2007 年，已经得到国家发改委核准的 13 个核电项目，建设规模总和达 5946 万千瓦。2008 年，获得批复以及待批复的核电项目总和达 7000 万千瓦。这意味着在中国在建以及准备建设的核电站规模总和达到 1.3 亿千瓦。[②]

铀是国家核电建设、安全运营的重要矿产资源，中国地质调查局将它列为对国家经济建设具有重大意义的重要矿产资源。而中国自身的铀资源比较贫乏，业内认为铀资源问题未来会成为中国发展核电道路上的最大担忧。根据《铀 2011》的数据，我国已探明的铀资源储量为 166100 tU(开采成本小于 130 美元/千克)，仅占世界已探明总储量的 3%。[③] 而且矿床规模以中小型为主(占总储量的 60%以上)，矿石品位偏低，通常与磷、硫及有色、稀有金属矿产共生或伴生。[④] 中国的天然铀生产近年来鲜有增长。2004 年，中国生产天然铀当量为 750 吨，直到 2010 年才增加到产量 827 吨，产能 1350 吨，但当年的铀矿需求就达到了 2875 吨，缺口在 2000 吨以上。[⑤]

---

① 何金祥. 中澳两国在铀矿上的合作潜力和前景[J]. 中国矿业，2008(1)：5.

② 王强. 中国须谨防铀资源瓶颈[J]. 商务周刊，2008(20)：69.

③ Supply of Uranium. 2012-9-19. http://www.world-nuclear.org/info/inf75.html.

④ 陈载林，黄临平，张国峰. 中国在新世纪的铀矿战略[J]. 科技广场，2007(6)：36.

⑤ 寻找铀矿仍是核电所面临的最大难题. 有色金属行业信息数据网. 2012-9-17. http://db.cnmn.com.cn/NewsShow.aspx?id=249295&page=1.

即使按照2020年核电发展规划中的3600万～4000万千瓦的发电能力测算，到时中国每年需要的金属铀将达到6000～7000吨。虽然最新勘探显示中国有新的铀矿储量，但短期内中国还必须大量从国外进口铀矿。按照有关部门制定的战略，未来中国需要的铀矿资源中，“国内勘查生产确保1/3的供应、海外勘查生产满足1/3的需求、国际天然铀贸易采购解决1/3。”[①]可见，中国铀资源需求的对外依存度高达66%以上，这必将成为影响中国核电发展不可忽视的因素。

多年来中国主要从哈萨克斯坦和加拿大进口铀原料，以满足国内核反应堆的燃料需求。近年来，政府大力鼓励中国的矿业开发企业“走出去”。福岛核电危机后，国际天然现货铀矿石价格一路下滑，在此背景下，中国企业加紧了海外收购铀矿的步伐，并已经与包括尼日尔、乌兹别克斯坦、俄罗斯、澳大利亚、坦桑尼亚、赞比亚、乌克兰和阿根廷等在内的国家接触，协商对海外铀矿资源的开发。

纳米比亚的铀资源市场也已经出现中国企业的身影，包括中核资源（纳米比亚）开发公司和四川汉龙集团等。

中核资源（纳米比亚）开发公司的前身是纳米比亚（中国）矿产投资开发公司（以下简称纳中公司），它是国内最早开始在纳米比亚进行铀矿勘探的企业，当时还是一家民营企业。2005年获得了在纳的第一个探矿权之后，又经过几年的勘探，该公司已经基本掌握了纳米比亚地质成矿条件和规律，向纳米比亚申请了十多个矿权，面积达1万多平方公里，主要矿种包括铀、铜、铅、锌、铁、金、煤等。2008年4月，纳中公司与中国核工业集团总公司（中核集团）海外铀资源开发公司组建的合资公司中核海外资源开发（纳米比亚）公司正式成立，自此，在纳米比亚的铀矿开发不再是单纯的民营企业的商业开发项目。该公司与纳米比亚矿能部、贸工部、内务部等部门都建立了很好的关系，在纳米比亚的矿产资源开发工作也得到中国国家发改委、商务部、外交部等部门的高度重视和充分肯定。中核资源（纳米比亚）开发公司目前从事铀资源的勘探、勘查设计、工程建设的投资与管理，以及铀产品开发生产，相关技术开发、进出口及工程承包业务。境外企业注册资本为100万美元，投资总额为1029万美元，其中中方以现汇出资596万美元，占股58%；外方以现金出资433万美元，占股42%。经营期限为20年。[②]

四川汉龙（集团）有限公司则是一家民营企业，成立于1997年，涉足于清洁产业、资源开发、能源化工、生物制药、基础设施建设、食品酒业、通信传媒等多个行业。公

① 王强.中国须谨防铀资源瓶颈[J].商务周刊，2008(20)：69.邹晓明，马杰，王玲玲.我国铀矿资源对外投资战略研究[J].中国矿业，2010(12)：11.

② 四川汉龙“抄底”纳米比亚铀矿.东方早报网，2012-9-17.http://www.dfdaily.com/html/113/2011/7/12/629755.shtml.

司拥有全资及控股企业 30 多家，全球职工总人数达到 12000 人，并且年收入超过 25 亿美元，总资产达到了 360 亿人民币。[①] 汉龙集团的海外公司设在悉尼，主要从事矿业投资，集合了一批矿业和金融专家，已成功完成多起并购，其中包括中国民企在澳洲收购最大项目澳大利亚钼矿有限公司（Moly Mine Ltd.）。该公司在澳大利亚西澳全资拥有世界级的钼矿项目，是自 1982 年以来全球范围内发现的唯一大型钼铜伴生矿开发项目。目前该项目确定资源量为钼 41 万吨、铜 50 万吨、铁矿石 1600 万吨。[②] 此外，该公司还立下目标，要“在 10 年内成为全球第四大的铁矿石供应商”。在铀矿市场方面，除了前文中所述的于 2010 年成功投资曼瑞尼卡铀矿项目之外，该公司又在 2011 年 7 月向班纳曼公司发出金额为 1.44 亿澳元（合 1.549 亿美元）“高限制性”收购要约，目光同样瞄准纳米比亚的铀矿项目。[③]

2012 年 1 月，中国的一家国企——广东核电集团（中广核，CGNPC）旗下的子公司金牛矿业（Taurus Mineral）得到纳米比亚竞争监管委员会的批复，成功购得埃克斯特拉科特公司的控股权，收购总价值为 22 亿美元。在此过程中，中国的外交部长杨洁篪也对纳米比亚进行了访问，并和纳方高级官员会面，就贸易、合作和矿业问题进行了探讨。[④]

可见，中国的铀矿企业正在积极进入纳米比亚的铀资源市场，为我国核能的稳步发展开拓资源渠道，并且在这一过程中也得到了政府的有力支持。然而，中国进入这一领域的时间毕竟较短，在很多方面存在着不足。纳中公司董事长黄跃权就曾坦言：“涉足矿业领域，我们中国人不是最早的，有可能还是比较晚的。在纳米比亚，与其他大的矿业公司力拓、阿海珐等相比，我们还是婴儿，甚至连小孩都算不上。”[⑤] 再加上这一市场自身的风险和困难，要想打开市场，与同行业的国外大型企业竞争，仍需中国企业付出大量时间和精力。

2. 中国面临的困难及今后的发展道路

首先是当地的环境问题。由于主要是沙漠和半沙漠地质，纳米比亚的淡水资源不足，而随着铀矿开采面积的扩大，水资源的消耗也开始成为当地亟须解决的问题。力拓公司在纳米比亚的罗辛铀矿项目经理戴夫・杰拉德（Dave Garrard）曾表示，“按

---

① 集团和 Marenica 能源公司就纳米比亚铀矿项目开发达成战略合作关系. 汉龙集团主页，2012－3－28. http://www.schanlong.com/html/news/show_1_427_w2.html.

② 海外战略. 汉龙集团主页，2012－3－28. http://www.schanlong.com/zt/index/cyid/28.

③ 四川汉龙“抄底”纳米比亚铀矿. 东方早报网，2012－9－17. http://www.dfdaily.com/html/113/2011/7/12/629755.shtml.

④ 中广核收购澳铀企接近收官. 21 世纪网，2012－9－17. http://chinese.ruvr.ru/2012/01/12/63699793.html.

⑤ 核电复兴：铀矿探测迷雾重重. 中国新闻周刊，2012－9－17. http://news.sina.com.cn/green/2011－04－22/142522340872_3.shtml.

照现有的淡水供应量，再开两三个矿还是可以的，但要开更多，就要重新寻找淡水资源，或者再建新的输水管道。”①高耗水对本就缺水的纳米比亚而言无疑是致命的破坏。目前在半沙漠腹地表面，有三条管线绵延40多公里横亘于整个埃龙戈地区，将纳米比亚西海岸的水源运输到各个铀矿区。而阿海珐的特雷科皮矿在建设初期就已经被纳政府禁止继续从当地含水层抽水。于是，特雷科皮在2010年4月建成了距离西海岸的斯瓦科普蒙30公里的海水淡化厂。这一项目曾经被特雷科皮和纳米比亚政府高度赞誉为解决矿产开发缺水问题的完美方案。然而发展到今天，海水淡化厂的建设已经显露出了对附近海域海洋生物的破坏性影响。

同时，铀矿的开采和提取包含一个被称作溶滤(Leaching)的过程，在这个过程中，大面积的岩石被转移、压碎，并经过化学试剂萃取提取含铀的溶解液，从而长期污染土壤和水源。在纳米比亚，低资金投入的露天开采方式被广泛采用。露天开采铀矿挖成的大坑，使地表伤痕累累，同时在开采过程中扬起大量尘埃，矿工常年暴露在有辐射性的氡气和尘埃中。这里常刮很强的东风，于是含有氡气和其他毒气的尘埃可以从沙漠腹地一直漂移到100公里外的居民区，导致当地居民尤其是儿童患上呼吸系统的疾病。由于担心越来越多的采矿项目加入会影响环境，纳米比亚政府和矿业协会方面也开始制定一些涉及开矿前后的行为准则和规范，以确保健康环保安全的标准得以实施。

除了环境问题之外，技术人员的缺乏也是一个问题。当地缺乏拥有技术特长的工人，而根据当地的法律，开采矿山需要招募一定数量的当地劳工，但目前纳米比亚的教育水平还不是很高，这就给矿业公司的发展带来了难题。因此，很多企业如力拓很早就选择跟当地教育部门合作办学来提高当地的教育水平，以便自身发展，而这显然需要漫长的投资时间。纳中公司董事长黄跃权也表示，铀矿的勘探是高投入、回报漫长的过程。而即使纳中公司已经获得来自中核方面的专业技术支持，勘探的进程仍然十分缓慢。鉴于探矿权执照的有效期为7年这一事实，最早的一批在2005年获得的探矿执照即将到期，一旦在这个最终期限前没有探矿成功，即意味着将被迫放弃这得来不易的执照。因此，中核集团已经加紧进行可行性研究，如果能研究成功，申请到采矿权，期限就能延长很多。②

除了环境、人力资源等受制于当地客观条件的困难之外，中国企业自身的经营也并不是十分完善。特别是在企业社会责任方面，和国外一些经验丰富的矿业公

① 到纳米比亚淘铀去. 第一财经日报，2012－9－17. http://finance.jrj.com.cn/biz/2010/11/2902238662127.shtml.

② 核电复兴：铀矿探测迷雾重重. 中国新闻周刊，2012－9－17. http://news.sina.com.cn/green/2011－04－22/142522340872_3.shtml.

司相比，还存在较大差距，主要表现在以下三个方面：一是急功近利、违法经营。有些企业无视当地政府制定的资源保护法律法规，滥开滥采当地的资源，最终导致资源枯竭，不仅损害当地人的利益，最终也损害了自己的利益。二是劳资关系紧张，人际环境恶劣。一些企业一味谋求经济利益，不顾及当地雇员和周边居民的利益。例如薪水过低而工时过长、工作条件恶劣等，直接损害了员工的利益，造成了雇主和雇员的矛盾尖锐；又如不顾周边社区的利益，常常为占地、雇工等问题发生矛盾，导致社区关系紧张，甚至出现员工罢工闹事等现象，使得项目无法正常进行。三是削价竞争，工程质量下降。有些企业片面追求经济效益，在非洲竞标时在中国企业之间竞相削价，扰乱承包工程市场秩序；企业低价获标后再把工程风险损失转嫁给施工企业，致使后续国内施工企业完全无利润可赚甚至赔钱，不仅严重损害了同业的利益，由此也可能造成工程质量下降，影响中国企业的信誉。①

这类问题已经在非洲造成很不好的影响，应该引起政府和企业的足够重视。政府相关部门应通过有效的行政手段加强对当地中国企业经营活动的监督管理和制约，制定出符合国际规范的行业社会责任标准，建立良好的经营秩序，树立起中国企业的良好形象。从企业自身来说，应接受政府部门的监督，加强自身管理，认真履行企业应有的社会责任。具体而言，应做到以下几点：

第一，遵守当地法律法规。在非洲的中国企业应自觉遵守当地的法律法规，规范自己的经营行为，不做违反当地政府法制与政策的事，不要为谋一己私利而做有损于当地政府和人民利益的事，不逃税漏税，不私自滥采当地的资源。

第二，开采资源的同时注重保护当地生态。要用国际规范化的社会责任标准约束自己，坚持可持续发展，在利用当地资源时努力节约资源和保护资源，并承担起资源再生的义务，承担保护环境和维护自然和谐的责任。只有保护好和建设好当地环境，中国企业才能在这里稳定、健康、持续地发展，实现互利共赢。

第三，营造融洽的劳资关系和社区环境，热心公益事业。中国企业在非洲的经营行为，除了为国家引进能源、为自己带来利润，也应起到促进当地经济发展、繁荣市场、为当地人民带来就业机会的作用。要把企业的经营行为和当地政府的经济发展目标相结合，为当地经济和社会的发展尽责尽力。企业应尊重和保障本国和当地雇员各项合法权益，关心和改善他们的生活，为他们提供合理的薪资、培训和升职机会，妥善建立好企业主与雇员的关系。在有条件的情况下应主动回馈社会、热心公益事业，帮助当地政府发展农业和文教卫生、支持基础设施建设、减少贫困人口，为非洲经济和社会发展尽自己一份责任。

① 韩秀申.中国企业在非洲的发展及其社会责任[J].国际经济合作，2007(7)：19.

目前全球铀矿生产的集中度已经非常高，已形成十大矿业公司几乎垄断全球铀矿生产的格局，2009年产量合计占到了全球的89%。[①] 而我国目前还没有形成规模较大的铀矿生产企业，经营时间短，经验不够丰富，竞争力远远落后于西方发达国家的大型能源公司，要想在国际市场上开辟出自己的一席之地，还有很长的路要走。但也应看到，中国在非洲的能源勘探和开采方面已经取得一定成果，特别是在石油和有色金属等矿产的合作方面，积累了相当的经验。在石油合作方面，双方主要采取"股权换油源计划"，通过帮助非洲国家改善农业、电力和通信等产业来交换石油的勘探开发权，既可以防范欧美金融炒家，又可以实现非洲石油投资多元化发展。在有色金属方面，积极实施"走出去"战略，到非洲投资开发资源、合作办矿和签订长期贸易合同等，取得了较稳定的长期原料供应渠道。[②] 这些都可以为铀矿企业提供宝贵的借鉴。

具体实施过程中，要加强本国企业之间的合作，也应注重通过合作、合资等多种方式加强与非洲当地企业以及当地政府的深度合作，还可以与其他国家的跨国公司进行合作开发。在经营过程中，应积极探索本土化经营模式，尊重当地民族的风俗习惯、积极招募当地人才担任管理者、增强当地居民的认同感，为中国公司的成长和发展提供良好融洽的环境。从国家的角度看，应对能源开发企业提供更多的扶持，不仅仅是宏观上、政策上的鼓励与支持，更需要技术人员和资金投入等微观上落到实处的支持。矿业资源的开发是一个高投入、回报漫长的过程，特别是在企业发展的初期，必然是要多投入时间和人力、物力、财力，国家应看到这些投入在将来会为我国的工业发展带来稳定的资源支持，企业方面也不能抱着急躁的心态，只顾尽早牟利，而忽视当地的自然环境和社会环境建设，甚至以破坏环境的方式为自己获得利润，要走可持续发展的道路，实现中国与非洲国家的长期合作、互利共赢。

---

① 全球铀矿争夺战. 中国核能行业协会网，2012 - 9 - 19. http://www.china-nea.cn/html/2012 - 08/24053.html.

② 张晟南. 中非能源矿产合作前景[J]. 国土资源，2006(11)：51.

第七章

中国的非洲能源战略构想

第一节 中国能源消费状况、趋势与结构特征

中国对非洲的能源战略是中国国家能源战略的重要组成部分。根据 2007 年 12 月中国政府公布的《中国的能源状况与政策》白皮书，中国的能源战略的基本内容是"坚持节约优先、立足国内、多元发展、依靠科技、保护环境、加强国际互利合作，努力构筑稳定、经济、清洁、安全的能源供应体系，以能源的可持续发展支持经济社会的可持续发展。"[①]简言之，中国的能源战略是要保证能源生产与供给满足中国经济健康成长以及人民生活水平不断增长的需要。在 1993 年中国成为石油净进口国之前，中国国内的能源需求完全可以自给自足。但是，随着经济的迅速发展，中国的能源消费总量越来越大，与此同时，国内能源的增长已经无法满足国内能源需求，国外能源的进口量占国内能源消费总量的比重越来越高，对国际能源市场的依赖度也越来越严重。

从能源消费总量来看，伴随中国工业化进程和城市化进程的发展，中国的能源消费总量一直保持稳步上升的态势，有关国际能源研究机构发布的数据已经表明中国的能源消耗已经在世界各国中排名第一。如，根据国际能源署（IEA）统计，中国在 2009 年能源消费合 22.52 亿吨油当量（包括煤炭、石油、天然气、水电、核电等），大约比美国高 4%，能源消耗居世界第一。但这一论断遭到中国国家能源局的否定。[②] 2011 年 BP 发布的《世界能源统计回顾 2011》报告提出，中国在 2010 年一次能源消费总量为 24.32 亿吨油当量，占世界能源消费的 20.3%，比美国的 22.85 亿吨油当

① 《中国的能源状况与政策》白皮书，中华人民共和国国务院新闻办公室，2007 年 12 月.

② 国家能源专家咨询委员会副主任、发改委能源研究所研究员周大地认为以 2009 年中国消耗标准煤 30.66 亿吨计，约为 21.4 亿吨油当量，仍少于美国，但是周承认近年来中国能源消费统计上存在许多问题. 所以他认为"中国的能源消费数字，还是以中国自己的统计数字为准. 但是应该说两个数量差别不是太大，20 多嘛，差这么 5%左右。"见《中国能源消费世界第一？ 著名学者周大地详析》，中国网. http://www.china.com.cn/fangtan/2010-07/30/content_20609930.htm.

量多出 1.47 亿吨标准油，第一次取代了美国成为世界第一能源消费国。但中国国家统计局也对此予以否认。根据中国国家统计局 2011 年 2 月发布的《中华人民共和国 2010 年国民经济和社会发展统计公报》的数据，2010 年中国一次性能源消费总量 32.5 亿吨标准煤，折算成标准油约为 22.75 亿吨油当量，仍然排在美国之后居世界第二位。[①] 尽管能源业内对此观点不一，但不论中国能源消费总量是否已经世界第一，已无人能够否认中国能源消费大国的地位(如图 7-1 所示)。

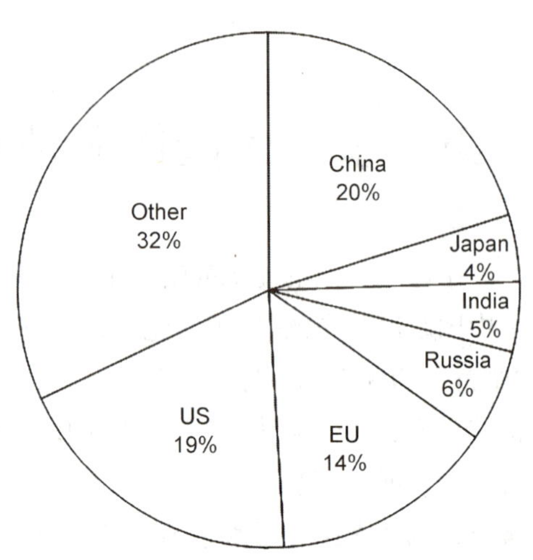

图 7-1　中国在全球能源消费中的比重

资料来源：China now world's largest energy consumer. http://www.businesslive.co.za/southafrica/sa_markets/2011/10/04/china-now-world-s-largest-energy-consumer#leaf.

不仅如此，中国能源消费仍将保持上升趋势。据《中华人民共和国 2011 年国民经济和社会发展统计公报》，2011 年中国能源消费量为 34.8 亿吨标准煤，比上年增长 7.0%。2010 年 10 月在北京举行的“能源·经济·发展”论坛上，时任国家能源局发展规划司司长的江冰认为，基于中国国情以及国内外社会经济发展趋势预测，到 2015 年中国一次性能源消费总量预计可控制在 40 亿～42 亿吨标准煤。[②] 这比 2011 年 11 月底发布的《中国能源发展报告 2011 年》预测稍低一些，后者预计为 41 亿～42.5 亿吨。[③] 根据 2012 年 5 月国家能源局原局长张国宝在出席中美清洁能源论坛时介绍，根据国务院发展研究中心进行的数种情景模拟测试，2020 年中国能源总消费将达到 50 亿吨标准煤。[④] 国家能源局发展规划司司长江冰在一次会议上还曾表示，如果按照现在的水平不加控制，到 2030 年中国一次性能源消费总量将达到 70 亿吨标准煤。[⑤] 而国际能源署发表的《2010 年世界能源展望》认为在 2008 年到 2035 年间，中国能源消费将增长 75%，到 2035 年，中国占世界能源需求的比例将从目前的 17%上升至 22%。在该机构发布的《2011 年世界能源展望》中更预测届时中国的能

① 中国的“标准煤”与国际能源署的“油当量”各有各的标准，具体折算关系并不明确，在研究中令人头痛。希望国家有关职能部门尽早提出一个统一的标准。

② 许可新. 十二五能源图谱全解读. 企业界，2010(10).

③ 2015 年中国能源消费量将达 41 亿吨左右标准煤. http://www.askci.com/news/20111206/145605265.shtml.

④ 到 2020 年中国能源消费量将达 50 亿吨标准煤. 长城网. http://energy.hebei.com.cn/system/2012/06/11/011912469.shtml.

⑤ 李富永. 从满足转为控制中国煤炭政策转型[N]. 中华工商时报，2010-12-24，第 6 版.

源消费将比第二大能源消费国美国的能源消费高出70%(如图7-2所示)。

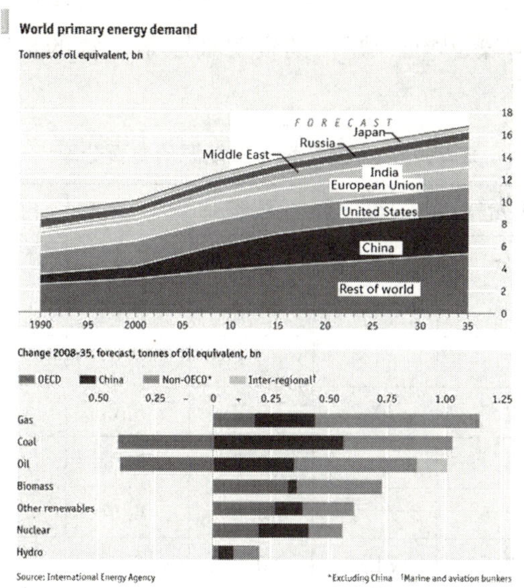

图7-2　国际能源署对中国能源消费的预测

资料来源:Never enough. http://www.economist.com/blogs/dailychart/2010/11/energy_demand.

表7-1　中国一次能源消费结构　　百万吨油当量

年份	原油	天然气	煤	核能	水力发电	再生能源	总计
2003	266.4	29.5	834.7	9.9	63.7		1204.2
2004	318.9	35.1	978.2	11.4	80.0		1423.5
2005	327.8	41.2	1095.9	12.0	89.9		1566.7
2006	353.2	50.5	1215.0	12.4	98.6		1729.8
2007	362.8	62.6	1313.6	14.1	109.8		1862.8
2008	375.7	72.6	1406.3	15.5	132.4		2002.5
2009	388.2	80.6	1556.8	15.9	139.3	6.9	2187.7
2010	428.6	98.1	1713.5	16.7	163.1	12.1	2432.2
2011	461.8	117.6	1839.4	19.5	157.0	17.7	2613.2

资料来源:根据BP公司Statistical Review of World Energy中Primary Energy的历年数据制.

如表7-1所示,从煤炭、石油、天然气、水能、核能等能源在中国能源消费构成中所占比重来看,位居前列的依次为煤炭、石油、水能和天然气。从发展趋势看,在中国能源消费总量迅速增长的同时,煤炭所占比重保持了基本稳定的态势,2003年为69.3%,2011年略升为70.4%。石油消费占比从2003年的22.1%下降到2011年的 17.7%，下降较为明显。而天然气稍有上升，从 2003 年的 2.4%上升到 2011 年的 4.5%。水能占比变化不明显，从 2003 年到 2011 年仅上升 0.7 个百分点。中国能源消费结构与中国“富煤、少油、缺气”的资源禀赋是一致的（如表 7-2、表 7-3 所示）。

表 7-2 中国各种一次能源消费百分率 %

年份	原油	天然气	煤	核能	水力发电	再生能源	能源消费总量
2003	22.1	2.4	69.3	0.8	5.3		1204.2
2004	22.4	2.5	68.7	0.8	5.6		1423.5
2005	20.9	2.6	69.9	0.8	5.7		1566.7
2006	20.4	2.9	70.2	0.7	5.7		1729.8
2007	19.5	3.4	70.5	0.8	5.9		1862.8
2008	18.8	3.6	70.2	0.8	6.6		2002.5
2009	17.7	3.7	71.2	0.7	6.4	0.3	2187.7
2010	17.6	4.0	70.5	0.7	6.7	0.5	2432.2
2011	17.7	4.5	70.4	0.7	6	0.7	2613.2

资料来源：根据 BP 公司《Statistical Review of World Energy》中《Primary Energy》的历年数据制.

然而，与中国能源消费量及其消费趋势相比，中国各种能源的储量都不令人乐观。中国虽然拥有较为丰富的煤炭资源，截至 2011 年底已探明煤炭储量约为 1145 亿吨，占全球总量的 13.3%，仅次于美国（27.2%）和俄罗斯（18.6%），居世界第三位。但中国煤炭的年产量很大，2011 年中国开采煤炭 19.56 亿吨油当量，占当年世界煤炭产量的 49.5%，按此计算，中国煤炭的储采比仅为 33 年。2011 年中国探明石油储量为 20 亿吨，仅占世界比重的 0.9%。2011 年，中国石油产量 2.04 亿吨，约合日产量 409 万桶，以此计算，中国石油的储采比仅为 9.9 年。

尽管总体来看，中国能源资源绝大部分仍由国内供给，进口能源只起辅助作用。按 2011 年中国政府公布的 34.8 亿吨标准煤的总能源消费量看，当年中国生产原煤 35.2 亿吨（约为 31.8 亿吨标准煤），石油 2.03646 亿吨，天然气产量为 1025.3 亿立方米。同年进口煤炭 1.824 亿吨，进口原油 2.5378 亿吨，天然气进口 310 亿立方米。总的能源自给率仍保持在 90%以上。

相比同年美国的能源自给率为 81.4%，[①]印度能源自给率为 25%，[②]日本能源自

① 张茉楠. 全球能源格局巨变下中国战略突围. 中国评论新闻网. http://www. chinareviewnews. com/doc/1021/5/3/5/102153504_2. html? coluid=137&kindid=7850&docid=102153504&mdate=0703001944.

② 印度能源概况. http://www. globserver. cn/印度/能量.

给率仅为13%，[①]中国的能源自给率还是令人乐观的。

表7-3 中国国家统计局关于近年来中国能源消费总量及构成的统计数据

年份	能源消费总量/万吨标准煤	占能源消费总量的比重/%			
		原煤	原油	天然气	水电、核电、风电
2003	183792	69.8	21.2	2.5	6.5
2004	213456	69.5	21.3	2.5	6.7
2005	235997	70.8	19.8	2.6	6.8
2006	258676	71.1	19.3	2.9	6.7
2007	280508	71.1	18.8	3.3	6.8
2008	291448	70.3	18.3	3.7	7.7
2009	306647	70.4	17.9	3.9	7.8
2010	324939	68.0	19.0	4.4	8.6
2011	348000	—	—	—	—

资料来源:《中国统计年鉴2011》.

但是,如果将中国近年来能源消费与能源进口的数据进行对比分析就可以发现,中国对世界能源市场的结构性依赖已经到了非常严重的地步。

就对外依存度最高的石油而言,1993年中国首次成为石油产品净进口国时,当年进口的石油只有998万吨,净支出22.7亿美元。[②] 1995年石油进口的金额超过了石油出口的金额,开始在石油贸易金额上成为石油净进口国。[③] 1996年,中国成为原油净进口国。但20世纪90年代石油进口基本属于缓步增长,到1999年原油和成品油净进口额也只有4680万吨。然而进入21世纪后,中国石油进口迅速跃入高速增长期。到2003年,据中国海关统计当年进口原油9112万吨,成品油进口2824万吨,原油、成品油年度总进口量首次突破1亿吨,[④]也就在同一年,石油消费量和进口量都超过了日本,成为国际市场上仅次于美国的第二大石油消费国。2007年进口原油和成品油分别为1.63亿吨和0.338亿吨,共达1.968亿吨,逼近2亿吨。中国从开始进口石油到进口量过1亿吨,用了11年时间;从1亿吨到逼近2亿吨,却只用了3年时间。2008年以来全球爆发的严重的金融危机也未能降低中国原油进口的速度,

① 日本能源自给率13%,创30年来新低.日经中文网.http://cn.nikkei.com/industry/ienvironment/2551-20120530.html.

② 程刚,刘洋,纪双城,木春山.中国进口石油走过坎坷15年[N].环球时报,2008-11-25.

③ 石油:中国经济最强烈的思念[N].新华网,2004-12-30.

④ 国土资源部油气战略研究中心.中国2003年原油和成品油进口增三成.http://www.sinooilgas.com/NewsShow.asp?NewsID=7661.

2009年中国累计进口原油达2.04亿吨，[①]年度进口规模首次突破2亿吨。2011年中国的石油进口量再创新高，进口2.5378亿吨原油，花费金额高达1966.64亿美元。另外，在成品油方面，中国进口成品油4060万吨，出口成品油2570万吨，进出口相抵，成品油净进口也达1490万吨。2000—2010年间中国主要能源消费及石油进口量如图7-3、图7-4所示。

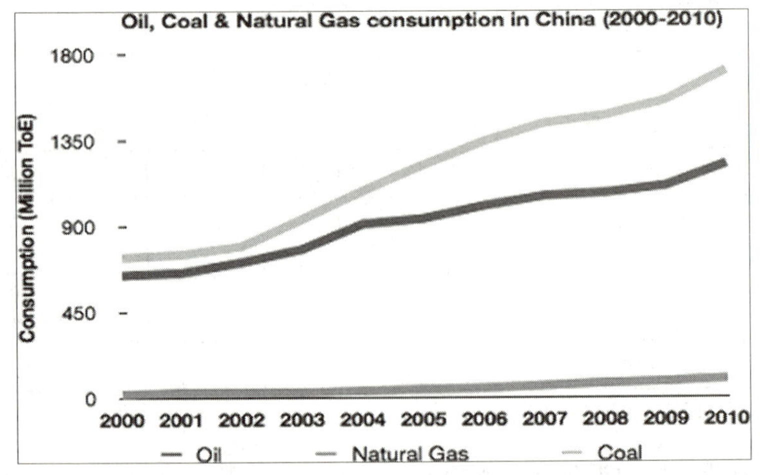

图7-3　2000—2010年的中国煤炭、石油与天然气的消费增长示意图

资料来源：China set to unveil caps on energy use, likely to boost clean energy use. http://climate-connect.co.uk/Home/?q=node/1382.

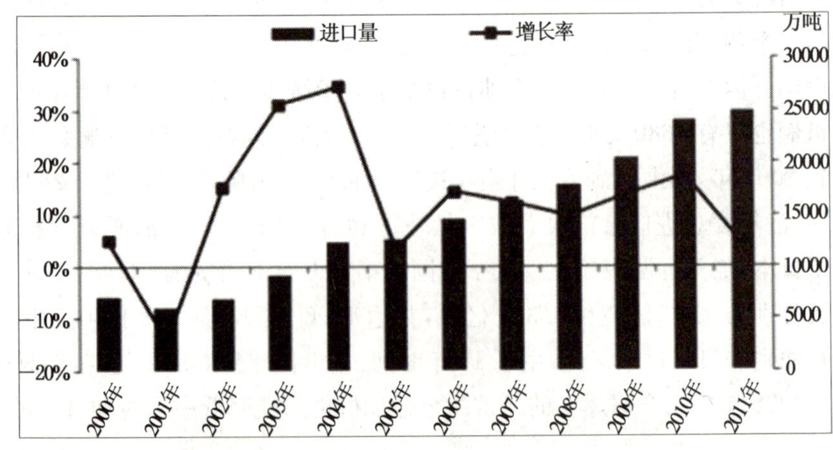

图7-4　2000—2011年中国原油进口量走势图

资料来源：卓创资讯. 2000—2011年中国石油进口量走势图. http://www.sci99.com/subject/oil/2012-04-19/.

① 去年我国原油进口量突破2亿吨. 世界能源金融网. http://www.wefweb.com/news/2010222/1339051510_0.shtml.

与此形成鲜明对比的是，中国石油的国内生产增幅较为缓慢，1993 年中国生产石油 1.4524 亿吨，到 2010 年才突破 2 亿吨，达 2.03 亿吨，2011 年原油基本未变，为 2.03646 亿吨（国家统计局数字），与上年相比，增幅仅为 0.32%。“稳住东部，开发西部，向浅海进军”的石油战略并没能给中国石油产量带来多大的变化（如图 7－5 所示）。

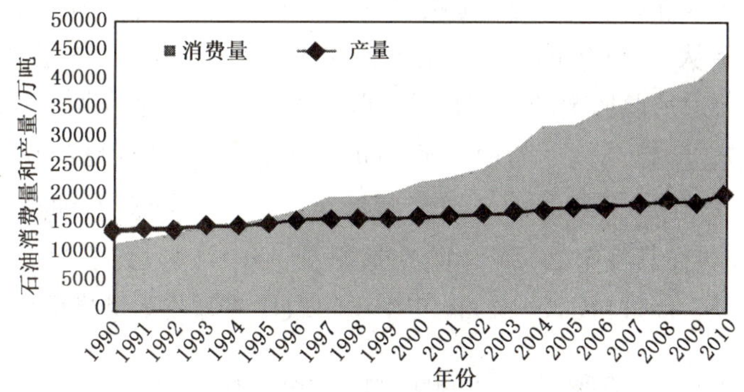

图 7－5　1990—2010 年中国石油产量与消费量对比图

资料来源：李希宏. 我国石油消费与替代趋势分析. 当代石油石化，2011(6).

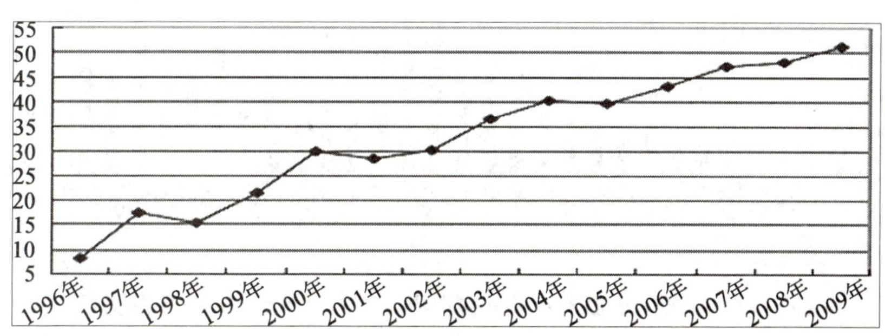

图 7－6　中国石油进口依存度变化趋势图（1996—2009 年）

资料来源：2011 年原油进口同比增 6% 对外依存度达 56.5%. 中国新闻网. http://finance.chinanews.com/ny/2012/01－13/3601502.shtml.

由此导致在中国石油消费中，进口石油比重越来越大，石油对外依存度节节攀升（如图 7－6 所示）。1993 年中国转为石油净进口国时，当年石油对外依存度为 6%，1995 年为7.67%，到 2006 年为 42.9%，2009 年中国石油对外依存度首次突破 50%国际警戒线，达 51.29%。2010 年，我国进口原油 2.39 亿吨，同比增长 17%，我国石油对外依存度超过 55%，成为仅次于美国的第二大石油进口国和消费国。当 2011 年中国原油进口再创纪录达 2.54 亿吨时，中国石油的对外依存度也超过了美国，达到了前所未有的56.5%。[①] 中国1981—2009年原油消费及其在世界原油消费中比重变化如图7-7所示。

由于近年来中国石油消费量的迅猛增长，以至于能源专家们对中国石油消费规模预测的准确率常常沦为笑柄。当中国石油进口超过1亿吨、中国石油专家预计到中国石油进口达2亿吨时，至少需6年时间，结果只用了3年时间。某国际能源机构对中国的能源需求连续5年预测，每次都落后于实际增长率。中国原油消费占世界原油消费的份额从1990年的3.5%上升到2003年的7.7%。根据英国石油公司(BP PLC Figures)追踪监测的数据显示，到2011年中国原油消费在全球原油产量中所占比例已经高达11.4%。而中国原油进口占世界进口总量的份额，1990年为0.2%，2003年为5.1%，到2011年已经骤增至13.35%。[②] 就石油进口的总趋势而言，英国石油公司在其发布的《2030世界能源展望》中认为，到了2018年，中国将取代美国成为头号石油进口国，到2027年中国将取代美国成为世界最大石油消费国。

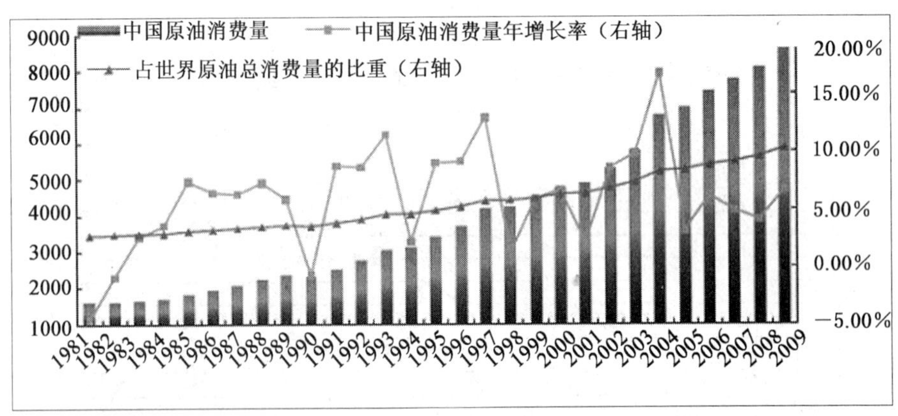

图7-7　中国的原油消费及其在世界原油总消费量中的比重趋势图

对于今后中国石油的对外依存度的变化，国内外有关专家和机构在中国石油对外依存度将继续上升这一点上高度一致。2003年中国地质科学院《矿产资源与中国经济发展》报告预测，到2020年中国石油进口量将超过5亿吨，对外依存度将达到70%。2009年年初公布的《全国矿产资源规划》预测显示，如果地质勘查得不到加强，同时不转变经济发展方式，则2020年中国石油对外依存度将上升至60%。中国社科院2010年发布的《能源蓝皮书》预测，2020年中国原油对外依存度将达到64.5%，而2002年国际能源署(IEA)年度报告的预测数据则是77%。同时它预测到

① 2011年原油进口同比增6% 对外依存度达56.5%. 中国新闻网. http://finance.chinanews.com/ny/2012/01-13/3601502.shtml.

② 根据BP发布的Statics Review of World Energy 2012中Imports and Exports 2011中的Crude Imports数据计算得出的.

2030 年时中国石油的对外依存度将会上升到 82%。在 BP 公布的《2030 世界能源展望》报告中，其首席经济学家克里斯多夫·鲁尔(Christof Ruchl)认为到 2030 年中国石油对外依存度将高达 80%。①

如图 7－8 所示，除了石油外，中国的煤炭和天然气的对外依存度也在逐步攀升。中国是世界上最大的煤炭生产国和消费国，煤炭产量年年增长，在 2000 年到 2010 年间，产量增幅高达 188%，2010 年当年产量为 32.4 亿吨，几乎占了世界煤炭产量的 50%，是世界第二大煤炭生产国美国的 3 倍多，差不多是中国之后十大煤炭生产国的产量之和。② 2011 年，中国煤炭产量进一步增加至 35.2 亿吨(国家统计局数字)。然而这种巨大的产量增长仍然无法满足中国对能源的需求，不得不依靠进口煤炭来填补日益扩大的需求缺口。

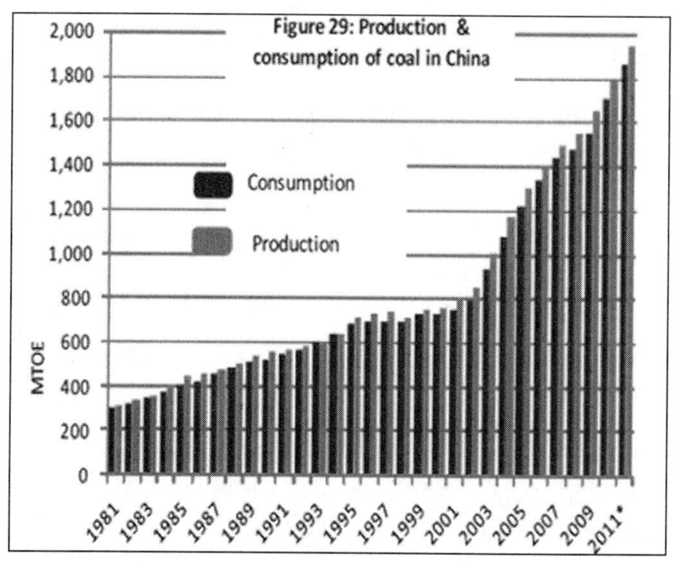

图 7－8　中国的煤炭生产与消费走势图

资料来源：Is coal seeing a comeback? http://cges.co.uk/resources/articles/2011/10/11/is-coal-seeing-a-comeback.

中国曾经在很长时间内一直是煤炭净出口国，并在 2003 年达到历史出口最高点——当年出口煤炭 8298 万吨，而且这一出口量在当年煤炭出口国中仅次于澳大利亚，居世界第二位。不过，在出口煤炭激增的同时，中国也开始进口煤炭，并且增速惊人(如图 7－9 所示)。2002 年起中国煤炭进口量开始迅速增长，当年进口煤炭超

① BP. 2030 年中国石油对外依存度将达 80%. 经济观察网. http://www.eeo.com.cn/2012/0216/220860.shtml.

② 中国已统领世界煤炭生产. 国家煤炭工业网. http://www.coalchina.org.cn/page/info.jsp?id=66382.

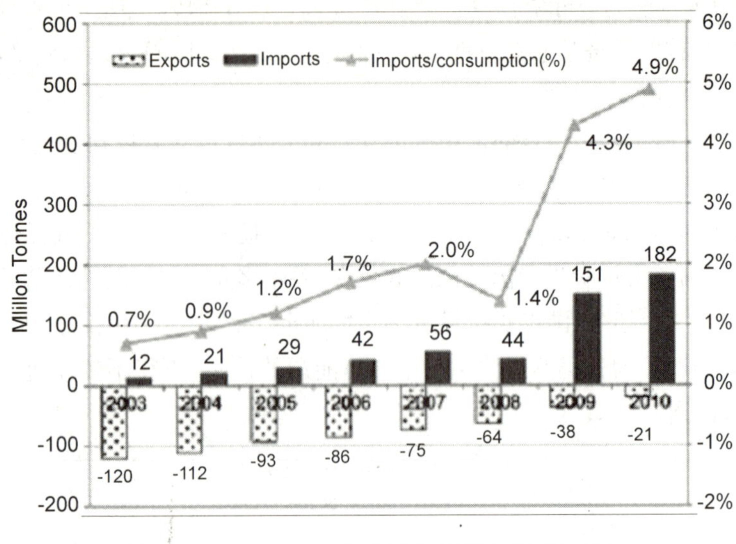

图 7－9　2003—2010 年中国的煤炭进出口示意图

资料来源：http://www.sciencedirect.com/science/article/pii/S0301421511008019.

过 1 千万吨，相比之下，2004 年后中国煤炭出口数量开始快速下降，由此中国煤炭净出口量也快速下降。到 2007 年，中国出口煤炭 5317 万吨，进口 5102 万吨，净出口仅 215 万吨。2008 年中国进口煤炭 4040 万吨，出口 4543 万吨，净出口为 503 万吨。2009 年中国煤炭进口达 1.2583 亿吨，出口 2240 万吨，净进口 1.03 亿吨，首次成为煤炭净进口国。2010 年煤炭进口进一步增至为 1.6478 亿吨，出口降至 1903 万吨，净进口为 1.4575 亿吨。当 2011 年中国生产原煤 35.2 亿吨、创历史生产最高纪录的同时，中国煤炭进口量也达到了创纪录的 1.824 亿吨，除去当年出口量 1466 万吨，净进口达 1.6774 亿吨，但以进口量算，中国已经超越日本同期 1.752 亿吨的进口量，成为世界上最大的煤炭进口国，①而后者在 1975—2010 年间一直占据全球最大煤炭进口国的位置。进口煤炭数量的增长，自然同样意味着中国煤炭对外依存度的增长，在 2012 年中国煤炭工作会议上，国家能源局局长刘铁男指出中国煤炭的对外依存度已经由 21 世纪初的 7％上升到 2011 年的 14％。②

中国在较短时间内由煤炭净出口国变成净进口国，并迅速跃居世界第一的位置，其变化之快，令人瞠目。中国煤炭未来消费会继续增长下去吗？答案是肯定的。相关研究表明，中国 GDP 与煤炭消费量之间存在着很强的相关性。2009 年 1 月国

① 中国超越日本成为全球最大煤炭进口国. 华尔街日报中文版. http://cn.wsj.com/gb/20120125/bch121741.asp.

② 国家能源局将出台煤化工准入门槛. 中国石化新闻网. http://www.sinopecnews.com.cn/wz/content/2012—02/27/content_1141284.shtml.

土资源部发布的《全国矿产资源规划(2008—2015年)》曾提出,全国煤炭产量到2010年将达到29亿吨以上,到2015年将达到33亿吨以上,预计到2020年中国煤炭消费量将超过35亿吨。这个预测大大低于中国煤炭的实际消费量。由于煤炭在中国能源产业中一直居于主导地位,因此它的消费量只会随经济发展而迅速上升。2011年中国煤炭生产量已经达到35.2亿吨。按照国家煤炭工业"十二五"规划,2015年煤炭消费量为42亿吨,其中国内供应为40.5亿吨,进口1.5亿吨。另有相关研究认为,2015年中国煤炭需求将达43.4亿吨,国内供给41.9亿吨(如图7-10所示)。

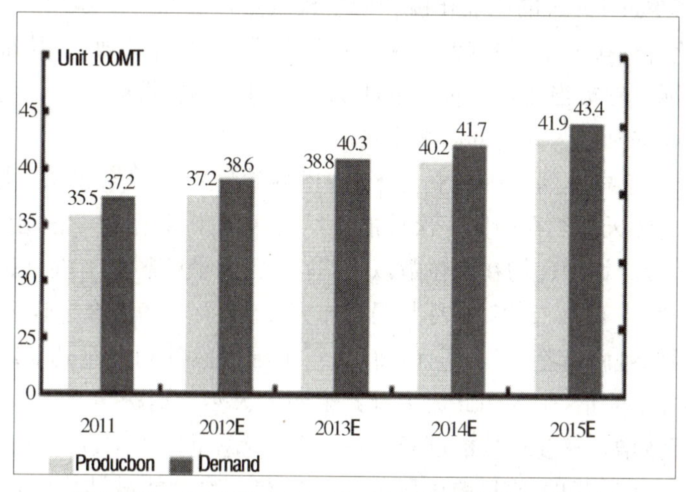

图7-10 2011年到2015年中国煤炭供需预测走势图

资料来源:http://events.cbichina.com/con/APCTIO2012/background.html.

由于煤炭作为能源具有高污染性特征,即使从经济角度看,煤炭消费量的巨大增长,其所带来的环境负面效应也极为巨大。中国政府已经提出从2012年起改变煤炭消费政策,由满足型向控制型转变,即提出煤炭产业的发展要从满足需求到设置天花板。否则,如果真像国家能源局发展规划司司长江冰所说的那样,到2030年中国一次性能源消耗到70亿吨标准煤(相当于100亿吨原煤)的水准,按照目前煤炭在中国能源中占比70%计算,那么将需要49亿吨标准煤,或者70亿吨原煤。但基于中国经济稳步增长和城市化政策考量,即使国内煤炭产量得到一定控制,但在强大的需求压力下,煤炭进口量仍然将会是一个巨大的数字。另据BP发布的《2030世界能源展望》预测,随着中国能源效率的提高和经济的转型,中国煤炭消费的高增速将在2020年戛然而止,①此后增速大为减缓。但即使如此,到2030年中国煤炭的对外

① BP. 2030世界能源展望. 中文版,pp. 37. http://172.31.44.12:83/1Q2W3E4R5T6Y7U8I9O0P1Z2X3C4V5B/www.bp.com/liveassets/bp_internet/globalbp/globalbp_uk_english/reports_and_publications/statistical_energy_review_2011/STAGING/local_assets/spreadsheets/2012_editiion_BP_2030_engery_outlook_booklet_chn.pdf.

依存度也仍会保持在6%这一水平。届时，中国的煤炭进口量仍将十分巨大。据伍德麦肯齐(Wood Mackenzie)能源咨询公司2012年发布的报告称，中国2030年电煤进口总量可能将从2011年的1.75亿吨激增至10亿吨。厦门大学中国能源研究中心林伯强等人在设定不同的中国国内生产总值等数值的前提下，运用相关模型得出的结论是，2030年中国煤炭进口需求的总量从低需求的11亿吨到高需求的30.6亿吨不等。①

近年来中国的天然气消费量也呈现出爆发式增长。相比煤炭而言，由于天然气在使用中能减少近100%的二氧化硫和粉尘排放量，减少60%的二氧化碳排放量和50%的氮氧化合物排放量，并有助于减少酸雨形成，延缓温室效应，从根本上改善环境质量，在国际上它被当作是一种清洁能源，加之热值高，燃烧充分，环保无毒性，又便于运输，因此得到中国政府的高度重视。2000年全国天然气消费量为245亿立方米，到2002年迅速增至为301亿立方米，占世界消费总量的1.2%。当年中国政府决定在10年内将天然气在中国一次性能源结构中的份额增加一倍，由于2000以后中国天然气消费年均增速均在两位数以上，这个目标早已超过。根据国际能源署和中国能源网研究中心2012年10月共同合作完成的《天然气定价与监管：中国面临的挑战与经合组织经验借鉴》报告显示，2011年中国天然气消费量达1307亿立方米，比2000年增加了4倍，中国因此成为世界第四大天然气消费国。② 目前中国是世界上天然气消费量增长速度最快的国家之一，其消费总量比美国以外的经合组织国家中的任何一个都多。但相比目前国际上天然气在一次性能源结构中占比为24%左右的平均水平而言，它在中国的一次性能源结构中显得极为低下，仅为4.0%。因此，在中国能源工业"十二五"规划中，国家能源局提出到2015年要将天然气占一次能源比重提高4.4个百分点，即在2011年到2015年这五年时间内，天然气消费量增至2600亿立方米。

从我国天然气的蕴藏来看，我国常规天然气储量较为有限。目前，我国常规天然气探明剩余可采储量约为2.46万亿立方米，仅占全球资源量的1.3%，人均天然气资源量只相当于世界平均水平的1/7。随着国内对天然气需求的日益增大，市场供需矛盾日益突出。

虽然中国非常规天然气主要是页岩气的储量比较丰富，据美国能源情报署2011年对32个国家的48个页岩气盆地的研究，全球页岩气技术可采资源量达到6622万

---

① Lin Boqiang, Liu Jiahua. Estimating coal production peak and trends of coal imports in China. Energy Policy, 2010, 38(1).

② 《天然气定价与监管：中国面临的挑战与国际经验借鉴》报告发布会在欧盟驻华代表处召开. http://www.china5e.com/show.php? contentid=245851.

亿立方英尺，其中中国以1275万亿立方英尺的可采资源量位列全球第一。① 但是由于中国页岩气的开发仅仅处于起步阶段，缺乏必要的技术基础和配套政策，短期内实现大规模开采的可能性不大。根据国家发改委“十二五”(2011—2015年)页岩气发展规划，到2015年实现页岩气产量仅为65亿立方米，力争到2020年产量达600～1000亿立方米。② 相对于中国的天然气迫切需求而言，可谓远水不解近渴。因此，中国不得不转而千方百计地进口天然气资源，以满足国内市场需求。由此，中国天然气的对外依存度也不断攀升。自2006年我国成为天然气净进口国以来，天然气的进口量与对外依存度迅速上升，2009年进口量78亿立方米，对外依存度超过8%。2011年中国天然气产量为1025.3亿立方米，表观消费量为1307.1亿立方米，进口313.9亿立方米，对外依存度为21.56%。2012年10月西气东输的三线开工仪式上，国家发改委副主任、国家能源局局长刘铁男透露2012年中国天然气的对外依存度预计将达30%。③ 中国天然气生产、消费及进口走势如图7-11、图7-12所示。

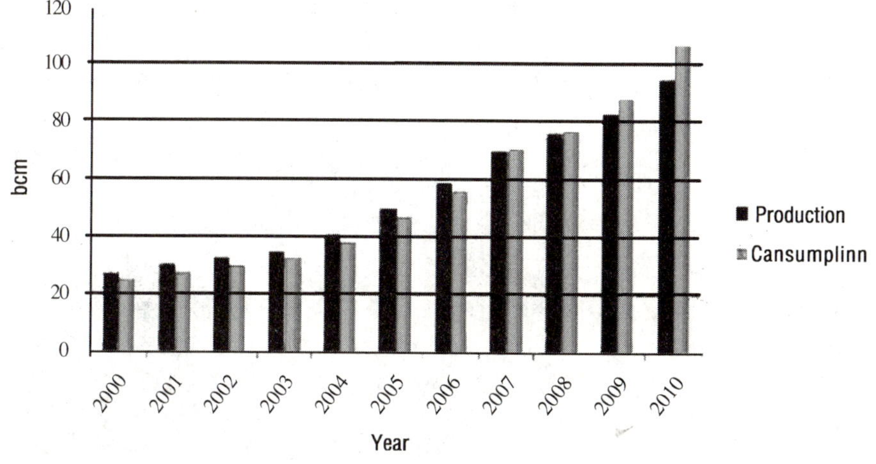

图7-11 中国的天然气生产与消费走势图

资料来源：China Turn to Natural Gas to Fuel their Economic Growth. http://refinerynews.com/china-turn-to-natural-gas-to-fuel-their-economic-growth/.

可以毫不怀疑地讲，这两个数字未来将会同步增加，尽管各研究机构预测数据不一。如就对外依存度而言，2003年中国地质科学院曾在其《矿产资源与中国经济发展报告》中预测到2020年中国天然气对外依存度将达到50%。2005年中国石油

① EIA. World Shale Gas Resources: An Initial Assessment of 14 Regions Outside the United States. http://www.eia.gov/analysis/studies/worldshalegas/.

② 丁健春. 页岩气浪潮的中国潜力[J]. 瞭望东方周刊，2012(31).

③ 2012年中国天然气对外依存度将达30%. http://www.askci.com/news/201210/24/94235_74.shtml.

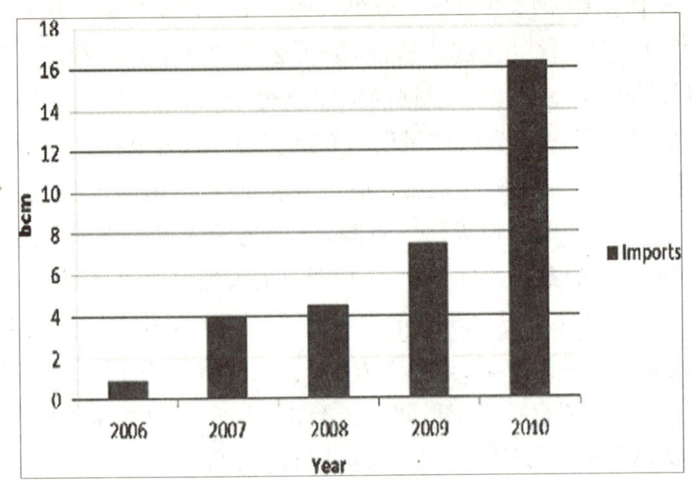

图 7－12　中国天然气进口走势图

资料来源:China Turn to Natural Gas to Fuel their Economic Growth. http://refinerynews.com/china-turn-to-natural-gas-to-fuel-their-economic-growth/.

天然气规划总院的王公礼院长在“第八届北京科博会中国能源战略高层论坛”上也提出与此相同的预测。英国石油(BP)预计较为保守一些,它认为到 2030 年中国天然气的对外依存度才会达到 42%。至于年天然气消费总量,据中国石油天然气集团公司预测,到 2020 年,中国天然气年消费量可能会达到 3500 亿立方米。

日益增加的能源消费量、日益严重的对外能源依存度以及预期中的中国中长期能源供给的严峻形势,使得中国政府对能源的安全给予了前所未有的重视。

政府与学界的研究都表明,总体而言,在中国的能源消费增长中存在着合理的一面,也有不合理的一面。

合理的一面是,能源是促进人类发展的重要物质基础,与经济社会发展水平有着密不可分的联系。目前中国正处于经济快速增长、工业化与城市化进程之中,人民生活消费水平不断提高,必然会导致对能源的大量需求。按照世界银行的统计口径和数据,从 1980 年至 2010 年,中国 GDP 的年均增长速度是 10.02%,而世界各国平均为 2.82%。从 GDP 数量来看,1978 年中国 GDP 为 3645.2 亿元,到 2010 年达 403260.0 亿元,[①]名义上增长了 110 多倍。有学者认为扣除人民币巨大的贬值率,中国经济实际增长 6 倍左右,仍然是可观的。[②] 如图 7－13 所示,相关的能源消费与

① 中华人民共和国国家统计局. 中国统计年鉴 2011[M]. 北京:中国统计出版社,2011.

② 陈明远(中国科学院原研究员). 中国 GDP 真翻了 110 倍吗? 环球网. http://finance.huanqiu.com/roll/2011－10/2127151.html.

GDP 增长之间正相关关系的研究也已证明了这一点。[①]

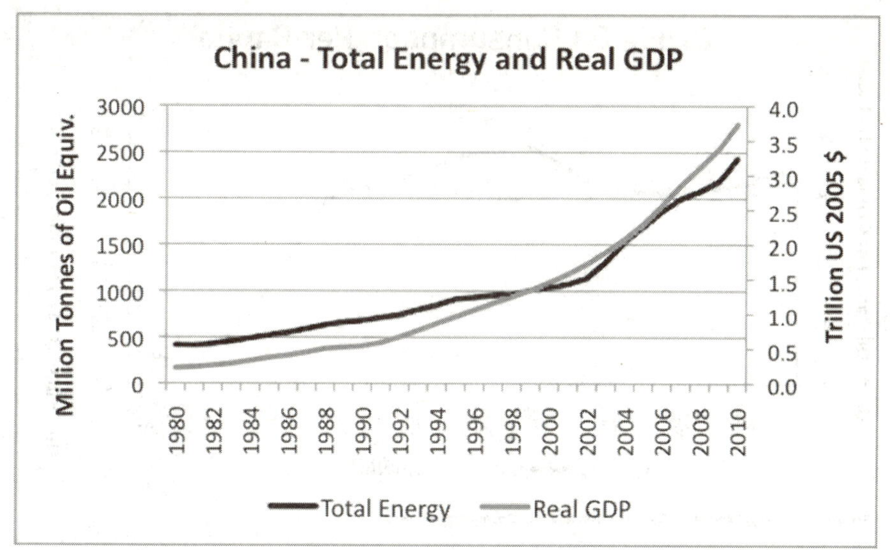

图 7－13　中国能源消费与真实 GDP 增长之间的关系

资料来源：Gail Tverberg. Is It Really Possible To Decouple GDP Growth From Energy Growth? http://www.countercurrents.org/print.html.

尽管中国能源消费总量在 2011 年已经超过美国，跃居世界第一。能源消费量占世界总量的 20%多，但我国人均能源消费水平还很低(如图 7－14 所示)。2011 年中国人均消费标准煤才过 2.6 吨，刚达到当年世界人均消费水平。同年人均用电量方面，中国为 3400 度，发达国家为 8000 度，美国更高达 15000 度。[②] 经济的发展，必然带动社会其他各方面的发展，并由此带来能源消费的增加。以城市化水平为例，1978 年中国城市化水平为 17.9%，2011 年上升到 51.3%，由此带来了大量民众生活方式的改变和能源消耗的增加。在中国经济继续增长、社会发展水平持续提高这一预期下，未来中国能源消费的刚性需求仍将长期存在，并继续在能源消费总量中占重要地位。

中国能源消费也有严重不合理的一面，这主要表现在中国能源使用效率较为低下，能源效率亟待提高。所谓能源效率，就是以一定的能源消耗而获得的经济增长以及造成的环境压力和生态包袱。能源效率的提高本质上就是一定的能源消耗带来更大的经济发展，同时带来更小的环境冲击和生态包袱。据中国科学院发布的

① 能源消耗与 GDP 增长的数量关系研究课题组. 能源消耗与 GDP 增长数量关系的实证分析[J]. 研究参考资料，2010(97).

② 张国宝. 中国去年能源消费总量超美国. 新华网. http://news.xinhuanet.com/energy/2012－05/28/c_123198610.htm.

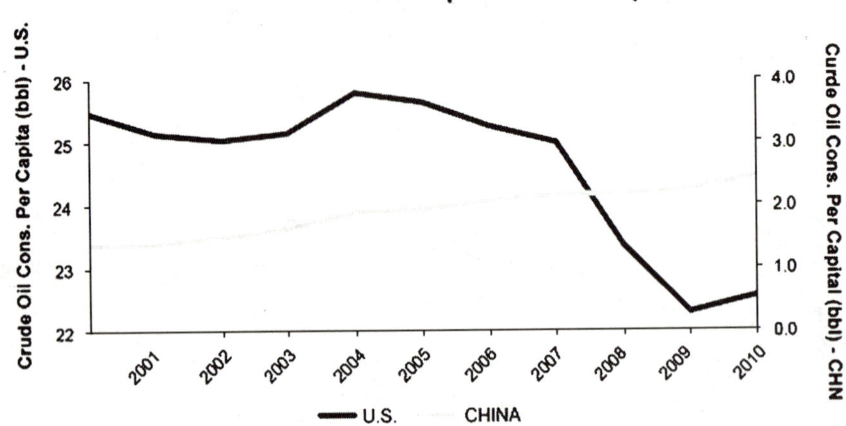

图 7－14　2001 年到 2010 年间中美两国人均消费原油比较

资料来源：China Vs. U. S. Oil Consumption Per Capita. http://www. sprottresource. com/2011ar/#sixth.

《2006 年中国可持续发展战略报告》显示，通过节约指数(即资源环境综合绩效指数)的计算发现，中国五类主要资源(淡水、一次能源、钢材、水泥、常用有色金属)的节约指数为 1.896，它意味着中国五类资源的平均消耗强度高出世界平均水平约 90%，位列世界 59 个主要国家(占世界 GDP 的 93.7%)的第 54 位。报告指出，"可以说相对于其他国家，中国仍处于十分粗放的发展阶段。"尽管从历史的纵向角度来看，中国的节能工作成绩斐然，但是与相关国家的横向比较却让人汗颜。例如据世界银行与英国石油公司提供的数据计算表明，2003 年中国每创造 1 万美元的 GDP 所消耗的能源数量是世界平均水平的 3.33 倍，是美国的 3.68 倍，是英法德意等西欧发达国家的 5～7 倍，是日本的 10.4 倍，甚至是印度的 1.45 倍。① 到 2009 年，这一差距有所缩小，但仍然很高，单位产值能耗是美国的 2.23 倍，日本的 4.73 倍，德国的 5.02 倍，世界平均水平的 2.82 倍。② 据国家发改委副主任解振华接受《瞭望》杂志采访时提供的数据：2011 年我国能源消费总量达 34.8 亿吨标准煤，占世界能源消费的 20%左右，而同期我国国内生产总值占世界的比重不到 10%。我国单位国内生产总值能耗

① 中国科学院可持续发展战略研究组.《2006 年中国可持续发展战略报告》节选. 中国经济网. http://gov. ce. cn/home/gqbg/200603/30/t20060330_6723086. shtml.

② 任泽平，安风楼. 中国能源消耗的国际比较与节能潜力分析[J]. 发展研究，2011(11).

约为日本的 4.5 倍、美国的 2.9 倍，是世界平均水平的 2.5 倍。[①] 在我国能源消费中，工业消耗的能源占比最大，2010 年占全部能源消费的 73%左右。又如，虽然“十一五”期间，全国规模以上万元工业增加值能耗由 2005 年的 2.59 吨标准煤下降至 2010 年的 1.91 吨标准煤，5 年累计下降 26%，实现节能量 6.3 亿吨标准煤。但是与发达国家相比，能源效率明显低下。根据国际能源署提供的相关数据，2008 年世界能源强度（单位 GDP 产出所消耗得能源量）为 3 吨油当量/万美元 GDP，中国为 7.5 吨油当量/万美元 GDP，是世界平均水平的 2 倍多，是美国的 4 倍多，日英德法等国的近 8 倍（如表 7－4 所示）。尽管 2012 年 2 月国家工业和信息化部发布的《工业节能“十二五”规划》提出，到 2015 年规模以上工业增加值能耗比 2010 年下降 21%左右，仍然比发达国家高出许多。

表 7－4　2008 年世界主要地区和国家的单位 GDP 能源消耗强度

地区	汇率法	PPP 法
世界	0.30	0.19
亚洲	0.58	0.16
美国	0.19	0.19
德国	0.16	0.14
法国	0.18	0.15
英国	0.12	0.11
日本	0.10	0.14
中国	0.75	0.19

数据来源：IEA. Energy Indicators for 2010，Key World Energy Statistic (2010 Edition).

如图 7－15、图 7－16 所示，中国能源消费不合理的方面还体现在中国能源的消费结构的严重不合理。长期以来，中国的能源消费结构中，煤炭消费一直占据主导地位，并一直保持在 70%左右的高水平。而污染较轻的石油和天然气在我国能源消费结构中比重较轻。

如图 7－17 所示，中国是世界煤炭消费第一大国，2011 年煤炭消费约占国内一次能源消费总量 72.8%，[②]占同期全球煤炭消费总量的 49.4%。[③] 大量使用煤炭带

① “十二五”节能减排开局不理想资源环境制约待破解. 中国网. http://finance.china.com.cn/industry/hb/20120526/752723.shtml.

② 2011 年中国煤炭消费比重不降反升. 中国能源网. http://www.china5e.com/show.php? contentid=211511.

③ BP：Statistical Review of World Energy 2012. http://www.bp.com/liveassets/bp_internet/globalbp/globalbp_uk_english/reports_and_publications/statistical_energy_review_2011/STAGING/local_assets/pdf/statistical_review_of_world_energy_full_report_2011.pdf.

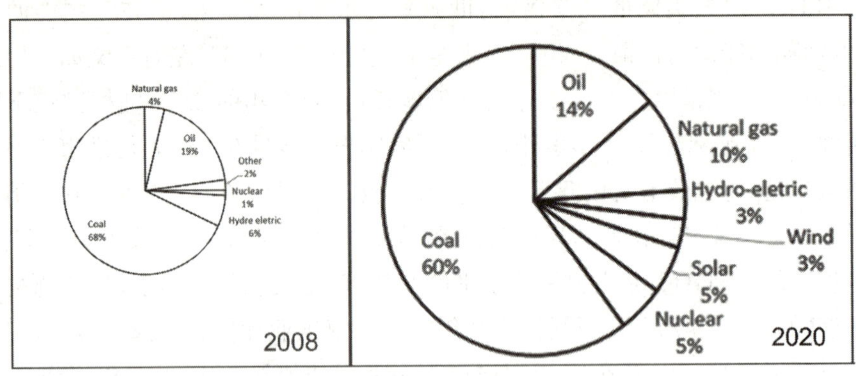

图 7－15　中国能源消费结构及其未来目标

资料来源：China's Energy Portfolio. http://www.chinasnaps.com/? p=209.

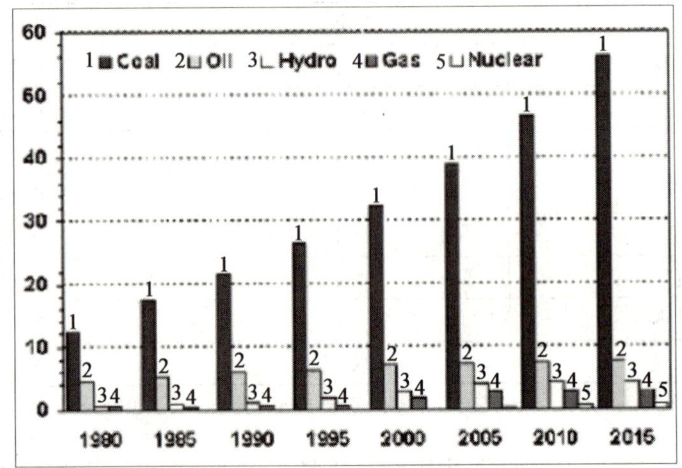

图 7－16　中国的能源生产结构与趋势

资料来源：China's Coal Energy and Greenhouse Gas Emissions. http://www.climateavenue.com/China.energy.index.htm.

来了严重的环境负效应。煤炭燃烧后释放出的硫化物、氮化物、煤烟和煤灰所造成的污染相当严重。据估算，每燃烧 100 万吨煤，平均要排放出 2 万吨二氧化硫气体、20 万吨灰渣和 3 万吨烟尘。排出的硫化物和氮化物又会二次生成硫酸盐和硝酸盐，形成酸雨，破坏生态，而且对距离排放物很远的地区也会产生严重污染。我国氮氧化物的 60%、烟尘排放的 70%、二氧化硫排放的 85%、二氧化碳排放的 85%都来自于煤炭。[①] 一座百万千瓦的燃煤火电站每年产生 40 多万吨废渣和灰尘。与重油相

① 王社平. 推进煤炭"绿色开采"和清洁利用. 中央政府门户网站. http://www.gov.cn/2012lh/content_2089880.htm.

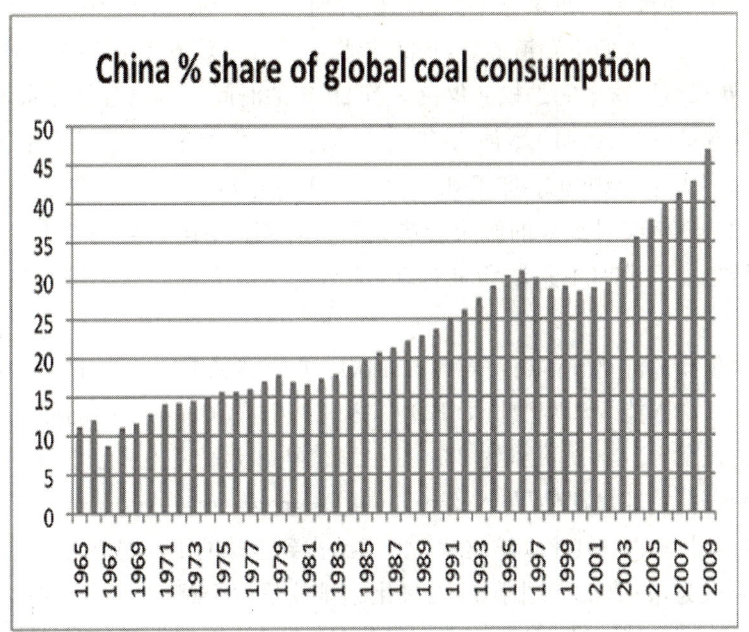

图 7－17　中国在全球煤炭消费中的比重

资料来源：Euan Mearns. Can The Chinese Coal Monster Carry Global Demand? http://articles.businessinsider.com/2010－07－12/markets/29971382_1_chinese-coal-global-coal-coal-imports.

比，煤炭的发热量较低，要获得与重油相同的热量，必须使用约 1.5 倍的煤炭。煤炭的平均灰分约 20%，是重油的 100～300 倍。如果以燃烧时放出相同的热量来计算，则烧煤时排出的烟尘量约相当于重油的 150～450 倍。与天然气相比，天然气不仅热值高，而且污染少，天然气燃烧后基本上只是排出二氧化碳和水，而且同样热值的天然气排放的二氧化碳仅为煤炭的一半左右。目前中国二氧化硫排放量和氮氧化物排放量均居世界首位，2011 年中国氮氧化物排放量 2404 万吨，二氧化硫排放高达 2217.9 万吨。① 环境污染带来的经济损失也相当严重，最新研究表明，每排放 1 吨二氧化硫，会造成近 2 万元的经济损失。2011 年仅此一项给国家造成的经济损失即高达 4400 多亿元。

而煤炭开采地区付出的社会与生态环境成本更高。就煤炭生产本身而言，包括矿井、露天开采对地表的破坏、生产过程中“三废”对环境的污染和煤炭储存、运输过程中对环境的影响等。如位于我国产煤大省山西省的临汾市，由于煤矿业兴盛，当地煤焦企业大量排放烟尘颗粒及化学物质造成严重污染，被人称为“中国污染第一

① 中华人民共和国环境保护部. 2011 年中国环境状况公报. http://www.ecohumanity.org/view/Info_4.aspx? n=590.

城”，并在2006年被美国布莱克·史密斯研究所(Black Smith Institute)列为世界十大最脏城市之一。人们不知道的是，1980年临汾城曾因环境优美而被中国国家相关部门评为“花果城”，这中间的蜕变仅仅只有20年的时间。再以首都北京为例，按照北京市环保局的标准，PM10数值为50 $\mu g/m^3$(微克/立方米)就已经算是优质天气，然而按照世界卫生组织的标准，PM10数值在10 $\mu g/m^3$以下才算得上是合格的天气。严重的空气污染对民众的健康会造成严重后果。中国著名的卫生专家钟南山等人已经警告如果政府不采取积极行动，那么空气污染将成为中国人最大的健康威胁。①

中国大量排放温室气体还使得中国在国际上面临沉重的减排压力。在2000年到2010年间，中国能源消费增长了120%，占全球比重由9.1%提高到约20%，二氧化碳排放占比由12.9%提高到约23%。中国已经毫无疑义地成了全球第一大排放国。尽管根据荷兰环境评估局(Netherlands Environmental Assessment Agency)的研究，2007年中国的二氧化碳排放就已经大约占到全球的1/4，成为第一大碳排放国了。有研究认为，到2020年中国的二氧化碳排放量占全球的比重还将继续升高至28%。中国政府坚持“共同但有区别的责任”的立场并没有得到国际社会的强烈回应。2009年哥本哈根气候变化大会前夕，中国政府向世界作出郑重承诺，到2020年我国单位国内生产总值二氧化碳排放比2005年下降40%～45%。这一目标将作为约束性指标，纳入国民经济和社会发展中长期规划，并制定相应的国内统计、监测、考核办法。然而，节能减排预示经济结构和发展方式的转型，这对处于转型期的中国而言谈何容易。在南非德班会议上，美欧等国要求中国加入全球减排协议，小岛屿国家和最不发达国家也希望中国承担更多责任，这些迹象表明中国离被纳入具有法律约束力的国际多边减排机制的时间已经不远了。

要减少污染，实现能源节约型发展，改变不合理的能源消费结构显得尤为重要。为实现这一减排目标，中国国务院常务会议还决定，通过大力发展可再生能源、积极推进核电建设等行动，力争到2020年我国非化石能源占一次能源消费的比重达15%左右。

如何实现经济社会发展中能源供给的安全，并且在此过程中实现环境友好、能源节约型发展是摆在国人面前的一个重大挑战。依靠国内煤炭、石油和常规天然气的有限的资源根本无法实现。因此，除了需要千方百计地节能降耗，充分利用好现有的每一点资源，并且努力进行新能源开发外，还必须充分顺应经济全球化的潮流，在有效地利用国内市场的同时，充分利用国际市场，协调解决中国的能源短缺问题

① Air pollution could become China's biggest health threat. Expert Warns. http://www.guardian.co.uk/environment/2012/mar/16/air-pollution-biggest-threat-china.

和能源结构调整问题。

第二节　中国的非洲能源开发现状：成就、特点与问题

尽管中国在1993年才变成石油进口国，成为天然气和煤炭进口国的历史更为短暂。但是，在国外资源为我所用方面中央政府早有谋划。在1984年10月中共十二届三中全会上一致通过的《中共中央关于经济体制改革的决定》中就已经有这样的思考："充分利用国内和国外两种资源，开拓国内和国外两个市场，学会组织国内建设和发展对外经济关系两套本领。"①20世纪80年代末期，国内石油地质学界以及油气行业相关管理机构，在对国内原油供需形势和世界原油生产、贸易变化趋势专门进行了地质学和经济学调研后认为中国石油储量和产量的增量很快将难以继续满足内地经济体运行的消费需求增量，为此曾正式向中央政府建议进行跨国油气勘探，把进入境外油气上游开发市场纳为行业发展下一阶段的重点业务之一，以期直接利用国外资源，增强中国油企的国际竞争力，掌握属于自己的油气供应渠道和来源地，甚至可以在一定程度上影响国际油品标价，切实改善中国经济即将面临的新能源安全环境，主动应对中外经济关系中的结构性不确定因素。②

基于中国能源消费不断增长的趋势，20世纪90年代，我国政府在能源战略和能源规划中开始明确提出要利用好国际市场资源的战略指向。1992年10月，江泽民总书记在十四大报告中提出要"积极开拓国际市场，促进对外贸易多元化，发展外向型经济""积极扩大我国企业的对外投资和跨国经营"和"更多地利用国外资源和引进先进技术"的主张。③ 1993年底，十四届三中全会又将十四大确定的"开拓国际市场""利用国际资源"进一步具体化，提出了充分利用"两种资源、两个市场"的概念，指出：要积极参与国际竞争与国际经济合作，发展开放型经济。④ 1996年5月，江泽民访问了非洲六国。同年7月，他在河北唐山考察时明确提出中国企业要有"走出去"的思想，提出要加紧研究国有企业如何有重点有组织地走出去、做好利用国际市

① 中共中央关于经济体制改革的决定[N]. 人民日报，1984-12-21，第1版.

② 朱训. 合理开发利用，走资源节约型发展道路[N]. 人民日报，1992-9-4，第5版.

③ 加快改革开放和现代化建设步伐，夺取有中国特色社会主义事业的更大胜利——江泽民在中国共产党第十四次全国代表大会上的报告. 新华网. http://news.xinhuanet.com/zhengfu/2004-04/29/content_1447497.htm.

④ 中共中央关于建立社会主义市场经济体制若干问题的决定. 中国共产党新闻网. http://cpc.people.com.cn/GB/64162/134902/8092314.html.

场和国外资源这篇大文章。1997 年 12 月，江泽民在接见全国外资工作会议代表时，首次把“走出去”作为一个重要战略提出来，并将其置于国家发展战略的重要位置，明确提出，“要积极引导和组织国内有实力的企业走出去，到国外去投资办厂，利用当地的市场和资源。”“‘引进来’和‘走出去’，是我们对外开放基本国策两个紧密联系、相互促进的方面，缺一不可。这个指导思想一定要明确。”“关键是要有领导、有步骤地组织和支持一批国有大中型骨干企业走出去，形成开拓国外投资市场的初步规模。这是一个大战略，既是对外开放的重要战略，也是经济发展的重要战略。”①

“走出去”战略中，能源资源与环境的压力是中国领导人考虑的一个重要因素。在 1996 年 7 月第四次全国环境保护会议上，时任国务院总理李鹏在讲话中也指出，“一方面，我国经济仍将以较快的速度增长，加之人口继续增加，对资源的需求总量越来越大；另一方面，在温饱问题解决以后，人民群众对环境质量的要求越来越高。因此，资源、环境和生态面临着更大的压力。”②江泽民更提出：“经济发展，必须与人口、资源、环境统筹考虑，不仅要安排好当前的发展，还要为子孙后代着想，为未来的发展创造更好的条件”，“更不能吃祖宗饭、断子孙路。”③

在中央领导人提出“走出去”战略之时，也正是中国由能源出口国迅速转变为能源进口国之时。从 1963 年起中国实现了长达 30 多年的石油自给，出于经济建设的需要，自 1973 年起中国还大量出口石油，并在 1985 年原油出口量达到顶峰，总量高达 3115 万吨。④ 此后，由于中国石油消费增长速度明显快于原油生产增长速度，使得原油出口自 1986 年起开始下降，直到 2006 年 3 月最后终止。在中国出口原油的同时，基于石油消费的结构性因素、商业利益和一些特殊的战略考虑，中国也在进口石油和石油制品。1983 年进口阿曼原油，最初是作为缓解从国内东北部产油区向长江中上游流域地区运输石油的经济成本和技术困难的临时替代方案。⑤ 自 1988 年后中国将进口原油作为解决国内资源不足问题的措施以来，原油和油品进口呈持续上升的趋势。1993 年中国成为石油产品净进口国，1996 年成为原油净进口国。国际能源市场与中国的关系由此变得更加密切。由于对石油资源的刚性需求不断增长，中国能源企业走向国际能源市场的步伐也在逐步加快。当然，在最初中国能源企业走出去的推动力中还有另外两个重要因素，一是国内能源企业面临困境，勘探

---

① 江泽民. 实施“引进来”和“走出去”相结合的开放战略. http://www.wxyjs.org.cn/GB/186508/186513/186684/186686/16896286.html.

② 李鹏. 在第四次全国环境保护会议上的讲话. 人民网. http://cpc.people.com.cn/GB/64184/64186/66687/4494389.html.

③ 江泽民. 保护环境，实施可持续发展战略. 中共中央文献研究室网. http://www.wxyjs.org.cn/GB/186508/186513/186684/186685/16896387.html.

④ 王家枢. 石油与国家安全[M]. 北京：地震出版社，2001：157.

⑤ 查道炯. 能源依赖进口不可怕[J]. 世界知识，2006(9)：48.

投资不足,储采比下降,资源接替日趋紧张,生产难度加大,成本急剧上升;二是资金来源减少,维持简单再生产困难大;企业债务负担沉重,建设资金严重短缺。国家有效投入不足,石油产业发展遇到严重瓶颈。① 而冷战结束后世界经济全球化迅猛发展,推动了中国能源企业全球化的步伐。

非洲是能源资源蕴藏丰富的一个大洲(如表 7-5 所示)。根据 2012 年 BP 世界能源统计,2011 年底,非洲探明储量为 1324.38 亿桶,按当前开采量计,预计可开采 41.2 年,占世界总储量的 8.01%,仅次于中东南美,居世界第三位。虽然占世界能源比重相比以前有所下降,但考虑到非洲多个地区油气勘探程度相对较低,待发现资源量较多,非洲石油的远景储量仍然令人乐观。同时,非洲产油量较高,并且近年来还呈现出逐年上升的态势。2000—2009 年,非洲石油日产量从 780.4 万桶增加到 970.5 万桶。据 BP 世界能源统计,2009 年非洲的石油产量为 4.589 亿吨,占世界石油总产量的12.0%。② 2010 年非洲石油产量比上年增加 4.2%,达 4.785 亿吨,占当年世界产量的 12.2%。2011 年由于部分非洲国家政治动荡,石油减产,非洲石油总产量有所下降,为 4.174 亿吨,占世界石油产量的 10.4%。

表 7-5 部分非洲国家石油储量及产量表

国家	2010 年原油已探明储量			2010 年原油产量		
	储量/亿桶	份额/%	(储/采比)/%	产量/(万桶/日)	同比/%	份额/%
阿尔及利亚	122	0.9	18.5	180.9	−0.3	2.0
安哥拉	135	1.0	20.0	185.1	3.8	2.3
乍得	15	0.1	33.7	12.2	3.5	0.2
刚果(布拉扎维)	19	0.1	18.2	29.2	8.1	0.4
埃及	45	0.3	16.7	73.6	−0.6	0.9
赤道几内亚	17	0.1	17.1	27.4	−10.8	0.3
加蓬	37	0.3	41.2	24.5	6.5	0.3
利比亚	464	3.4	76.7	165.9	0.5	2.0
尼日利亚	372	2.7	42.2	240.2	16.2	2.9
苏丹	67	0.5	37.8	48.6	1.5	0.6
突尼斯	4		14.6	8.0	−4.7	0.1
其他	23	0.2	44.2	14.3	−8.0	0.2
非洲地区总计	1321	9.5	35.8	1009.8	4.2	12.2

资料来源:《BP 世界能源统计》(2011).

① 张春娣. 论我国石油工业的投资与发展[J]. 国际石油经济,1994(6).

② 梁明. 非洲石油贸易:中国的视角[J]. 国际经济合作,2011(4).

同时，非洲国家自身消费能力极为有限，所以所产原油大部分投入国际市场（如图 7－18 所示）。以 2009 年为例，当年非洲石油消费量最大的三个国家即南非、阿尔及利亚和埃及的石油消费量仅占全球石油消费总量的 1.9％，全非洲当年的石油消费量总计也仅占全球消费的 3.7％。2011 年非洲消费的石油仅占全球石油消费量的 3.9％，而同年非洲石油产量占全球的 10.4％。另外，非洲石油开采成本低，回报率高。除个别地区外，所产原油大多品质较好，含硫量低，易于提炼。主要石油出口区局势相对稳定，运输安全度较为理想。在煤炭和天然气方面，非洲也有丰富的蕴藏量。除了西非和北非已经发现和开采的天然气资源外，近年来在东部非洲近海也发现了数个具有极大开采价值的大型天然气田。据 BP 世界能源统计，2011 年底天然气探明储量为 14.5 万亿立方米，占世界总量的 7.0％。在煤炭方面，非洲还有大量的煤炭资源有待开发。如南非已发现可开采煤炭达 300 多亿吨。南非煤液化技术更是闻名遐迩，很值得中国借鉴。据国际能源公司和相关能源机构研究，博茨瓦纳的煤炭总储量可能高达 2000 多亿吨。[①] 而莫桑比克的太特（Tete）煤矿则是非洲近年来发现的最大的煤矿之一，煤炭蕴藏量也高达数十亿吨。1965 年以来，非洲能源生产走势如图 7－19 所示。

更重要的是，冷战后许多非洲国家顺应经济全球化的潮流，抓住了东亚太平洋地区的又一波经济机会，制定了积极利用本国资源发展经济的战略决策和一系列优惠措施，并努力完善外商投资的法律法规，欢迎外国企业参与投资本国的能源产业。由于非洲许多地区在冷战期间因为政局不稳，许多地区尚未勘探、开发，而从地质学的角度看，又有大量能源资源蕴藏。如近年来，乌干达和肯尼亚相继发现石油资源，纳米比亚、博茨瓦纳和南非都发现了可供商业开发的天然气，莫桑比克和坦桑尼亚等地发现的天然气田都属于大型气田。这些发现已部分改变了非洲传统的能源地图，而东非更超过西非成为了非洲天然气开发的前沿地带。非洲能源资源的这些诱人特性，不能不让人刮目相看，非洲也由此自然而然地成了中国实施其国际能源战略的一个重要对象。

中国与非洲的能源交往的第一个方面是能源贸易。从相关数据看，中国从非洲进口石油始于 1992 年，当年进口 50 万吨原油，价值 0.77 亿美元，占总进口量的 4.4％，翌年即增至 213 万吨，占总进口的 14％。在此前后，中国石油进口的主要来源地是以印度尼西亚和马来西亚为主的亚太国家（如表 7－6 所示）。由于这些产油国国内消费需求上升、供应减少，导致中国进一步增加从非洲的进口量，“亚太地区所产原油进口量的减少部分几乎全部由以安哥拉油为主的非洲原油所补充”。[②] 当

① Which way for Botswana coal? http://mg.co.za/article/2012-01-20-which-way-for-botswana-coal/.

② 田春荣. 近 5 年来我国石油进出口形势浅析[J]. 国际石油经济，1994(1).

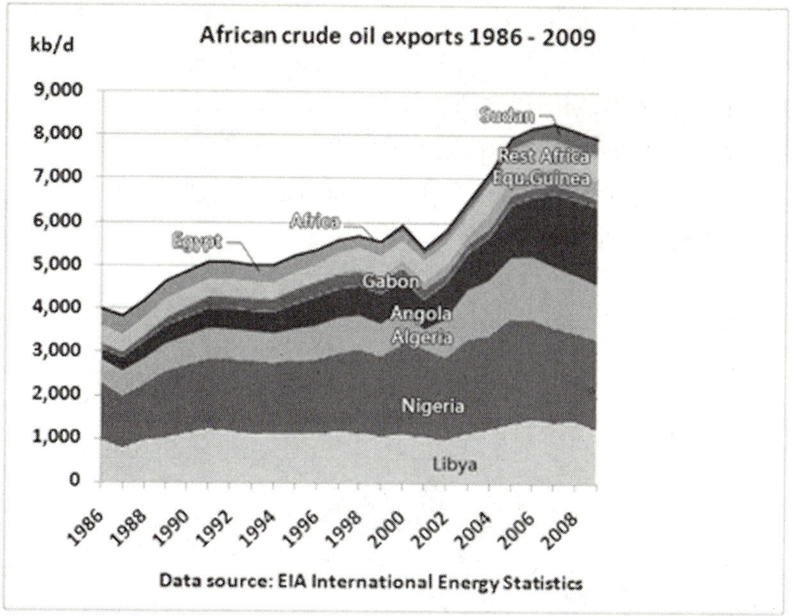

图 7－18　1986—2009 年非洲原油出口量示意图

资料来源：Libyans fight over oil field at depletion midpoint while African crude exports decline. http://www. crudeoilpeak. com/? p=2947.

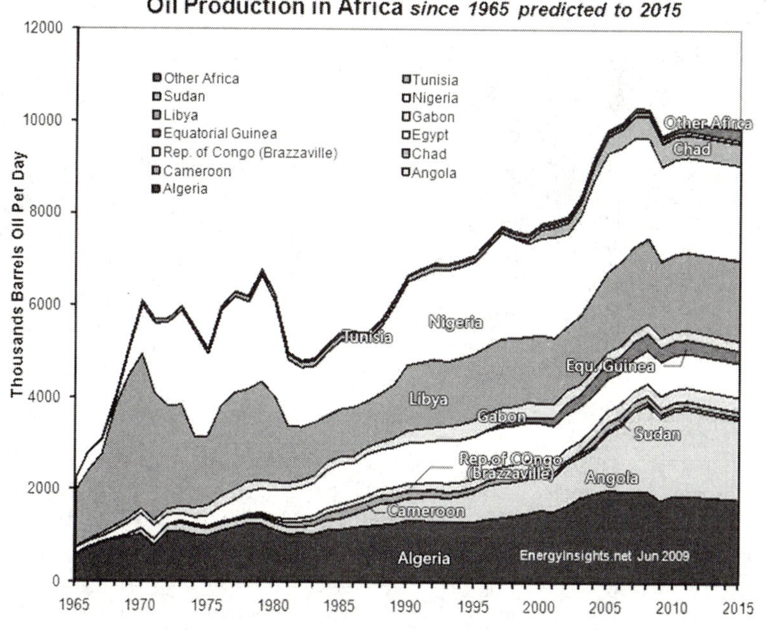

图 7－19　1965 年以来的非洲能源生产走势图

资料来源：Energy Insights：120：Peak Oil Production and Reserves June 2010 update. http://www. energyinsights. net/cgi-script/csArticles/articles/000062/006276. htm.

然，来自安哥拉和利比亚的非洲原油更适合中国按低硫原油设计的炼油厂加工，也是中国增加从非洲进口的原因之一。中国从非洲进口石油总量随着中国经济的发展而不断上升。2002 年，中国从非洲进口原油 1580 万吨，2003 年为 2218 万吨，2004 年为 3530 万吨，2005 年为 3834 万吨，2006 年为 4578.74 万吨，2010 年为 7085.27 万吨。2011 年由于部分非洲产油国发生政治问题，石油生产受到严重影响，中国从非洲进口大幅下降，为 6014.7 万吨。

表 7-6　中国在非洲的主要进口来源

Main African Sources of Oil for China

Country	OPEC member	Oil resources	Oil exported to China	Major deals and partnerships
Angola	Yes	Largest source of oil in Africa (about 50 percent)—largest crude oil exporter in Africa in 2009 Largest investors: ChevronTexaco (U. S.), Exxon Mobil(U. S.), BP(UK), Total(France)	Largest African oil provider to China	2004: US$2 billion loans and aid 2005: Nine agreements signed, including long-term oil supply
Sudan	No	Oil exports account for 90 percent of country's total revenue Largest investor: China National Petroleum Company (entered 1996). U. S. companies not allowed to invest.	Second-largest oil provider to China (60 percent of its oil goes to China) China is largest importer of Dar Blend (high-acid crude oil)	1997; 2007: Interest-free loans for building construction 2008: US$2.8 million humanitarian aid package
Republic of Congo (Congo-Brazzaville)	No	Largest investors: Total (France) and Eni (Italy). Around 20 U. S. companies, including Chevron and Murphy Oil.	Third-largest oil provider to China (around 50 percent of its oil goes to China)	2006: Cooperation to build airport and infrastructure 2010: Chinese Development Bank to help create SEZs

续表

Main African Sources of Oil for China				
Country	OPEC member	Oil resources	Oil exported to China	Major deals and partnerships
Equatorial Guinea	No	Oil accounts for over 80 percent of total revenue Largest investors：Exxon Mobil（U. S.），Hess（U. S.），Marathon（U. S.）	Around 12 percent of its oil exports go to China	2009：China gained exploration and drilling rights in areas
Nigeria	Yes	Second-largest oil reserves in Africa-oil accounts for over 90 percent of country's exports，80 percent of total revenue Largest investors：Royal Dutch Shell (British/Dutch)，Chevron Texaco（U. S.），Exxon Mobil（U. S.），Agip（Italy），Total (France).	Small amount of oil to China（in 2009，28000 barrels/day）	2006：USS4 billion in oil and infrastructure projects in exchange for drilling licenses 2010：USS23 billion to build oil refineries and infrastructure

资料来源：Zhao Shelly. The Geopolitics of China-African Oil. http://www. china-briefing. com/news/2011/04/13/the-geopolitics-of-china-african-oil. html.

如表 7－7 所示，随着进口量的上升，非洲石油在中国石油进口总量中的比重也呈现不断上升之势。1995 年源于非洲的石油占中国进口总量的 10. 8%，到 2000、2005 和 2007 年分别达 24. 1%、30. 3%和 32. 5%，①由于金融危机，2008 年这一数字略降至 30. 2%(另有数据为 30. 11%)，2009 年为 30. 39%，2010 年微降至 29. 6%，2011 年占中国全部进口原油 23. 86%。从出口金额来说，非洲对中国的石油出口额从 2000 年的 3. 11 亿美元增加到 2009 年的 73. 93 亿美元，年均增长率达到 42. 20%。从非洲对中国的石油出口额占非洲石油出口总额的比重看，从 2000 年的 0. 77%增加到 2009 年的10. 07%，9 年间增长了 9. 30 个百分点，2010 年这一数字又被刷新，达 14. 8%。在非洲石油出口的十大国别中，中国的增幅遥居首位。

从非洲对华原油出口的国家而言，1995 年，中国从非洲进口原油的来源国有 5 个，到 2005 年增加到 9 个。如表 7－8 所示，中国从非洲地区进口的原油总量中，大

① 张抗. 21 世纪中国石油贸易变化及影响. http://www. china5e. com/blog/? uid-927-action-viewspace-itemid-152.

部分来自安哥拉、刚果、赤道几内亚、苏丹、利比亚等国，尼日利亚和加蓬等国对华出口的石油量也在不断增加。其中安哥拉对华石油出口上升最快。2011 年海外十大对华原油供应国中，安哥拉和苏丹都名列其中。在 2005 年到 2011 年这 7 年间，安哥拉更是仅次于沙特，是中国石油进口的第二大海外来源地。从数量上看，1992 年安哥拉向中国出口石油仅 20 万吨，2003 年上升为 1010 万吨。2010 年增至 3938.19 万吨，占当年该国总产量 9070 万吨的 43.4%。尽管 2011 年中国从安哥拉原油进口大幅下降，但仍高达 3115.0 万吨，仍占该国生产量 8520 万吨的 36.56%。

表 7－7　1992—2005 年中国从非洲进口原油的数据　　万吨

国家	1992	1993	1994	1995	1996	1997	1998	1999	2000	2001	2002	2003	2004	2005
阿尔及利亚	—	—	1	13	—	—	—	—	—	—	—	13	68	82
埃及	—	—	—	—	—	29	20	11	12	—	—	8	—	8
安哥拉	20	122	37	100	166	384	111	288	864	380	571	1010	1621	1746
赤道几内亚	—	—	—	—	—	20	24	81	92	215	178	146	348	384
刚果	—	—	—	—	—	98	38	38	145	64	105	339	478	553
加蓬	—	13	12	9	0	38	—	65	46	15	—	—	—	—
喀麦隆	—	—	—	—	—	—	—	25	43	82	35	—	—	—
利比亚	30	71	—	21	14	7	14	13	13	25	—	13	134	226
尼日利亚	—	—	—	39	—	—	12	137	119	77	49	12	149	131
苏丹	—	—	—	—	—	0	—	27	331	497	643	626	577	662
乍得	—	—	—	—	—	—	—	—	—	—	—	—	83	55
其他	11	7	—	3	13	36	24	50	119	96	35	52	73	—
小计	50	213	50	184	193	591	219	725	1695	1355	1580	2218	3530	3847
占年总进口量/%	4	14	4	11	9	17	8	20	24	22	23	24	29	30

资料来源：基于海关总署数据统计.

表 7－8　2006—2011 年中国从非洲部分国家进口原油的数据　　万吨

国家	2006	2007	2008	2009	2010	2011
阿尔及利亚	25.67	161.28	89.76	160.50	175.40	
安哥拉	2345.20	2499.66	2989.39	3217.25	3938.19	3115.0
赤道几内亚	526.65	328.01	270.94	222.13	82.27	

续表

国家	2006	2007	2008	2009	2010	2011
刚果	541.90	480.14	437.1	408.96	504.83	
加蓬	80.22	88.67	86.69	27.07	42.29	
喀麦隆	—	—	47.38	58.18	35.94	
利比亚	338.52	290.58	318.96	634.45	737.3	
尼日利亚	45.19	89.51	35.04	139.32	129.10	
苏丹	484.65	1030.95	1049.92	1219.14	1259.87	1298.9
乍得	55.37	13.21	3.74	14.00	96.31	
其他	—	—	—	—	—	
非洲进口总量	4578.74	5304.49	5395.51	6141.75	7085.27	6014.7①

资料来源：基于根据海关总署公布数据统计汇总.

由于中国从非洲的石油进口的具体商业方式难为外部所知，海关统计仅提供一个基本数据分类。如，2010 年中国以一般贸易方式进口石油 2 亿吨，占同期我国原油进口总量的 84.2%；加工贸易方式进口原油 2418 万吨，占 10.1%。2011 年中国以一般贸易方式进口原油 2.2 亿吨，占同期中国进口原油的 86.3%；加工贸易方式进口原油 1879 万吨；保外监管场所进出境货物方式进口原油 965 万吨；边境小额贸易进口原油 476.8 万吨。在进口主体方面，国有企业也就是中石化、中石油、中海油、中化集团四大石油公司占主导地位，外资企业和民营企业作用有限。2010 年国有企业进口原油 2.2 亿吨，占我国同期原油进口总量的 91.2%；外商投资企业进口原油 1543 万吨，占进口总量的 6.4%。2011 年国有企业进口原油 2.3 亿吨，占进口总量的 89.5%，这其中中石油集团与中化集团合资的中国联合石油有限公司就进口了 1.08 亿吨；外商投资企业进口 2115 万吨，私营企业进口原油 512 万吨。国有企业的垄断地位也可以从商务部在 2010 年、2011 年给予非国营贸易进口允许总量为 2530 万吨、2910 万吨的数量上看出来。由于非国营贸易企业进口原油必须拿到中石油和中石化两大企业的炼油排产计划，因此进口原油的实际运作难度很大。

中国政府主管部门常见说法是国际石油的采购方式是国有三家石油外贸公司按国家分配的计划指标分月度组织进口，基本上采用现货贸易方式从国际市场购买石油，因此无法就中国的石油贸易战略进行深入分析。不过，从国际石油贸易的主要方式来看，也还能一窥其豹。通常一国参与国际石油贸易主要有四种方式，即现

① 张宏明. 非洲黄皮书非洲发展报告 No. 14(2011—2012). 北京：中国社会科学文献出版社，2012. 亦见于中国皮书网. http://www.ssap.com.cn/zw/189/18421.htm.

货、期货、长期合约及份额油。其一，份额油（通常也称分成油），它是石油公司通过合资合作开发而获得的对部分石油产品的直接支配部分，其获得量取决于相关当事方之间的具体合同安排。由于非洲国家资金、技术都非常缺乏，多数非洲国家通常难以承受能源开采中所面临的巨大经济技术风险。因此，在能源开采中，产品分成制这一方式使用较多。因此，中国石油公司在非洲国家的石油开发合同中，分成制方式极为流行。在非洲的石油开发合同中，中国企业的所获份额油的比例最低是10%，最高则达50%。因此，尽管中国在非洲石油开发的项目有限，但是目前非洲已经成了中国最大的海外份额油来源地。由于承担了前期勘探风险并预先支付了成本，经过双方协商的份额油价格一般比较低。在油价高涨的情况下，扩大在非洲的份额油对中国非常有利。但是，中国企业在非洲获得的份额油大多就地销售，并没有直接运回国内。因此，份额油在中国的能源进口中比例并不高。其二，长期石油合同。一般而言，长期石油合同既有利于石油进口国获得稳定石油供给，也有利于石油出口国的市场安全。过去，长期合同的价格通常有一个基准价格，并根据现货市场价格进行小幅的调整。但近年来，由于石油价格猛涨，石油出口国通常在订立长期合同时，更愿意以国际市场现货价格向买方供应石油，中国政府领导人在非洲能源出口国访问期间，往往签署的都是这类协议，能够获得一定数量的石油供给，但没有一个确定的价格。其三，石油期货交易。自20世纪70年代末国际石油期货市场出现以来，石油期货交易已经成为世界能源交易的重要组成部分，对世界能源生产与供给产生重大影响。原油期货是最重要的石油期货品种。1993年中国上海也曾设立过石油期货交易所，并在短期内迅速成为仅次于伦敦与纽约之后的世界第三大交易所，然而令人遗憾的是就在中国成为石油净进口国并需要更多参与国际能源市场运作的时候，当年中央政府反而终止了石油市场化和金融化的尝试。1996年重新开张的石油交易所却一直没有石油期货。由于中国政府对能源进口实施数量控制的计划经济模式，并且一直回避期货、期权交易，中国石油进口中几乎没有通过石油期货交易进口的石油。

因此，中国与非洲的能源贸易往来中，可以确定主要是通过政府间长期贸易协定，通过一般贸易方式进口的。能源进口地主要集中在安哥拉、苏丹等少数非洲产油国，而且集中度相当高，如安哥拉近几年一度占中国非洲石油进口的一半以上。

中国与非洲的能源交往的第二个方面，是中国能源企业在非洲的能源开发经营活动。中国企业在非洲的能源活动是与20世纪90年代以来中国企业“走出去”战略联系在一起的。1979年之前中国在非洲的投资合作很少，仅限于为特定政治目的而兴办的公司。1979年到1990年间，在中国改革开放的初始阶段，中国对非洲的直接投资也很有限，投资的目的既有服务于特定的政治目的，也有推动工程设备、原材料和其他中国产品出口到非洲的意图。这一选择的行业背景是到“七五”时期，由于国内政策条件与外部环境的巨大变化，中国石油工业的发展面临一系列困难，后备资源严重不足、生产条件日益复杂，成本大幅度上升，石油资金投入紧张状况持续存在。国内油气资源消费需求却在加速增长。而20世纪80年代中期国际油价暴跌后，国际石油市场一直供大于求。与此同时，国内石油供应已经出现了多元化的发展势头，有些国内用户早已跨出国门，开始在国际市场上寻求资源保证。跨出国门，走向世界，利用国外的资源与市场，不仅可以保证国内油气的有效供给，也可以壮大和发展我国的石油工业。客观上，中国石油工业经过四十多年的发展，也已经发展成了专业门类齐全，技术装备先进的行业，能够独立自主地进行油气田勘探和开发，并在国际上具有一定的影响力。在钻井、物探技术、地质综合研究和油气田开发方面还具有一些独到的优势。因此，中国能源企业具备了走出国门参与竞争的实力。在这种背景下，进入20世纪90年代，在"八·五"期间的石油工业的规划中，发展外向型经济作为三大战略之一被提了出来。中国石油天然气总公司于1991年适时提出了石油工业的对外开放战略，即"按照中央关于对外开放的方针，积极扩大对外经济技术合作与交流，参与世界油气资源勘探开发，扩大各种形式的对外贸易，努力开拓国际市场，在国际竞争中发展和壮大自己"。[①] 在1992年1月发表的《关于我国石油工业发展跨国经营的思考》一文中，中石油专家安郁培较早系统地提出发展外向型经济、实行跨国经营是我国石油工业面临的"一次新的历史机遇，机不可失，时不我待"。[②] 文章提出石油工业跨国经营需要研究的七大战略即石油资源供求战略、石油产品营销战略、石油金融投资战略、石油技术开发战略、石油物资供应战略、石油装备生产开发战略、石油劳务输出战略。该文所具有的思考深度，表明"走出去"已经成为中国石油行业的内在需要和必然选择。1992年底，由中央政府主导成立了中国联合石油公司，意在协调内地各油气工贸企业积极体现专业特长，统筹互补经营，有效参与国际能源开发运作。后来在1994年，国家成立了国内第一家政策性涉外国家银行——中国进出口银行，主要目的之一就是向国有能源石化企业进出口及涉外投资项目提供必要金融支持。

1992年，中原石油管理局与英荷壳牌公司(Shell)签订协议，承揽其部分石油工程技术服务项目，标志中国能源企业走出国门。1993年7月，中石油(CNPC)加拿大公司在加艾伯塔省的北湍宁油田(North Twing Oil Field)钻井产油成功。这是中石油首次在海外以参股形式获得开发权益和分享国际石油资源的国际化经营项目。1993年3月，中国石油天然气公司首次中标泰国邦亚(Banya)区块项目，首次获得海外油田开采权益。同年12月，中石油所属的中美(拉美)石油开发公司取得了秘鲁的

① 彭元正. 超前接轨——思考CNPC开拓苏丹市场的成功实践[J]. 中国石油，2000(8)：8－9.

② 安郁培. 关于我国石油工业发展跨国经营的思考[J]. 世界石油经济，1992(1).

塔拉拉(Talara)油田第7区块的复产开采权。也就在这一年,中国另一大石油企业,中海油通过海外投资参股印度尼西亚马六甲海峡石油集团,迈开了走出国门的步伐。

在中国石油探索走出海外市场时,国际主要能源区块已经被西方石油公司瓜分殆尽,或者掌握在产油国的国家石油公司手中,中国石油企业只能采取"钻空档"的方法,在夹缝中求得生存。非洲国家在经历非殖民化和民族独立运动并取得独立后,大部分产油国家都实行了资源国有化政策,掌握了能源资源主导权。但在冷战期间,非洲产油国战乱不断,影响石油的勘探与开采。西方跨国公司对非洲石油工业的控制相对薄弱。冷战后非洲国家秩序逐步恢复,多党民主制政治制度得到相对有效的运作,政局相对稳定。开发资源发展经济成了许多非洲国家的首选战略。加之在争取国家独立的过程中,中国与非洲有着较为良好的政治关系的历史也为中国企业进入非洲提供了有利条件。而为了平衡西方石油公司的影响力,一些非洲国家也有意引入中国能源企业。这些都为中国能源企业进入非洲提供了良好的外部环境,这样,中国四大能源企业很快迈出了进军非洲能源领域的步伐。

中国石油天然气集团公司首先迈开了进入非洲的步伐。1995年9月,苏丹总统巴希尔(Omer Hassan Ahmed El Bashir)访华,他在与时任总书记的江泽民同志会见时提出了希望中国公司到苏丹勘探开发石油,帮助苏丹建立自己的石油工业的建议。江总书记当即表示支持,并指示中石油对苏丹的投资环境和石油地质情况进行研究。同月,中苏(丹)两国政府签署了向苏丹提供1.5亿元人民币的政府贴息优惠贷款的框架协议,苏丹政府同意将这笔优惠贷款中的1亿元由中国进出口银行转贷给中国石油天然气总公司,中国石油天然气总公司自筹2亿元人民币用于开发6号区块石油项目。接着中国石油天然气总公司与苏丹能源矿产部正式签署了共同勘探开发6号区块的《石油产品分成协议》,由中国石油天然气总公司在苏丹5.3万平方公里的6号区块油田进行独资开发。根据协议,成立了石油能源联合作业公司(Petro-Energy),中石油占股95%,苏丹石油持股5%,开发出的石油一部分作为中方回收投资,抵还贷款,余额利润由中国石油天然气总公司与苏丹政府按比例分成。1996年1月,中国石油天然气总公司所属的石油勘探开发公司和中原石油勘探局开始联合实施项目,并与苏丹方面成立了联合管理委员会。1996年11月,在苏丹穆格莱德盆地(Muglad)1/2/4区项目招标中,中石油一举中标,并以控股40%的优势牵头组建大尼罗河石油作业有限责任公司(GNPOC)进行石油资源的开发。1997年,以中国石油天然气集团公司为首的股东与苏丹政府签订了1/2/4区块石油合同以及油田至苏丹港原油输油管道的协议。1997年,中石油与苏丹能矿部达成合资建立年加工原油250万吨的喀土穆炼油厂协议,并于2000年一次投产成功。2001年中石油另建占股41%的达尔石油作业公司(PDOC),开采苏丹米鲁特(Melut)盆地3/7区块,并与中石化承建了到苏丹海边港口的480 km的部分输油管道。2005年,中石油又联合其他国际公司中标苏丹15区块的勘探开发产品分成合同，与马来西亚石油公司、苏丹石油公司等合作成立了红海石油作业公司(RSPOC)，并拥有该项目35%的股份。2007年，在苏丹13区块成立珊瑚石油作业公司，其中中石油集团持股40%。

由于中国石油展开与苏丹政府进行石油合作时，正值冷战后巴希尔政府因为在国内外实行泛伊斯兰化的激进政策在国际上受到打压之时，1993年8月，苏丹还被美国列入支持恐怖主义国家名单，并受到美国越来越大的制裁压力。1997年，美国国会又通过立法对苏丹开始实施新的全面经济制裁，包括禁止任何与苏丹政府合作的公司在美国境内融资、投资，且冻结其已有资金账户。1998年，更以打击恐怖活动为由，用巡航导弹袭击了喀土穆希法(Al-Shifa)制药厂。苏丹与美国关系降到了冰点。内政上，1983年苏丹境内爆发的第二次南北内战越演越烈，由此导致苏丹国内安全环境不断恶化。美国的制裁和苏丹内战使得原先在此作业的一些西方石油公司如美国雪佛龙公司(Chevron)、加拿大国家石油公司(SPC)、加拿大阿拉克斯(Arakis)能源公司、加拿大塔利斯曼(Talisman)公司等不得不先后撤出，在苏丹从事石油上游产业活动的只有马来西亚石油公司(Petronas)。因此，中国在苏丹的石油开发中，几乎没有遇到强大的西方石油公司的竞争，加上苏丹和中国两国政府的大力支持，在苏丹的能源开发较为顺利，并取得了意想不到的成功。苏丹也因为与中国石油公司的深度合作于1999年摇身一变为石油出口国，并通过石油炼化项目的建设，成为非洲大陆少有的拥有较为完整的石化产业链的国家。

接着，中石油于1998年与埃及两家公司签署协议，组建联合投资公司，中方占股51%，共同开采石油天然气。2006年5月，中石油进军赤道几内亚，购买了该国位于里约穆尼(Rio Muni)盆地的M区块的70%权益，成为该区的作业者，并执行新的产品分成合同(PSC)。2003年12月22日，中石油公司与阿尔及利亚国家石油公司(SONATRACH)签署了102a/112区块勘探许可证协议，拥有75%的权益。该区块位于阿尔及利亚北部谢里夫(Chelif)盆地，面积9923平方公里。2003年12月，公司又与阿尔及利亚国家石油公司签署乌埃德姆亚盆地(Oued Mya)350区块勘探许可证协议，拥有75%的权益。2004年7月29日，公司中标乌埃德姆亚盆地438b区块，拥有100%的权益。合同模式为产品分成协议(PSA)，勘探期为7年，开发期为25年，面积4354平方公里。2003年5月，公司中标阿德拉(Adrar)上下游一体化项目。阿德拉项目由油田评价与开发、炼厂建设以及成品油销售三部分组成。2006年新公司投入运营。2005年12月，中石油与利比亚国家石油公司签订了17－4区块风险勘探合同。17－4区块位于利比亚西北部地中海沿岸佩拉杰(Pelagian)盆地上，水深200～400米，面积2566平方公里。该合同为勘探产品分成协议(EPSA)，勘探期5年、开发生产期25年。中石油获得该区块28.5%的分成权益。

2003年12月，中石油公司与瑞士克莱夫顿(Cliveden)公司签订了乍得H区块风险勘探购股协议。H区块包含有乍得湖盆地在内的7个沉积盆地的全部或部分区域。公司在H区块的油气勘探主要围绕邦戈尔(Bongor)盆地展开。2005年,证实邦戈尔盆地存在上、中、下3个油层组。2006年,公司获得H区块100%的股权。2007年9月20日,公司与乍得石油部签署合资杰尔玛亚(Djarmaya)炼油厂建设协议。2008年10月,公司(60%权益)与乍得石油部(40%权益)合资建设的杰尔玛亚炼厂奠基。该合资炼厂是乍得国内首个炼油项目,设计原油加工能力250万吨/年,于2011年建成投运。

2003年11月,中石油与尼日尔共和国能矿部签署协议,正式获得比尔马(Bilma)和泰内雷(Tenere)两个区块的勘探开发石油许可证。目前,公司拥有比尔马区块100%的权益和泰内雷区块80%的权益,其余20%为加拿大石油公司持有。2008年6月,公司与尼日尔政府签订了阿贾德姆(Agadem)上下游一体化合作项目,包括油田勘探开发、长输管道及炼厂建设与运营。2011年9月,阿贾德姆油田正式投入生产。2011年11月,中石油与尼日尔政府签署了阿贾德姆一体化项目原油销售协议、成品油销售协议。2004年,中石油与毛里塔尼亚当地企业毛工贸公司(MAOA)签署了毛里塔尼亚盆地11区块备忘录,次年与毛里塔尼亚政府签署了Ta13、Ta21、12区块勘探开发合同。同年,中石油毛里塔尼亚国际有限公司与西澳石油企业巴拉卡(Baraka)能源公司签署了20区块合作协定,中方获得该区块65%的股权,协议得到了毛里塔尼亚政府批准。在非洲石油出口大国尼日利亚,中石油1996年曾进入,后因效益不佳1998年即退出。但同年中石油物探局通过和当地企业注册合资公司BGP,在尼从事石油勘探服务,是最早实际进入尼石油产业的中资公司。2006年,中石油与尼日利亚政府签署石油合作协议,并中标尼日利亚OPL298、OPL471、OPL721和OPL732四个区块。

经过多年努力,中石油在非洲初步建立了较为稳固的地位,非洲还一度成为中石油在海外投资最多、规模最大的战略发展区。[①] 目前非洲地区已经成为中国石油天然气集团着力经营的五大油气合作区之一,中石油海外所获得的份额油大多来自非洲。

非洲也是中国石化(Sinopec)的六大战略油气区之一(其他五个分别是南美、中东、亚太、俄罗斯-中亚和北美),[②]作为亚洲最大的炼油商,目前中国石化集团原油加工能力为2.24亿吨,但是上游领域一直是其短板,如何尽快弥补上游不足,一直是摆在中石化面前的一大难题。为了拓展海外上游油气合作,中石化于2001年成立了中

① 十年风雨十年辉煌:中国石油进入非洲. http://view.news.qq.com/a/20061107/000046.htm.

② 许帆婷,李鑫轶.海外油气十年大跨越.中国石化新闻网. http://monthly.sinopecnews.com.cn/shzz/content/2012-03/02/content_1142721.htm.

国石化国际石油勘探开发有限公司(SIPC),作为集团从事上游海外投资经营的唯一专业化公司,代表集团统一对外进行上游油气合作。2002年10月,中石化获得阿尔及利亚扎尔扎亭(Zarzaitine)油田提高石油采收率项目,项目年限为20年。次年,中石化购得安哥拉近海3号油田的股份,同年2月又因收购阿特兰蒂斯公司而获得突尼斯的12个勘探和开发区块。就在同一时间,中石化获得尼日利亚储量为2130万桶、最高年产量330万桶的尼日尔河三角洲斯图布溪(Stubb Creek)边际油田100%开发权,此为中资企业在尼石油开发中标之始。2004年,中石化与该国国家石油公司达成协议,获得64/66区块的石油开发权。2005年5月,中石化宣布投资5亿美元进行尼日利亚海上勘探。2006年8月,中石化获得了尼日利亚2号沥青矿产开发权。

2004年2月,中石化通过收购海湾石油公司的股份,获得苏丹3/7区块6%的权益。2004年1月获得加蓬DT-2000、GT2000和LT2000区块勘探开发权,以LT2000区块为主。2005年2月,中石化从美国环球石油公司手中购得加蓬G4-188区块股份,成为第一个进入加蓬的中国能源公司。2005年7月,中石化与埃及萨瓦(Tharwa)钻井公司合资建立中萨钻井公司,双方各占50%股份,公司目前已发展成为埃及第二大油气钻井公司。

尽管中石化在非洲的项目众多,但中石化在非洲的主要项目是在安哥拉。2004年中石化通过香港中间商与安哥拉国家石油公司(简称安石油 Sonangol)合作,由安石油亚洲有限公司(Sonangol Asia Ltd)行使优先收购权,收购了皇家壳牌公司在安哥拉18区块所持50%权益,再转售给后来成立的安中石化国际控股有限公司(Sonangol-Sinopec International,简称安中国际 SSI)①,该公司由中石化下属子公司中石化国际勘探股份有限公司与安中石油国际控股有限公司合资成立。这一安排于2005年2月得到安哥拉政府批准。2006年安中国际参加安哥拉国家石油公司推出的第15、17、18石油生产区块的竞标,通过高价投标分别获得这三个区块的20%、27.5%、40%的权益。2006年5月,中石化与安哥拉国家石油公司协议投资20亿美元,建立日炼油能力为20万桶的新洛比托炼油厂(后因2007年双方谈判失败,炼油厂协议被废弃)。2009年中石化国际勘探股份有限公司与中海油成立分别持股50%股份的合资公司,并共同出资13亿美元寻求收购②马拉松石油公司在安哥拉第32区块产品分成合同及联合作业协议项下20%的权益(各占10%)。2011年底,中石

① 该公司由中石化下属子公司中石化国际勘探股份有限公司与安中石油国际控股有限公司于2006年合资成立,其中中石化国际勘探股份有限公司占股55%,安中石油国际控股有限公司占股45%.安中石油国际控股有限公司由香港的北亚国际发展有限公司和安哥拉国家石油公司于2004年于香港合资成立,是安哥拉对华石油出口的主要中间商.该公司股权结构是安哥拉国家石油公司持股30%,北亚国际控股70%.

② 该收购最终没有成功,仅中石化曲线获得马拉松公司安哥拉32区块10%的股份.

化国际勘探股份有限公司还收购了道达尔公司在安哥拉31区块的5%的项目权益。

此外，2009年中石化国际石油勘探开发有限公司还通过收购阿达克斯(Addax)石油公司的方式，加强了自身在西非几内亚湾油气带的存在。阿达克斯是一家在瑞士注册的石油公司，在西非和中东都拥有油气资产。在尼日利亚与圣多美和普林西比联合开发区、喀麦隆和加蓬有多个区块。

作为中国石油三大巨头之一的中海油(CNOOC)，近年来也加大了进入非洲的步伐。2004年4月，中海油出价775万美元从美国冯科能源(Vanco Energy)手中购买了位于摩洛哥近海的塔芬尼(Ras Tafelney)区块15%的勘探权益(后因摩洛哥国家石油公司入局成为该区块25%权益所有者，中海油最终权益比降为11.25%)。2005年3月，中海油获得在摩洛哥阿加迪尔以北的两个近海石油区块的勘探项目[①]。2006年1月，中海油以22.68亿美元从尼日利亚南大西洋石油有限公司(SAPETRO)手中购得尼日利亚OML130区块45%的工作权益。同月，中海油出资6000万美元购得尼日利亚OPL229区块的35%的作业权(勘探许可权)。同年2月，中海油与赤道几内亚政府签约，获得在几内亚南部海域S区块勘探合同，为期5年，如果成功将可依商定比例获得原油。2006年5月，国家主席胡锦涛访问肯尼亚期间，中海油与肯尼亚签订了6个区块以勘探为主的产品分成合同[②]。2009年，中海油与泰国国家石油公司合作，中标阿尔及利亚Hassi Bir Rekaiz勘探许可权[③]。2011年，中海油以14.67亿美元收购了图洛石油公司在乌干达的1、2、3A勘探区各1/3的权益。另外，中海油在刚果(布)也有勘探项目。根据中海油2011年年报披露，目前它在非洲的资产主要位于尼日利亚和乌干达。截至2011年底，中海油非洲的石油储量和产量分别达到133.7百万桶油当量/天和56348桶油当量/天，分别占该公司储量和产量的4.2%和6.2%。[④]

中化集团(SINOCHEM)为服务国家能源战略，也积极发展与安哥拉、刚果、苏丹、利比亚等非洲产油国的关系，发挥自身优势，进口了大量原油。同时，公司积极拓展非洲石油勘探开发业务。2002年，中化集团专门成立了中化石油勘探开发有限公司，2003年中化集团全资收购专门从事油气勘探开发的阿特兰蒂斯公司。2005年，中化阿特兰蒂斯公司与瑞典伦丁石油公司(Lundin Petroleum)合作取得了突尼斯Oudna油田50%的权益。该油田已于2006年正式投产。此外，中化石油勘探开

---

① 为期一年，最终失败.

② 由于勘探出具有商业价值的油气，2010年12月24日肯尼亚《商业日报》称中海油将推出肯尼亚石油勘探市场，将油气勘探重点转向乌干达.

③ 2012年3月钻出的第一口井，日产原油1千桶，天然气30万立方英尺.

④ 中国海洋石油有限公司2011年年报，第17页. http://www.cnoocltd.com/cnoocltd/tzzgx/dqbg/nianbao/images/2012412934.pdf.

发有限公司还在加蓬设有分公司。

除了上述中国四大能源国企外，中国著名的地方石油企业延长石油，也早就将目光投向了非洲。2008年，延长石油与香港上市的中联石化（中联能源前身）签订协议，双方合作开发中联能源位于马达加斯加岛的3113油田区块，后又成为中联能源的控股股东。但迄今为止，尚未有商业性油气发现。

就中国能源企业在非洲的石油活动及其所订立的协议内容来看，可以分为勘探权协议、开采权协议、原油供应协议、油田股份协议、原油炼制协议、原油运输协议和油田钻井协议等类型。从时序上看，从1990年到2003年，三大油企在非洲总共只获得一份勘探权、3份开采权、2份原油获得协议、2份原油股份、1份炼制、2份运输及1份钻井权益。2003年以后，数量增长较快，这与中国企业"走出去"战略的全面实施以及中国石油进口量迅猛增长相一致。

从中国在非洲石油开发的地理区位特点来看，中国石油企业最早是从东北非的苏丹开始的，然后逐渐地从北非向南到西非和西南非地区。投资的重点比较突出，即东北非的苏丹（2011年分裂为苏丹和南苏丹两个国家）以及西南非的安哥拉和西非几内亚湾附近尼日利亚等国家。中国在非洲的投资区位与非洲石油的储量分布特点以及主要产油区分布大体一致。因为非洲陆上石油主要分布在北非三大盆地和几内亚湾的盆地群①，海上石油则集中于几内亚湾一带。北非石油占非洲已探明石油储量的56%，而几内亚湾海上石油占世界已探明海上石油总量的14%。利比亚、尼日利亚、阿尔及利亚、安哥拉和苏丹排名非洲原油储量前五位。尼日利亚、阿尔及利亚、安哥拉、埃及和苏丹是非洲石油产量最高的国家（2011年数据）。除了在利比亚投资较少外，中国在非洲各主要产油国的石化领域的上下游都有一定的投资。中国在非洲重要产油国利比亚石油投资较少，并非中国没有投资意愿，而是没有得到原利比亚卡扎菲政府的合作。自2003年卡扎菲在其子赛义夫·伊斯兰影响下完全倒向西方国家后，卡扎菲对我国的态度从原来的比较友好转向利用中国甚至无视、出卖中国的利益，还多次攻击中国在非洲搞"新殖民主义"，严重干扰中国非洲战略的实施。在油气资源开发上，卡扎菲尽量满足西方的要求，而将中国排除在外。2005年，中国石油天然气勘探开发公司与利比亚国家石油公司首度合作开始，中国三大石油公司在利比亚的油气项目都遭遇到了各种阻力。2009年2月，中国石油天然气勘探开发公司发出了以4.6亿美元收购主要油气资产位于利比亚的加拿大维伦尼（Verenex）公司全部股权的要约，双方谈判非常顺利，只等利比亚政府批准。

---

① 北非三大盆地是指位于阿尔及利亚北部和突尼斯东南部的三叠纪盆地，阿尔及利亚东南部至利比亚境内的伊利兹盆地和利比亚境内的锡尔特盆地。几内亚湾沿岸的盆地群是指阿比让盆地、尼日尔河三角洲盆地、加蓬盆地、下刚果盆地和宽扎盆地。

Verenex公司和中石油勘探公司也按照利比亚国家石油公司和利比亚政府有关机构的要求，提交了所有相关文件并支付了4670万加元的批准费(Approval Bonus)，但利比亚国家石油公司以有优先购买权为由，拒绝了中石油集团的收购计划。当年9月，利比亚主权基金反以2.937亿美元(3.168亿加元)的低价收购了Verenex在利比亚的全部油气资产。

从中国在非洲获得石油权益的方式看，主要是通过公开投标方式从东道国直接获得的，如中石油在苏丹、中石化在安哥拉的重大项目都是通过这种方式获得相关区块的份额。以中国在非洲能源领域投资最多的苏丹来说，虽然苏丹政府领导人在1996年访问中国时，向中国政府提出希望中国帮助苏丹建立自己的石油工业。但政府间关系并不意味着中国企业在开采东道国石油资源上享有特权，相反，几乎所有中国在苏丹的能源项目都是通过参加苏丹政府的招标方式获得的。为了平衡中国的影响力，苏丹政府甚至还有意识地将一些合同交与其他国家的石油公司，如2004年苏丹在3/7区1380公里石油管道招标中的作为就是例证。当时佩特拉达(Petrodar)石油公司副总、苏丹政府代表伊萨维(Khidder Eissawi)公开宣称苏丹政府希望利用米鲁特盆地输油管道项目招标的这一机会教训一下中石油，提醒该公司在苏丹没有最终决定权。[①] 中国能源企业获取非洲石油资源的其他方式还有东道国行使优先购买权进行购买后，再协议转让给中国与东道国合资企业的，如安哥拉18区块的权益。也有中国企业从第三方公司手中购买并得到东道国批准的，如2011年中海油通过收购英国图洛石油公司在乌干达的1、2和3A勘探区各1/3的权益，以及2006年1月中海油斥资22.68亿美元现金，从尼日利亚南大西洋石油公司手中收购OML130区块45%的工作权益等。

如图7-20、图7-21所示，经过10多年的拼搏，中国能源企业在非洲取得了一定的进展，从北非到南非，从东非到西非，到处都有中国能源企业的足迹，并且在苏丹、安哥拉、尼日利亚等国获得了一定的影响力。中国企业通过参股、投资、技术服务等方式获得了一定的油气资源，非洲实际上已经成了中国能源的海外份额油[②]的最大来源地。

除了获得实际能源外，中国在非洲寻油过程中，还创立了两个模式即苏丹模式和安哥拉模式，前者为中石油所创，后者为中国进出口银行无意中创建。这两个模式仍将对中国今后在非洲寻求包括能源在内的资源具有极大的启发意义。苏丹模

① Bo Kong. China's international petroleum policy. Greenwood Publishing Group，2010:139.

② 当然，份额油与能源安全没有任何必然关系，要保证我们的石油供应主要靠国际市场上的运作.如果中国只是想在产油国获取权益油，而无法对产油国石化工业发展提供有效帮助，那么将无法真正构建稳固的符合双边利益的能源合作格局.更何况现实中，为了企业利益最大化，中国能源企业拿到的份额油大部分还是以现货价在国际市场上出售了，并没有运回中国.

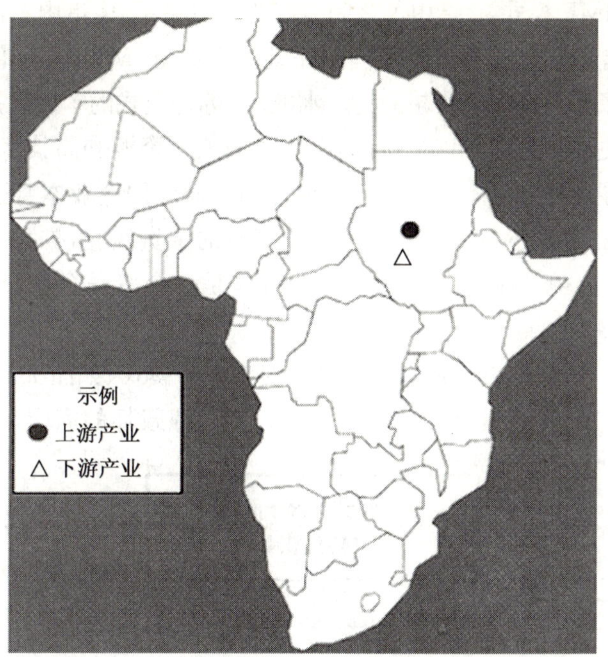

图 7－20　2000 年中国能源企业在非洲的足迹

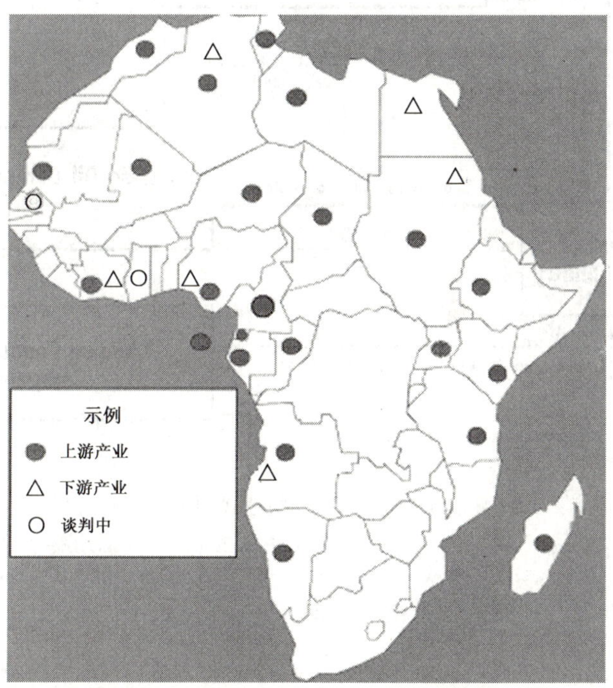

图 7－21　2011 年中国能源企业在非洲的足迹

式又被称为 PRIME 模式，P 指中苏之间良好的政治关系，R 指中石油在苏丹高水平的人力资源，I 指中石油在苏丹和中国的完整的产业链，M 指国际商业管理经验，E 指 CNPC 在勘探与开发中的高超的技术水准。[①] 苏丹模式的本质就是在中苏友好的政治氛围中，通过中石油集团在苏丹的高水平的人力资源和高技术投入，在苏丹建立起一个完整的上下游一体化的石油工业体系。而中国企业本身也因此不仅获得丰厚的投资回报，而且还积累了企业国际化经营的宝贵经验，扩大了中国石油企业在非洲能源界的影响。中国与苏丹的能源合作是一个双赢合作，也是南南合作的典范。

安哥拉模式，通俗地讲就是以资源换基础设施的模式（如图 7－22 所示）。2002 年安哥拉内战结束后，急需巨额资金重建被长期内战毁坏的家园，然而由于有关国

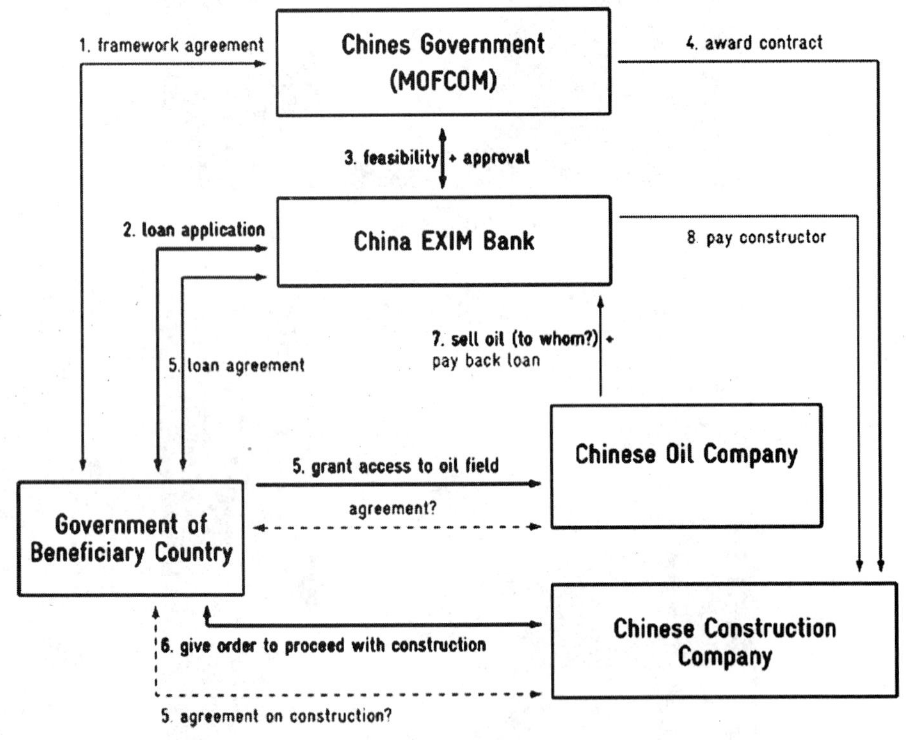

图 7－22　安哥拉模式图示

资料来源：Helmut Asche, Margot Schüller. China's Engagement in Africa-Opportunities and Risks for Development. http://www.giga-hamburg.de/dl/download.php? d=/english/content/ias/pdf/studie_chinas_engagement_in_afrika_en.pdf.

① The Sudan Model of CNPC Business In Africa. http://www.onepetro.org/mslib/servlet/onepetropreview? id=WPC-18-1011.

际金融机构对安哥拉贷款请求提出了较为苛刻的条件导致安哥拉难以获得所需资金。中国进出口银行在对安哥拉进行调研后决定向安哥拉提供贷款。2004年，中安两国政府签署了石油贷款框架协议，向安哥拉提供20亿美元的基础设施贷款。在安哥拉政府没有抵押品和偿还能力的情况下，约定以主权为担保、用未来开采出来的石油偿付中国贷款。安哥拉政府在中国进出口银行设立资金专户，基础设施项目由中国企业承担。每个基础设施项目都由安哥拉政府提出并得到中安双方共同认可，资金直接进入相关企业账户。安哥拉以现货价方式向中国出口石油所得款项归还中方贷款。安哥拉模式尽管有一定的争议，但是它是适合非洲那些拥有资源却缺乏资金和急需改进基础设施的国家需要的。因此，中国这种以资源换基础设施的安哥拉模式在刚果（布）、刚果（金）、津巴布韦、加纳、苏丹、几内亚、尼日利亚和加蓬等国都有体现，中国换取的资源也从单一的石油扩展到铝矾土、铜、铬、铁矿石，甚至还有可可。针对安哥拉模式的合理性质疑，2010年9月安哥拉工业部长若阿金·戴维(Joaquim David)在接受中国记者采访时，明确表示安哥拉模式对安哥拉是非常公平的。[①] 无论是中石油开创的苏丹模式还是中国进出口银行创造的安哥拉模式，都是中国企业深入研究非洲国家需求的、符合双方利益的互利共赢的发展模式。

中国能源企业在非洲找油的过程中虽然取得了一些成绩，但这些成绩与OECD国家相比，极为有限。根据能源咨询企业伍德·麦肯齐公司估计，中国获得的非洲能源尚不到该地区已探明储量的2%。[②] 在寻油的过程中，中国企业也遇到了严峻的挑战，这些挑战既有来自非洲当地的因素，也有非洲以外的国际因素，同时还有中国自身的因素。这些挑战不仅现在存在，而且将来相当长时间内仍会具有巨大的影响力。

(1) 在政治上，非洲多数拥有能源的国家普遍面临制度化程度不高、政府治理不善的问题，腐败程度惊人，政治风险高。由于能源财富使用不当，巨量的能源财富不仅没有能够促进本国经济的发展和人民生活水平的提高，相反能源富国却纷纷遭遇所谓的“石油诅咒”，罹患了“荷兰病”。权势利益集团大量中饱私囊，占有大量财富，贫富分化严重，民族经济得不到应有的发展。在美国《外交政策》杂志与美国和平基金会共同编制的“失败国家”指数排名中，非洲国家都名列前茅。例如2012年他们发布的“失败国家”指数排名前十名的榜单中，除了海地、伊拉克和阿富汗，其余7个均为非洲国家，他们分别是索马里、刚果民主共和国、乍得、苏丹、津巴布韦、中非共和

① Angola producing more oil than quota. http://www.globaltimes.cn/china/diplomacy/2010-09/577855.html.

② Jing Men, Benjamin Barton. China and the European Union in Africa: Partners or Competitors? Burlington, 2011:9.

国、科特迪瓦。苏丹是中国在非洲国家中能源领域投资金额最高的一个国家，中国在苏丹的200亿美元的投资中，绝大部分都在能源领域。经常位列非洲石油出口首位的尼日利亚在这个排行榜上列14位。而近年来出口中国的石油数量位居非洲第一的安哥拉列52位。在60个“脆弱国家”中，非洲就占了32个。在这些国家投资，毫无疑问，中国能源企业要承担巨大的政治风险。如在尼日利亚，这个非洲石油出口最多的国家之一，却也是非洲最穷的国家，不仅官僚主义严重，而且贪腐盛行（即使以非洲标准来衡量，也是极为严重的）。虽然尼日利亚政府为了吸引石油投资制定了一系列颇具吸引力的政策，然而，实际上石油项目的开发权和承包项目的生杀予夺都完全取决于政府官员的态度，由于一些政府高官的利益牵涉其中，导致一些关键性的政策、决定的稳定性极度缺乏，经常是朝令夕改，变幻无常。由于贪婪和短视，一些非洲能源出产国政府往往更习惯于杀鸡取卵，而非养鸡生蛋。例如2000年，尼日利亚政府在外界压力下宣布采取公开招标方式授予能源企业石油区块开发许可证，以“杜绝腐败现象”，然而仅仅过了两年便自食其言。在OPL256海上石油区块招标中，举行了仅3家公司参与的“选择性投标”，并随即将许可证颁给美国海洋能源公司（Ocean Energy）。据当地媒体揭露，中标公司为此“额外”支付了1.45亿美元的“政府公关费用”。

更加让人感到非洲投资政治风险巨大的是2010年底爆发的“茉莉花革命”在中东北非产生连锁反应，并导致突尼斯、埃及和利比亚三国的政权更迭，在利比亚还爆发了全面内战。利比亚政局变动不仅导致中国在该国的直接投资遭到数十亿美元的损失，而且，利比亚对中国的石油出口也几乎完全中断。

（2）一些非洲能源生产国家缺乏国家统合能力，族群矛盾严重，国内地方主义倾向与民族分离主义问题较为严重，不时发生战乱，使得进入这些国家的中国能源企业所面临的政治风险进一步加剧。以中国非洲能源投资金额最大、石化产业链也最为完整的苏丹来说，自1956年苏丹独立以来，主要由于苏丹中央政府政策失当，把持中央政府的阿拉伯人不愿与南方的黑人族群分享政治经济权力，导致南北地区间先后爆发过两次历时甚久、后果严重的内战。当中国能源企业应邀进入苏丹时，该国正处于第二次内战之中。此前，由于受到苏丹内战带来的员工安全和投资安全威胁，后又遭到美国对苏丹制裁的影响，西方国家的大型石油公司都已选择退出。一段时期内，留下来的和后进入的国际能源企业只有中国和马来西亚、印度等发展中国家的企业，他们都是国际能源市场的后来者。在美国的斡旋下，2005年1月苏丹政府与南部地方签署了全面和平协议，即《内罗毕协议》（Naivasha Agreement）。该协议规定：停火后苏丹经历6年的过渡期，期间北部中央和南部地方共享权力；过渡期结束后，南部举行全民公决，决定是否独立。据此，2011年1月苏丹南部全民参加公决并选择脱离苏丹独立建国，7月9日，南苏丹共和国成立。虽然南苏丹独立过程较为平静，但是除了历史恩怨外，由于双方在领土、边界划分、石油过境费以及哈季利季(Hajlij)油田归属等问题上存在巨大争议，2012年双方一度发生战争，这让人不得不担忧南北苏丹的关系能否实现和平与发展。

苏丹分裂和南苏丹的独立，势必导致原来完整的上下游一体化的石化工业遭到破坏。作为苏丹最大的外国投资者，中国在苏丹200亿美元的投资中绝大部分投入了苏丹的能源行业。由于主要石油基础工业设施都在苏丹，3/4的石油产量却来自南苏丹的油田，中国在原苏丹地区的能源利益势必要重组。无论苏丹和南苏丹，石油都是他们最宝贵的财税来源和争夺对象，作为该区域重要能源生产者的中国石油企业势必受到影响。例如，2012年2月中旬，南苏丹政府不点名指责某家中国石油公司帮助苏丹喀土穆政府"偷窃"南苏丹石油，并私自出售。2月21日，南苏丹政府又以在该国经营的"佩特拉达集团"(Petrodar，中石油集团占该公司股份41%)总裁刘英才与其政府"不合作"为由，将其驱逐出境。

在非洲石油最大输出国、同时也是世界第六大石油输出国的尼日利亚，"尼日尔三角洲人民自愿军"(NDPVF)以及该组织分裂后出现的以"尼日尔三角洲运动组织"(MEND)为代表的地方反政府武装，对在尼日利亚运营的各国石油公司不断发动武装袭击。期间，许多外籍石油公司工程技术人员遭到绑架，石油生产设施遭到破坏，输油管道被非法掘开，盗取原油，石油生产秩序遭到严重破坏，由此导致近年来尼日利亚原油产量大幅下降。许多石油公司因此被迫放弃陆上油田的开采，转而进一步开采海上石油。在安哥拉，石油产量占该国总产量60%的卡宾达(Kabinda)省实际上是该国的一块飞地，介于刚果(布)和刚果(金)之间，被刚果(金)的狭长领土与安哥拉本土分隔开。当地主要的反政府武装组织"卡宾达飞地解放阵线"(FLEC)，除了袭击当地政府外，也多次袭击在当地作业的石油公司和基础建设公司。

此外，在埃塞俄比亚的欧加登(Ogaden)地区，2007年在该地从事能源勘探的一中资能源企业由于受到该国反政府武装组织"欧加登民族解放阵线"(ONLF)的袭击，导致数名员工伤亡。2011年8月，中方和埃塞俄比亚及索马里北部哈尔格萨(Hargeysa)省在索马里的柏培拉(Berbera)港建立一个炼油厂，为埃塞俄比亚的欧加登建设一条输气管道和一条连接欧加登的公路达成三方协议后，该组织随即宣称该协议是一个邪恶的三方协定，一个不会变成现实的白日梦。① 在乌干达、索马里等非洲国家都有反政府武装存在。非洲各产油国境内族群矛盾与民族分离主义运动对中国能源公司在当地的运营带来严重的政治风险，由于能源出口在这些落后国家财政中所具有的举足轻重的地位，政局的变动很快就会对中国能源企业产生不利的影

① Ethiopian rebels threaten China. Somaliland over gas, oil pipeline. http://www.biyokulule.com/view_content.php?articleid=3824.

响。如2012年南苏丹在驱逐了佩特拉达公司中国股东派出的总裁刘英才后，在2月23日南苏丹石油部长史蒂芬·多(Stephen Dhieu)还声称该国“正在评估独立前喀土穆政府与外国公司签订的石油合同，因为我们现在是一个主权完全独立的国家”。①

(3) 进入非洲国家能源市场方式上，个别能源掮客扮演着重要角色。由于没有与他们进行及时有效地切割，导致他们的一些作为对中国的非洲战略和中国在非洲的国际形象产生了负面影响。

在非洲能源生产国中，中国能源企业在前苏丹(即现在的苏丹和南苏丹)能源领域的投资最多。不过，从石油进口量而言，安哥拉却是中国在非洲的最大的石油贸易伙伴。近年来，安哥拉一直是仅次于沙特阿拉伯的中国石油的第二大进口来源国。2010年，中国从安哥拉进口的石油高达3938.19万吨。即使2011年出现大幅回落，但仍高达3114.97万吨。安哥拉也是中国能源企业特别是中国石化集团在非洲最大的能源投资地。然而，中国石化进入安哥拉能源市场，是通过总部设在香港的能源掮客中国国际基金有限公司进行的，通过它与安哥拉国家石油公司合资的安中石油公司(安哥拉向中国销售石油的中间商)组建安中石化国际公司(SSI)实现的。在这个过程中，中国国际基金有限公司负责人有效地抓住了原中国石化负责人急功近利的心理，利用与安哥拉某些高级领导人的私人关系，迅速促成了三方合作，并获得丰厚的利润。按照中石化的正常程序，中石化海外投资或合资项目应在集团国际石油勘探开发有限公司(中国石化集团公司内专门负责海外油气投资与经营作业一体化的全资子公司)总经理办公会通过后，经中石化内部专家委员会讨论后，才能报中石化党组批准。然而，这次中石化与安中石化三方双层结构的合资公司却没有经过中石化专家委员会的讨论。作为能源掮客，中基公司利用它与安哥拉政府高官的私人关系，利用中国渴求能源的心理，自如地游走于中安两国之间，通过有效嫁接中国资金与非洲石油而获得巨大的收益是可以接受的。但能源掮客们的利益取向和运作方式并不总符合中国的国家利益。2006年，安哥拉政府将部分石油地块拿出招标时，中基公司的代表在没有事先与大股东中石化进行磋商的情况下，就报出了创纪录的高价。2008年，中基公司利用在尼日利亚的高层关系，介入中海油收购OPL256油田的交易，最终击败中海油，让尼日利亚方面将OPL256转卖给安石油，严重影响中国能源企业在尼日利亚业务的开展。2009年，当中石化想撇开中基公司、联合中海油以13亿美元从马拉松石油公司的手中收购安哥拉海上油田32号区块的20%股权时，中基公司再次利用与安石油领导人的私人关系，唆使安哥拉国家石油公司(Sonangol)行使优先收购权。之后中石化只能再度求助于中基公司，最终

---

① South Sudan to reviews oil contracts after expelling PETRODAR chief. http://www.sudantribune.com/South-Sudan-to-reviews-oil,41682.

通过 SSI 获得了 10%的 32 区块权益。2011 年 5 月，发改委在网站上宣布核准通过中石化收购 10%的 32 区块权益的交易，但未见中海油与这一区块有关的核准信息。而根据《新世纪》杂志记者获得的 32 区块最新权益资料显示，安中石油持有该区块 20%的权益。

由于没有在合资之初对通过能源掮客进入非洲能源市场的副作用进行认真研究，且没有及时同他们进行有效的切割，导致他们后来的一些作为又给中国的非洲战略制造了极大的麻烦。中基公司对外打着代表中国政府的幌子，利用非洲有关国家的政治乱局，进行毫无道德操守的活动，令中国的国家形象遭到玷污。2009 年 8 月，英国皇家战略研究所发布了一份名为《渴望非洲石油》的报告，将中基公司称为"中国墙"(Chinese Wall)，指其为中国政府和非洲之间的一道防火墙。[①] 2009 年 11 月 2 日，美国《华尔街日报》在报道中基公司与几内亚政府签署协议一文中，再次指责中国政府的对非政策。[②] 2011 年 8 月，《经济学人》杂志刊发报道指称中基公司在安哥拉的投资损害了当地人民的利益。[③] 中基公司在安哥拉、几内亚、津巴布韦等地的危害之大，迫使中国外交部不得不多次重申中国政府与中基公司没有关系。

(4) 由于中国能源企业对国际石油市场研究不足，经验缺乏，在非洲油田竞标中，中国企业报价太高，不利于中国石油企业的健康运营与国际合作。

作为国际能源市场的后来者，通过持股、收购等方式获得能源资源是中国能源企业壮大自己的一个重要手段。但是，由于中国能源企业真正参与国际能源市场运作的时间较短，缺乏足够的人才资源，跨国并购经验不足，导致中企在非洲及其他地区的能源竞争中，出价过高，这对企业以后的健康运营带来许多隐患。除去公认的中石化高价收购坦噶尼喀(Tanganyika)公司的典型案例外，其他收购案例中也存在一些问题。最显著的表现就是急功近利，研究不足，策略缺乏，报价太高。如 2009 年 6 月，中石化收购阿达克斯(Addax)石油公司案——这也是迄今为止中国公司进行的最大一笔海外油气资产收购案。2009 年 6 月 24 日，中石化集团下属全资子公司中石化国际石油勘探开发有限公司(SIPC)以每股 52.8 加元的价格收购 Addax 全部发行在外的普通股，该价格较 2009 年 6 月 5 日 Addax 公布初步收购会谈消息前一天的收盘价有高达 47%的溢价。美国《华尔街日报》分析认为中石化这次被 Addax 狠宰了一刀。报道称，中石化为 Addax 已探明储量的原油支付价格是每桶 34 美元，以每桶 14 美元收购该公司的可能储量。但同期相关数据显示，在非洲原油交易价格

---

① Alex Vines, etc. Thirst for African Oil: Asian National Oil Companies in Nigeria and Angola. Chatham House Report, August 2009.

② China Fund's $7 Billion Deal With Guinea Draws Scrutiny. http://online.wsj.com/article/SB125711859736121663.html.

③ The Queensway syndicate and the Africa trade. http://www.economist.com/node/21525847.

与当时最为接近的2007年，此类产品价格仅为探明储量价格每桶14.4美元，可能储量每桶价格9.90美元。据此计算，此次收购的总价应为31亿美元，而中石化开出的72.4亿美元比市场评估价格高出135%。① 以探明储量和可能储量计，中石化支付的价格折合每桶16美元。能源咨询机构IHS Herold和Harrison Lovegrove & Co.数据显示，在油价频频过百的2008年，非洲和中东收购交易折合均价为每桶5美元。如果算上Addax的可能储量和随附的天然气储量，中石化的出价折合每桶略高于7美元。但一般的买家绝对不会将这种乐观的假定作为决定因素来考虑。② 我国学者王震和周静运用金融学相关理论，采用比率法、贴现现金流法和储量经验法对Addax石油公司的股价以及中石化出价的合理性也进行了系统的研究，也同样得出了中石化出价偏高的结论。③

此外，中石化这次并购中未能对其中蕴含的政治风险进行有效评估。理论上讲，通过收购Addax公司股份，中石化可以获得Addax公司在西非和伊拉克这两个能源资源丰富地区的石油开采权，但Addax在伊拉克的油田资产位于伊拉克库尔德人自治区。早在2003年，伊拉克政府在伊拉克战争后第一次石油招标时就曾书面告知各国应标企业，任何外国石油企业不得与该自治区合作勘探、开发油气田，否则伊拉克政府将不会与之合作。Addax公司无视伊拉克政府的禁令，与库尔德人自治区签署石油开发协议的做法遭到了伊拉克政府的强烈反对。伊拉克石油部副部长阿布杜尔·卡利姆·鲁阿比(Abdul Karim Louaibi)曾明确表示，如果中石化收购Addax公司，那么它将会被伊拉克政府列入黑名单，无缘该国的油气招标。

在2006年安哥拉的竞标中，中石化占多数股份的安中石化(SSI)付出的经济代价也很高。对第17、18号深海区块，安中石化国际公司提出了最高报价，计划为每个区块支付11亿美元的签约金，并且在当地"社会项目"中投资2亿欧元。相比之下，法国道达尔石油公司仅以6.7亿美元获得了17号海上油田作业权和30%的股权；巴西国家石油公司则以3.2亿美元的代价，获得18号块区的作业权和30%的权益。针对中国和意大利公司报出的高价，雪佛龙公司驻安哥拉代表、葡萄牙律师阿戈斯蒂尼奥·佩雷拉·德米兰达(Agostinho Pereira de Miranda)表示吃惊。他认为，在

---

① Xu Jodi. Is China Inc. Overpaying in Its Merger Deals? June 5, 2009. http://blogs.wsj.com/deals/2009/06/25/is-china-inc-overpaying-in-its-merger-deals/? KEYWORDS=addax. 另外还可参见：Burgis Tom. Investment strategy: State-to-private contracts provide second route to riches. http://www.ft.com/cms/s/0/9d945a12-74ed-11df-aed7-00144feabdc0.html#axzz20kfLRQWL. 以及Lamphier Gary. Koreans on roll to snap up more Alberta oil assets. Edmonton Journal. http://www2.canada.com/edmontonjournal/columnists/story.html? id=5b0d8696-9067-4e43-9018-d323851e04fa 等等.

② 中石化收购Addax最大变数在伊拉克油田资产. 时报在线. http://news1.stcn.com/20090626/93/22036692.shtml.

③ 王震，周静. 中石化收购Addax石油公司溢价合理性研究[J]. 中大管理研究，2009，4(4)：121.

类似情况下，报价应该在 3.5 亿美元左右。[①] 比较而言，中海油在尼日利亚 OML130 区块的交易在经济上更划算，它以 22.68 亿美元现金收购该区块石油开采许可证所持有的 45%的工作权益，约合 4.6 美元/桶油当量。[②] 高价竞购的直接后果必然是推高国际石油价格，导致石油出口国运用国家主权，限制石油产量，维持石油的高价位，并在国际能源交易中占据更大的主动权。对需要从国际市场上稳定地获得大量石油供应的中国而言，进口同样多的石油不仅需要更多的外汇，而且不得不向石油出口国作出更多的利益让渡。

（5）非洲国家的国家石油公司（NOC）已经成了中国能源企业进入当地能源市场的重要议题。在独立前就已经进行能源开采的非洲国家，其能源资源基本上为宗主国或国际能源界的"七姐妹"所控制。大部分非洲国家通过和平谈判的方式建立独立主权的国家后，起初这些国家的能源资源仍控制在西方跨国公司手中。但随着经济民族主义意识的高涨，20 世纪 60 年代以后，非洲各石油生产国也加快了石化资源国有化的步伐。非洲国家要么将外国石油公司的大部分股权直接收归国有，如阿尔及利亚和利比亚；要么将外国公司的全部资产收归国有，废除原来的协议，重新订立新协议；要么通过对外国能源企业强制参股的方式强化对能源产业的控制，如尼日利亚。而外国石油公司则因此变成了项目承包者，留在当地继续经营。

在能源资源国有化的过程中，非洲国家不仅获得了对本国能源资源开发利用的主导权，而且还建立了一批直接管理与运营能源资源的国家石油公司（NOC）。所谓国家石油公司，是指由国家控股、对本国石油天然气资源实施管理和运营的公司。经过多年发展，拥有资源优势的 NOC 在非洲石油工业中的地位得到明显提升，在国际竞争中已由被动转为主动，部分 NOC 在此过程中崭露头角。像尼日利亚国家石油公司、利比亚国家石油公司、埃及石油总公司、阿尔及利亚国家石油公司、安哥拉国家石油公司和南非国家石油公司等都是在国际上有相当知名度的石油公司。一些非洲国家的 NOC 总收入占本国 GDP 的 20%以上，利比亚和阿尔及利亚的 NOC 甚至高达 50%以上。尽管按照股权结构、所在国资源状况、运营方式的不同，非洲国家的 NOC 有多种类型，不同类型的 NOC 在经营和发展方向上也有不同的侧重点，但它们的国有性质决定了其有服务于国家整体社会经济发展的共性。它们不同于私人公司，其经营目标除追求股东利益最大化以外，还要体现国家政治、经济和社会发展等方面的意志。尽管在 20 世纪 90 年代以来的私有化浪潮中，一些非洲国家的

---

① 扩展海外储量中石化高价竞获安哥拉三高产油田. 人民网. http://finance.people.com.cn/GB/1038/4466549.html.

② 中海油收购尼海上石油开采许可证 45%权益. 人民网. http://politics.people.com.cn/GB/1026/4011945.html.

NOC所有制结构发生了变化，从完全国有演变为国家部分持股或控股的混合所有制公司，但目前大部分非洲国家的政府仍保持着对NOC强有力的控制。特别是近年来在油价上涨、资源民族主义泛滥的大背景下，[①]非洲资源生产国为实现资源收益最大化，通过增加持股比例加紧了对NOC的控制。非洲国家的对外油气合作基本上都是通过其国有石油公司进行的。由于NOC掌握着本国的油气资源，因而它们占据了油气合作的主动权。没有国家石油公司的同意，就无法获得当地油气资源的开发权。例如，中国石油公司收购油田位于利比亚的加拿大的Verenex公司以及中海油和中石化合作从美国马拉松(Marathon)石油公司手中收购安哥拉沿海一块油田20%的权益的努力都因为这两个国家的国有能源公司行使优先收购权而失败。

此外，为了联合起来，增强非洲国家的谈判力量，一些非洲国家除了加入石油输出国组织(OPEC)外，非洲国家还建立了非洲石油生产国协会(APPA)，这个在1987年成立的区域性能源组织，已经从成立初期的8个成员国发展到如今的18个[②]。APPA成员国几乎控制了非洲全部油气资源。目前该组织正在协调成员国在石油管理战略与政策方面采取一致行动，使各成员国能够在开发这种不可再生资源活动中分享到最大的利益。APPA成员国之间的合作也越来越多，表现在国家相邻边界地区的合作开发上：利比亚和突尼斯建立联合石油公司，并吸引沙特阿拉伯和马来西亚石油公司前来开发；安哥拉和刚果(布)的跨界合作开发区则由各自引进外资进行开发，但收益均分；尼日利亚与圣多美和普林西比携手建立海上石油开发区(JDZ)，收益按六四分成。非洲各国石油公司相互间投资也在增多。以南非石油公司为例，南非国有石油公司在西非的尼日利亚、加蓬、赤道几内亚、纳米比亚以及北非的苏丹、埃及等获得了多个油气勘探开发区块。南非沙索公司则不仅把煤制油和化工业务扩展到了有关非洲国家，而且还开始在尼日利亚、加蓬等非洲国家拥有上游资产。以欧菲尔(Ophir)石油公司为代表的南非私人企业也在致力于开拓非洲地区上游业务。目前，欧菲尔在尼日利亚、赤道几内亚、加蓬、坦桑尼亚、刚果(布)等国已经取得了多个区块的勘探开发权——成为活跃在非洲石油上游业务市场上的一颗新星。

2008年，非洲国家又成立了非盟框架下的非洲能源委员会，协调各国的能源政策，该委员会同时也是非洲能源行业共同行动的框架。非洲能源委员会支持在非盟内部以及在地区或双边层面上个体国家间的合作。[③]

---

① 刘立涛. 非洲资源民族主义研究[M]//姜忠尽. 第二届“走非洲，求发展”论坛论文集. 南京：南京大学出版社，2011.

② 目前APPA成员国有南非、阿尔及利亚、安哥拉、贝宁、喀麦隆、刚果(布)、刚果(金)、科特迪瓦、埃及、加蓬、加纳、赤道几内亚、利比亚、毛里塔尼亚、尼日利亚、乍得、苏丹和尼日尔.

③ 非洲能源委员会网. http://afrec.mem-algeria.org/en/afrec.htm.

如何同非洲国家的石油公司在竞争的同时，又与其进行积极有效地合作，已经成为中国能源公司进入非洲的最主要议题。

(6) 西方发达国家的跨国公司的挤压是中国能源企业面临的又一挑战。西方国家石油公司在非洲经营时间较长，具有丰富的管理运营经验，资金雄厚，技术先进，在当地具有相当大的影响力(如图 7－23 所示)。目前非洲上游油气业务中的三类石油公司即西方国际大石油公司、亚洲及新兴国家石油公司和非洲本土石油公司中，以埃克森美孚、壳牌、BP、道达尔、雪佛龙等为代表的西方国际大石油公司仍保持传统优势，并且在可预见的未来竞争中继续保持这一优势。

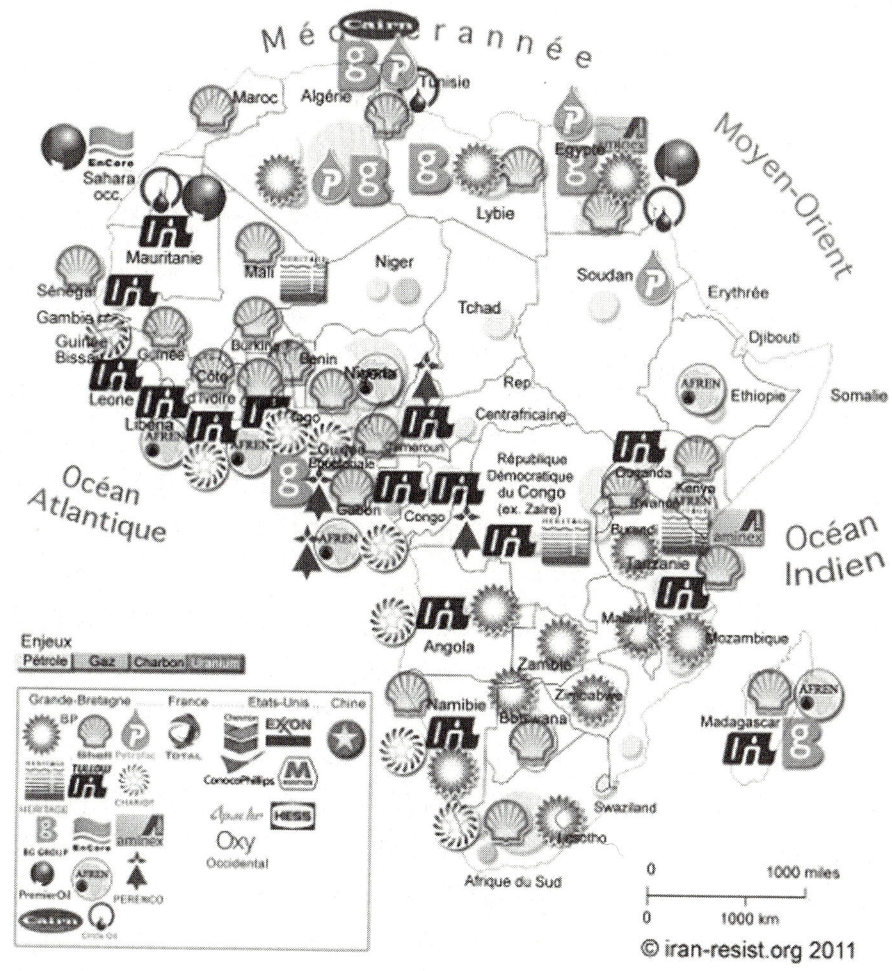

图 7－23　国际石油公司在非洲运营区域示意图

资料来源：http://www.iran-resist.org/local/cache-vignettes/L554xH580/USA_China_Africa_Oil_BP-Shell-8f333.jpg.

埃克森美孚公司在安哥拉、尼日利亚、赤道几内亚、乍得、利比亚等9个非洲国家拥有35个合作区块。壳牌集团仅在尼日利亚就拥有近40个勘探和生产区块的作业权，油气生产总量约占尼日利亚全国油气总产量的半壁江山。而BP公司近40年来在埃及的累计投资超过140亿美元，该公司的油气作业产量占埃及全国总产量的40%。BP公司在阿尔及利亚天然气和安哥拉深水等项目中也取得了巨大成功。雪佛龙公司一家在非洲的投资就是中国所有能源公司在非洲的投资总和的好多倍。道达尔公司是加蓬、刚果(布)、阿尔及利亚、喀麦隆、安哥拉、利比亚、尼日利亚等非洲国家最早的石油生产商之一。至今，该公司在西非许多国家的石油生产中仍占据优势地位。除上述公司外，美国的康菲、赫斯(HESS)、阿纳达科、丹文等石油公司也继续活跃在非洲石油上游业务中。

由于石油产业对非洲国家的政治经济影响很大，石油收入往往是产油国最主要的财政收入。非洲国家一般都高度重视经营这一产业的相关公司。这为跨国石油公司与当地政要提供了更多交往的机会，进而与相关国家的一些政治力量建立起密切的利益联系。非洲传统的石油出口也主要面向西方国家，成品油进口也来自西方主要石油公司。如北非的石油有2/3流向欧洲，法国、意大利、英国和挪威的石油公司在非洲各产油国开采原油，又将大量出口成品油出售给非洲国家，获取了丰厚利润。加上长期受西方的殖民统治的影响，非洲国家虽然独立多年，但西方宗主国的影响依然存在，当地社会精英对西方文化更为熟悉，这都是中国企业所不能比的。作为后来者，中国企业要想在非洲能源行业立足，势必打破西方石油公司的垄断地位，要同这些跨国能源巨头进行竞争，这必然会导致西方国家跨国公司对中国企业的各种排挤打压。如何与这些实力雄厚的跨国公司建立既竞争又合作的关系，是中国企业面临的一道难题。

(7) 亚洲及世界其他地区国家的石油公司构成了中国企业非洲能源活动中的重要竞争对手。亚洲及其他国家的石油公司虽然在非洲的活动相对较晚，但由于部分石油公司肩负有保障国家能源安全战略的使命，得到本国政府的大力支持，如韩国国家石油公司、日本石油公司、印度石油公司以及马来西亚国家石油公司等。近年来，他们在非洲能源行业异常活跃，无形中加剧了非洲能源行业竞争的烈度。

日本石油天然气和金属国家集团公司(JOGMEC)、日本石油勘探公司(JAPEX)、新日本石油、三菱集团(Mitsubishi)、帝国石油(Teikoku Oil)、三井物产(Mitsui)、太阳石油(Taiyo Oil)等多家日本石油公司，在阿尔及利亚、利比亚、埃及、安哥拉、加蓬、刚果(金)等多个非洲国家拥有石油上游业务。韩国国家石油公司(KNOC)正积极活跃于非洲大陆，并且已经与埃及、阿尔及利亚、南非、尼日利亚和刚果民主共和国等国有了良好的合作。印度国家石油公司也将投资重点放在非洲。印度国家石油公司参加了在苏丹、埃塞俄比亚、安哥拉、埃及、加蓬、利比亚、尼日利亚和马达加斯加的多项油田竞标。自20世纪90年代初开始国际化拓展的马来西亚国家石油公司(Petronas)在非洲的阿尔及利亚、利比亚、埃及等10多个非洲国家拥有油气勘探业务。马来西亚国家石油公司在苏丹石油界的实力仅次于中石油。

来自拉美的巴西石油公司在非洲29个国家开展业务活动,对石油资源丰富的国家更是不惜重金。如:对非洲最大石油生产国安哥拉,巴西方面曾表示到2012年巴西石油公司对该国石油行业投资将达30亿美元;①对拥有巨大开采潜力的刚果(金),巴西石油公司也曾许诺要在该国石油领域投资110亿美元。② 自2009年以来,淡水河谷公司已经在莫桑比克中部省份赞比西亚省(Zambezia)和太特省(Tete)的煤矿进行了13亿美元投资。③

俄罗斯是国际能源出口的主要国家,它对发展与非洲的能源合作也抱有浓厚的兴趣。早在2003年俄罗斯联邦政府批准的《2020年前俄罗斯能源战略》中就强调与非洲的OPEC国家以及埃及等石油生产国建立密切的合作关系。随着非洲能源巨大商业价值和独特战略地位的日益凸显,俄罗斯也加大了非洲能源博弈的力度。除了俄罗斯领导人的首脑外交外,俄罗斯能源公司在非洲也展开了积极的活动,并且在北非地区取得了一定的进展。

作为非洲能源行业的后来者,这些公司整体力量有限,但不乏独特优势。他们之间既存在着激烈的竞争,也有友好合作的一面。如在苏丹的能源行业中,马来西亚石油公司和中国石油及印度石油公司组成合资公司,一起开拓苏丹的能源市场。此外,作为国际能源重要出口国的俄罗斯的石油公司近年来在非洲能源业也非常活跃。俄罗斯能源企业宣称进入非洲的目的是为了共同分享能源开采带来的利益,并为快速增长的俄罗斯经济提供足够的原材料保障。俄罗斯天然气工业股份公司(Gazprom)与阿尔及利亚国家石油公司(Sonatrach)签署了共同开发该国天然气资源的协议,并同尼日利亚也签订了石油天然气开发意向协议。利比亚政府也同意向俄罗斯出售部分石油和天然气资源。俄罗斯卢克石油公司计划在加纳和科特迪瓦开展业务,俄罗斯油气作业公司则获得了在纳米比亚的油气开采权。

(8) 无论西方国家还是非西方国家,非洲能源战略中的国家战略特性越来越突出。随着全球能源消费总量的不断增长,石化能源的可开采剩余量越来越少,生产与能源消费的区位差异越来越明显。能源生产国与能源消费国都高度重视能源的

---

① Battle for Africa's oil riches intensifies. http://www.upi.com/Science_News/Resource-Wars/2010/07/01/Battle-for-Africas-oil-riches-intensifies/UPI-66731278004515/.

② 巴西石油公司准备在刚果(金)投资石油业. http://www.globserver.com/刚果布/press/巴西石油公司准备在刚果(金)投资石油业-2011-10-13.

③ 洛罗·欧塔(Loro Horta). 中国、印度和巴西瞄准莫桑比克皆因能源和战略因素. http://www.21bcr.com/a/shiye/yuwai/2011/0401/2551.html.

战略价值。国际上对能源生产地区的激烈竞争，引发了越来越严重的地缘政治冲突。在世界石油最大产区波斯湾地区持续动荡的情况下，为了规避风险，加强能源安全，西方发达国家更加重视非洲丰富的石油资源，力图通过进口非洲的石化能源，实现进口来源的多元化。以美国为例，自冷战结束后，美国从非洲进口石油一直占其石油总进口额的16%～19%之间，随着中东地区动荡加剧和“9·11”事件的发生，美国开始从能源安全角度重新看待非洲的战略价值。2002年1月，美国负责非洲事务的助理国务卿沃尔特·坎斯特纳在题为“非洲石油——美国国家安全和非洲发展的优先课题”的会议上说：“毫无疑问，非洲的石油对我们具有国家战略利益。”[①]2003年，美国曾计划到2015年将非洲的石油进口量提升到美国石油进口总量的25%。然而，实际上到2007年这一比例就到了25.5%。在1994年到2010年间，尼日利亚、安哥拉和阿尔及利亚一直位登美国石油十大进口国之列。以2010年为例，美国从尼日利亚、安哥拉、阿尔及利亚以及刚果民主共和国四个非洲国家进口的石油量就占了美国当年石油进口量的20.97%。[②] 为了确保美国在非洲的能源及其他方面的利益，抗衡中国在非洲日渐扩大的影响力，2007年小布什政府建立了非洲司令部。奥巴马执政后也积极推动建立美非新型战略伙伴关系，提升非洲的战略地位。

传统上，非洲一直是欧洲的重要能源供应地，以2004年为例，当年非洲石油出口中35.6%流向了欧洲。冷战结束后，欧盟忙于推行东扩与南下战略，非洲也被暂时弃之一边。2000年召开的“欧非峰会”也未能推进欧非关系。随着中国在非洲影响的扩大，欧洲国家开始“重新发现”非洲。一直以来有1/3以上非洲出口石油流入欧洲。阿尔及利亚则是欧洲国家天然气的重要来源。由于近年来欧洲国家在与俄罗斯进行能源交易的过程中吃尽了苦头，加之北海石油产量日益下降，欧洲国家更加重视稳定非洲的能源来源。在2010年11月欧盟颁布的“能源2020”的可持续能源战略文件中，加强欧盟与非洲国家的能源合作是欧盟未来10年的主要目标之一。

日本是一个高度依赖外部资源供给的岛国，石油进口依存度几近100%，非洲的能源资源一直是日本觊觎的重要对象。随着20世纪90年代日本“政治大国化”战略的实施，日本政府不断通过举办东京非洲发展国际会议等方式加大对非洲的投入，扩大在非洲的影响力。尽管日本从非洲进口石油的总量并不大(不到5%)，但它也是日本能源来源多元化战略的重要手段之一。[③] 2010年，阿尔及利亚和安哥拉分居

---

① Paul Michael Wihbey，Barry Schutz. African Oil：A Priority for U.S. National Security and African Development. http://www.israelecono-my.org/strategic/Africa transcript.pdf. May 1，2003.

② US Crude Oil Imports by Top Supplying Countries in 2010. http://suite101.com/article/us-crude-oil-imports-by-top-supplying-countries-in-2010 - a354987.

③ Hisane Masaki. Oil-hungry Japan looks to other sources. Asia Times. http://www.atimes.com/atimes/Japan/IB21Dh01.html.

日本石油海外进口来源增速的第一和第二位。[①]

除了上述发达国家外，中国还遭遇韩国、印度、巴西、土耳其等国的竞争。作为世界上第四大石油进口国和第七大石油消费国、同时也是第二大天然气进口国的韩国，在非洲自然资源领域的投资也是其降低对中东地区石油依赖的重要手段。[②] 因为韩国几乎没有石油和天然气资源，几乎全部依赖进口，特别是中东地区[③]。如2011年韩国进口的原油中，87.1%来自这一区域。同时，能源进口在韩国产品进口总额中占很高比例。如2011年韩国进口总额为5243.75亿美元，[④]其中石油进口值就达1001亿美元。[⑤] 对中东石油的过分依赖和石油进口在经济结构中的较高比重，导致韩国也将非洲作为分散石油资源风险的重要手段。自2006年韩国总统卢武铉访问非洲以来，韩国通过韩非论坛、韩非经济合作会议以及韩非产业合作论坛努力扩大在非洲的存在。尽管目前韩国从非洲进口的石油数量依然有限，但是液化天然气的量却不少。

印度也是一个严重依赖海外石油和煤炭的国家。随着印度经济的迅速发展，印度能源进口量也越来越大，2009—2010年度印度石油对外依存度高达75%，[⑥]远超中国。大量的能源进口也是印度对外贸易赤字居高不下的重要原因。但与韩国一样，印度的能源也高度依赖中东这个地缘政治上的不稳定地区。让印度更担忧的是，印度与巴基斯坦的长期对立导致印度与伊斯兰世界的关系十分微妙。为了确保能源安全，印度很早就开始进军非洲市场。作为一项明确的国家战略，2007年11月印度举办了“印非能源合作会议”。此外“印非论坛”也是印度发展与非洲国家的重要手段。印度也希望通过加大对非洲的投资和基础设施的投入换取更多的石油回报。印度扩大从非洲进口石油的努力取得了一定的成功，2010年印度原油进口中有22%来自非洲，中东国家在印度能源进口中的比例下降到了63%。

近年来，巴西通过强调与黑非洲的传统文化联系、加强与非洲政治经济关系、扩大对非投资合作等手段，开拓非洲能源市场。目前巴西与葡语国家安哥拉、莫桑比克、佛得角、几内亚比绍，以及非葡语国家的加纳、尼日利亚、坦桑尼亚等都建立了较

---

① Japanese Crude Oil Imports in 2010 by Supplying Country. http://suite101.com/article/japanese-crude-oil-imports-in-2010-by-supplying-country-a359208#ixzz20s996bcF.

② Sarah K. Yun. The Korean Approach in Africa: Unique or Ordinary? http://blog.keia.org/2011/10/the-korean-approach-in-africa-unique-or-ordinary/.

③ 如2011年韩国进口的原油9.27亿桶，其中来自中东的占87.1%，另外11.7%的原油来自其他亚洲国家。

④ 2011年1～12月韩国进口额情况简述(分国别). http://analysis.ec.com.cn/article/datamyfx/201202/1181382_1.html.

⑤ 2011年韩国原油进口量增长6.2%. http://oil.xinhua08.com/a/20120203/896260.shtml.

⑥ No self-sufficiency seen in oil needs: Minister. http://india.nydailynews.com/article/adc6f074cee524774f8e688de66715ae/no-self-sufficiency-seen-in-oil-needs-minister.

为密切的关系。巴西因此在非洲能源行业也打下了一片天地。非洲对巴西的石油出口占非洲石油出口总额的比重从2000年的4.45%上升到2009年的7.30%。

(9) 一些西方国家和非洲部分人士刻意歪曲、批评和干扰中国在非洲能源经营活动,丑化中国在非洲的国家形象,阻碍中国在非洲的能源投资与经营。

随着中国经济的进一步发展,中国对能源的需求越来越大,走进能源产量较高而自身消费量较低的非洲,是中国保障能源安全的一个重要途径。然而,长期控制非洲能源的西方大国,出于保护自身既得利益的需要,自中国企业进入非洲起,就不断地诋毁中国在非洲的能源资源活动。最主要的诋毁方式就是指责中国在非洲搞所谓的"新殖民主义"。就政府层面而言,从2006年2月英国外交大臣杰克·斯特劳(John whitaker Straw)在访问尼日利亚时称"中国今天在非洲所做的,多数是150年前我们在非洲做的"①,到2011年6月美国国务卿希拉里·克林顿在赞比亚接受当地电视台采访时警告非洲必须警惕中国的"新殖民主义"②等等,西方国家的高官指责中国在非洲搞新殖民主义言论在各个场合不断出现。美国、澳大利亚、法国、南非以及瑞典等国的媒体,在这个问题上也十分活跃,如《纽约时报》就曾说过中国在非洲的目标"并非完全不像150年前欧洲在该地区的目标"③。指责中国的非政府组织也不少:仅仅因为中国从安哥拉和利比里亚分别进口了大量石油和铁矿石,全球见证(Global Witness)这个以英国为据点的非政府组织就毫不迟疑地指称中国是非洲的新资源殖民主义者。④

非洲国家的一些政治家基于自身政治经济利益而遣责中国的声音近年来也频频见报。2006年12月,南非领导人姆贝基警告非洲应该努力将他们与中国的关系建立在平等的贸易的基础上,努力避免与中国发展出一种"殖民关系"。⑤ 前利比亚政治狂人卡扎菲一心想成为非洲领袖,他认为中国在非洲影响的扩大,有碍于他的非洲领袖目标。为此,卡扎菲政府公开指责中国在非洲掠夺资源,搞新殖民主义。2009年11月10日在埃及举行第四届中非合作部长论坛会议期间,时任利比亚外长的穆萨·库萨(Musa Kusa)在接受《中东日报》记者采访时就严厉批评中国的非洲政策,公开声称"当我们面对当前现实时,我们发现存在着一些类似中国入侵非洲的东

---

① Straw J (2006). Africa: a new agenda. speech given in Abuja. Nigeria on February 14 2006. http://www.britainusa.com/sections/articles_show_nt1.asp? d=9&i=41058&L1=41058&L2=41058&a=40982&pv=1.

② Hillary Clinton Warns Africa of "New Colonialism". http://www.huffingtonpost.com/2011/06/11/hillary-clinton-africa-new-colonialism_n_875318.html.

③ Joseph Kahn. China Courts Africa. Angling for Strategic Aims. New York Times, Nov 3, 2006:1.

④ Globalisation with a third-world face. http://www.economist.com/node/3841114.

⑤ Mbeki warns on China-Africa ties. http://news.bbc.co.uk/2/hi/business/6178897.stm.

西，这让人想起殖民主义对非洲造成的影响。"[①]津巴布韦的反对派和赞比亚的政治反对派也曾基于自己的选举利益反对中国在当地的投资事业。但他们与西方国家不一样，在政治地位改变后，他们很快就改变了自己的立场。如现任赞比亚总统、赞比亚爱国阵线党领导人萨塔曾在2001年和2006年两次大选中都宣称要与中国断交，将中国资本驱逐出赞比亚，但是他在2011年当选总统后迅速向中方伸出橄榄枝，称中国为"全天候朋友"，并且派前总统卡翁达作为特使访华向中方致谢，还亲笔致信时任中国国家主席胡锦涛。2012年，他在接见王家瑞率领的中共代表团时，公开表示新政府高度重视赞中关系，感谢中国多年来为赞比亚发展所作的贡献，希望更多中国企业来赞比亚投资。津巴布韦的作家、政治活动家、穆加贝政府最激烈的批评者之一的里约斯·恩格瓦亚(Rejoice Ngwenya)也曾撰文呼吁停止歌颂中国的新殖民主义。[②]

对于外界对中国在非洲搞新殖民主义的论调，温家宝同志在第四次中非合作论坛部长会议上表示，这种论调由来已久，不值一驳。然而，俗语谓"众口铄金"。如果不加强对这一错误论调的反驳，澄清中非能源贸易的实质，那必将严重影响中非关系的进一步发展，当然也会使中国的非洲能源战略遭到严重挫折。

新殖民主义是在旧殖民体系解体和非殖民化运动取得成功后，西方发达国家对非西方国家实行间接统治的一种方式(或者体系、制度等)，是殖民主义在新时期的继续和发展。这种新殖民主义的一个重要特点是，帝国主义被迫改变直接的殖民统治的旧方式，采取通过他们所选择和培养的代理人进行殖民统治和殖民剥削的新方式。帝国主义国家利用组织军事集团，建立军事基地，或者成立"联邦"和"共同体"，扶植傀儡政权，把殖民地国家和已经宣布独立的国家置于他们的控制和奴役之下。他们利用经济"援助"等方式，继续把这些国家作为他们的商品销售市场、原料供应地和资本输出的场所。1961年3月，第三届全非人民大会专门通过了一项关于新殖民主义的决议，认为"新殖民主义是非洲新近获得独立的国家或者接近这种地位的国家的最大威胁；新殖民主义是殖民制度的复活，它不顾新兴国家的政治独立得到了正式承认，使这些国家成为在政治、经济、社会、军事或者技术方面进行间接而狡猾的统治的受害者"。决议还指出了新殖民主义在非洲的8点主要表现。[③] 加纳前总理恩克鲁玛在其名著《新殖民主义：帝国主义的最后阶段》中，认为新殖民主义是旧的殖民地半殖民地国家获得独立后，帝国主义国家用来控制新兴独立国家的主要

---

① Yitzhak Shichor. Africa warns China：Money is not enough. http://www.atimes.com/atimes/China_Business/KL09Cb01.html.

② Rejoice Ngwenya. Stop celebrating Chinese neo-colonialism. http://www.newsday.co.zw/article/2011-10-19-stop-celebrating-chinese-neocolonialism.

③ 第三届全非人民大会文件汇编[M]. 北京：世界知识出版社，1962：310－313.

工具，“新殖民主义的实质是，在它控制下的国家从理论上说是独立的，而且具有国际主权的一切外表。实际上，它的经济制度，从而它的政治政策，都是受外力支配的。”①作为国家总理恩克鲁玛还非常清楚西方财团在非洲新殖民主义中扮演的角色，明确指出“现代新殖民主义是以大财团控制名义上取得独立的国家作为基础的。”西方一些著名学者也指出新殖民主义本质，如美国著名历史学家斯塔夫里阿诺斯认为新殖民主义就“是一种让予政治独立来换取经济上的依附和剥削的间接统治制度”②。

而在中国与非洲国家的经贸关系中，中国从没有附加不合理条件从非洲攫取特权。无论从 1964 年中国对外经济技术援助的“八项原则”、1983 年中非经济技术合作的四项原则、1992 年杨尚昆同志访问非洲时提出的新形势下发展中非关系六原则、1996 年江泽民同志提出的发展同非洲国家面向 21 世纪的长期稳定、全面合作国家关系的五点主张、2004 年胡锦涛同志访问非洲时提出的发展中非关系的三点倡议、到 2006 年中国政府发表《中国对非洲政策文件》等，都强调中非之间的平等互利、互相尊重、共同发展的关系本质，尽管中国向非洲提供了大量的援助，但平等互利和不干涉内政、不附加任何条件一直是中国政府所坚持的核心原则。在中非商业交往中，中国政府一直遵守市场经济原则，并没有通过不平等手段低价获取非洲原料和初级产品。恰恰相反，正是由于中国的大量需求和对非洲能源市场的深度介入，在一定程度上打破了西方国家的垄断局面，发挥了鲶鱼效应，使得非洲国家在能源贸易中有了更多的选择空间，从而在能源开发中获得了更大的主动权和更为可观的经济收益。特别是中国在中非能源合作中，切实履行了“授人以渔”的政策思想，通过能源项目帮助有关国家培养了大量的人才，并建立起上下游齐备的完整的能源产业链。以中国与苏丹的合作为例，尽管以产油量衡量，苏丹在非洲能源生产国排名中并不靠前，但是除了苏丹以外，非洲又有几个像苏丹这样的有着完整石化产业链的能源国家呢？能源资源主要由西方石油公司实际控制的尼日利亚才是西方新殖民主义的典型，这个非洲第一大石油生产国，由于西方国家只顾在此进行掠夺性开采，却毫无帮助其发展石化产业的意愿，使得尼日利亚不得不高价从国际市场大量进口石化产品。

当然，我们并不否认在实施“走出去”战略中，一部分中国企业在进入非洲时，将其在本国的陋习带入非洲，社会责任缺失，唯利是图。如在一些资源开采项目上有不顾后果的掠夺性开采的行为；与当地社群之间没能建立有效的沟通交流机制、在

① 克瓦米·恩克鲁玛. 新殖民主义：帝国主义的最后阶段[M]. 北京编译社译. 北京：世界知识出版社，1966：1，33.

② 斯塔夫里亚诺斯. 全球分裂：第三世界的历史进程(下册)[M]. 迟越等译. 北京：商务印书馆，1993：486.

当地融入严重缺乏；只注重与所在国政府上层搞好关系，却忽视了投资地族群的心理感受。由于我们的不附加条件的援助导致我们对所在国的慷慨援助与巨额债务减免很多被当地官员贪污挪用，当地民众并没有因此获得多少实惠，无法获得当地民众的理解等严重问题。但是这些问题与新殖民主义有着本质区别，不能混为一谈。

(10) 资源民族主义是中国在非洲能源资源活动中遇到的长期挑战。

2010 年 6 月安永(Ernst & Young)会计师事务所发表的 2010 年安永商业风险报告指出，在全球矿业与金属公司所面对的十大商业风险中资源民族主义位列第四。资源民族主义是近年来世界经济中出现的一个重要的政治经济现象。对于资源民族主义的界定，约瑟夫·A·斯坦尼斯劳(Joseph A. Stanislaw)将资源民族主义界定为"国家控制或者支配能源资源，以及随之而来的出于政治意图潜在地使用这一力量。"杰克·利夫顿(Jack Lifton)将其界定为"资源所在国对当地资源的控制及将其采掘与提炼成供使用及国际贸易的常态形式。"比尔·法伦·普利斯(Bill Farren Price)认为资源民族主义是"生产国采取行动从目前的石油和天然气中获得最大数量的财富同时改变未来的生产的投资条件。"①从国际政治的角度看，资源民族主义的做法属于民族国家主权的权力范畴。1974 年，联合国《建立国际经济新秩序宣言》以及《国家经济权利与责任宪章》明确承认国家对自然资源享有永久主权。对于投资者而言，国家对自由资源实行资源民族主义政策，却是其投资过程中所必须考虑的重大政治风险。

就非洲而言，自 20 世纪 90 年代以来，非洲国家在西方大国要求下，进行了能源资源领域的大幅变革，以便大量吸引外资，振兴本国经济。在能源产业及矿业经济上，一些国家把降低矿业税费作为引资手段。但随着近年来矿业公司利润的提高，资源民族主义思潮在非洲大陆迅速抬头。从有关国家的资源民族主义的表现方式看，主要有以下几种类型，即国有化、对现有合约的再谈判或取消(如民主刚果共和国、几内亚)、在自然资源的合资生产中日益严厉的国家份额要求(如阿尔及利亚)、拒绝某种类型的对生产国不利的治理框架(如产品分成合约)、在自然资源的商业出售和获得中进行监管审查以及预先批准制度、在产品价格升高时迅速增加自然资源公司的有承受力的赋税、当地含量(Local Content)的严格的强制性规定(如尼日利亚)、以国家安全及能源安全为由保留特别数量的自然资源、关键部门的"国内营运制度"、要求投资者日益增加直接社会投入、实施基础设施项目，或者企业投资当地的国家层面的许多社会投资项目(如尼日利亚)。非洲国家对 20 世纪 90 年代以来的矿业政策调整在某些国家有其合理的成分，例如，1991 年赞比亚多党民主制实施后，他的矿业使用税只有财政收入的 0.6%，而国际上其他发展中国家一般在5%～10%

① MEES, 11, September, 2006.

之间。因为这慷慨的合约条款，在近年的矿业繁荣中许多国际公司获得了大量超额利润，而该国民众认为矿业私有化却未能对改善该国的贫困状况有所贡献。刚果民主共和国也同样存在类似情况。但是非洲政治民主化改造过程中，非洲民粹主义的发展又使非洲能源投资环境进一步复杂化。一些非洲政治家为了自身的选举利益而操控民粹主义，使得本来较为合理的政府政策也面临动摇不定的危险。剧烈的政策变动成了投资企业难以把握的政治风险。正如保罗·史蒂文斯(Paul Stevens)所言，资源民族主义意味着企业相对于东道国的"议价实力衰减"(Obsolescing Bargain)，一旦企业发现石油以及资本已经投入开发之中，其相对的议价能力便转而又有利于东道国，后者于是试图通过单方面改变初始的合约条款增加它的财政收入。因此，资源民族主义是中国能源企业在非洲进行能源活动时必须要认真考虑的一个重要议题。

第三节　中国对非能源战略的主要构想

石化能源是现代工业的血液，是现代经济成长的关键引擎。尽管中国生产了自身所需 90%以上的能源，中国国内的能源消费总量、能源禀赋结构以及全球环境责任都使得中国无法通过国内能源的生产而实现能源的自给，所以中国必须走向国际市场，获得稳定的能源供应。高效可靠的能源战略是中国社会经济健康发展的护身符。制定中国的能源战略，必须放眼世界，具体分析研究每一个可能供给能源的区域。同时，由于石化能源对现代社会的重要性早已超出一般工业原料的范畴，具有难以割舍的战略价值，因此除了研究其自然资源禀赋外，还应该从各个专业角度进行深入有效的研究。

中国对非洲的能源战略必须置于中国的全球能源战略之中。从全球石油能源的蕴藏分布与产出量看，油气资源的主要集中地是海湾地区。该地区已探明石油总储量为 910 亿吨，占世界石油储量的 64.5%。该地区天然气储藏据 2005 年初的估计总量达 71.92 万亿立方米，约占全世界天然气总储藏量的 40%。① 海湾地区有着国家数量较少、但每个国家石油产量都比较高的特点，总的日产量在 2000 多万桶，占世界石油产量的 1/4 以上。而且，与其他地区相比，海湾地区后备生产能力高，大约 90%的世界石油后备生产能力都集中在该地区。2011 年，海湾地区的原油贸易占全

① 中国驻阿联酋大使馆经商参处. 海湾地区天然气资源及其开发前景(一). http://ae.mofcom.gov.cn/aarticle/ztdy/200510/20051000576314.html.

球原油贸易的73%。与2010年相比，国际原油贸易增量的81%都是由他们提供的。[①] 从近10年中国石油进口的来源地看，海湾地区进口占中国进口量的45%～55%之间。2011年中国石油十大进口来源国中，沙特、伊朗、阿曼、伊拉克和科威特就占了五席，数量占比高达47.1%。[②] 由于中国海外能源进口量巨大，因此任何一个地区短时间内都不可能成为海湾石油的替代者，确保海湾地区石油资源的稳定供给乃是中国石油安全的最重要战略目标。同时，中国巨大的石油进口量的来源地变化在世界原油产量分布较为稳定的情况下，必然会触发巨大的地缘政治后果，而同样的进口量摆在海湾地区可能并不十分突出，毕竟世界上许多国家都严重依赖海湾地区的石油供应。因此，无论海湾地区地缘形势多么复杂，大国争霸多么严重，但是斗而不破却是该地区地缘政治的最大特点，中国必须确保从海湾地区获得大部分石油需求。

在此前提下，非洲石油资源的定位应是中国石油进口的重要来源地之一和能源进口多元化战略的一个重要内容。非洲的能源蕴藏量在全球能源蕴藏量中的比重并不高，截至2009年底，其探明储量为1277亿桶，占世界总探明储量的9.6%。随着新的勘探技术的应用和新油田的发现，非洲石化能源蕴藏量虽然会进一步上升，但也无法与海湾地区相提并论。由于非洲能源的生产和消费特点、良好的区位优势，使得近年来中国从非洲的石油进口量在中国石油进口占比中一再攀升，并于2007年达到高峰，当年非洲原油占中国进口原油比重的31%。此后，该比重便呈下降趋势。但由于中国能源进口总量在迅速上升，所以尽管非洲能源在中国能源进口比重中占比下降，但中国从非洲石油进口的实际数量仍有巨大的提升(如图7-24所示)。例如2000年中国从非洲进口石油1695万吨，2004年为3530万吨，2010年达7085万吨，2011年因为北非国家为“茉莉花革命”所困扰，加之南北苏丹的分裂，石油出口下降，影响了中国从非洲的石油进口，当年中国从非洲石油进口减少为6014万吨。值得注意的是，虽然从非洲进口的石油占中国海外石油进口总量的30%左右，但是非洲出口中国的石油数量仅占非洲石油出口总量的13%，远远低于非洲出口欧洲和美国的石油数量，非洲出口欧洲和美国的石油数量都占到了非洲石油出口总量的30%以上。因此，未来中国从非洲进口石油的数量仍有很大的潜力。

从非洲的石油生产总量、消费量以及非洲能源的竞争态势看，中国从非洲的能源进口目标应力争到2020年将非洲石油进口量增加到1亿吨。以2010年非洲石油产量4.785亿吨计算，约占非洲该年石油生产量的20.89%。这个目标虽然有一定

---

① BP Statistical Review of World Energy. June 2012, pp. 3.

② 杨富祥等. 中国可持续能源政策分析. http://www.nrdc.cn/blog/yangfuqiang/2012/07/04/中国可持续能源政策分析.

的难度，但还是有实现的可能。因为从非洲的石油消费来看，有机构预测到 2020 年非洲石油消费将增长 40%，[①]但由于非洲消费的绝对量很低，这一增长占非洲石油产量的比重仍然较低。在欧盟保持非洲进口量相对稳定的前提下，随着美国非常规能源的开发，美国从非洲的石油进口将会大幅下降。例如 2012 年由于美国从尼日利亚进口原油大幅下降(2009 年尼日利亚每日向美国出口石油 100 多万桶，到 2012 年已经下降到 35.2 万桶)，中国已经取代了美国成了尼日利亚第一大石油出口对象国。今后随着非洲国家煤炭和天然气开发力度的增大，中国还可以从非洲大量进口液化天然气和优质煤炭资源。

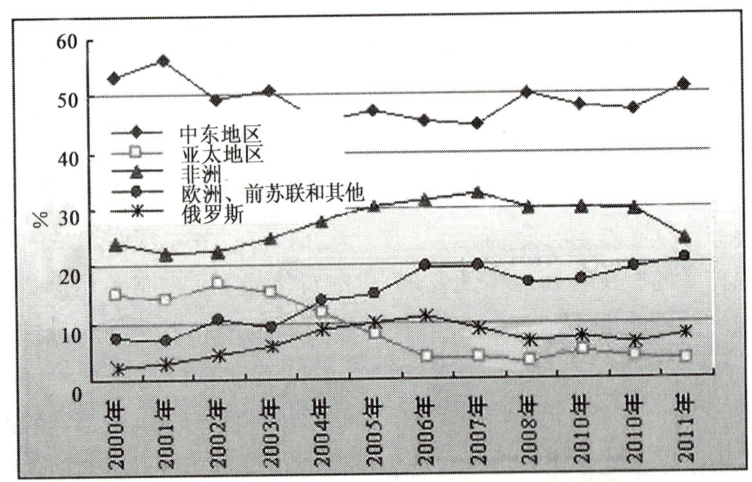

图 7-24　2000—2011 年非洲原油在中国原油进口来源中所占比例示意图

为了确保从非洲的能源进口目标的实现，确保非洲在中国能源安全战略中的地位，维护中国的能源安全，应制定切实可行的战略。

一、强化顶层设计，建立统一的国际能源资源开发机构

长期以来，在我国的能源政策与能源管理中，一直未能建立起一套有效的能源综合管理体制。国家能源机构的设立与废止起起落落，能源管理部门间分分合合，无法形成有效的管理联动机制。1993 年，国家能源工业部撤销以后，中国连续 16 年没有一个统一的能源管理部门。2005 年至 2008 年间由国务院办公厅成立的国家能源领导小组只是一个进行高层次议事协调的临时机构。国家各项能源管理职能分散于国家发展改革委、商务部、国土部、电监会、安监总局等十多个部门之中，由此导

① CITAC announces new forecasts：40% jump in African oil demand by 2020. http://www.citac.com/index.php/archive/items/forecasts-en.html.

致中国能源管理明显呈现出分散、多头、协调差的特点。2008 年，国家能源领导小组撤销，成立副部级的国家能源局在发改委领导下协调管理能源事务。然而这个机构只是部门改革的折中产物，与原来的发改委能源局相比，并无大的变化。由于任务和权限的不对等，国家能源局在能源管理上显得力不从心，表现平平。在官本位的中国，让一个副部级的单位在具体能源问题上与其他部级单位协调，其难度不言而喻，更何况它协调的内容明显涉及诸多部委的部门利益。另外，尽管根据国家发改委 2009 年初的新“三定方案”已确定了各部门的职责，但相关部门并不愿意交出自己的权力。因此，能源局在价格改革、体制改革等一些关键领域内面临诸多困难。在能源分散管理的模式之下，中国也难以制定统一的能源安全战略，更遑论有效开展能源外交。

为了加强能源的战略决策和统筹协调，2010 年国家成立了以国务院总理为主任、诸多部委负责人担任委员的国家能源委员会。作为一个国家级的能源问题的应对机制，国家能源委员会本质上就是一个负责研究拟订国家能源发展战略、审议能源安全和能源发展中的重大问题的部长联席会议。国家能源委员会的成立充分反映了国家对能源安全的重视。然而，在实际运作中，其日常工作仍由国家能源局承担。由于国务院总理、副总理需要处理的重大事务多而复杂，每个部委又都有自己的部门目标选择，这一机制的作用显然会受到一定的限制。在权责分明上仍有较大的改进余地。在海外能源特别是石油天然气资源对中国经济社会发展影响力日增的情况下，国家需要设立专门的机构如国际能源资源委员会，协调与整合国内包括外交部、商务部、国防部、国家开发银行、国家进出口银行、四大国有能源企业等方面的力量，制定和实施海外能源资源开发的总方略。由于非洲能源在中国能源安全，特别是石油安全中所具有的重要意义，应该由该机构专门制定并统筹非洲能源资源开发的战略和策略。

二、进一步强化对非洲的能源外交，建立有利于能源资源获取的政治环境与合作机制

所谓能源外交，就是由国家主导、能源企业及其他行为体共同参与，为维护国家能源利益或者以能源关系为手段谋求国家其他利益所进行的带有外交特色的国际活动。能源外交是国家总体外交，首先是经济外交的重要组成部分。同相关能源生产国建立起良好的外交关系是实现能源稳定供给的重要手段。尽管石油等能源资源同其他产业资源一样具有普通商品的属性，但是它们又具有与普通商品不同的战略属性。谁掌握了石油，谁就掌握了财富增长的动力和现代工业与社会生活的“血液”，谁就拥有了政治权力和博弈的资本。在当今国际关系中，大国油气地缘政治的权力和参与全球油气竞赛的能力一个很重要的方面就来自于他们对石油和天然气

的实际控制力。“谁控制了石油，谁就控制了所有国家。”1970 年，美国国家安全事务助理基辛格对石油作用的评价完全恰如其分，石油供应的“去政治化”更是奢谈。如果不能与能源产油国建立良好的政治关系，那么要想获得稳定的石油供应就无从谈起。人们应该还记得，在 1973 年第四次中东战争期间，阿拉伯国家发起的石油禁运对那些依赖石油进口的国家的政治上、经济上所造成的严重冲击。

鉴于非洲能源资源对中国能源安全的重要性，中国对非能源外交应该达到如下目的：

(1) 建立良好的政治关系。中国从非洲进行的巨量能源进口大多是中国领导人访问非洲期间签订的。一般来说，能够签订这种数量巨大的石油贸易协定或者贸易备忘录本身并不是商业企业能够做到的，它需要国家之间良好的政治关系。尽管中国整体能源对外依赖度在年年增长，但还不算高(2011 年为 14%)。[①] 但在能源品类中，原油的对外依存度已经飙升到了 56.5%(海关数据)。目前中国已经是世界上仅次于美国的第二大石油消费国，也是世界上第二大石油进口国，而且预计石油需求的势头将随中国经济的增长而进一步上升。由于中国石化能源的海外需求增速极高，导致近年来全世界每年新增石油供应能力 70%～80%被中国吸纳。产油国石油剩余产能极为有限，而通常情况下剩余产能决定油市“抗震”能力。根据美国能源情报署(EIA)的最新研究，目前全球剩余原油产能不到全球总消费量的 3%。[②] 这种情形下，国际能源市场上的任何风吹草动以及产油国政治的变化都必然引起能源价格的剧烈波动，从而对中国经济与社会产生严重影响。要保持中国经济社会的平稳健康发展，必须确保有能源可供，而且价格还必须在可接受的范围之内。鉴于非洲能源对中国的经济社会发展的重要性，维持扩大与非洲国家的政治关系乃是中国能源外交的应有之义。

(2) 增信释疑，排除中非关系中不和谐因素。针对国际社会上一些诋毁中国的言论，特别是对中国在非洲搞新殖民主义的攻击，中国领导人应在外交活动中主动澄清中国的立场，阐明中国政府的态度，作出有力的回击。在这个问题上，之所以需要国家领导人出面，是因为中国政府领导人讲话的权威性和公信力不是中国任何其他阶层的人能够代替得了的。例如温家宝同志在 2009 年参加中非合作论坛部长会议主动驳斥新殖民主义的讲话就很有影响力。

除了政府出面外，有关学界及相关非政府组织进行的公共外交活动也可对非洲

---

① 国家能源局. 煤炭产能过剩压力凸显. http://www.21cbh.com/HTML/2012-2-28/2NMDY5XzQwNTA2NQ.html.

② The Availability and Price of Petroleum and Petroleum Products Produced in Countries Other than Iran. http://www.eia.gov/analysis/requests/ndaa/.

国家的一般社会群体与舆论产生积极影响，其中学界可通过学术交流和系统的理论阐释让非洲国家乃至西方社会精英理解中国与非洲目前进行的能源资源贸易的特点，即非洲以能源、资源等原材料为主的产品输出结构是全球性的，而不仅仅是对中国。中国从非洲获得的能源及其他资源无论从绝对规模还是从相对数量看，与美国和欧盟相比都有一定的差距。中国的出口也是全球性的，都是基于自身在全球市场中的比较优势，中国没有制定针对非洲的不同的出口战略，更不存在有意识的倾销行为。中国的非政府组织则可以通过举办各种中非交流活动，坦诚交换双方的看法，化解中非能源等领域交往中出现的一些猜忌与误会。

（3）进一步完善中非能源合作机制。随着中非能源关系的不断深入，在中非双方的共同努力下，中非之间双边和多边机制得到不断发展。在双边机制方面如中国与南非之间签定了《和平利用核能协定》（2006）、中国与安哥拉之间签定了《中华人民共和国政府和安哥拉共和国政府能源、矿产资源和基础设施领域合作协定》（2006年）、中国国家能源局和南非能源部签署了《中华人民共和国政府与南非共和国政府关于能源领域合作的谅解备忘录》（2010年）等。在多边合作机制方面，在2000年开始举办的中非合作论坛部长级会议召开后，每三年一次的部长级会议已经成为中非能源合作的重要机制。在中非合作论坛部长会议通过的会议声明以及其他文件中，中非能源合作是非常重要的内容。如何扩大和深化中非能源合作的机制是中国对非外交的重要内容。

（4）放弃传统的消极不介入或不干涉他国内政的外交政策，积极推动并实施"创造性介入"的外交方略，在多变的非洲政局中维护和增进中国在非洲的能源利益。非洲国家独立后，多数国家政府更迭频繁，族群冲突、军人政变、内战等不断发生，政局动荡不安。冷战结束后，经过20世纪90年代的民主化浪潮，大多数非洲国家基本上实现了向民主化和多党制政治的转变。通过民主选举实现政府更迭正逐步成为正常的政治现象。但是，非洲的民主制度的基础仍很脆弱，在政治生活中不遵循民主规范的政治行为仍不胜枚举。由于制度化程度较低，政府的更迭往往对外国的投资和国家间经贸协定造成严重冲击。由于能源产业在非洲能源生产国中往往都是国民经济的支柱产业，石油收入在非洲石油国家财政中具有举足轻重的地位，如安哥拉石油税收占政府财政收入的80％，尼日利亚为85％，[①]阿尔及利亚为70％，[②]利比亚为90％。[③] 因此，石油开发和贸易活动往往也很容易成为国内政治斗争中的重

① Angola Transparency Snapshot. http://www.revenuewatch.org/countries/africa/angola/transparency-snapshot.

② 阿尔及利亚经济概况. http://www.globserver.com/经济/阿尔及利亚民主人民共和国.

③ Libya. Transparency Snapshot. http://www.revenuewatch.org/countries/middle-east-and-north-africa/libya/transparency-snapshot.

要议题。执政党政府签订的对外能源合同往往很容易成为反对党攻讦的对象。在少数非洲国家，政府的轮替往往意味着旧合同的作废，或者至少原合同被要求重新审查或附加新的条件。中国过去习惯于消极的外交上不介入他国事务的政策，在仅仅寻求政治利益时这种政策的缺陷有限，但当中国的政治经济利益与有关国家内政紧密联系在一起时，再实施这种政策必然会使中国的利益处于消极被动、任人摆布的地位。介入并不等于干涉，介入的目的是向对方讲明我方在相关问题上的关切并希望对方在调整和实施新的政策时尊重我方的关切，它可以得到东道国的理解，也有利于化解相互间的误会。特别是在目前非洲国家民主制度转型尚未完成、民主与威权更迭变幻不定的情境下，积极的外交介入是非常必要的。因此，介入但不干涉他国内政的外交方略应该成为保护和增进中国非洲利益的首要选择。

(5) 积极发展同非洲石油生产国协会（APPA）之间的关系，参与非洲石油生产国协会的活动，从而谋求更好的能源合作。非洲石油生产国协会 1987 年 1 月成立于尼日利亚的拉各斯，总部设在刚果（布）首都布拉柴维尔。非洲能源生产国众多，但是参加石油输出国组织（OPEC）的国家只有尼日利亚、利比亚、阿尔及利亚和安哥拉四个国家。而非洲石油生产国协会目前却有 18 个成员国，包括南非、阿尔及利亚、安哥拉、贝宁、喀麦隆、刚果（布）、刚果（金）、科特迪瓦、埃及、加蓬、赤道几内亚、利比亚、毛里塔尼亚、尼日利亚、乍得、苏丹和尼日尔等国家。这些非洲成员国家几乎控制了非洲全部已探明油气资源，日产原油近千万桶。非洲石油生产国协会宗旨就是加强非洲产油国间的合作、协作、信息和技术共享，推动各国在人员、技术和融资等方面的交流，积极支持各国在保护环境和安全的基础上从石油开发中获得最大经济社会效益的努力，最终实现能源安全，促进经济发展，改善人民生活水平。该协会致力于促进成员国在石油勘探、开发、精炼、石化以及人员、技术方面的合作，确保相互提供技术支持和信息交流，协调各国石油产业战略和政策，更好管理和开发不可再生资源，改善能源现状，满足国内以及非洲石油净进口国的能源需求。尽管该组织目前的影响力还较为有限，但是，随着非洲一体化步伐的加快，以及非洲国家联合起来获取更大更多利益的努力越来越多，非洲石油生产国协会的潜力不可小视。

三、金融先行，以金融实力保障能源供给

非洲能源生产国多为发展中国家，经济较为落后，经济实力也极为有限。虽然石油资源给他们带来了巨额财富，但由于管理不善，绝大多数非洲石油生产国都遭到“石油诅咒”，并在产业发展上罹患上了“荷兰病”。治理不善导致国内腐败盛行、石油财富分配不均、国内矛盾冲突不断。另外，非洲国家尽管有石油，却缺乏资金、技术将其变为促进经济发展的推动力。加之过去石油资源出口价格波动巨大对非洲能源生产国经济造成严重影响。如 1998 年每桶油的价格一直在 15 美元以下，全

年平均价仅为每桶 12.28 美元。此后,油价逐步回升,从 2003 年起开始上扬,到 2008 年 7 月 11 日每桶原油最高价竟高达 145.66 美元,但是油价在 100 美元以上的时间只维持了 3 个月。此后,随着金融危机的发展,到 2010 年 5~9 月间,油价仅维持在每桶 73~76 美元。只是由于美国的货币宽松政策,此后油价才又开始回升。油价的大起大落,让经济体量较小、缺乏治国理政经验的非洲能源生产国遭受了巨大的社会经济压力。许多非洲产油国在石油价格高涨时,制定了一系列宏大的经济发展计划,并对石油出口收入作出极为乐观的估计,由此向西方国家以及国际金融机构大量借贷。但是,当石油等能源价格下滑后,这些石油价格高涨时期进行的借贷便构成了非洲能源生产国沉重债务负担,严重影响他们的社会经济发展。

近年来中国经济发展较快,外向型经济发展战略使得中国制造的产品遍及全球各个角落。由此,也给中国政府带来大量的外汇收入。截至 2011 年 6 月末,我国外汇储备余额高达 3.24 万亿美元,已经具有足够的金融实力保障能源安全。在非洲,中国的金融先行战略可以从以下几个方面加以实施:

首先,针对基础设施严重不足、又希望通过基础设施的建设与改善推动国家经济发展的那些非洲能源出口国,中国政府和中国银行可以以政企联合的方式,以向中国出口石油资源方式为担保,由中国政府向其提供贷款并由中国企业承建并交付基础设施的运作模式,获得石油。这种模式曾在 2008 年被世界银行称为"安哥拉模式"。这种本质上就是"以资源换基础设施"的模式,实际上并非中国首创,在人类采掘业史上也并不鲜见。以前日本在对华官方发展援助(ODA)上也常常这样做。作为一种像投资法一样保护外来投资者利益的制度安排,较之一般贸易的一次性安排,安哥拉模式更强调持久性和长期性。对中国政府而言,"安哥拉模式"有助于外汇的合理使用,分散外汇资产单一的风险;对银行而言,有助于扩大商业渠道,保证资金安全,获得相应的利润;对于国家能源安全而言,由此获得的能源可以大量增加国内能源市场的供给,舒缓能源供给的压力;对于非洲国家而言,较为优惠的中国资本的获得,可以及时缓解非洲国家的资金匮乏问题;不附加任何不合理要求的贷款方式,维护了非洲国家的自尊心,同时有利于非洲自主决定较为长期的国家发展战略,少受能源价格波动之苦;而向中国出口能源,又可以获得巨大的能源市场,增进能源出口的市场安全。

尽管由于巨额的金钱和石油黑金的诱惑,安哥拉模式在中非合作双方内部都打开了寻租和腐败的大门,因此遭遇一些国际社会的批评,但是只要在合同执行过程中,实施严格监管、建立较为公开透明的制度,安哥拉模式的积极意义是不容否定的。

其次,建立能源发展基金,推动能源开发。中国可以在中非发展基金项目下专门拨出部分资金,或者设立专门的能源发展基金,效仿日本对华官方发展援助(ODA)模式,向非洲国家提供长期、低息官方发展援助,推动非洲国家的能源开采以及能源出口设施如输油管道和港口的建设。由于非洲许多国家国内政局不稳，族群冲突不断，非洲大陆的能源勘探与开发深度较为有限，非洲能源资源具有广阔的开发前景。例如东部非洲和南部非洲的一些天然气资源极为丰富的国家，具有极大的天然气生产、出口潜力，但他们缺乏资源开发所必需的资本和技术。基于资源民族主义意识，他们又希望在能源开发中具有较大的自主权。在具有确切的石油、煤炭、天然气等能源资源开发前景的前提下，中国政府可以以产出的能源为抵押，向这些非洲国家发放贷款。

另一方面，由于石油投资所需资金巨大、投资风险较高、投资回报率不确定的特点，中国企业在海外进行能源投资时面临巨大的资金压力，中国政府可以适时动用能源发展基金，支持中国能源企业在非洲能源领域的投资与发展。

再次，建立国内能源期货市场，择机推出非洲能源期货品种，吸引非洲能源出口国来华参与交易。能源产业早已经不再是简单的生产消费关系。随着国际金融市场的发展，能源逐渐脱离商品属性，进一步凸显其金融属性。金融机构成了能源交易市场的主要力量。在国际金融大鳄的操纵之下，原油价格明显地脱离了实体经济的正常供求关系，成为一种投机目标，并使包括中国在内的世界各国深受其害。在世界原油市场的虚拟化炒作不可避免的情况下，我国金融企业应积极介入，有所作为。

一方面，我国金融企业可以以国家巨额的外汇储备为依托，积极参与并影响国际石油期货市场，进行石油期货交易，避免石油交易中大量购买现货带来的价格上的急剧波动。另一方面，加快上海原油期货市场的建立。1993 年，国家曾建立上海石油交易所，该交易所很快发展为继伦敦、纽约之后的世界第三大石油期货交易所。可惜的是，一年后该交易所就被政府关闭，相关机构并入了上海期货交易所。2006 年新成立的上海石油交易所仅仅从事石油现货交易。由于中国购买石油的数量巨大而稳定，建立石油期货交易所已经显得极为迫切。上海期货交易所已经确立了“国际平台、净价交易、保税交割”的原油期货方案，即交割标的物选取中质含硫原油，采用人民币或美元计价和结算，积极争取外汇，实行总额控制、统一监管、敞口额度内自由兑换方案，实行保税原油实物交割，使得境内投资者和境外投资者都能有效参与市场。特别是保税实物交割使得中国的原油期货不像北海石油以及西德克萨斯轻质原油期货那样在生产地交割，而是在石油消费地中国境内保税区交割，这对中国的意义不言而喻。由于中国每年从非洲进口原油数量巨大，中国应该考虑与非洲石油出口国磋商，尽快推出非洲原油期货作为交易品种，为非洲国家国有石油公司来华交易提供各种便利条件。这不仅可帮助中国在国际原油期货价格上获取话语权，同时还可以完善国家能源安全体系。对非洲国家而言，中国作为吸纳非洲能源的重要市场，是非洲石油出口国出口市场安全的重要考虑对象。毕竟，作为世界石油消费的第二大国和石油进口的第二大国，中国消费需求的变化，对国际原油市场的影响是不言而喻的。

最后，作为金融先行的另一方式，中国还应注意运用金融力量影响参与非洲相关国家的现代化进程，以此来谋求非洲国家的能源供给，这也是一个有效的路径。除南非等极少数国家外，非洲国家经济规模普遍较小，发展程度较低，国家力量有限。在非洲几个主要能源出口国，能源出口在这些国家财政收入所占比重极高。只要对某个国家进行适当的资本投入，就可以对该国经济的发展方向产生巨大影响。中国金融机构可在许多领域为非洲国家提供支持，包括以当地开发银行为媒介向私营部门提供长期贷款，在公共性质的大型项目领域为政府提供优惠授信贷款，以及购买非洲金融机构的股权，改变当地金融资产结构等。中国已经加入非洲开发银行、西非开发银行、东南非贸易发展银行等区域和次区域多边开发机构，并且获得了一定的影响力。2007 年，非洲开发银行第 42 届理事会年会甚至挪到上海召开就是明证。中国金融企业通过把开发性金融业务延伸到非洲，推动其与非洲区域和次区域多边金融开发机构合作，可以在双赢和多赢的前提下建立融资新机制，开展出口信贷、项目融资、银行贷款等种类丰富的金融产品。同时，充分发挥出口信用保险在推动中非经贸合作中具有的衔接保险、贸易、融资等多方面的优势，提供完善的风险保障机制。目前，部分非洲国家已经将人民币列为储备外汇，中国与非洲部分国家的人民币结算也很成功。非洲资产和收益规模最大的标准银行（Standard Bank）2012 年 8 月发布的《人民币的崛起为非洲带来机遇》研究报告提出，随着人民币国际化的稳步推进，到 2015 年，中国同非洲的贸易中至少有 40%（即 1000 亿美元）将使用人民币结算，这一数字接近 2010 年的中非贸易总额。南非标准银行驻北京的经济学家史杰文（Jeremy Stevens）甚至乐观预计到 2015 年，非洲国家央行的外汇储备资产中，会有 20%为人民币资产。国家开发银行 2012 年对非洲定向配售的人民币债券被非洲有关国家的中央银行一抢而空。如果直接使用人民币作为中非能源交易的结算货币，那么不仅可以为中非双方省下一大笔费用，而且也可以规避美元波动给中非双方带来的负面影响。这样，一方面更密切了中国同非洲发展机构的关系，深化双边或多边的政府和企业的合作，另一方面有助于增进中国与非洲国家的良好关系。

四、中国能源企业应以合作和融入战略推动非洲的能源开发

国家能源企业是中国能源安全的重要支柱力量，他们在非洲的有效运营是中国获得非洲石油的重要途径。在中国企业进入前，美欧等发达国家的石油公司已经在非洲牢固地确立了自己的优势地位，与非洲国家的政经力量建立了深厚的利益联系。西方国家跨国公司凭借其雄厚的资金实力、先进的勘探开发技术及管理经验、

传统的政治影响力等，在非洲石油资源开发中始终占据主导地位。在以西方国际石油公司、亚洲国家石油公司、非洲本土石油公司为三大主力的非洲石油上游业务竞争当中，以埃克森美孚、壳牌、BP、道达尔、雪佛龙等为代表的西方国际大石油公司将会继续秉承其传统优势，在未来的竞争中保持领先地位。

中国能源企业真正走入非洲仅有10多年历史，作为非洲能源市场的后来者，中国能源企业深度介入非洲能源领域的难度比国人想象的要大很多。中国在苏丹和安哥拉获得的一些石油利益很大程度上是这些国家处于特殊历史时期的产物，不具有多大的普适性。在西方发达国家的打压和遏制下，中国在非洲拥有的油田开采项目和勘探权都很稀少。中国公司目前在非洲主要业务还局限于石油服务领域上。在某种程度上，中国甚至落后于韩国、马来西亚、印度、巴西等国。从中国获取非洲能源的短暂历史看，中国强行介入非洲能源领域的成本太高，有必要实施合作和融入战略。

首先，中国能源企业在与西方跨国企业、亚洲及拉美等地区的石油公司进行必要的竞争的同时，应有意识地采取合作战略。今天的非洲国家在本国资源开发方面更加注意通过企业之间竞争获得本国油田的勘探开采权，从而实现本国利益的最大化。中国企业通过投标、竞标等方式获得进入非洲国家的能源领域是再正常不过的。但是，在非洲国家的能源开采中，我们发现，往往一个能源公司并非完全拥有某一区块，而是两家、三家甚至更多公司共同拥有一个区块。这也表明非洲的能源产业经营早已挥别一家单干的时代，呈现出多方合作、交叉持股的特征。因此，中国能源企业参与竞争的同时，学会运用合作战略极为重要。

合作战略的对象既包括中资企业、西方跨国石油公司、西方小型石油公司，也包括非西方的石油公司、非洲国有石油公司及非国有石油公司。合作的方式既包括中资企业内部的合作、中资企业与西方跨国公司的合作、中资企业与当地国家石油公司的双边合作以及三者之间的三方合作。合作的内容可以在石油项目服务领域、勘探领域，也可以在石油开采、冶炼领域和运输领域。

恰当的合作战略，其收益是显而易见的。中国能源企业之间的合作可以避免内耗，集中优势，团结对外。中国能源企业内部通过合作可以减少一些类似中石油和中石化竞争苏丹米鲁特油田输油管道、中海油与中化集团分别投标美国丹文能源(Devon)在西非的石油和天然气资产等相互厮杀的案例，多一些像中石化和中海油在安哥拉联合竞购马拉松石油公司油田的案例。

中国企业与西方跨国公司以及非洲国有石油公司的合作，既可以减缓竞争烈度，降低政治风险，实现互利共赢，又可以避免中国企业一家凸显而招致东道国及其他石油企业严重排斥和猜忌的后果。像中海油2009年同尼日利亚政府谈判通过投标的方式出价300亿美元以图获得该国近60亿桶石油储量的做法，虽然勇气可嘉，但从一开始就注定要失败。对尼日利亚政府而言，60 亿桶油相当于该国探明储量的 1/6，并非小数。对中海油而言，这一投标将使他与包括壳牌、雪佛龙、道达尔和埃克森美孚等西方公司展开激烈竞争。而从政治经济学的角度来说，如此大的项目还必定涉及重大的国际政治利益。通过合作可以实现优势互补，各方面的利益也能得到平衡，也就更容易成功。中国石油天然气集团与马来西亚国家石油公司、印度国家石油天然气公司在苏丹的合作、中海油与法国道达尔公司一起收购图洛石油公司在乌干达油田的资产等案例就是明证。

而中国能源公司联手非洲国有石油公司以及当地石油公司更有深远的战略意义。非洲国有公司往往代表非洲国家进行对外石油合作，在许多情况下，如果非洲石油公司不愿意外国石油公司进入，便会通过政策刁难、行使优先购买权等手段加以阻止。中国能源企业在利比亚的遭遇就是明证。非洲当地石油公司即使不是国家所有的石油公司，也有独到优势。毕竟非洲各国在不断改善投资环境、开放本国油气勘探开发市场、努力吸引更多外国投资的同时，也极为重视发展本国石油工业，不断出台鼓励本土石油公司发展的政策，希望通过石油、天然气工业的发展，为本国经济实现长期、可持续发展提供重要保障。可以预见，将会有更多的本土石油公司成长壮大起来，并成为非洲上游油气生产的重要竞争对手，同时也是可以借助的重要势力。特别值得注意的是，非洲地方石油公司往往与非洲产油国的权贵阶层有着极为密切的关系，裙带资本主义特征非常明显，通过与这些地方石油公司建立一定的联系，在非洲这样的庇护制色彩较为浓厚的社会环境下也是必不可少的。

中国能源企业的融入战略，也强调中国能源企业在进入非洲国家经营时，应注意融入当地社群，成为负责任的企业公民。在非洲进行资源投资的中国企业不能仅仅作为一个商业组织在东道国活动，还必须认识到作为企业公民在东道国应承担的社会责任。中国企业应该认识到企业社会责任不仅是一个商业机会也是一个企业战略，而不仅仅是一项商业费用或负担。[①] "由于长期以来我国缺乏对企业社会责任的宣传与引导，导致中国企业社会责任感普遍缺失。许多在海外投资的中国企业往往不重视甚至无视自身应承担的社会责任，他们把在国内运用的各种潜规则以各种方式搬到海外。一些投资者甚至高高在上，对当地舆论不以为然，对当地民众固有的生活习惯、生活节奏以及宗教家庭观念缺乏应有的尊重。在管理方式和方法方面保守固执，缺乏对当地民众能够接受的管理方式与模式的深度研究。他们不了解非洲大多数地区虽然总体上较为落后，但是长期的殖民统治使得非洲早已成为了一个典型的'穷国富制度'地区。在非洲从事各种经营的西方国家的跨国公司很多，这些

---

① Michael E. Porter, Mark R. Kramer. Strategy and Society: The Link Between Competitive Advantage and Corporate Social Responsibility[J]. HARV. BUS. REV., Dec. 1, 2006: 78－80.

跨国公司的企业公民理念值得中国企业学习。非洲当地工会常常批评中国投资企业职工工资待遇低、劳动保护措施缺乏、管理简单粗暴以及习惯使用短期合同等不当行为。在遇到问题时，部分中资企业热衷于走当地政府上层路线，依靠权贵为保护伞，没有或无意中忽视了中央政府与当地部族、社区和民众之间的利益差异。而这种差异在部族特性强烈的非洲国家是非常明显的，中企的做法常会引发资源所在地民众的强烈不满，进而成为当地部族和社区排斥的对象，在民主政治中还成为了当地政治家操弄的议题，沦为社群政治斗争的牺牲品。”[①]

某种程度上，中国企业社会责任问题已经超出资源投资本身，已然影响到了中国对非洲的总体战略。2010 年 5 月，在首届 21 世纪中非投资与合作论坛上，中国外交部非洲司司长卢沙野明确强调，“在非洲的中国企业应注意中国的国家形象，不仅要追求经济利益，而且要积极履行社会责任。”“企业在非洲赚钱的同时，也要回报当地社会，融入当地社会，同当地人民和睦相处，要起到中非民间友好使者和桥梁的作用。”[②]中国企业在相关经营国家的社会责任问题也已经引起国家最高领导层的高度重视。时任中国国家副主席习近平在 2010 年 11 月访问非洲时，特别强调中国企业要“坚持诚信守法，规范经营。要融入当地社会，在同当地民众的利益融合和文化融合上多下工夫。”[③]中国能源企业是中国的国企，非洲人是以看待中国的方式评价他们在非洲的经营活动的，在某种程度上也是与中国国家形象联系在一起的，能否融入非洲不仅事关中国的非洲能源战略，更事关中国的非洲整体战略。

五、以全产业链方式进军非洲能源市场，与能源出口国建立密切的能源合作关系

许多非洲国家尽管具有丰富的石油资源，并具有数十年大量出口石油的历史，但是国内石油产业极为薄弱。在目前 10 多个非洲产油国中，只有阿尔及利亚、埃及、利比亚、尼日利亚四国具有较大规模的原油加工能力。因此，许多大量出口原油的非洲国家，同时又需要花费巨额资金进口成品油。原油加工能力的不足导致当地油价高昂，工商业发展受到诸多限制。许多非洲产油国都希望建立自己的石化产业，然而一方面由于非洲国家基础设施较为薄弱、技术人才严重缺乏、刺激社会动荡政局混乱的事件不断发生，导致企业投资风险较大，外资不愿进入；另一方面，更主要的是由于石化下游产业利润相对较低，西方石油公司利用其垄断地位，不愿意在非

① 刘立涛. 非洲资源民族主义与中国企业非洲投资的战略选择. 走非洲求发展论坛论文集. 南京大学出版社，2010.

② 外交部. 在非中国企业应注意国家形象. http://www.caijing.com.cn/2010－05－28/110448606.html.

③ 习近平与驻安哥拉中资企业代表座谈并发表讲话. http://www.gov.cn/ldhd/2010－11/21/content_1749781.htm.

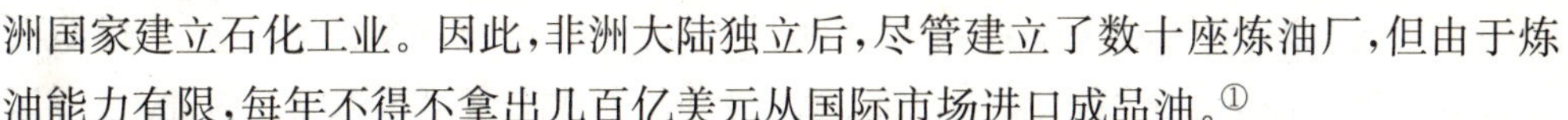

洲国家建立石化工业。因此,非洲大陆独立后,尽管建立了数十座炼油厂,但由于炼油能力有限,每年不得不拿出几百亿美元从国际市场进口成品油。①

中国能源企业进入苏丹能源市场之后,不仅帮助苏丹建设了多个油田,而且还同苏丹一起逐步建立了集生产、精炼、运输、销售于一体的完整的石化工业产业链,并为其培养了大批石化人才。建成后的苏丹石油一体化项目,不仅使贫穷落后的苏丹因石油开发而使经济得以繁荣起来,并一度成为非洲大陆经济增长最快的国家,而且其影响还辐射到利比亚、阿尔及利亚、阿曼、叙利亚、伊朗等多个国家和地区,被誉为"苏丹模式",在全球广为传扬,先后有10多位国家元首和30多个国家的政府要员亲临现场访问视察,直接带动了中国石油在非洲、中东地区石油业务的拓展,以至于后来许多非洲国家在能源项目招标中,都附加有建设能源基础设施的条款。

目前,中国能源企业已经具备了油气勘探开发、炼油化工、管道输送和油品终端销售一体化经营的完整的石油产业链运营的经验,并且在成本控制、技术转让等方面具有比较优势。中国能源企业完全可以利用这一优势参与非洲能源出口国的能源基础设施的建设。尽管许多非洲国家存在经济落后、基础设施条件较差、石化建设面临困难较多、风险可控性较差等问题,但是应该考虑到中国是非洲能源市场上的后来者,只有融入非洲各国的能源产业之中,中国能源企业才能获得更多的机会和更长远的能源利益。谁都清楚,近年来,非洲国家的资源民族主义十分强烈,他们并不愿意长期大量出口原油,更希望通过石油开发建立起自己的石化工业,实现资源的增值和国内就业机会的增加。中国在大量进口非洲原油的同时,在非洲一些国家合资或独资建立炼油厂以及其他石化项目,既可以满足非洲当地政府实现成品油自给的愿望,帮助培养当地人才、增加当地社群的就业机会,从而建立起与当地政府紧密的利益关系,又可以以直接向周边国家出口部分成品油和石化产品的方式,占领非洲的成品油市场和石化产品市场,毕竟非洲的国家间交通建设已经提上了非洲地区合作的议事日程。从长远考虑,推进非洲的石化产业建设符合中国的能源利益和国家整体利益。

六、非洲投资的区位选择上,既要注意对非洲已发现地区的能源竞争,同时要注意在新的能源勘探发现区获得优势

非洲目前发现的油气资源主要集中在两个地区,一个是北非地中海地区,一个是几内亚湾沿岸国家地区。埃及、利比亚和阿尔及利亚是北非石油的重要产区,具有较发达的石油工业。在西非几内亚湾地区,已经探明拥有油气资源的国家包括尼日利亚、赤道几内亚、喀麦隆、加蓬、刚果(布)、安哥拉等多个国家。近年来经过多个

① 夏景华. 非洲炼油厂的现状与发展前景[J]. 石油化工经济,2006(5).

石油公司的不懈努力，过去一些没有发现石油的国家，也发现蕴藏有大量的优质石油资源。如在加纳、塞内加尔、冈比亚、塞拉利昂、利比里亚和科特迪瓦等国沿海区域都有大量油藏发现。加纳的朱比利(jubilee)油田，可能储量高达18亿桶，是非洲近年来发现的少有的大油田之一。此外，2010年3月英国图洛石油和美国阿纳达科石油公司在加纳西南塔诺深水区块奥沃勘探区发现了新油田。2012年9月，意大利埃尼公司也宣布在加纳海上有重要石油发现。几内亚湾地区的石油资源主要为陆地、近海、深海和超深海四种类型。目前主要是部分海上开发，陆地石油资源基本上还未进行全面勘探。因此，该地区石油勘探和开采存在很大的发展空间。这些地区探勘成功率较高，投资风险较低，石油种类多、品质好，也是中国能源企业目前注意力较为集中的两个区域。中国能源企业应加大在本区域资源投入的力度，以期在短时间内获得大量石油资源。但是，这些地区也是西方石油公司表现较为强势的区域。中国能源企业获得石油资源的成本相对较高。同时，中国企业能否获得较有前景的石油勘探开发区块，在很大程度上还取决于当地石油生产国是否愿意引进中国力量，推动多元竞争获取更大利益的意愿。

除此之外，中国能源企业还应注意正在开发中的非洲其他地区的油气资源，如中部非洲地区和非洲东部地区。由乍得、中非、喀麦隆、赤道几内亚、加蓬、刚果共和国、刚果民主共和国、安哥拉及圣多美和普林西比等国构成的中部非洲地区中，几乎每个国家都有石油发现，除了安哥拉有大量开采外，其余国家开采量都比较小。过去长期被忽视的非洲东部地区，近年来，经过钻探表明，从非洲之角直至东南部非洲，在陆地上和近海海洋都有丰富的能源储藏。其中埃塞俄比亚的欧加登沙漠地区已经发现大量天然气蕴藏，并已吸引了包括中国能源企业在内的多国公司的大量投资。索马里位于非洲地区的“石油窗口”，早在1991年世界银行以及亨特(Hunt)石油公司联合调查后就提出：“索马里所处地块由于多年积累的地壳运动而蕴藏着巨大的石油以及天然气储量。”[①]据估计，索马里海上和陆地石油储量超过1110亿桶，天然气储量达100万亿立方英尺。如今，索马里半自治的邦特兰地区已经成了西方石油公司角逐的热点。肯尼亚的图尔卡纳地区与埃塞俄比亚交界地区也发现了油田，英国图洛石油公司已经证实其开采前景堪比英国北海油田。而肯尼亚的邻国乌干达在2006年发现了大型油田并在石油经济发展上抢占了先机，预计最早将于2013年进行商业化开采。以黄金贸易著称的坦桑尼亚，天然气的开采前景甚至比黄金更好，BP和挪威国家石油公司在坦桑尼亚的近海已经发现了10亿桶油当量的大型气田，而且一直向南延伸至莫桑比克。意大利的埃尼公司则在此地发现了储量达

① 专家：石油将成索马里复兴根本. http://intl.ce.cn/specials/zxgjzh/201205/08/t20120508_23303481.shtml.

13亿桶当量的大型天然气田，美国的阿纳达科石油公司和印度石油公司也都在该国能源勘探上大有斩获。美国地质局报告显示，在肯尼亚、坦桑尼亚以及莫桑比克等东非国家已探明天然气储量高达253万亿立方米，要大大超过非洲最大能源出口国尼日利亚的186万亿立方米天然气储量。如今，东非各国已经在很大程度上改写了非洲能源地图。亚洲的日本、印度、泰国等国的能源公司都已经捷足先登。由于其较低的投资成本以及相对稳定的政治形势和较为优厚的吸引外资的政策，东非地区各国能源产业发展潜力巨大，莫桑比克更有可能在10年后成为世界第六大天然气出口国。

除了天然气资源外，非洲煤炭也已经成了资源争夺的新热点。光南非煤炭资源可开采量就达300多亿吨。非洲其他地区的煤炭资源正在勘探之中，并且已经有了惊人的发现。如总部设在英国的恩康德资(Ncondezi)煤炭公司预测其在莫桑比克太特省的煤炭储量高达46.55亿吨。[①] 有专家认为，太特是自20世纪60年代澳大利亚昆士兰的鲍文盆地煤矿开采以来全世界最有价值的发现。[②] 煤炭大国的南非已经向中国出口煤炭，可以预计不久的将来，优质的非洲煤炭将是中国常规能源的又一重要来源。

七、整合国内研究资源，建立专门的非洲能源资源研究中心，培养非洲能源资源研究领域的专门人才，为国家的非洲能源战略提供长期智力支持

非洲国家石油、天然气和煤炭的储量都比较大。由于中非处于不同的发展阶段，中非能源合作前景广阔。大多数非洲国家经过非殖民化和民族独立运动实现国家独立后，并没有能够走上政治稳定、经济发展的通途。相反，许多国家政治上很快陷入混乱之中，政变不断，经济停滞。撒哈拉沙漠以南的黑非洲更被认为是一片失败的大陆。一些生产石油的国家不仅没有从中获益，反而饱受资源诅咒之苦，同样政治腐败，经济落后。美苏冷战在非洲的展开，更加剧了这个大陆的苦难。非洲国家不稳定的政治局面导致冷战期间非洲石油生产国的数量和产量的增加极为有限。只有在冷战结束后10多年里，非洲不再是大国争霸的对象时，非洲的自主性才得到一定的保证。经过冷战后的民主化浪潮，多数非洲国家政治上实现了多党制民主体制，社会逐步安定，发展才成为非洲国家的一个主要目标。非洲国家普遍希望利用自己的资源推动经济的恢复和发展，非洲的能源资源潜力因此才得到有效的释放。

---

① 煤炭公司在莫桑比克太特省的预测煤藏量上调. http://www.macauhub.com.mo/cn/2012/03/22/ncondezi.

② Richard Lapper. The Clamor for African Coal. http://www.chinadialogue.net/article/show/single/en/3903-The-clamour-for-African-coal.

中非能源资源贸易也因此得到迅猛发展。中非贸易在过去20年中增加了近200倍,2011年中非贸易额高达1660亿美元,其中中非能源贸易是重要的组成部分。

然而,面对非洲能源资源产业蓬勃发展和中非能源资源贸易迅猛发展的形势,中国国内却缺乏支持中国对非政策的强有力的智库。由于政府长期缺乏必要的投入、又缺乏国外推动社会智库发展的政府机制与氛围,总体而言,中国目前对非洲的研究相对于中国对世界其他地区的研究相比极为薄弱。分散于中国社会科学院、现代国际关系研究院、国务院发展研究中心以及北京大学、南京大学、云南大学和浙江师范大学等高校的非洲研究力量都相当有限。可以毫不夸张地说,国内研究美国的学者总人数可能就是研究非洲的学者人数的10倍以上。就非洲能源资源研究而言,南京大学非洲研究所曾是国内最主要的研究机构。但是20世纪90年代以来,国家投入严重不足,导致人才凋零,资料更新匮乏,具有可持续的学术研究因此受到相当大的限制。到目前为止,中国国内还没有一个专门研究非洲能源资源学术机构,更遑论对非洲54国的能源资源分布与能源政策进行系统的材料搜集与研究。

而纵观国内近年来因"非洲热"而建立起来的一些研究机构,虽然名头很大,人数也不少,但是能够静下心来做这种基础性的研究工作的却很鲜见,以至于中国的研究多要借用外国石油公司提供的材料,因此其研究成果的可信度和实践中的可操作性不得不让人产生疑虑。应用外国的资料,研究成果当然是必需的,但是作为一个与非洲能源资源利益休戚相关的国家,缺乏对非洲能源资源政策的第一手数据的采集和分析,将会后患无穷。具体而言,一旦中国自己能源专业情报资源缺失的信息被对方发现,对方将会容易以虚假数据和研究成果误导中国企业,从而给中国的企业在并购、参股等方面造成严重损失。中石化收购Tanganyika公司案就是一个典型的信息缺失案例。孙子曰"知己知彼,百战不殆",只有掌握了非洲国家准确的能源情报数据,并对非洲国家的能源政策以及相关国际竞争者的战略行为有足够深入的了解和研究,中国的非洲能源战略才不至于被误导而遭遇重大挫折。

索　引

A

B

G

H

J

K

L

M

P

Q

R

S

T

Z

附录一

附图目录

附录二

附表目录

参考文献

中文参考资料：

韩立华著. 能源博弈大战[M]. 北京：新世界出版社，2008.

李国玉等. 新编世界食油气盆地图集（上、下册）[M]. 北京：石油工业出版社，2005.

关增淼等. 非洲油气资源与勘探[M]. 北京：石油工业出版社，2007.

董文娟主编. 国际能源贸易研究[M]. 北京：石油出版社，1994.

〔法〕塞尔日・米歇尔（Serge Michel），〔法〕米歇尔・伯雷（Michel Beuret）著. 孙中旭，王迪译. 中国的非洲：中国正在征服非洲黑色大陆[M]. 北京：中信出版社，2009.

〔韩〕闵贵植著. 全球能源政治新格局与中国对外石油战略研究：以开发中东、中亚、非洲石油资源的政策为例[D]. 北京：中国社会科学院，2007.

〔美〕保罗・罗伯茨（Paul Roberts）著. 吴文忠译. 石油的终结——濒临危险的新世界[M]. 北京：中信出版社，2005.

〔美〕波特金（Daniel B. Botkin），〔美〕佩雷茨 （Dianna Perez）著. 草沐译. 大国能源的未来[M]. 北京：电子工业出版社，2012.

〔美〕丹尼尔・耶金著. 朱玉犇，阎志敏译. 能源重塑世界（上、下）[M]. 北京：石油工业出版社，2012.

〔美〕贺伯特・吉拉德（Herbert Girardet），〔美〕米格尔・曼登萨（Miguel Mendonca）. 李欣洁译. 能源真相揭秘：一场迟来的气候正义[M]. 台北：宝鼎出版社，2011.

〔美〕斯科特 L. 蒙哥马利（Scott L. Montgomery）著. 宋阳，姜文波译. 全球能源大趋势[M]. 北京：机械工业出版社，2012.

〔美〕约翰・伽思维尼恩（John Ghavinan）著. 伍铁，唐晓丽译. 能源战争：非洲石油资源与生存状态大揭秘[M]. 北京：国际文化出版公司，2008.

〔美〕约翰・塔巴克（John Tabak）著. 张军等译. 煤炭与石油——廉价能源与环境的博弈[M]. 北京：商务印书馆，2011.

〔英〕丹尼尔·尤金(Daniel Yergin). 刘道捷译. 能源大探索[M]. 台北:时报文化出版企业股份有限公司,2012.

〔英〕汤姆·鲍尔(Tom Bower)著. 杨汉峰译. 能源博弈——21 世纪的石油、金钱与贪婪》(上、下卷)[M]. 北京:石油工业出版社,2011.

白泽生,杨志主. 石油:世界与中国[M]. 北京:石油工业出版社,1996.

薛力等著. 中国的能源外交与国际能源合作(1949—2009)[M]. 北京:中国社会科学出版社,2011.

曹英伟著. 21 世纪能源外交战略研究[M]. 哈尔滨:哈尔滨地图出版社,2007.

陈会颖等著. 世界能源战略与能源外交(欧洲卷)[M]. 北京:知识产权出版社,2011.

陈会颖等著. 世界能源战略与能源外交(非洲卷)[M]. 北京:知识产权出版社,2011.

陈利君等著. 中印能源合作战略与对策研究[M]. 北京:中国社会科学出版社,2011.

陈小沁著. 国际能源安全体系中的俄罗斯[M]. 北京:社会科学文献出版社,2012.

陈新华著. 能源改变命运:中国应对挑战之路[M]. 北京:新华出版社,2008.

陈勇主编. 中国能源与可持续发展[M]. 北京:科学出版社,2007.

陈元主编. 能源安全与能源发展战略研究[M]. 北京:中国财政经济出版社,2007.

陈元主编. 加强对外合作,扩大我国能源原材料来源战略研究[M]. 北京:中国财政经济出版社,2007.

崔宏伟著. 欧盟能源安全战略研究[M]. 北京:知识产权出版社,2010.

崔民选主编. 中国能源发展报告[M]. 北京:社会科学文献出版社,2012.

崔民选,王军生,陈义和主编. 能源蓝皮书——中国能源发展报告[M]. 北京:社会科学文献出版社,2012.

崔守军著. 能源大外交:中国崛起的战略基轴[M]. 北京:石油工业出版社,2012.

邓向辉著. 非洲能源国际竞争与中非能源合作[D]. 北京:中共中央党校,2010.

丁仁东编著. 能源危机[M]. 台北:五南图书出版公司,2009.

董秀丽著. 世界能源战略与能源外交(总论)[M]. 北京:知识产权出版社,2011.

樊刚,马蔚华主编. 中国能源安全:现状与战略选择[M]. 北京:中国经济出版社,2012.

冯建中著. 欧盟能源战略——走向低碳经济[M]. 北京:时事出版社,2010.

关增淼,李剑编著. 非洲油气资源与勘探[M]. 北京:石油工业出版社,2007.

郭依峰著. 世界能源战略与能源外交(中东卷)[M]. 北京:知识产权出版社,2011.

国际发展和改革委员会能源研究所. 能源问题研究文集[M]. 北京:中国环境科学出版社,2009.

国家电力公司战略规划部. 中国能源五十年[M]. 北京:中国电力出版社,2002.

国家改革与发展委员会能源研究所课题组. 中国 2050 年低碳发展之路:能源需求暨碳排放情景分析[M]. 北京:科学出版社,2009.

韩文科,胡秀莲,高世宪等著. 中国能源消费结构变化趋势及调整对策[M]. 北京:中国计划出版社,2007.

洪德生编. 追求能源、环境与经济平衡发展[M]. 台北:台湾经济研究院,1998.

黄晓辉,林伯强著. 能源金融[M]. 北京:清华大学出版社,2011.

倪健民主编. 国家能源安全报告[M]. 北京:人民出版社,2005.

戚文海. 中俄能源合作战略与对策[M]. 北京:社会科学文献出版社,2006.

申险峰著. 世界能源战略与能源外交(亚洲卷)[M]. 北京:知识产权出版社,2011.

沈镭. 中非资源环境科技合作战略研究[M]. 北京:地质出版社,2010.

十五国际高技术发展计划能源技术领域专家委员会. 能源发展战略研究[M]. 北京:化学工业出版社,2004.

史丹主编. 中国能源安全的国际环境[M]. 北京:社会科学文献出版社,2013.

王才良,周珊编著. 石油巨头:跨国公司的兴衰之路(上、下)[M]. 北京:石油工业出版社,2011.

王桂兰著. 能源战略与和平崛起[M]. 北京:科学出版社,2011.

王金南,曹东主编. 能源与环境:中国 2020[M]. 北京:中国环境出版社,2004.

王勇著. 中国对外石油战略研究[M]. 杭州:浙江大学出版社,2009.

魏一鸣等著. 中国能源报告(2006):战略与政策研究[M]. 北京:科学出版社,2006.

吴文正著. 中国对非洲石油外交之发展与影响[M]. 台南:成功大学政治经济研究所,2009.

吴晓明主编. 大国策:通向大国之路的中国能源发展战略[M]. 北京:人民日报出版社,2009.

吴永平著. 煤炭资源安全战略研究[M]. 北京:煤炭工业出版社,2008.

吴兆契著. 中国和非洲经济合作的理论与实践[M]. 北京:经济科学出版社,1993.

吴宗鑫,陈文颖. 以煤为主多元化的清洁能源战略[M]. 北京:清华大学出版社,2001.

夏义善著.中国国际能源发展战略研究[M].北京:世界知识出版社,2009.

修光利,侯丽敏编著.能源与环境安全战略研究[M].北京:中国时代经济出版社,2008.

徐华清等著.中国能源发展的环境约束问题研究[M].北京:中国环境科学出版社,2012.

杨解君主编.国际能源合作与国际能源法[M].北京:中国出版集团世界图书出版公司,2012.

于春苓著.俄罗斯能源外交政策研究[M].北京:人民出版社,2012.

余胜海著.能源战争[M].北京:北京大学出版社,2012.

袁新华著.俄罗斯能源战略与外交[M].上海:上海人民出版社,2007.

张抗,周总瑛,周庆凡著.中国石油天然气发展战略[M].北京:地质出版社,石油工业出版社,中国石化出版社,2002.

张秋明主编.中国能源安全:战略挑战与政策分析[M].北京:地质出版社,2007.

张生玲等著.能源资源开发利用与中国能源安全研究[M].北京:经济科学出版社,2011.

张仕荣.新时期中国能源安全体系研究[M].北京:九州出版社,2012.

张爽著.世界能源战略与能源外交(美洲卷)[M].北京:知识产权出版社,2011.

张同铸,姜忠尽,等.非洲石油地理[M].北京:科学出版社,1991.

张永胜著.世界能源形势分析[M].北京:经济科学出版社,2010.

赵剑.世界能源战略与能源外交(中国卷)[M].北京:知识产权出版社,2011.

中国科学院能源战略研究组.中国能源可持续发展战略专题研究[M].北京:科学出版社,2006.

中国能源发展战略与政策研究课题组.中国能源发展战略与政策研究[M].北京:经济科学出版社,2004.

中国能源中长期发展战略研究项目组.中国能源中长期(2030,2050)发展战略研究[M].北京:科学出版社,2011.

周大地主编.2020中国可持续能源情景[M].北京:中国环境科学出版社,2003.

周大地主编.中国能源问题——和平发展的中国[M].北京:新世界出版社,2006.

周德群,查冬兰,周鹏著.中国能源效率研究[M].北京:科学出版社,2012.

周凤起主编.中国中长期能源战略[M].北京:中国计划出版社,1999.

周云亨著.中国能源安全中的美国因素[M].上海:上海人民出版社,2012.

英文参考资料：

Abiodun Alao. *Natural Resources and Conflict in Africa: The Tragedy of Endowment*, Rochester, 2007.

African Development Bank and the African Union. *Oil and Gas in Africa*, Oxford University Press, 2009.

Alden, Chris, Large, D. & De Oliveira, Ricardo Soares (ed.). *China Returns to Africa: A Rising Power and a Continent Embrace*, New York, 2008.

Alex Vines, Markus Weimer, Lillian Wong, Indira Campos (ed.). *Thirst for African Oil: Asian National Oil Companies in Nigeria and Angola*, London, 2009.

Arthur Waldron (ed.). *China in Africa*, The Jamestown Foundation, 2008.

Axel Harneit-Siever, Stephen Marks, Sanusha Naidu (ed.). *Chinese African Perspectives on China in Africa*, Fahamu, 2010.

Bernardin Akitoby, Sharmini Coore. *Oil Wealth in Central Africa: Policies for Inclusive Growth*, Washington, D. C. International Monetary Fund, 2012.

Carrie Liu Currier, Manochehr Dorraj (ed.). *China's Energy Relations with the Developing World*, New York, 2011.

Chris Alden. *China in Africa: Partner, Competitor or Hegemon?* London, 2007.

Christopher M. Dent (ed.). *China and Africa Development Relations*, New York, 2010.

Dambisa F. Moyo. *Winner Take All: China's Race for Resources and What it Means for the World*, New York, 2012.

Daniel Banini. *Geopolitical Political Rivalries for Africa's Natural Resources: West and East Collusion in Africa*, Essay, GRIN Verlag, 2011.

Daniel Large, Luke A. Patey (ed.). *Sudan Looks East: China, India & The Politics of Asian Alternatives*, New York, 2011.

Dorothy Grace M. Gurrero, Firoze Madatally Manji (ed.). *China's New Role in Africa and the South: A Search for a New Perspective*, Cape Town, 2008.

Douglas A. Yates. *The Scramble for African Oil: Oppression, Corruption and War for Control of Africa's Natural Resources*, London Press, 2012.

Duncan Clarke. *Africa: Crude Continent, the Struggle for Africa's Oil Prize*, London, 2008.

Duncan Clarke. *Empires of Oil: Corporate Oil in Barbarian Worlds*, London,

2007.

Emma Mawdsley, Gerard McCann (ed.). *India in Africa: Changing Geographies of Power*, Cape Town, 2011.

FantuCheru, C. I. Obi (ed.). *The Rise of China and India in Africa: Challenges, Opportunities and Critical Interventions*, London, 2010.

Firoze Madatally Manji, Stephen Marks (ed.). *African Perspectives on China in Africa*, Capetown, 2007.

Francis N. Botchway (ed.). *Natural Resource Investment and Africa's Development*, Massachusetts, 2011.

Garth LePere (ed.). *China in Africa: Mercantilist Predator, or Partner in Development?* South African Institute for Global Dialogue, Pretoria, 2007.

Garth Shelton, Farhana Paruk. *The Forum on China-Africa Cooperation: A Strategic Opportunity*, ISS (Institute for Security Studies), Monograph 156, 2008.

Gawdat Bahgat (ed.). *Energy Security: An Interdisciplinary Approach*, New Delhi, 2011.

Girijesh Pant. *India: The Emerging Energy Player*, Delhi, 2008.

Harry G. Broadman. *Africa's Silk Road: China and India's New Economic Frontier*, The World Bank Paper, Singapore, 2006.

Ian Gary, Terry Lynn Karl. *Bottom of the Barrel: Africa's Oil Boom and Poor*, Catholic Relief Services, Baltimore, 2003.

Ian Taylor. *The Forum on China-Africa Cooperation (FOCAC)*, Routledge, 2011.

J. Peter Pham. *India in Africa: Implications of an Emerging Power for Africom and U. S. Strategy*, SSI (All Strategy Studies Institute) Monograph, U. S. Army War College, 2011.

James J. F. Forest, Matthew V. Sousa. *Oil and Terrorism in the New Gulf: Framing U. S. Energy and Security Policies for the Gulf of Guinea*, Plymouth, 2007.

Jedrzj Georg Frynas. *Oil in Nigeria: Conflict and Litigation Between Oil Companies and Village Communities*, Hamburg, 2000.

Jian-Ye Wang. *What Drives China's Growing Role in Africa?* IMF (International Monetary Fund), Working Paper, 2007.

Larry Andrews. *The China-Africa Parallax: A Ryan and Gillian Mystery*,

Author House, 2011.

Mahvash Saeed Qureshi. *Africa's Oil Abundance and External Competitiveness: Do Institutions Matter?* IMF Working Paper, 2008.

Marcel Kitissou (ed.). *Africa in China's Global Strategy*, Hamburg, 2007.

Marcus Power, Ana CristinaAlves (ed.). *China and Angola: A Marriage of Convenience?* Cape Town, 2012.

Margaret C. Lee, Sanusha Naidu, Henning Melber. *China in Africa*, Current African Issues, No. 33, Uppsala, 2007.

Meine Pieter Van Dijk (ed.). *The New Presence of China in Africa*, Amsterdam, 2009.

Menachem Katz (ed.). *Lifting the Oil Curse: Improving Petroleum Revenue Management in Sub-Saharan Africa*, IMF (International Monetary Fund) Paper, Washington, 2004.

Michael D. Williams. *North Africa Oil and Gas*, International Energy Agency, 1997.

Michael Ratner, Michael Ratner (au), Neelesh Nerurkar(au). *Middle East and North Africa Unrest: Implications for Oil and Natural Gas Market*, Congress Research Service, USA, 2011.

Michael T. Klare. *Resource Wars: The New Landscape of Global Conflict*, New York, 2001.

Michael T. Klare. *The Race for What's Left: The Global Scramble for the World's Last Resources*, Picador, 2012.

Michel, Serge, Beuret, Michel & Woods, Paolo, *China Safari: On the Trail of Beijing's Expansion in Africa*, Philadelphia, 2009.

Naidu, Sanusha & Ampiah, Kweku (ed.). *Crouching Tiger, Hidden Dragon? Africa and China*, Scottsville, 2008.

Nicholas Shaxson. *Poisoned Wells: The Dirty politics of Africa Oil*, London, 2007.

Oliver Morrissey, Evious Zgovu (ed.). *The Impact of China and India on Sub-Saharan Africa, Opportunities, Challenges and Policies*, London, 2011.

Padraig Carmody. *The New Scramble for Africa*, Cambridge, 2011.

Power, Marchus, Giles Mohan, May Tan-Mullins. *China's Resource Diplomacy in Africa: Powering Development?* New York, 2012.

Robert I. Rotberg (ed.). *China into Africa: Trade, Aid, and Influence*,

World Peace Foundation, Cambridge, 2008.

Robert Slater. *Seizing Power: The Grab for Global Oil Wealth*, New Jersey, 2010.

Rose Ngomba-Roth. *Multinational Companies and Conflicts in Africa: The Case of the Niger Delta-Nigeria*, Hamburg, 2003.

T. J. Arthur, Duncan S. Macgregor, Nick R. Cameron (ed.). *Petroleum Geology of Africa: New Themes and Developing Technologies*, Geological Society, London, 2003.